Streikrecht im kirchlichen Dienst und in anderen karitativen Einrichtungen

ADNOTATIONES IN IUS CANONICUM

Hrsg. von Elmar Güthoff und Karl-Heinz Selge

Band 35

PETER LANG

Frankfurt am Main · Berlin · Bern · Bruxelles · New York · Oxford · Wien

Robert Oswald

STREIKRECHT IM KIRCHLICHEN DIENST UND IN ANDEREN KARITATIVEN EINRICHTUNGEN

PETER LANG
Europäischer Verlag der Wissenschaften

Bibliografische Information Der Deutschen Bibliothek
Die Deutsche Bibliothek verzeichnet diese Publikation in der Deutschen Nationalbibliografie; detaillierte bibliografische Daten sind im Internet über <http://dnb.ddb.de> abrufbar.

Zugl.: Potsdam, Univ., Diss., 2005

517
ISSN 0946-9176
ISBN 3-631-54009-4

www.peterlang.de

Meinen Eltern

Marie Therese und Manfred Oswald

sowie

meinen Großeltern

Charlotte und Fritz Oswald

gewidmet

Vorwort

Die Juristische Fakultät der Universität Potsdam hat die vorliegende Arbeit im Sommersemester 2004 als Dissertation angenommen.

Herrn Univ.-Prof. Dr. Detlev W. Belling, M.C.L. (U. of Ill.), danke ich für die Anregung zu dieser Arbeit und für die Möglichkeit, an seinem Lehrstuhl zu arbeiten und zu promovieren. Herrn Univ.-Prof. DDr. Elmar Güthoff gilt mein Dank für die Erstellung des Zweitgutachtens und die Publikation der Arbeit in dieser Schriftenreihe.

Meiner Familie danke ich für die immerwährende Unterstützung.

Potsdam, April 2005 Robert Oswald

INHALTSÜBERSICHT

INHALTSVERZEICHNIS

EINLEITUNG

§ 1 Hintergrund der Dissertation

Die Kirchen beziehungsweise ihre Einrichtungen zählen heute zu den größten Arbeitgebern. Bei ihnen sind ca. 1,3 Millionen Arbeitnehmer in privatrechtlichen Arbeitsverhältnissen unter anderem in Krankenhäusern und Pflegeeinrichtungen beschäftigt, die in der Rechtsform eines Vereins, einer Stiftung oder GmbH betrieben werden. Entgegen der bisherigen Gewohnheit sind einzelne kirchliche Einrichtungen nunmehr vom bislang übernommenen Bundesangestelltentarif abgewichen und wollen die Löhne um bis zu 30 % kürzen.[1] Dies hat die Gewerkschaften auf den Plan gerufen, die zur Durchsetzung ihrer Forderungen mit Streik[2] als dem klassischen Arbeitskampfmittel drohen.[3] Die Frage ist, ob ein solcher Streik rechtmäßig wäre.

Während die Kirchen das Arbeitskampfmittel des Streiks grundsätzlich zur Herstellung der Parität zwischen Arbeitgebern und Arbeitnehmern befürworten und Papst Johannes Paul II. den Streik als von der katholischen Soziallehre unter bestimmten Bedingungen in Grenzen erlaubte Methode anerkennt,[4] lehnen sie ihn gleichzeitig in ihren Einrichtungen ab. Für die katholische Kirche wurde das Streikverbot durch Kirchengesetz in Art. 7 Abs. 2 der Grundordnung der katholischen Kirche (GrOkathK) statuiert. Bei den evangelischen Kirchen wird es ihrem karitativen Selbstverständnis entnommen. Die Rechtmäßigkeit des Streikverbots in kirchlichen Einrichtungen wurde von Juristen fast schon als Selbstverständlichkeit angesehen. Entsprechend sind die Kirchen und ihre Einrichtungen unter dem Eindruck der ständigen höchstrichterlichen Rechtsprechung[5] zum kirchlichen Selbst-

---

1 *Tenbrock*, in: „Die Zeit" vom 19. September 2002, S. 22

2 Bei dem so bezeichneten Warnstreik in der Diakonie Neuendettelsau handelte es sich nicht um einen Streik, da es an einer Arbeitsniederlegung fehlte. Die Personen, die vor der Einrichtung demonstrierten, taten dies in ihrer Freizeit (vgl. die Wiedergabe der Geschehnisse bei *Dürr*, in: ver.di PUBLIK Ausgabe 03/2000).

3 *Dürr*, in: ver.di PUBLIK Ausgabe 03/2000

4 Enzyklika Centesimus Annus, Abschnitt 5, in: Verlautbarungen des Apostolischen Stuhls, Nr. 101, S. 20 = AAS, 1991, S. 793 ff.

5 BVerfGE 57, 220 ff. (Gewerkschaftliches Zutrittsrecht zu kirchlichen Einrichtungen); 70. 138 ff. (kirchenspezifische Loyalitätspflichten aufgrund des kirchlichen Selbstbestimmungsrechts); BVerfGE 46, 73 ff. (Anerkennung als kirchliche Einrichtung – sog. Goch-Entscheidung)

bestimmungsrecht seit 1921[6] von Arbeitskämpfen verschont geblieben. Diese Einhelligkeit[7] wird nun durch ein für die Dienstgewerkschaft ver.di verfasstes Rechtsgutachten in Frage gestellt, dessen Besonderheit in der Reputation seines Verfassers liegt. Kein geringerer als der ehemalige Richter am Bundesverfassungsgericht Dr. *Kühling* vertritt die These, dass der Arbeitskampf zur Erzwingung eines Tarifabschlusses in kirchlichen Einrichtungen geführt werden darf.[8]

Nach überwiegender Meinung resultiert das Streikverbot in kirchlichen Einrichtungen aus den Besonderheiten des kirchlichen Dienstes. Um die fehlende Möglichkeit der Druckausübung zu kompensieren, werden unterschiedliche Regelungswege verfolgt. Der „Erste Weg", der die Festsetzung der Arbeitsbedingungen allein durch kirchliche Gesetzgeber oder Leitungsorgane vorsieht, wird (heute)[9] seitens der katholischen und evangelischen Kirche übereinstimmend abgelehnt.[10] Stattdessen werden zwei eigenständige Arbeitsrechtsregelungsverfahren angewandt, die den Ausgleich zwischen staatlicher und kirchlicher Ordnung herbeiführen sollen.[11] Eines dieser Verfahren ist das Modell des „Zweiten Weges". Es sieht in Anlehnung an das Tarifvertragssystem den Abschluss von „modifizierten Tarifverträgen" vor. Dieser Weg wurde nur durch die evangelische Landeskirche Nordelbien und die Evangelische Kirche in Berlin-Brandenburg[12] eingeschlagen.[13] Im Übrigen wird der „Dritte Weg" bevorzugt. Damit verbunden ist die Einrichtung einer arbeitsrechtlichen Kommission, die Abschluss,

---

6 *Kühling*, AuR 2001, 241 ff.

7 *Richardi*, Arbeitsrecht in der Kirche, § 10 Rn. 11 ff.; *Richardi/Thüsing*, AuR 2002, 94 ff.; *Thüsing*, NZA 2002, 305 (311); *Grethlein*, NZA Beil. 1/1986, 18 (19); *Jurina*, Das Dienst- und Arbeitsrecht in der Bundesrepublik Deutschland, S. 84; *G. Müller*, RdA 1979, 71 (77 f.); *Schilberg*, Rechtsschutz und Arbeitsrecht in der evangelischen Kirche, S. 47; *Schlüter*, in: Brox/Rüthers, Arbeitskampfrecht, Rn. 546 f.

8 *Kühling*, AuR 2001, 241 (250)

9 Nach Beendigung des Zweiten Weltkrieges wurden seitens der Kirchen die Arbeitsvertragsrichtlinien und die Vergütungsordnung einseitig festgelegt.

10 *Richardi*, Arbeitsrecht in der Kirche, § 13 Rn. 1; *Gehring/Thiele*, in: Schliemann, Das Arbeitsrecht im BGB, § 630 Anhang Rn. 73

11 *Richardi*, Arbeitsrecht in der Kirche, § 15 Rn. 1

12 seit 1. Januar 2004 Evangelische Kirche Berlin-Brandenburg-schlesische-Oberlausitz

13 Die Evangelische Kirche in Deutschland (EKD) fordert in ihrer Studie „Soziale Dienste als Chance" nunmehr ein eigenes Tarifvertragssystem für soziale Dienste – FAZ v. 15.12.2002; vgl. auch FAZ v. 22.08.2002, S. 1

Inhalt und Beendigung von Einzelarbeitsverhältnissen regeln soll. In den Ausgestaltungen dieses „Dritten Weges“ bestehen feine Unterschiede.[14] Die Kompetenz zum Ausschluss des Streikrechts leiten die Kirchen aus dem Selbstbestimmungsrecht in Art. 137 Abs. 3 der Weimarer Reichsverfassung (WRV) her, der durch Art. 140 Grundgesetz (GG) in das Grundgesetz inkorporiert wurde. Art. 137 Abs. 3 WRV wird seitens der herrschenden Meinung ein gegenüber den Grundrechten besonderes Gewicht beigemessen. Dem Selbstbestimmungsrecht wird durch die Gewerkschaften die grundrechtliche Gewährleistung der Koalitionsfreiheit aus Art. 9 Abs. 3 GG entgegengehalten. Die Norm stellt einen zentralen Pfeiler der grundgesetzlichen Arbeits- und Wirtschaftsverfassung dar,[15] mit der für jedermann und für alle Berufe das Recht zur Wahrung und Förderung der Arbeits- und Wirtschaftsbedingungen gewährleistet wird. Dies schützt nach der herrschenden Meinung wenigstens mittelbar auch den Streik als funktionstypisches Arbeitskampfmittel der Arbeitnehmerkoalitionen.[16]

Die Frage, ob die Gewerkschaften in kirchlichen Einrichtungen zum Arbeitskampfmittel des Streiks greifen dürfen, ist noch nicht abschließend geklärt. Eine von den Professoren *Richardi* und *Thüsing* verfasste Erwiderung auf das Gutachten von *Kühling* unterstützt die Auffassung der Kirchen vom Verbot eines Streiks in kirchlichen Einrichtungen.[17] Die Antwort auf die Frage ist in den Wertungen des Grundgesetzes zu finden. Sie hat die verfassungsrechtlichen Schutzrechte der Kirchen und ihrer Einrichtungen auf der einen und die der Koalitionen beziehungsweise der Arbeitnehmer auf der anderen Seite angemessen zu berücksichtigen.

§ 2 Was ist der kirchliche Dienst?

Der Titel der Dissertation lautet: „Streikrecht im kirchlichen Dienst und in anderen karitativen Einrichtungen“. Während der Begriff des Streiks in seiner allgemeinen Bedeutung bekannt ist, bedarf der Titel im Übrigen einer Erläuterung, um den Inhalt der Arbeit einzugrenzen und Missverständnissen vorzubeugen. Nach der allgemeinen Sprachbedeutung des „kirchlichen Dienstes“ liegt die Vermutung nahe, dass diese Arbeit neben dem Streikrecht von privatrechtlich angestellten Arbeitnehmern auch das Streikrecht von Geistlichen sowie anderen Personen behandelt, deren be-

---

14 vgl. *Eder*, ZTR 2000, 496 (498)

15 *Scholz*, in: Maunz-Dürig, Komm. z. GG, Art. 9 Rn. 155, S. 128

16 *Scholz*; in: Maunz-Dürig, Komm. z. GG, Art. 9 Rn. 322, S. 234

17 *Richardi/Thüsing*, AuR 2002, 94 ff.

sondere Verbundenheit und Treue zur Kirche durch feierliche Gelübde oder Weihen manifestiert ist. Deren Rechte werden jedoch nicht behandelt. Die Beschränkung auf privatrechtlich angestellte Arbeitnehmer ergibt sich durch den Bezug des Streikrechts auf karitative (kirchliche) Einrichtungen. In kirchlichen Einrichtungen werden Pfarrer und Nonnen ihren Tätigkeiten nachgehen; die Einrichtung wird jedoch nicht ihr Arbeitgeber sein. Geistliche stehen in einem besonderen Dienstverhältnis zur Kirche. Die Dienstherrenfähigkeit für sie ist gem. Art. 137 Abs. 5 WRV i.V.m. Art. 140 GG ausschließlich den Kirchen überlassen. Da sich das Streikrecht aber gegen den Arbeit- beziehungsweise Dienstgeber richtet, ist der Gegenstand dieser Arbeit ausschließlich das Streikrecht der Angestellten. Nur sie sind Arbeitnehmer der karitativen (kirchlichen) Einrichtungen.

Der Begriff „Karitas" oder „karitativ" entstammt dem lateinischen Wort „carus". Es lässt sich mit lieb, wert oder teuer übersetzen. Heute wird der Begriff vor allem mit dem die christliche Nächstenliebe widerspiegelnden kirchlichen Wirken und den Organisationen Caritas und Diakonie in Verbindung gebracht.[18] Der Bundesgesetzgeber hat den Begriff „karitativ" aber auch für nichtkirchliche Einrichtungen verwandt. Während er in § 118 Abs. 2 Betriebsverfassungsgesetz (BetrVG) kirchliche Einrichtungen gänzlich aus dem Geltungsbereich des Gesetzes ausgenommen hat, hat er in § 118 Abs. 1 S. 1 Nr. 1 4. Alt. BetrVG für „karitative" – weltliche – Unternehmen und Betriebe Ausnahmen vorgesehen. Der Begriff „karitativ" wurde damit säkularisiert.[19] Der Dissertation soll diese säkularisierte Bedeutung zu Grunde liegen. Trotz der Loslösung vom religiösen Hintergrund der Norm bleibt der Begriff aber von der Vorstellung der selbstlosen Hilfstätigkeit geprägt.[20] Ein Unternehmen dient danach einem karitativen Zweck, wenn es sich freiwillig, ohne gesetzliche Bestimmung, zum Ziel gesetzt hat, körperlich, geistig oder seelisch leidenden Menschen in ihren inneren oder äußeren Nöten heilend, lindernd oder vorbeugend zu helfen.[21] Dieser Zweckrichtung muss das Unternehmen überwiegend und unmittelbar dienen; es darf nicht auf eine Gewinnerzielung gerichtet sein.[22] Kostendeckende Entgelte sind nach der Rechtsprechung des Bundesarbeitsgerichts aber uner-

[18] Brockhaus-Enzyklopädie, Bd. 11,

[19] *Richardi/Thüsing*, in: Richardi (Hrsg.), Betriebsverfassungsgesetz, § 118 Rn. 58

[20] *Richardi/Thüsing*, in: Richardi (Hrsg.), Betriebsverfassungsgesetz, § 118 Rn. 58

[21] BAGE 59, 120 (1. LS); 66, 186 (195); 81, 311 (314); *Wedde*: in, Däubler/Kittner/Klebe, Betriebsverfassungsgesetz, § 118 Rn. 27, S. 1857

[22] BAGE 59, 120 (127); 90, 65 (70); *Dietrich*, NZA 1989, 412 (413)

heblich.[23] Dies gilt auch für den Fall eines Bilanzgewinns, der aufgrund des satzungsmäßigen Zwecks nur den Charakter einer Rücklage hat.[24] Zu den karitativen Einrichtungen zählen danach grundsätzlich das Deutsche Rote Kreuz, die Arbeiterwohlfahrt, private Fürsorgevereine, das Müttergenesungswerk,[25] Werkstätten für Behinderte,[26] Berufsförderungswerke,[27] Krankenhäuser,[28] Kinderheime und Altersheime[29].

Bei den Einrichtungen handelt es sich um Unternehmen. Es sind privatrechtliche Vereinigungen in der Form von Vereinen, Stiftungen, Gesellschaften mit beschränkter Haftung und ähnlichen Rechtsformen. Ob es sich dabei um kirchliche oder weltliche Unternehmen handelt, entscheidet sich nach der Möglichkeit der Einflussnahme der Kirchen auf die Leitung des Unternehmens.

§ 3 Vorgehensweise

Das Ziel der Dissertation liegt in der Beantwortung der Frage, ob ein Streik in kirchlichen karitativen Einrichtungen rechtmäßig sein kann. Damit bewegt sich die Dissertation in der Schnittmenge von Verfassungsrecht, Arbeitsrecht und Kirchenrecht. Gerade diese Mischung und die mit dem Thema verbundene Identifizierung in Glaubensfragen birgt die Gefahr, persönliche Grundüberzeugungen mit dem geltenden weltlichen Recht zu verquicken. Um einer solchen ideologischen Vorbelastung vorzubeugen, ist in besonderem Maße eine systematische – die Rechtsdogmatik beachtende – Prüfung der Rechtslage erforderlich. Dem trägt der Aufbau dieser Dissertation Rechnung. Zunächst werden das Streikrecht und seine verfassungs-

---

[23] BAGE 66, 186 (195); 81, 311 (315); *Richardi/Thüsing*, in: Richardi (Hrsg.), Betriebsverfassungsgesetz, § 118 Rn. 59; *FKHES* § 118 Rn. 18; Gegen eine derartige Einbeziehung „finanzieller Durchgangsstellen" wenden sich Teile der Literatur, die nur dann die karitative Tendenz eines Unternehmens anerkennen wollen, wenn die Mittel ausschließlich von diesem stammen und nicht durch Dritte mitfinanziert werden: *Kothe*, Anm. zum Beschluss des BAG v. 29. 6. 1988 – 7 ABR 15/87, AP Nr. 37 zu § 118 BetrVG 1972, Bl. 180 f.; *Wedde*: in, Däubler/Kittner/Klebe, Betriebsverfassungsgesetz, § 118 Rn. 28

[24] BAGE 81, 311 (315)

[25] *Fabricius/Weber*, GK-BetrVG, § 118 Rn. 96 ff. mit weiteren Beispielen

[26] BAG, AP 16 zu § 118 BetrVG 1972

[27] BAGE 66, 186 (194 f.)

[28] BAGE 90, 65 (70)

[29] BAGE 66, 202 (206)

rechtliche Verankerung untersucht. Anschließend wird – als Vorstufe einer möglichen Einschränkung des Streikrechts in kirchlichen Einrichtungen – erörtert, ob bereits durch die Art der Tätigkeit in karitativen Einrichtungen Einschränkungen des Streikrechts hinzunehmen sind. Erst danach wird das Streikrecht in kirchlichen karitativen Einrichtungen untersucht. Auch bei dieser Prüfung wird zunächst die verfassungsrechtliche Verankerung des kirchlichen Selbstbestimmungsrechts hinterfragt. Dabei ist eine Auseinandersetzung mit der Rechtsprechung des Bundesverfassungsgerichts erforderlich, da diesem vorgeworfen wird, dass die Eingrenzung des staatlichen Arbeitsrechts durch das kirchliche Selbstbestimmungsrecht weniger auf verfassungsrechtlicher Dogmatik, als vielmehr auf einer kirchenfreundlichen verfassungspolitischen Position beruhe. Die gewonnenen Ergebnisse fließen dann in den die Dissertation abschließenden Ausgleich der Interessen von kirchlichen Einrichtungen und Gewerkschaften beziehungsweise den Arbeitnehmern ein. Im Rahmen dieses Ausgleichs werden die kirchlichen Regelungsverfahren untersucht, die aufgrund der paritätisch besetzten Gremien ein wesentliches Argument gegen ein Streikrecht sind.

1. KAPITEL: DAS STREIKRECHT

Der gesellschaftspolitische Zweck, die Koalitionsbildung zu schützen und – wie noch zu zeigen sein wird – den Streik als Koalitionsmittel zu gewährleisten, folgt aus dem das Industriezeitalter prägenden System „abhängiger Arbeit“. Sie definiert sich durch die persönliche und wirtschaftliche Abhängigkeit der Arbeitnehmer vom Arbeitgeber und kennzeichnet den Gegensatz von Kapital und Arbeit.[30] Die Freiheit, einen ungünstigen Arbeitsvertrag nicht abzuschließen, ist nur eine formale,[31] da der im Zivilrecht geltenden Privatautonomie die tatsächliche Arbeitsmarktsituation entgegensteht. Das Aushandeln der Arbeitsbedingungen ist die Ausnahme. Ziel der Koalitionsfreiheit ist die Bildung von sozialmächtigen Verbänden in Form von Gewerkschaften (oder Arbeitgeberverbänden), die ein mögliches Ungleichgewicht ausgleichen. Der einfache Gesetzgeber hat dazu das Kompensationsmodell des Tarifvertragsystems als instrumentelles Betätigungsfeld der Koalitionen zur Regelung der Arbeits- und Wirtschaftsbedingungen i.S.d. Art. 9 Abs. 3 GG eingeführt. Um die fehlende Verhandlungsbereitschaft der Arbeitgeber zu durchbrechen und die Funktionsfähigkeit des Systems aufrecht zu erhalten, bedarf es der Druckausübung.[32] Das traditionelle Mittel der Koalitionen zur Druckausübung ist der Arbeitskampf und damit der Streik. Das Arbeitskampfmittel ergänzt das System der kollektiven Vertragsfreiheit und gewährleistet dessen Funktionsfähigkeit.[33]

§ 1 Begriff und Arten

Arbeitskampf und Streik sind ein untrennbar miteinander verbundenes Begriffspaar. Der Oberbegriff „Arbeitskampf“ lässt sich in einer Vielzahl von Gesetzen finden,[34] die allerdings eine Definition vermissen lassen.[35] Allgemein wird darunter eine kollektive Maßnahme der Arbeitgeber- oder

---

[30] *Sinzheimer* (Gründzüge des Arbeitsrechts, S. 23) spricht in diesem Zusammenhang von einer verborgenen Grundlage des Arbeitsrechts; *Scholz*, in: Maunz-Dürig, Komm. z. GG, Art. 9 Rn. 155

[31] *Kittner*, in: AK-GG, Art. 9 Rn. 1

[32] zurückhaltender: BVerfGE 18, 18 (31): Nach Auffassung des Bundesverfassungsgerichts ist das Drohpotential für den katholischen Verband der Hausgehilfinnen und Hausangestellten nicht erforderlich.

[33] *Preis*, Arbeitsrecht, § 109, S. 253

[34] Regelungen finden sich beispielsweise in § 2 Abs. 1 Nr. 2 ArbGG, 74 Abs. 2 BetrVG, §§ 146 und 174 SGB III

[35] BVerfGE 84, 212 (213) = AP Nr. 117 zu Art. 9 GG Arbeitskampf, Bl. 351

Arbeitnehmerseite zur Störung der Arbeitsbeziehungen verstanden, um ein bestimmtes Ziel zu erreichen.[36] Das klassische Arbeitskampfmittel[37] auf Arbeitnehmerseite ist der Streik, dem von Seiten der Arbeitgeber die Aussperrung entgegengesetzt werden kann. Unter einem Streik wird die von einer Mehrzahl von Arbeitnehmern planmäßig und gemeinsam durchgeführte Arbeitseinstellung zur Erreichung eines Ziels gegenüber dem oder den Arbeitgeber(n) verstanden.[38] Die Arbeitseinstellung kann dabei im Nichterscheinen zur Arbeit, im nicht (Sitzstreik) oder in einem zu langsamen Arbeiten (Bummelstreik) liegen.[39] Unterschieden werden kann weiterhin zwischen dem gewerkschaftlich organisierten und dem so genannten wilden Streik, zwischen dem arbeitsbezogenen und dem politischen, zwischen dem Flächen- und Teilstreik, dem Kampf-/Erzwingungs- und Warnstreik sowie dem Haupt- und Solidaritätsstreik.

§ 2 Der Streik im geschichtlichen Kontext

Arbeitsrechtliche Auseinandersetzungen lassen sich über Jahrhunderte zurückverfolgen. Die älteste bekannte Arbeitsniederlegung fand im Jahre 1329 zwischen Gürtlergesellen und ihren Meistern in Breslau statt,[40] ohne dass sich nachfolgend ein Arbeitskampfrecht bildete.[41] Im 18. Jahrhundert kam es im Wege der Industriellen Revolution trotz bestehender Koalitionsverbote häufiger zu spontanen Streikaktionen, die im Wesentlichen geduldet wurden.[42] Dies war wenigstens zum Teil Folge der Einsicht, dass sich die sozialen Auseinandersetzungen mit den bestehenden Koalitionsverboten nicht mehr lösen ließen.

Eine bedeutende[43] gesetzliche Reaktion auf die Arbeitsniederlegungen der Arbeitnehmer erfolgte 1869 durch die §§ 152 f. der Gewerbeordnung des Norddeutschen Bundes (GewO), die im Zuge der Reichsgründung auf die

[36] *Brox*, in: Brox/Rüthers, Arbeitskampfrecht, Rn. 17; *Söllner/Waltermann*, Grundriss des Arbeitsrechts, Rn. 218; *Kissel*, Arbeitskampfrecht, § 13 Rn. 1, 3

[37] *Löwisch*, Arbeitsrecht, § 9 Rn. 340, S. 95; *Brox*, in: Brox/Rüthers, Arbeitskampfrecht, Rn. 25

[38] *Scholz*, in: Maunz/Dürig/, Art. 9 Rn. 324; *Brox*, in: Brox/Rüthers, Arbeitskampfrecht, Rn. 26

[39] *Brox*, in: Brox/Rüthers, Arbeitskampfrecht, Rn. 32

[40] *Däubler*, in: Däubler, Arbeitskampfrecht, Rn. 4, S. 32

[41] *Däubler*, in: Däubler, Arbeitskampfrecht, Rn. 6, S. 33

[42] *Däubler*, in: Däubler, Arbeitskampfrecht, Rn. 10, S. 35

[43] *Scholz*, Koalitionsfreiheit, in: HdbStR VI, § 151 Rn. 4

übrigen deutschen Einzelstaaten ausgedehnt wurden.[44] In § 152 Abs. 1 GewO wurden alle Verbote und Strafbestimmungen gegen Verabredungen und Vereinigungen zur Erlangung günstigerer Lohn- und Arbeitsbedingungen – insbesondere mittels Einstellung der Arbeit oder Entlassung der Arbeitnehmer – aufgehoben. Der Streik war danach für Gewerbetreibende, gewerbliche Gehilfen, Gesellen und Fabrikarbeiter nicht mehr rechtswidrig.[45] Allerdings wurden der Schutzbereich der Norm in der Rechtsprechung eng und die Beschränkungen der §§ 152 Abs. 2 und 153 GewO weit ausgelegt, so dass die Vorschrift nicht zur „Magna Charta der Arbeitskampffreiheit" wurde.[46] Die Einstellung der Arbeit und die Entlassung der Arbeiter zu Kampfzwecken waren nur nach vorheriger Kündigung des Arbeitsvertrags rechtmäßig. Ein Streikrecht vermittelte die Gewerbeordnung nicht.[47]

In der Weimarer Reichsverfassung setzte sich die Rechtsentwicklung weiter fort. So wurde die Vereinigungsfreiheit nunmehr ohne Einschränkung für jedermann und für alle Berufe zur Wahrung und Förderung der Arbeits- und Wirtschaftsbedingungen – im Gegensatz zu den Arbeits- und Lohnbedingungen der Gewerbeordnung – in Art. 159 S. 1 WRV gewährleistet. Sowohl Arbeitnehmer als auch Arbeitgeber konnten gem. Art. 165 Abs. 1 WRV bei der Entwicklung der Lohn- und Arbeitsbedingungen mitwirken.[48] In Ergänzung zu den allgemeinen Vorschriften der Vereinigungs- und Versammlungsfreiheit in den Art. 123, 124, 130 Abs. 2 WRV richtete sich Art. 159 S. 1 WRV über den klassischen Charakter eines Grundrechts als Abwehrrecht gegenüber dem Staat[49] hinaus auch gegen Privatpersonen.[50] Dabei war der Begriff der Vereinigungsfreiheit in Art. 159 S. 1 WRV nicht zufällig gewählt worden. Er wurde in bewusster Abgrenzung zum Begriff der Koalitionsfreiheit verwandt, der noch in den ersten drei Entwürfen zur

---

44 *Däubler*, in: Däubler, Arbeitskampfrecht, Rn. 10, S. 36

45 *Däubler*, in: Däubler, Arbeitskampfrecht, Rn. 12, S. 37

46 *Seiter*, Streikrecht und Aussperrungsrecht, S. 56

47 *Seiter*, Streikrecht und Aussperrungsrecht, S. 56

48 BVerfGE 84, 212 (224); *Anschütz*, Die Verfassung des Deutschen Reichs, Art. 165 Anm. 3, S. 745

49 *Anschütz*, Die Verfassung des Deutschen Reichs, Art. 159 Anm. 1, S. 731

50 *Nipperdey*, Die Grundrechte und Grundpflichten der Reichsverfassung Bd. 3, Art 159 § 6, S. 410

Weimarer Reichsverfassung gestanden hatte.[51] Mit dem Begriff der Koalitionsfreiheit wurde die Befugnis zu streiken verbunden und damit das Recht, die Arbeit selbst unter Verletzung von Arbeitsvertragspflichten niederzulegen.[52] Diesem Eindruck sollte entgegenwirkt werden. Vor Beginn eines Streiks war es daher seitens der Arbeitnehmer weiterhin erforderlich, zu kündigen, um den Arbeitsvertrag nicht zu verletzen und sich Schadensersatzforderungen des Arbeitgebers auszusetzen.[53] Die Frage des Streikrechts sollte durch Art 159 WRV nicht entschieden werden.[54] Ungeachtet dessen war die Zulässigkeit eines Arbeitskampfs anerkannt. Sie wurde aus der allgemeinen Handlungsfreiheit hergeleitet[55] und ergab sich im Übrigen aus anderen Bestimmungen – so für gewerbliche Arbeitnehmer einschließlich der Bergarbeiter aus § 152 Abs. 1 und 154c GewO. Damit war eine Beschränkung des Arbeitskampfs weiterhin mittels einfachen Gesetzes möglich.[56]

Die Machtergreifung Hitlers 1933 führte zur Zerschlagung der freien Gewerkschaften. Sie wurden am 2. Mai 1933 aufgelöst. An ihre Stelle trat die „Deutsche Arbeitsfront". Am 19. Mai 1933 wurden „Treuhänder der Arbeit" bestellt. Bei ihnen handelte es sich um Beamte, die direkt dem Arbeitsministerium unterstanden und Tarifordnungen erließen, welche die bisherigen Tarifverträge ersetzten.[57]

Mit dem am 8. 5. 1949 vom Parlamentarischen Rat beschlossenen und mit Ablauf des 23. 5. 1949 in Kraft getretenen Grundgesetzes fand die so genannte Koalitionsfreiheit in Art. 9 Abs. 3 S. 1 GG in die Verfassung Eingang. Das Grundrecht gewährt für jedermann und für alle Berufe das Recht, zur Wahrung und Förderung der Arbeits- und Wirtschaftsbedingun-

---

51 Nipperdey, Die Grundrechte und Grundpflichten der Reichsverfassung Bd. 3, Art 159 § 6, S. 415

52 Anschütz, Die Verfassung des Deutschen Reichs, Art. 159 Anm. 5, S. 733

53 *Nikisch*, Arbeitsrecht Bd. 2, § 63, S. 103; *Konzen*, AcP 177 (1977), 473 (474)

54 *Sinzheimer*, Grundzüge des Arbeitsrechts, S. 86; *Nipperdey*, Die Grundrechte und Grundpflichten der Reichsverfassung Bd. 3, Art 159 § 6, S. 415; *Seiter*, Streikrecht und Aussperrungsrecht, S. 59; *Anschütz*, Die Verfassung des Deutschen Reichs, Art. 159 Anm. 5

55 *Sinzheimer*, Grundzüge des Arbeitsrechts, S. 87

56 *Sinzheimer*, Grundzüge des Arbeitsrechts, S. 88

57 *Ramm*, ZfA 1988, 157 (161); *Preis*, Arbeitsrecht, § 108, S. 248

gen Vereinigungen zu bilden.[58] Durch die begriffliche Anlehnung an die Regelung der Vereinigungsfreiheit in Art. 159 S. 1 WRV wurde die Auslegung der Weimarer Zeit zunächst übernommen und die Herleitung eines Streikrechts aus der Gewährleistung der Koalitionsfreiheit in Art. 9 Abs. 3 S. 1 GG überwiegend abgelehnt.[59] Ein Streikrecht wurde teilweise aus der allgemeinen Handlungsfreiheit des Art. 2 GG hergeleitet[60] und dies unter anderem mit der Entstehungsgeschichte der Vereinigungsfreiheit begründet. Wie zur Zeit der Weimarer Reichsverfassung wurde nur die Streikfreiheit als geschützt angesehen.[61] Erst in den 60er Jahren vollzog sich ein Wandel in der Auslegung des Art. 9 Abs. 3 S. 1 GG. Dieser ist insbesondere durch die Rechtsprechung des Bundesverfassungsgerichts geprägt, das durch Art. 9 Abs. 3 S. 1 GG den Kernbereich spezifisch koalitionsmäßiger Betätigung als geschützt ansah[62] und damit den Weg für die Einbeziehung der Koalitionsmittel in den Schutzbereich[63] ebnete. Im Ergebnis wandelte sich die Auslegung von einer Streikfreiheit zu einem verfassungsrechtlich geschützten Streikrecht. Eine einfachgesetzliche Rechtsgrundlage hat der Gesetzgeber nicht geschaffen.

§ 3 Verfassungsrechtliche Gewährleistung eines Streikrechts

Voraussetzungen und Rechtsfolgen des Streiks werden in der neueren Rechtsprechung und Literatur einhellig[64] aus der Koalitionsfreiheit des Art. 9 Abs. 3 GG gefolgert.[65] Daher mutet die Überschrift „Kein Grundrecht auf

---

[58] Auf eine dem Art. 165 WRV entsprechende Normierung hat der Gesetzgeber verzichtet.

[59] *Arras*, NJW 1953, 241; *Dietz*, JuS 1968, 1 (3 f.); *Erdsiek*, NJW 1959, 2198; *Bulla*, in: FS Nipperdey Bd. 2, 79 (95); vgl. *Brox*, in: Brox/Rüthers, Arbeitskampfrecht, Rn. 6

[60] *Dietz*, JuS 1968, 1 (4)

[61] *Nikisch*, Arbeitsrecht, Bd. 2, § 58, S. 24, 104; differenzierend: *Söllner*, RdA 1980, 14 (15)

[62] BVerfGE 4, 96 (101); 57, 220 (246)

[63] BAG, Urteil vom 10.06.1980 – EzA Nr. 26, 27, 28 zu Art. 9 GG Arbeitskampf

[64] Eine andere Auffassung vertritt 1975 insbesondere *Seiter* in seiner Habilitationsschrift, Streikrecht und Aussperrungsrecht, S. 85 ff, 92, und verlangt eine Kombination der allgemeinen Handlungsfreiheit aus Art. 2 Abs. 1 GG und der Koalitionsfreiheit.

[65] vgl. nur BVerfGE 84, 212 ff. = AP Nr. 117 zu Art. 9 GG Arbeitskampf; *Scholz*, HdbStR VI, § 151, Rn. 114; *Däubler*, in: Däubler, Arbeitskampfrecht, Rn. 93; *Rüthers*, in Brox/Rüthers, Arbeitskampfrecht, Rn. 86; *Kissel*, Arbeitskampfrecht, § 17

Streik“ in der Darstellung „Arbeitsrecht in der Kirche“ von *Richardi*[66] befremdlich an. Die These ist für die Beantwortung der Frage eines Streikrechts im kirchlichen Dienst von Bedeutung. Zum einen sind die kirchlichen Einrichtungen wenigstens durch die grundrechtliche Gewährleistung der Religionsfreiheit geschützt, so dass ein verfassungsrechtlicher Schutz des Streikrechts als Gegenpol dienen würde, zum anderen argumentiert *Richardi*, dass sich das Recht zum Streik ausschließlich auf den Bereich des Tarifvertragswesens bezieht, das in kirchlichen Einrichtungen nach überwiegender Ansicht keine Anwendung findet.

A Der Schutzbereich der Koalitionsfreiheit

Die Koalitionsfreiheit gehört nicht zu den klassischen Grundrechten, sondern ist erst unter den Bedingungen moderner Industriearbeit entstanden.[67] Funktionell ist sie Bestandteil der grundgesetzlichen Wirtschafts- und Arbeitsverfassung.[68] Die Vereinigungsfreiheit in Art. 9 Abs. 1 und die Koalitionsfreiheit in Art. 9 Abs. 3 GG stehen zwar nicht im Verhältnis der Spezialität zueinander,[69] letztere ist aber eine Vereinigungsfreiheit mit einem spezifischen Gesetzeszweck.[70]

I. Art. 9 Abs. 3 S. 1 GG als Kollektivgrundrecht mit Drittwirkung

Wird der Wortlaut von Art. 9 Abs. 3 S. 1 GG zur Hand genommen, so fällt auf, dass es sich zunächst um ein individuelles Freiheitsrecht handelt. Es wird die Bildung einer zweckbestimmten Vereinigung – der so genannten Koalition – gewährleistet. Der Schutz umfasst gleichwohl nicht nur die Bildung durch natürliche oder juristische Personen, sondern besteht auch für die Vereinigungen als solche.[71] Dies folgt aus historischen Überlegungen in Fortführung der Gedanken der Weimarer Zeit und aufgrund des Be-

---

66 *Richardi*, Arbeitsrecht in der Kirche, § 10, Rn. 6; a. A. *Däubler*, in: Däubler, Arbeitskampfrecht, Rn. 90t

67 BVerfGE 50, 290 (366 f.)

68 *Scholz*, HdbStR VI, § 151, Rn. 21

69 Die vermeintlich weitere Vereinigungsfreiheit ist ein den Deutschen vorbehaltenes Grundrecht, während die Koalitionsfreiheit jedermann zusteht, so dass die vermeintliche Spezialnorm einen weiteren Personenkreis umfassen würde (a.A. *Löwer*, in: von Münch, GGK I, Rn. 56 zu Art. 9; *Scholz*, in: HdbStR VI, § 151, Rn. 5

70 BVerfGE 84, 212 (224); *Sodan*, JZ 1998, 421 (422)

71 BVerfGE 28, 295 (304); 94, 268 (282); *Kittner/Schiek*, in: AK-GG, Art. 9 Abs. 3 Rn. 84; *Löwer*, in: von Münch, GGK I, Rn. 56 zu Art. 9; *Scholz*, in: Maunz-Dürig, Komm. z. GG, Art. 9 Rn. 170

kenntnisses des Grundgesetzes zum sozialen Rechtsstaat.[72] Entsprechend wird die Koalitionsfreiheit des Art. 9 Abs. 3 S. 1 GG von der herrschenden Meinung als Doppelgrundrecht verstanden, das sowohl die individualrechtliche als auch die kollektive Ebene schützt.[73] Die gegenteilige Auffassung[74], welche die kollektive Seite des Grundrechts nicht anerkennt und den Weg über Art. 19 Abs. 3 GG wählt, führt zu keinen grundlegenden Unterschieden[75] für diese Betrachtung. Aus Gründen der Gleichbehandlung und der Parität der Antagonisten ist die kollektive Komponente der Koalitionsfreiheit auch der Arbeitgeberseite zu gewähren.

Die Besonderheit des Grundrechts der Koalitionsfreiheit besteht in der unmittelbaren Drittwirkung gem. Art. 9 Abs. 3 S. 2,[76] die in ähnlicher Form bereits in Art. 159 S. 2 WRV vorhanden war. Jedes rechtlich relevante Handeln im weitesten Sinne,[77] das sich gegen die Koalition oder ihre Mitglieder richtet, berührt den Schutzbereich. Damit sind nicht nur Träger öffentlicher Gewalt im Sinne des Art. 1 Abs. 3 GG, sondern auch private Rechtssubjekte an Art. 9 Abs. 3 gebunden. Das Recht der Koalitionsfreiheit wird damit auch im Privatrechtsverkehr in seinen unterschiedlichen Ausprägungen umfassend geschützt.[78] Entgegenstehende Abreden oder Maßnahmen sind nichtig, beziehungsweise rechtswidrig, Art. 9 Abs. 3 S. 2 GG.[79]

II. Der Begriff der Vereinigung

Art. 9 Abs. 3 S. 1 GG gewährleistet das Recht, Vereinigungen zu bilden. Dieses Recht steht jedermann zu und umfasst – wie bereits oben dargelegt – auch den Schutz der Vereinigung selbst. Im Gegensatz zur nahe liegenden Folge, Art. 9 Abs. 3 S. 1 GG als besondere Vereinigungsfreiheit zu titulieren, stilisierte sich die Bezeichnung als Koalitionsfreiheit heraus. Die

---

72 BVerfGE 4, 96 (101 f.)

73 BVerfGE 94, 268 (282); 100, 271 (282)

74 *Scholz*, in: HdbStR VI, § 151, Rn. 9

75 Ein Unterschied ergibt sich bei der Kollision von individueller und kollektiver Koalitionsfreiheit. Dann scheint der Konfliktfall besser bei einer Konstruktion über Art. 19 Abs. 3 GG auflösbar.

76 *Gamillscheg*, Kollektives Arbeitsrecht Bd. 1, § 5, S. 191 ff.; *Scholz*, in: Maunz-Dürig, Art. 9 Rn. 332

77 *Gamillscheg*, Kollektives Arbeitsrecht Bd. 1, § 5, S. 193

78 *Scholz*, Koalitionsfreiheit, in: HdbStR VI, § 151, Rn. 79

79 *Scholz*, in Maunz-Dürig, Komm. z. GG, Art. 9 Rn. 333

Selbstverständlichkeit, mit welcher der Begriff der Koalitionsfreiheit heute verwendet wird, spiegelt eine historische Entwicklung wider. Er war in der Weimarer Reichsverfassung vermieden worden, weil mit ihm die Verankerung eines Streikrechts verbunden wurde. Die heutige Verwendung kann als erster Hinweis für Anerkennung eines Streikrechts in der Verfassung dienen.

Unter den Begriff der Vereinigung fallen nach heutiger Auffassung Gewerkschaften und Arbeitgeberverbände.[80] Auch ohne ausdrückliche verfassungsrechtliche Billigung der Organisationen im Sinne eines Art. 165 Abs. 1 S. 2 WRV sind sie heute als Sozialpartner rechtlich anerkannt.[81] Die Koalitionen müssen zunächst den Anforderungen an die Vereinigungsfreiheit genügen,[82] wobei allerdings umstritten ist, ob der Zusammenschluss auf eine gewisse Dauer angelegt sein muss.[83] Zusätzlich müssen sie sich die Interessenvertretung ihrer Mitglieder zum Ziel gesetzt haben. Sie müssen frei gebildet, gegnerfrei, auf überbetrieblicher Grundlage organisiert und ihrer Struktur nach unabhängig genug sein, um die Interessen ihrer Mitglieder auf arbeits- und sozialrechtlichem Gebiet nachhaltig vertreten zu können.[84]

Für die Interessenvertretung im Bereich des Tarifvertragssystems wird im Übrigen die Durchsetzungsfähigkeit[85] – jedoch nicht zwingend die Kampfbereitschaft – vorausgesetzt.[86] Die Durchsetzungsfähigkeit als Kriterium für die Tariffähigkeit im Sinne des § 2 Tarifvertragsgesetz (TVG) wird ebenfalls durch den Staatsvertrag zur Herstellung der Währungs-, Wirtschafts- und Sozialunion zwischen der Bundesrepublik Deutschland und der ehemaligen DDR vom 18. Mai 1990 verlangt.[87]

---

80 *Scholz*, Koalitionsfreiheit, in: HdbStR VI, § 151, Rn. 54

81 BVerfGE 4, 96 (102)

82 *Gneiting*, in: Umbach/Clemens, GG, Art. 9 Abs. 3 Rn. 98

83 vgl. dazu in dieser Arbeit unter Kapitel 1 B IV

84 BVerfGE 4, 96 (106 f.); 18, 18 (28); 50, 290 (367 f.); 58, 233 (247); BAGE 21, 98 (101)

85 BAGE 35, 309 (323); 66, 258 ff.

86 BVerfGE 18, 18 (29); *Richardi*, Arbeitsrecht in der Kirche, § 11 Rn. 9; a.A. *Däubler*, Tarifvertragsrecht Rn. 49; *Herschel*, JZ 1965, 81 (85)

87 *Gitter*, FS Kissel, S. 265 ff

III. Die Wahrung und Förderung der Arbeits- und Wirtschaftsbedingungen

Der verfassungsrechtliche Schutz der Vereinigung durch Art. 9 Abs. 3 S. 1 GG ist abhängig von der Zweckbestimmung der Wahrung und Förderung der Arbeits- und Wirtschaftsbedingungen. Diese Zweckbestimmung bildet den maßgeblichen Unterschied zur Vereinigung im Sinne des Art. 9 Abs. 1 GG.

Vom Begriff der Arbeitsbedingungen werden insbesondere die in § 1 TVG[88] aufgeführten Bereiche erfasst.[89] Ist dies verhältnismäßig unstrittig, so scheiden sich die Geister an der Auslegung des Begriffs der Wirtschaftsbedingungen.[90] Dem im Schrifttum vorgetragenen Vorschlag, die Wirtschaftsbedingungen als die Kehrseite der Arbeitsbedingungen auf Arbeitgeberseite zu sehen,[91] kann aus historischen Gründen nicht gefolgt werden. Er lässt die Wortlautänderung von Art. 9 Abs. 3 S. 1 gegenüber § 152 GewO mit den Begriffen der Lohn- und Arbeitsbedingungen unberücksichtigt. Dagegen geht *Kittner* sehr weit, wenn er unter den Wirtschaftsbedingungen den Einfluss auf konkrete strukturpolitische Maßnahmen und Subventionen ebenso wie auf die Konstruktion von Konzernverhältnissen versteht und dies mit dem Zusammenhang zum sozialen Wandel begründet.[92] Eine allgemeingültige und gleichzeitig präzise Definition der „Arbeits- und Wirtschaftsbedingungen" ist schwer zu finden.[93] Klar ist, dass der Zweck der Koalition einen wirtschaftlichen Zusammenhang haben muss. So kann eine Verlängerung des Bildungsurlaubs Ziel der Betätigung sein, nicht jedoch eine Verlängerung der Schulausbildung. Der Zweck der Tätigkeit

---

88 Der Tarifvertrag regelt die Rechte und Pflichten der Tarifvertragsparteien und enthält Rechtsnormen, die den Inhalt, den Abschluss und die Beendigung von Arbeitsverhältnissen sowie betriebliche und betriebsverfassungsrechtliche Fragen ordnen können.

89 *Gamillscheg*, Kollektives Arbeitsrecht Bd. 1, § 6, S. 219; *Schaub*, Arbeitsrechts-Handbuch, § 187 Rn. 18

90 vgl. die Darstellungen bei *Schaub*, Arbeitsrechts-Handbuch, § 187 IV, S. 1863; *Gamillscheg*, Kollektives Arbeitsrecht I, § 6 II, S. 219 ff.; *Zöllner/Loritz*, Arbeitsrecht, S. 112 f.

91 *Zöllner/Loritz*, Arbeitsrecht, S. 112

92 *Kittner*, in: AK-GG, Art. 9 Abs. 3 Rn. 30; *Kittner/Schiek*, in: AK-GG, Art. 9 Abs. 3 Rn. 93

93 vgl. *Sodan*, JZ 1998, 421 ff.

muss kumulativ der Förderung der Arbeits- und Wirtschaftsbedingungen dienen.[94]

Damit zeigt sich trotz fehlender präziser Definition eine inhaltliche Grenze der verfassungsrechtlich geschützten Koalitionsfreiheit und mit ihr gegebenenfalls des Streikrechts. Aus der parallelen Entstehungsgeschichte der Koalitionsfreiheit zur Industriellen Revolution lässt sich ableiten, dass sich die Freiheit der Koalitionsausübung auf die Arbeitsbedingungen der abhängigen Arbeit beziehen muss.[95] Eine Einflussnahme auf die wirtschaftlichen Entscheidungen des Unternehmens ohne unmittelbaren arbeitsrechtlichen Bezug zur Interessenwahrnehmung der Arbeitnehmer ist vom Schutzzweck nicht mehr umfasst.[96]

B Die Herleitung des Streikrechts

Der Arbeitskampf wird in zahlreichen einfachgesetzlichen Vorschriften erwähnt. Eine einfachgesetzliche Normierung im Sinne eines Arbeitsgesetzbuches fehlt allerdings bislang. Das Arbeitskampfrecht wird daher durch die Rechtsprechung der Arbeitsgerichte und des Bundesverfassungsgerichts ausgestaltet. Die maßgeblichen Grundsätze beruhen auf richterlicher Rechtsfindung mit der Koalitionsfreiheit als Rechtsquelle. Trotz eines vergleichbaren Wortlauts von Art. 9 Abs. 3 GG und Art. 159 WRV wird die verfassungsrechtliche Gewährleistung eines Streikrechts entgegen dem historischen Ursprung von der herrschenden Meinung im Grundsatz bejaht.[97] Diese Auslegung muss sich an der Genese, am Wortlaut und an der Systematik der Vorschrift messen lassen.

I. Die Genese des Art. 9 Abs. 3 S. 1 GG

Der Herrenchiemseer Entwurf sah noch keine spezifische Koalitionsfreiheit vor, sondern regelte nur die allgemeine Vereinigungsfreiheit. Der Schritt in die Sozialordnung – wie es *von Mangoldt* ausdrückte[98] – durch den Schutz

---

[94] *Bauer*, in: Dreier, GG, Art. 9 Rn. 70; *Scholz*, in: Maunz-Dürig, Komm. z. GG, Art. 9 Rn. 256, *Schaub*, Arbeitsrechts-Handbuch, § 187 Rn. 17

[95] *Löwisch*, in: MünchArbR, § 236 Rn 1, S. 56; *Schaub*, Arbeitsrechts-Handbuch, § 187 Rn. 18

[96] *Löwer*, in: v Münch, Art. 9 GG Rn. 70; *Bauer*, in: Dreier, GG, Art. 9 Rn. 70

[97] vgl. nur BVerfGE 84, 212 ff. = AP Nr. 117 zu Art. 9 GG Arbeitskampf; *Scholz*, in: HdbStR VI, § 151, Rn. 114; *Däubler*, in: Däubler, Arbeitskampfrecht, Rn. 93; *Rüthers*, in Brox/Rüthers, Arbeitskampfrecht, Rn. 86; *Kissel*, Arbeitskampfrecht, § 17

[98] *v. Mangoldt*, AöR 75 (1949), 273 (286 f.)

der Koalitionsfreiheit wurde erst in der 6. Sitzung des Grundsatzausschusses am 5.10.1948 vollzogen. Der Art. 9 Abs. 3 S. 1 und 2[99] entsprach der Regelung der Weimarer Reichsverfassung in Art. 159 WRV. Zusätzlich wurde in Abs. 4 ein Streikrecht im Rahmen der Gesetze anerkannt.[100] Der Abgeordnete *Zinn* (SPD) führte dazu aus, dass die Anerkennung des Streikrechts heute unvermeidlich sei. Die Kombination der Absätze 3 und 4 entspräche der heutigen Auffassung der Koalitionsfreiheit.[101] Der Entscheidung folgten mehrere Änderungsvorschläge zu Abs. 4. So wurde angeregt, das Wort Streikrecht durch Streikfreiheit zu ersetzen, um eine Reduktion auf die Rechtslage zur Zeit der Weimarer Reichsverfassung zu erreichen. Von anderer Seite wurde die ausdrückliche Aufführung der Gewerkschaften im Verfassungstext angestrebt, um nur den arbeitnehmerseitigen Arbeitskampf zu schützen.[102] Ein weiterer Änderungsvorschlag verfolgte das allgemein anerkannte Ziel, den politischen Streik auszuschließen.[103] Bei den Formulierungsversuchen zum von allen Seiten gebilligten Streikverbot für Beamte gelang es nicht, die Kasuistik in die Verfassung einzubetten.[104] Der Parlamentarische Rat sah sich insgesamt vor dem Problem, die Einzelfälle nicht prägnant formulieren zu können.[105] In der 18. Sitzung des Hauptausschusses vom 3.12.1948 wurde schließlich die Streichung des Abs. 4 mit der Regelung des Streikrechts beschlossen.

Damit lässt sich festhalten, dass die Verfassungsgeber dem Streikrecht eine besondere Bedeutung beigemessen haben. Ein Grundrecht auf Arbeitskampf lässt sich der Entstehungsgeschichte des Art. 9 Abs. 3 GG jedoch nicht entnehmen. Der entsprechende Abs. 4 wurde gerade nicht aufgenommen.[106] Warum die Aufnahme eines Streikrechtsartikels unterblieb, ist streitig. Einerseits wird angeführt, dass dieses Recht nicht ausschließlich den Gewerkschaften gewährt werden sollte,[107] andererseits darauf hinge-

99 früher Art. 12

100 JöR Bd. 1 / NR (1951), S. 117

101 JöR Bd. 1 / NR (1951), S. 118

102 JöR Bd. 1 / NR (1951), S. 123

103 JöR Bd. 1 / NR (1951), S. 120 f.: Dieser Vorschlag erfolgte zunächst durch die Fraktion der FDP. Der Gedanke wurde aufgenommen.

104 JöR Bd. 1 / NR (1951), S. 123

105 JöR Bd. 1 / NR (1951), S. 121 f.

106 *Brox*, in: Brox/Rüthers, Arbeitskampfrecht, § 4 Rn. 82

107 *v. Mangoldt*, AöR 75 (1949) 273 (287)

wiesen, dass dieser Gedanke bereits durch inhaltliche Änderungen im Verfahren vor der Streichung beseitigt wurde und damit nicht mehr herangezogen werden könne. Weiterhin bestand das Problem, die Kasuistik des Streikrechts mit den allgemein gebilligten Ausnahmen prägnant zu formulieren.

II. Die Auslegung des Wortlauts

Aus dem Wortlaut lassen sich nur wenige Anhaltspunkte für die Gewährleistung eines Streikrechts finden, da Art. 9 Abs. 3 S. 1 GG nur vom Recht der Bildung einer Vereinigung zur Förderung der Arbeits- und Wirtschaftsbedingungen spricht. In der Literatur wird diskutiert, ob ein Zusammenschluss zur Durchführung eines Streiks unter den Begriff der „Vereinigung" i.S.d. Art. 9 Abs. 3 GG subsumiert werden kann.[108] Diese Frage spielt vor allem bei der verfassungsrechtlichen Gewährleistung eines Streikrechts bei so genannten Ad-hoc-Koalitionen eine Rolle.

Für eine weite Auslegung des Art. 9 Abs. 3 S. 1 GG wird angeführt, dass auch eine nur auf kurze Zeit angelegte Vereinigung die Wirtschafts- und Arbeitsbedingungen der Arbeitnehmer fördern kann. Gerade die Spontaneität des Zusammenschlusses ergänze die verfestigten Strukturen der Gewerkschaften und Arbeitgeberverbände.[109] Hiergegen wird vorgebracht, dass die den Koalitionen übertragene Aufgabe mit der besonderen Regelungsreichweite eine gewisse Dauer des Zusammenschlusses erfordere.[110] Die Notwendigkeit zeige sich in der Möglichkeit der Koalitionen zu streiken.[111] Ein sinnvolles Ordnen des Arbeitslebens i.S.d. Art. 9 Abs. 3 GG sei nur möglich, wenn eine gewisse Kontinuität vorliege. Nur so könne das Konfliktpotential hinreichend befriedigt werden. Allerdings herrscht hinsichtlich des Streikrechts Einigkeit. Auch die Anhänger einer weiten Auslegung schränken die Betätigung der Koalitionen im Hinblick auf Tarif- und Streikfähigkeit ein.[112]

---

108 *Seiter*, Streikrecht und Aussperrungsrecht, S. 76; *Hueck*, RdA 1968, 430 (432); *Löwisch/Hartje*, RdA 1970, 321 (324); *Rüthers*, DB 1970, 2120 (2121), *Ramm*, Arbeitskampf, S. 188 ff.

109 *Däubler/Hege*, Koalitionsfreiheit, Rn. 109, S. 61

110 *Schaub*, Arbeitsrechts-Handbuch, § 187 Rn. 6, S. 1860; *Gamillscheg*, Kollektives Arbeitsrecht I, S. 396

111 *Seiter*, Streikrecht und Aussperrungsrecht, § 6, S. 76 ff.

112 *Löwisch*, in: MünchArbR, § 236 Rn. 41 u. § 248 Rn. 14; *Däubler/Hege*, Koalitionsfreiheit, Rn. 110 S. 61 f.

Unabhängig, ob eine gewisse Dauerhaftigkeit der Koalition gefordert wird oder nicht, darf das Betätigungsmittel des Streiks nur durch eine dauerhafte Organisation ausgeübt werden. Tarifverträge bedürfen einer ständigen Kontrolle, um ihren Zweck erfüllen zu können. Diese können nur ständig vorhandene Organisationen gewährleisten.[113] Außerdem muss, um Schadensersatzansprüche aufgrund rechtswidriger Streiks erfüllen zu können, ein solventer Schuldner vorhanden sein, der sich nicht, ohne eine Haftungsmasse zu hinterlassen, auflöst. Die Überlegungen setzen aber jeweils ein Streikrecht voraus. Für die grundsätzliche Frage kann dem Wortlaut keine Antwort entnommen werden.

III. Zweckorientierte Auslegung

In Rechtsprechung und Literatur wird die Meinung vertreten, dass die Grundrechtsverwirklichung ein Verfahren voraussetzen kann, dass den grundrechtsspezifischen Betätigungen Rechnung trägt.[114] Es soll die Grundrechtssicherung und -verwirklichung optimieren.[115] Klassisches Beispiel für ein solches Verfahren ist die Strafprozessordnung, die mit ihrem Ablauf den Interessen der Grundrechtsträger Rechnung trägt. Die Verfahrensgarantie ist aber nicht auf den klassischen Konflikt zwischen Staat und Bürger beschränkt, sondern auch als Mittel zur Effizienzsteigerung der Grundrechte im Verhältnis zwischen Grundrechtsträgern zur Realisierung einer anderenfalls vom Leerlauf bedrohten Grundrechtsposition geboten.[116]

Ein Verfahren muss auch für die Koalitionsfreiheit des Art. 9 Abs. 3 S. 1 GG gewährleistet sein.[117] Ihr Schutzbereich ist nicht auf einen Kernbereich koalitionsmäßiger Betätigung beschränkt,[118] sondern umfasst alle Verhaltensweisen, die koalitionsspezifisch sind.[119] Durch die unmittelbare Drittwirkung und die antagonistischen Positionen von Arbeitnehmern und Arbeitgebern ist der Konflikt zwischen den Grundrechtsträgern unumgänglich und setzt zur Grundrechtssicherung und –optimierung ein besonderes Ver-

---

[113] *Löwisch*, in: MünchArbR, § 248 Rn. 14, S. 209 f.

[114] BVerfGE 35, 79 (116); *Denninger*, in: AK-GG, Vor Art. 1 Rn. 16; *Hesse*, EuGRZ 1978, 427 (434); *Wank*, RdA 1989, 263 (264)

[115] *v. Münch*, GGK I, Rn. 80 zu Art. 9; *Starck*, JuS 1981, 237 (242)

[116] BVerfGE 4, 96 (101 f.); 50, 290 (367); 84, 212 (224); *Bethge*, NJW 1982, 1 (3)

[117] *Scholz*, HdbStR VI, § 151, Rn. 13, S. 1121

[118] BVerfGE 28, 295 (303); 38, 281 (305); 57, 220 (246)

[119] BVerfGE 94, 268 (283); 100, 271 (282)

fahren voraus. Dieses muss entsprechend dem Schutzzweck der „Wahrung und Förderung der Arbeits- und Wirtschaftsbedingungen“ die spezifisch koalitionsmäßige Betätigung gewährleisten,[120] um den sozialen Ordnungsaufgaben der Koalitionen gewachsen zu sein.[121]

Mit dem Tarifvertragssystem, das bereits vor Erlass des Grundgesetzes bestand, liegt ein solches Verfahren vor. Das Tarifvertragssystem gestaltet und konkretisiert die Freiheit der Koalitionsbetätigung.[122] Es ermöglicht den Parteien, die Arbeits- und Wirtschaftsbedingungen zu regeln, während der Staat seine Rechtssetzungsbefugnis weit zurückgenommen und die Bestimmung über die regelungsbedürftigen Einzelheiten des Arbeitsvertrags grundsätzlich den (sachnäheren) Koalitionen überlassen hat.[123] Dazu wird ihnen gem. § 1 Abs. 1 TVG das Recht eingeräumt, durch den Abschluss von Tarifverträgen Normen im rechtstechnischen Sinne zu erlassen.[124] Das Tarifvertragssystem dient dem Ausgleich eines in der Regel vorhandenen Machtungleichgewichts zwischen Arbeitnehmern und Arbeitgebern. Dazu berücksichtigt es die Kollektivmacht der Arbeitnehmer durch die Koalitionsbildung, indem es das Recht zum Abschluss von Tarifverträgen den Gewerkschaften überlässt.[125] Der wesentliche Zweck der Koalitionen besteht folglich im Abschluss von Tarifverträgen.[126] Dieses Kollektivvertragsrecht wird durch Art. 9 Abs. 3 S. 1 GG gewährleistet.[127] Der Schutz des Tarifvertragssystems durch die Koalitionsfreiheit[128] wird auch durch die Rechtslage zur Zeit der Weimarer Reichsverfassung argumentativ gestützt, welche die Tarifverträge als beiderseitige Verträge in Art. 165 Abs.

---

[120] BVerfGE 4, 96 (106); 17, 319 (333); 58, 233 (246)

[121] *Scholz*, Koalitionsfreiheit, in: HdbStR VI, § 151, Rn. 16

[122] *Däubler/Hege*, Koalitionsfreiheit, Rn. 216, S. 109; *Lieb*, NZA 1985, 265 (268)

[123] BVerfGE 44, 322 (340); 50, 290 (367); 58, 233 (246); BAG 46, 322 (345); *G. Müller*, RdA 1979, 361 (363)

[124] BAGE46, 322 (346)

[125] *Löwisch*, Arbeitsrecht, § 7 Rn. 232, S. 67; *Schaub*, Arbeitsrechts-Handbuch, § 198, Rn. 5

[126] BVerfGE 34, 307 (316 f.); 58, 233 (246); 84, 212 (224); 100, 271 (282)

[127] BVerfGE 84, 212 (224); 94, 268 (284); 100, 271 (282)

[128] Auch wenn der Schutz des Tarifvertragssystems durch Art. 9 Abs. 3 S. 1 GG im Ergebnis unbestritten ist, stellt sich trotzdem die Frage, ob dieser Schutz unmittelbar gegeben ist. Damit könnte das Tarifvertragssystem nicht mehr abgeschafft werden, während ein mittelbarer Schutz bedeuten würde, dass das Tarifvertragssystem zwar geschützt, aber ersetzbar wäre.

1 S. 2 WRV anerkannte.[129] Die Verfassungsgeber des Grundgesetzes wollten dahinter nicht zurückbleiben.[130]

Aus dem verfassungsrechtlich anerkannten Schutz des Tarifvertragssystems folgt, dass zur ordnungsgemäßen Durchsetzung der gegensätzlichen Koalitionsinteressen auch die Arbeitskampfmaßnahmen vom Schutz umfasst sind.[131] Die Gewerkschaften sind auf die Bereitschaft der Arbeitgeber beziehungsweise Arbeitgeberverbände angewiesen, Tarifverträge abzuschließen.[132] Dies macht es erforderlich, den Forderungen durch Druckausübung Nachdruck zu verleihen.[133] Die Alternative wären hilflose Appelle,[134] die das Bundesarbeitsgericht treffend als „kollektives Betteln" bezeichnet hat[135] oder die Zwangsschlichtung durch den Staat mit einer Festsetzung der Löhne und Arbeitsbedingungen.[136] Die Druckmittel können im Rahmen der verfassungsmäßigen Ordnung frei gewählt werden.[137] Regelmäßig ist dies der Streik in seinen unterschiedlichen Varianten. Das Streikrecht stellt sich damit als verfassungsrechtlich geschützte Folge des Tarifvertragssystems dar.[138]
Nach der zweckorientierten Auslegung besteht mit den Worten von *Richardi* kein (generelles) Grundrecht auf Streik, sondern ein verfassungsrechtlich geschütztes Streikrecht in Abhängigkeit von der Anwendung des Tarifvertragsgesetzes. Das Tarifvertragswesen und der Arbeitskampf bilden eine Funktionseinheit. Ohne dieses Druckmittel wäre die Tarifautonomie nicht funktionsfähig. Dies schließt allerdings den Arbeitskampf nicht generell für Fälle aus, in denen das Tarifvertragssystem keine Anwendung findet. So ist es möglich, dass ein neues System ebenfalls Arbeitskampfmittel erfordert. Entscheidend ist, ob ein Streik funktionell zur Durchsetzung von

---

[129] *Anschütz*, Die Verfassung des Deutschen Reichs, Art. 165 Anm. 3, S. 746

[130] *Kemper*, Die Bestimmung des Schutzbereichs der Koalitionsfreiheit (Art. 9 Abs. 3 GG), S. 137 f.

[131] BVerfGE 84, 212 (225); *Zöllner/Loritz*, Arbeitsrecht, § 40, S. 451

[132] BAGE 46, 322 (346)

[133] *Schaub*, Arbeitsrechts-Handbuch, § 193 Rn. 2; *Gamillscheg*, Kollektives Arbeitsrecht I, § 20 Rn. 939

[134] *Däubler/Hege*, Koalitionsfreiheit, S. 111

[135] BAGE 33, 140 (151)

[136] *Richardi*, Die Grenzen der Zulässigkeit des Streiks, S. 10

[137] BVerfGE 18, 18 (32); 50, 290 (368); 84, 212 (224)

[138] *Richardi*, JZ 1992, 27 (28 f.); a.A. *Däubler*, in Däubler, Arbeitskampfrecht, Rn. 90t ff.

Forderungen erforderlich ist.[139] In Betracht kommt auch eine Fallgestaltung, in der ein neues System und das Tarifvertragssystem nebeneinander existieren. Entspricht das neue System nicht den rechtsstaatlichen Anforderungen, besteht die Möglichkeit, einen Tarifvertrag zu erstreiken.

IV. Die Notstandsklausel des Art. 9 Abs. 3 S. 3 GG

Die Gewährleistung eines Streikrechts könnte zudem mit dem 17. Gesetz zur Ergänzung des Grundgesetzes vom 24. Juni 1968[140] anerkannt worden sein. Mit der Notstandsklausel in Art. 9 Abs. 3 S. 3 GG wurde der Begriff des Arbeitskampfes erstmals in die Verfassung eingeführt. Arbeitskämpfe sind nunmehr gegen bestimmte Notstandsmaßnahmen durch Art. 9 Abs. 3 S. 3 GG als Schranken-Schranke geschützt.[141] Umstritten ist allerdings, ob damit auch eine Aussage zum Schutz des Arbeitskampfes außerhalb des Notstandes getroffen wurde.

Einer Auslegung für ein Streikrecht wird unter anderem von Seiten des Bundesarbeitsgerichts die Entstehungsgeschichte der Notstandsklausel entgegengehalten.[142] Der Rechtsausschuss des Bundestages wollte an der verfassungsrechtlichen Beurteilung von Arbeitskämpfen nichts ändern. Ziel war es lediglich, „die Gewährleistung des bisherigen Zustandes auch im Rahmen der Notstandsverfassung" zu sichern.[143] Entsprechendes galt auch für die Beratungen im Plenum.[144]

Bedenken gegen diese Auslegung werden aufgrund der systematischen Einbettung in Art. 9 Abs. 3 GG geäußert.[145] Da die Regelung einen Aus-

---

139 vgl. *Gamillscheg*, Kollektives Arbeitsrecht I, § 20, S. 940

140 BGBl. I S. 709; vgl. auch *Hesse*, Das neue Notstandsrecht der Bundesrepublik Deutschland, S. 1 ff.

141 *Seiter*, Streikrecht und Aussperrungsrecht, S. 68 f.; *Scholz*, in: Maunz-Dürig, Komm. z. GG, Art. 9 Rn. 389

142 BAGE 58, 138 (146 f.); *Zöllner/Loritz*, Arbeitsrecht, § 40, S. 451; *Gamillscheg*, Kollektives Arbeitsrecht I, § 20, S. 942; *Wollenschläger/Fröhlich*, AuR 1990, 102 (103)

143 vgl. *Seiter*, Streikrecht und Aussperrungsrecht, S. 72; BT-Drucks. V/2873, S. 3; BT-Drucks V/1879, S. 24

144 vgl. ausführliche Darstellung bei *Seiter*, Streikrecht und Aussperrungsrecht, Fn. 14, S. 72 f.

145 *Otto*, in: MünchArbR, § 284 Rn. 19; *Rüthers*, in: Brox/Rüthers, Arbeitskampfrecht, Rn. 86

nahmefall – den Notstand – regelt, liegt systematisch die Annahme nahe, dass die Regelung im Normalfall ohnehin gilt. Es ist sinnwidrig, wenn der Arbeitskampf im Falle eines Notstandes mit den besonderen Belastungen für Staat und Gesellschaft geschützt sein sollte und es für den Normalfall an einem Schutz fehlen würde.[146] Diesem Erst-Recht-Schluss hat sich auch das Bundesverfassungsgericht angeschlossen.[147]

Zu berücksichtigen ist allerdings, dass die Einbettung der Notstandsklausel in das Grundrecht der Koalitionsfreiheit nur bedingt für ein Streikrecht im Normalfall zu sprechen vermag. Ein anderer Ort zur Regelung der Notstandsfrage als Art. 9 Abs. 3 S. 3 GG war nicht sinnvoll. Eine Einbettung – wie ursprünglich geplant – in Art. 91 GG wäre unsystematisch, da der Schutz auch gegen andere Maßnahmen als die dort aufgeführten besteht.

Als problematisch für eine Verallgemeinerung vom Notstands- auf den Normalfall wird zudem angesehen, dass Art. 9 Abs. 3 S. 3 GG nicht gegenüber allen öffentlichen Gewalten im Sinne des Art. 1 Abs. 3 GG Bindungswirkung entfalten soll. Der Schutz durch die Notstandsklausel bestehe nur gegenüber einzelnen Exekutivmaßnahmen.[148] Ein Schutz vor legislativem Handeln werde nicht gewährt. Bei einem beschränkten Schutz von Arbeitskämpfen im Notstand müsse erst bewiesen werden, dass eine umfassende Gewährleistung im Normalfall möglich sei.[149] Dafür spricht zum einen die Abwägung des Gefährdungspotentials. Der Staat soll in einer extremen Notsituation funktionsfähig bleiben. Dazu muss er Maßnahmen treffen können. Der Ausschluss vor allem von Exekutivmaßnahmen kann dabei als Ausdruck der Suche nach einem optimalen Ausgleich zwischen Machtkonzentration und Funktionsfähigkeit des Staates gesehen werden. Die Exekutive verfügt nicht über eine vergleichbare Legitimation wie die Legislative. Vor allem besteht beim Erlass von Gesetzen ein Verfahren, das Missbräuche in besonderem Maße ausschließt. Zum anderen bietet Art. 12a Abs. 3 GG im Verteidigungsfall die Möglichkeit, durch Gesetz Wehrpflichtige in Arbeitsverhältnissen zu beschäftigten. Der Schutz vor dieser Maßnahme durch Art. 9 Abs. 3 S. 3 GG erstreckt sich damit – wenn auch begrenzt – auf legislatives Handeln.

---

[146] *Otto*, in: MünchArbR, § 284 Rn. 19; *ders.*, Anmerkung zu dem Urteil des BAG vom 26.4.1988 - 1 AZR 399/86, SAE 1991, 45 (51); vgl. auch *Scheuner*, RdA 1971, 327 (330)

[147] BVerfGE 84, 212 (225)

[148] *Seiter*, Streikrecht und Aussperrungsrecht, S. 74

[149] *Seiter*, Streikrecht und Aussperrungsrecht, S. 74

Der Anerkennung eines Streikrechts durch die Einführung des Art. 9 Abs. 3 S. 3 GG wird weiterhin entgegengehalten, dass dieser im Notstandsfall auch rechtswidrige Arbeitskämpfe schützt. Damit würde sich ein Erst-Recht-Schluss verbieten. Ein verfassungsrechtlicher Schutz rechtswidriger Arbeitskämpfe wird durch Art. 9 Abs. 3 S. 1 GG nach einhelliger Ansicht nicht gewährt. Der Schutz von rechtswidrigen Arbeitskämpfen durch Art. 9 Abs. 3 S. 3 GG wird mit dem Fehlen des Adjektivs „rechtmäßig" im Wortlaut der Norm begründet.[150] Als Stütze dieses „eindeutigen" Wortlauts wird auf die Entstehungsgeschichte verwiesen.[151] So hatte *Nipperdey* in der 5. öffentlichen Informationssitzung des Rechts- und Innenausschusses des deutschen Bundestages auf die mögliche Erfassung rechtswidriger Arbeitskämpfe aufmerksam gemacht.[152] Eine „berichtigende Auslegung" wird von den Vertretern dieser Auffassung daher abgelehnt.[153] Allerdings ist bei der Auslegung auch der Grund für das Weglassen des Wortes „rechtmäßig" zu berücksichtigen. Es sollte verhindert werden, dass Arbeitskämpfe gesetzwidrig für rechtswidrig erklärt und dann durch entsprechende Notstandsmaßnahmen verhindert werden. Dieses nachvollziehbare Ziel führt im Ergebnis allerdings nicht zum Schutz von rechtswidrigen Maßnahmen. Ein Arbeitskampf, der sich gegen das Recht richtet – mit anderen Worten rechtswidrig ist – wird von der Verfassung nicht geschützt. Dieser Grundsatz wird auch durch den Notstand nicht in Frage gestellt. Eine verfassungsrechtlich geschützte Position für ein Handeln, dass über das erlaubte Maß in verfassungsrechtlich geschützte Positionen eines anderen hineinragt oder den Staat gefährdet, wäre sinnwidrig. Gerade im Fall des Notstandes müssen an ein das Gefüge des Staates gefährdendes Verhalten besonders strenge Anforderungen gestellt werden.

Dies ergibt sich auch aus dem vergleichbaren Sinngehalt von Art. 9 Abs. 3 S. 3 und Abs. 3 S. 1, der durch Wortidentität belegt wird.[154] Die Verweisung der Sätze aufeinander lässt einen sinnlogischen Zusammenhang zwischen ihnen entstehen, der eine unterschiedliche Beurteilung nicht erlaubt. Geschützt sind jeweils Vereinigungen zur Wahrung und Förderung der Arbeits- und Wirtschaftsbedingungen und daraus folgernd deren daran orien-

---

[150] *Seiter*, Streikrecht und Aussperrungsrecht, S. 70

[151] *Seiter*, Streikrecht und Aussperrungsrecht, S. 71; *Hueck/Nipperdey*, Lehrbuch des Arbeitsrechts II/2, S. 917; *Barby*, AuR 1968, 267 (270)

[152] Deutsche Bundestag, V. Wahlp., Protokoll des Rechtsausschusses und Innenausschusses Nr. 62 bzw. 77, S. 95 f.

[153] *Seiter*, Streikrecht und Aussperrungsrecht, S. 71

[154] Schmid, Arbeitskampf und Notstand aus der Sicht des Art. 9 Abs. 3 S. 3 GG, S. 38; *Hueck*, RdA 1968, 430 (432)

tierte Betätigungen. Der allgemein als rechtswidrig anerkannte politische Streik ist damit bereits ausgeschlossen, da in Satz 3 nur die Wahrung und Förderung der Arbeits- und Wirtschaftsbedingungen geschützt ist – wie auch im Satz 1. Gleiches gilt für den nichtgewerkschaftlich organisierten Streik.[155] Satz 3 spricht von Arbeitskämpfen, die von Vereinigungen im Sinne des Satzes 1 und damit den Koalitionen geführt werden.[156] Übrig bleiben nun noch Verstöße gegen das Verhältnismäßigkeitsprinzip, das sich beim Arbeitskampf im ultima-ratio-Prinzip oder in der Erzielung einer Kampfparität zwischen den Antagonisten widerspiegelt. Die Verhältnismäßigkeit ist fester Bestandteil einer Prüfung der Verfassungsmäßigkeit. Eine ausdrückliche Erwähnung in der Form, dass nur „verhältnismäßige Arbeitskämpfe“ gewährleistet werden, ist überflüssig. Somit werden rechtswidrige Arbeitskämpfe weder durch Art. 9 Abs. 3 S. 1 GG im Normalfall noch durch Art. 9 Abs. 3 S. 3 GG im Notstandsfall geschützt.[157] Der Erst-Recht-Schluss ist nicht ausgeschlossen.

Der Wille des Gesetzgebers kann nicht die von ihm objektiv geschaffene Rechtslage beeinflussen, sondern ist lediglich bei einer systematischen Unklarheit Indiz für eine Auslegung. Durch die Ergänzung des Art. 9 Abs. 3 GG um die Notstandsklausel in S. 3 wurde der Schutz des Arbeitskampfes in die Verfassung aufgenommen. Bereits *Helmut Schmidt* (SPD) hatte erkannt, dass „durch die Verfassungsergänzung das bisherige Arbeitskampfrecht in neuem Licht erscheinen könnte“. Die Behauptung, dass die Notstandsklausel auch rechtswidrige Arbeitskämpfe schützt, ist nicht haltbar und steht dem Erst-Recht-Schluss nicht entgegen. Allerdings ergibt sich aus der systematischen Verknüpfung der Sätze 1 und 3 eine Einschränkung. Art. 9 Abs. 3 S. 3 GG führt nicht zum generellen Schutz von Streiks, sondern nur zu solchen, die sich im Rahmen des Art. 9 Abs. 3 S. 1 GG bewegen und damit gegenwärtig auf den Abschluss eines Tarifvertrags zielen. Alternativ kann der Streik zulässig sein, wenn ein anderes Verfahren eine

---

155 *Hueck/Nipperdey/Säcker*, Lehrbuch des Arbeitsrechts II/2, 7. Aufl., § 47, S. 917; *Hueck*, RdA 1968, 430

156 Die Möglichkeit der Aussperrung durch den einzelnen Arbeitgeber berührt diese Auslegung nicht. Aus dem Erst-Recht-Argument lässt sich nur entnehmen, dass jedenfalls Vereinigungen das Recht zum Arbeitskampf dem Art. 9 Abs. 3 S. 1 GG entnehmen können, wenn dies schon Vereinigungen im Notstandsfall zugestanden wird.

157 Inkonsequent insoweit *Hueck/Nipperdey/Säcker* in Lehrbuch des Arbeitsrechts II/2, 7. Aufl., § 47, S. 917 f.; Sie kommen hinsichtlich politischer und nichtgewerkschaftlich organisierter Arbeitskämpfe zum selben Ergebnis, sind aber der Auffassung, dass rechtswidrige Arbeitskämpfe im Übrigen nicht geschützt sind. Eine Begründung wird nicht gegeben.

derartige Druckausübung erfordert. Die Möglichkeit der Ausgestaltung und Neuordnung wird dem Gesetzgeber nicht, wie es *Gamillscheg* befürchtet,[158] genommen.

§ 4 Europarechtliche Regelungen

Eine Rechtssetzungskompetenz der Europäischen Gemeinschaft für das Arbeitsentgelt, das Koalitions-, Streik- und Aussperrungsrecht besteht gem. Art. 137 Abs. 5 EG nicht. Dieser Bereich wurde als zu sensibel erachtet, um ihn den Mitgliedsstaaten zu entziehen.[159] Trotzdem lassen sich auf europäischer Ebene eine Vielzahl von Regelungen finden.[160] So gewährleistet beispielsweise die Charta der Grundrechte der Europäischen Union den Arbeitnehmerorganisationen das Mittel des Streiks in Art. 28. Ihr kommt bislang aber nur der Charakter einer politischen Selbstbindung zu. Durch eine Aufnahme in den europäischen Verfassungsvertrag wird sich dies ändern, so dass die Gemeinschaftsgrundrechte verbindliches Recht werden. Vergleichbar dazu enthält auch die Europäische Sozialcharta im Teil II Art. 6 Nr. 4 die Anerkennung kollektiver Maßnahmen einschließlich des Streikrechts. Ihre Wirkung in das nationale Recht ist umstritten.[161] Die Auffassungen reichen von der rechtlichen Unverbindlichkeit[162] bis zur unmittelbaren Verbindlichkeit[163]. Das Bundesarbeitsgericht ist der Auffassung, dass sich der Richter, der die bestehenden gesetzlichen Lücken anhand von Wertentscheidungen ausfüllen muss, an die völkerrechtlichen Verpflichtungen halten muss, wie dies der Gesetzgeber getan hätte.[164] Art. 11 der Europäischen Menschenrechtskonvention garantiert ebenfalls die Koalitionsfreiheit. Er geht in seinem Regelungegehalt allerdings nicht über den Art. 9 Abs. 3 GG hinaus.[165]

---

158 *Gamillscheg*, Kollektives Arbeitsrecht, § 20, S. 942

159 *Steinmayer*, RdA 2001, 10 (17); *Kissel*, Arbeitskampfrecht, § 20 Rn. 1

160 vgl. die Aufführung von *Rüthers*, in Brox/Rüthers, Arbeitskampfrecht, Rn. 124; *Kissel*, Arbeitskampfrecht, § 20

161 vgl. *Rüthers*, in: Brox/Rüthers, Arbeitskampfrecht, Rn. 124

162 BVerwG, DVBl. 1993, 787 ff. m.w.N.

163 *Ramm*, AuR 1971, 65 (69); *Däubler*, Arbeitskampfrecht, Rn. 102 ff.

164 BAG AP Nr. 81 zu Art. 9 Arbeitskampf, Bl. 572 R

165 BAGE 33, 140 (157); *Gamillscheg*, Kollektives Arbeitsrecht Bd. 1, § 20, S. 956; *Kissel*, Arbeitskampfrecht, § 20 Rn. 37

§ 5 Grenzen des Streikrechts

Das Streikrecht muss sich als spezifisch koalitionsmäßiges Mittel in die Gesamtsordnung des Rechts einfügen[166] – „die Freiheit des einen hat ihre Grenze in der Freiheit des anderen".[167] Dabei bildet zunächst der Zweck der Förderung der Arbeits- und Wirtschaftsbedingungen eine tatbestandliche, inhaltliche Grenze des Schutzbereichs der Koalitionsfreiheit aus Art. 9 Abs. 3 S. 1 GG.[168] Dadurch ist es beispielsweise unzulässig, politische Ziele mittels eines Streiks durchzusetzen. Über diese tatbestandliche Beschränkung hinaus sind weitere Grenzen der Koalitionsfreiheit zu beachten. Dies gilt insbesondere für den Konflikt mit anderen Verfassungsgütern, die sich beim Streik insbesondere aus den Grundrechten der vom Streik Betroffenen oder anderen mit Verfassungsrang ausgestatteten Rechtsgütern ergeben.[169] Sie bilden die (äußeren)[170] verfassungsimmanenten[171] Schranken. Für kirchliche und andere karitative Einrichtungen sind dabei insbesondere die Art. 1 und 2 GG in Bezug auf so genannte gemeinwohlschädliche Auswirkungen eines Streiks sowie die Art. 4 und 140 GG i.V.m. Art. 137 Abs. 3 WRV hinsichtlich der religiösen oder weltanschaulichen Ausrichtung der bestreikten Einrichtungen bedeutsam. Die Kollisionslage ist im Wege eines Ausgleichs für beide Seiten möglichst schonend aufzulösen.[172]

A Der Ausgleich der Rechtspositionen

Zum Ausgleich verfassungsrechtlicher Rechtspositionen wird der Grundsatz des Übermaßverbots als (innere)[173] Schranken (-Schranke)[174] angewandt. Er beruht auf dem Gedanken, dass ein sinnvoller, angemessener Ausgleich kollidierender, verfassungsrechtlich relevanter Schutzgüter unter Vermeidung eines Rationalitätsverlust in Abkehr von einer individualis-

---

166 *Gamillscheg*, Kollektives Arbeitsrecht Bd. 1, § 23, S. 1105

167 *Grosser*, FS für Hans Ulrich Scupin, S. 107; *Bethge*, Zur Problematik von Grundrechtskollisionen, S. 256

168 *Scholz*, in: Maunz-Dürig, Komm. z. GG, Art. 9 Rn. 375, S. 253; BAG, NJW 1985, 2545

169 BVerfGE 84, 212 (228)

170 *Gamillscheg*, Kollektives Arbeitsrecht Bd. 1, § 23, S. 1105 ff.

171 *Jarras*, AöR Bd. 110 (1985) 363 (385)

172 *Scholz*, in: Maunz-Dürig, Komm. z. GG, Art. 9 Rn. 353, S. 246 f.

173 *Gamillscheg*, Kollektives Arbeitsrecht Bd. 1, § 24, S. 1127

174 *Kreuz*, Der Grundsatz der Verhältnismäßigkeit im Arbeitskampfrecht, S. 34

tisch dezisionistischen Güterabwägung zu finden ist.[175] Seinen Ursprung hat der Grundsatz des Übermaßverbots im Verwaltungsrecht – genauer im Polizeirecht.[176] Als Maßstab zum Ausgleich der widerstreitenden Interessen hat sich als formales – nicht an den einzelnen Sachverhalt gebundenes – Prinzip[177] eine dreigliedrige Prüfung durchgesetzt, die entsprechend ihrem Ursprung auf den Eingriff des Staates in die Rechtssphären des Bürgers zugeschnitten ist.[178] Der Eingriff muss zur Durchsetzung beziehungsweise Förderung des verfolgten Ziels geeignet, erforderlich und angemessen sein. Der Grundsatz der Erforderlichkeit verlangt, dass unter mehreren möglichen, zur Zweckerreichung gleich geeigneten Mitteln nur dasjenige gewählt wird, das die geringsten Folgen hervorruft.[179] Es mag also mehrere mögliche, sogar angemessene Mittel geben, aber nur ein erforderliches.[180] Die Einhaltung ist objektiv zu prüfen.[181] Schlussendlich darf das angewandte Mittel nicht außerhalb jedes vernünftigen Verhältnisses zum Wert des zu Erreichenden stehen.[182]

Das Übermaßgebot findet – beruhend auf seiner Entstehungsgeschichte – zunächst bei Eingriffen des Staates in Grundrechte der Bürger Anwendung. Es ist durch das Verhältnis der Über- und Unterordnung geprägt, so dass über die Anwendbarkeit des Übermaßverbots im Privatrecht gestritten wurde. Das „Verbot der Unverhältnismäßigkeit" hat aber – wie die §§ 227, 228, 904 BGB zeigen – auch im Privatrecht Einzug gehalten.[183] Es entfaltet überall dort seine Ausgleichs- und Schutzfunktion, wo gesetzliche Schranken, Maßstäbe und Spielräume[184] im Zusammenhang mit Grundrechten

---

175 *Lerche*, HStR V, § 122 Rn. 1; *Bethge*, Zur Problematik von Grundrechtskollisionen, S. 293

176 *Kreuz*, Der Grundsatz der Verhältnismäßigkeit im Arbeitskampfrecht, S. 32

177 *Lerche*, HStR V, § 122 Rn. 16

178 *Herzog*, in: Maunz-Dürig, Komm. z. GG, Art. 20 Rn. 73, S. 289 f.

179 *Lerche*, Übermaß und Verfassungsrecht, S. 19; *Auffermann*, Der Grundsatz der Verhältnismäßigkeit im Arbeits- und Sozialversicherungsrecht, S. 10 f.; *Herzog*, in: Maunz-Dürig, Komm. z. GG, Art. 20 Rn. 75, S. 290

180 *Auffermann*, Der Grundsatz der Verhältnismäßigkeit im Arbeits- und Sozialversicherungsrecht, S. 10

181 *Herzog* in Maunz-Dürig, Komm. z. GG, Art. 20 Rn. 75, S. 290

182 *Herzog* in Maunz-Dürig, Komm. z. GG, Art. 20 Rn. 76, S. 290

183 *Dilcher*, in: FS Hübner, S. 443 (464)

184 *Auffermann*, Der Grundsatz der Verhältnismäßigkeit im Arbeits- und Sozialversicherungsrecht, S. 9

vorhanden sind.[185] Im Arbeitsrecht ergeben sich durch die zahlreichen generalklauselartigen Formulierungen eine Vielzahl von Grundrechtsanwendungen.[186] Zu nennen ist beispielhaft die Beachtung des grundrechtlichen Schutzes bei der kündigungsrechtlichen Generalklausel des wichtigen Grundes in § 626 BGB oder im Rahmen des Direktionsrechts des Arbeitgebers gegenüber dem Arbeitnehmer aus § 315 BGB. Auch im Arbeitsrecht besteht die Funktion des Verhältnismäßigkeitsgrundsatzes darin, die Befugnisse beziehungsweise Rechte des Handelnden einzuschränken, um einen harmonischen Ausgleich zu schaffen.[187] Das durch das Verfassungsrecht mitgeformte Arbeitsrecht[188] muss den Ausgleich der unterschiedlichen Grundrechtspositionen gewährleisten. Die Kollisionssituation ist mit dem öffentlichen Recht vergleichbar, da auch im Arbeitskampf in Individualrechte[189] und sogar Rechte Dritter[190] eingegriffen wird.[191] Hinzu kommt, dass dem Übermaßverbot ein verfassungsrechtlicher Rang zuerkannt wird,[192] so dass es mit den Grundrechten und deren objektivrechtlichem Wertgehalt für die Rechtsordnung[193] als ein in sich schlüssiges Konzept in die Beurteilung der arbeitsrechtlichen Lage einfließt.[194]
Dem hat sich auch das Bundesarbeitsgericht angeschlossen. Prüfte es anfangs noch die Sozialadäquanz eines Streiks in Anlehnung an den entsprechenden strafrechtlichen Begriff,[195] so ließ es diesen später fallen, „weil nicht alle rechtlichen Wertvorstelllungen genügend Beachtung“ fanden.[196]

---

[185] vgl. *Hirschberg*, Der Grundsatz der Verhältnismäßigkeit, S. 280

[186] ablehnend: *Löwisch*, ZfA 71, 319; *Däubler*, JuS 1972, 642 ff

[187] *Konzen/Schulz*, DB 1980, 1593 (1597); *Blomeyer*, FS BAG, S. 17 (18); *Kreuz*, Der Grundsatz der Verhältnismäßigkeit im Arbeitskampfrecht, S. 35

[188] *Küchenhoff*, FS Nipperdey S. 317 (348)

[189] *Blomeyer*, FS BAG, S. 17 (22 f.)

[190] *Reuter*, RdA 1975, 275 (279)

[191] a.A. *Joachim*, AuR 1973, 289 ff.

[192] *Auffermann*, Der Grundsatz der Verhältnismäßigkeit im Arbeits- und Sozialversicherungsrecht, S. 90; *Kreuz*, Der Grundsatz der Verhältnismäßigkeit im Arbeitskampfrecht, S. 35

[193] *Jarras*, AöR Bd. 110 (1985) 363 (379)

[194] a.A. *Mösch*, Gilt der Grundsatz der Verhältnismäßigkeit im Arbeitskampfrecht, S. 150

[195] BAGE 1, 129 (300, 306); vgl. auch *Hueck/Nipperdey*, Lehrbuch des Arbeitsrechts, Bd. II/2, S. 1000 f.

[196] BAGE 23, 292 (1. LS, 306 f.)

In seiner Entscheidung vom 21. April 1971 hat das Bundesarbeitsgericht Arbeitskampfmaßnahmen und ausdrücklich den Streik mit der Begründung, dass nicht nur die Antagonisten, sondern auch sonstige Dritte sowie die Allgemeinheit getroffen werden, unter das „Gebot der Verhältnismäßigkeit“ [197] und damit das Übermaßverbot[198] gestellt. Es übernimmt die klassische Dreigliederung und prüft, ob der Arbeitskampf „zur Erreichung rechtmäßiger Kampfziele und des nachfolgenden Arbeitsfriedens geeignet und sachlich erforderlich"[199] sowie der „Grundsatz der Verhältnismäßigkeit“– gemeint ist im engeren Sinne – bei der Durchführung beachtet wurde.[200]

B Der Grundsatz der Arbeitskampfparität

Aus den Vorgaben entwickelten die Gerichte von den Streikenden zu beachtende Grundsätze. So müssen alle Verständigungsmöglichkeiten ausgeschöpft sein, um das letztmögliche Mittel des Arbeitskampfes zu vermeiden.[201] Kommt es zum Streik, so dürfen die Folgen sowie die Intensität nicht über das hinausgehen, was zur Durchsetzung des erstrebten Ziels im Rahmen eines fairen Arbeitskampfes erforderlich – angemessen – ist.[202] Die Druckausübung findet damit ihre Grenze im Erreichen der „Verhandlungsparität“ oder „Arbeitskampfparität“ von Gewerkschaften und Arbeitgebern, so dass ein Übergewicht einer Seite vermieden wird. Das Ziel der „Arbeitskampfparität“ ist anerkannt[203] und wurde vom Bundesverfassungsgericht zum Prinzip erhoben.[204] Die Arbeitskampfparität beschreibt den Zweck von Arbeitskampfmaßnahmen, mittels Druckausübung einen angemessenen und gerechten Interessenausgleich durch Tarifverträge herbeizuführen.[205] In der Rechtsprechung des Bundesarbeitsgerichts wird dabei begrifflich, aber nicht inhaltlich zum Verhältnismäßigkeitsbegriff unterschieden.[206] Die Druckausübung durch die Maßnahmen darf nach höchstrichter-

---

197 BAGE 23, 292 (1. LS, 306)

198 BAG AP Nr. 64 zu Art. 9 Arbeitskampf

199 BAGE 23, 292 (306)

200 BAGE 23, 202 (307)

201 BAG AP Nr. 43 zu Art. 9 Arbeitskampf

202 BAGE 23, 292 (307)

203 *Wank*, FS Kissel, S. 1225 (1238)

204 BVerfGE 84, 212 (229)

205 *Eichmann*, RdA 1977, 135 (136)

206 *Rüthers*, in: Brox/Rüthers, Arbeitskampfrecht, Rn. 196

licher Rechtsprechung die Grenze der Arbeitskampfparität nicht übersteigen, um ein Übergewicht einer Seite zu verhindern.[207] Dies ist Voraussetzung für ein funktionierendes Tarifvertragssystem.[208] Ob ein solches Ungleichgewicht vorliegt, ist daher eine der Kernfragen des Tarif- und Arbeitskampfrechts.

Die zur Bestimmung der Arbeitskampfparität erforderlichen Kriterien sind in Rechtsprechung und Literatur umstritten. Das Bundesarbeitsgericht hat zunächst die Lehre von der „formellen Parität" vertreten, nach der Streik und Aussperrung als gleichartige Waffen verstanden wurden, für welche die gleichen Grundsätze gelten.[209] Das Paritätsgebot erschöpfte sich in der Gleichbehandlung der Arbeitskampfparteien durch den Staat.[210] Damit wurde aber den realen Kräfteverhältnissen nicht Rechnung getragen, so dass das Bundesarbeitsgericht in den nachfolgenden Entscheidungen[211] zu einer „materiellen Paritätsbetrachtung" überging.[212] Darin prüft es nunmehr das tatsächliche Gleichgewicht der sozialen Gegenspieler. Dabei wird die Lehre von der so genannten „Gesamtparität" abgelehnt, da die Berücksichtigung aller Einflussfaktoren des Wirtschafts- und Verteilungsprozesses – wie beispielsweise von Lieferabkommen oder sozialpsychologischen Folgen der Massenarbeitslosigkeit – den Rechtsanwender überfordern und von der begrenzten Funktion des Arbeitskampfes nicht mehr getragen würde.[213] In ständiger Rechtsprechung folgt das Bundesarbeitsgericht nunmehr der so genannten „abstrakt-materiellen Parität".[214] Die Arbeitskampfparität umfasst insoweit nur die tarifbezogene Parität.[215] Entscheidend ist, wie sich die Verhandlungsstärke der sozialen Gegenspieler beim Aushandeln von Tarifverträgen auswirken und durch Arbeitskampfmittel beeinflusst werden kann.[216] Maßgebend sind dafür die realen Kräfteverhältnisse.[217] Zur Be-

---

207 BVerfGE 84, 212 (229)

208 BAGE 33, 140 (162)

209 BAGE 1, 291 (308)

210 *Wank*, FS Kissel, S. 1225 (1240)

211 BAGE 23, 292 (308)

212 BAGE 33, 140 (163)

213 BAGE 33, 140 (165); zustimmend: *Belling*, NZA 1990, 209 (217); *Wank*, FS Kissel, S. 1225 (1240 f.); *Kissel*, Arbeitskampfrecht, § 32 Rn. 11 f.

214 BAGE 33, 185; 34, 331 (340); 46, 322 (353); 48, 195 (201); 54, 314; 73, 141 (150); 73, 320 (328); 77, 335 (339)

215 BAGE 33, 140 (166)

216 BAGE 33, 140 (166)

stimmung dieses Verhältnisses sind die Kriterien zu erfassen, die einer typisierenden Betrachtung zugänglich sind. Situationsbedingte Vorteile einer Seite bleiben grundsätzlich unbeachtet.[218] Dem folgt auch die überwiegende Meinung im Schrifttum.[219] Dabei wird in der Literatur noch hervorgehoben, dass das Vorliegen einer Parität erst aufgrund einer über einen längeren Zeitraum erfolgten Betrachtung beurteilt werden kann.[220] Nur in Extremfällen soll eine Einzelbetrachtung bereits zur Feststellung einer Disparität ausreichen.[221] Dies ist beispielsweise der Fall, wenn bestimmte Kampfmittel geeignet sind, der anderen Partei von vornherein den eigenen Willen aufzuzwingen.

Aus dem Vorgenannten lässt sich nur wenig Konkretes herleiten. Was schlussendlich zur Bestimmung der Parität heranzuziehen ist, bleibt vage. Die geschlossenen Tarifverträge in Deutschland lassen aber die Vermutung zu, dass das Machtgefüge insgesamt ausgeglichen ist.[222] Das System hat sich nunmehr auch in wirtschaftlich schwierigen Zeiten bewährt, so dass die Bedenken, die das Bundesarbeitsgericht noch in seiner Aussperrungsentscheidung in der Druckindustrie 1980 geäußert hat,[223] entfallen sind, auch wenn neue Bewährungsproben bevorstehen. Festhalten lässt sich, dass das Arbeitskampfsystem nur eine verhältnismäßige und nicht die vollständige Gleichheit der Arbeitskampfparteien erfordert und verlangt.[224] Dies folgt aus der Hilfsfunktion des Arbeitskampfrechts zum bestehenden Tarifvertragssystem. Das Tarifvertragssystem beruht auf dem Gedanken, dass die sachnäheren Parteien die Rechtsverhältnisse ihrer Mitglieder selbständig ausfüllen und aufgrund der Parität die gefundene Lösung sachlich richtig und angemessen ist. Die völlige Parität würde gleichwohl zu einer Patt-Situation führen[225] und damit den status quo zementieren. Bei dem zugrunde liegenden Interessengegensatz der Parteien wären die Arbeitnehmer

---

[217] *Kissel*, Arbeitskampfrecht, § 32 Rn. 20

[218] BAGE 33, 140 (164)

[219] *Kissel*, Arbeitskampfrecht, § 32 Rn. 18 ff.; *Otto*, in: MünchArbR, § 282 Rn. 68 ff.; *Zöller/Loritz*, Arbeitsrecht, § 40 X

[220] *Kissel*, Arbeitskampfrecht, § 32 Rn. 24 m.w.N.; *Zöllner/Loritz*, § 40 X, S. 471 f.; *Rüthers*, in: Brox/Rüthers, Arbeitskampfrecht, Rn. 168

[221] *Belling*, NZA 1990, 214 (217)

[222] *Belling*, NZA 1990, 214 (217); *Gamillscheg*, Kollektives Arbeitsrecht Bd. 1, S. 974

[223] BAGE 33, 140 (164)

[224] *Kissel*, Arbeitskampfrecht, § 32 Rn. 4; *Coester*, Jura 1992, 84 (88)

[225] vgl. *Coester*, Jura 1992, 84 (88)

nicht in der Lage, bessere Arbeitsbedingungen zu erstreiten, sondern blieben auf den guten Willen der Arbeitgeberseite angewiesen. Die tatsächliche wirtschaftliche Lage wäre nicht mehr Grundlage der Arbeitsbedingungen – eine prosperierende Wirtschaft würde ihre Gewinne nicht mehr weitergeben und im umgekehrten Fall an nunmehr zu hohen Abschlüssen zu Grunde gehen. Tarifverträge würden aufgrund der Patt-Situation gegebenenfalls nicht mehr geschlossen. Der Gesetzgeber wäre systemuntypisch gefordert nachzubessern.

§ 6 Der Zweck des Streikrechts

Das Bundesarbeitsgericht konstatiert in einer seiner älteren Entscheidungen, dass sich Geeignetheit, Erforderlichkeit und Proportionalität einer Kampfmaßnahme nicht beurteilen lassen, solange nicht deren Zweck bei der Prüfung der Teilgrundsätze feststeht.[226]

In einer Grundsatzentscheidung hat das Bundesarbeitsgericht Arbeitskämpfe als ein „legitimes Mittel zur Erreichung kollektiver Vereinbarungen" bezeichnet[227] und in nachfolgenden Entscheidungen wird immer wieder die enge Verbindung zu den Tarifverträgen aufgezeigt.[228] Das Streikrecht beziehungsweise bereits die Streikandrohung sollen allgemein das Zustandekommen und die inhaltliche Angemessenheit von Tarifverträgen gewährleisten.[229] Dies mag wie beispielsweise beim Warnstreik[230] durch die Drohung mit der Kampfbereitschaft (sog. Demonstrationsfunktion) oder zur Beschleunigung der Verhandlungen (sog. Druck- und Beschleunigungsfunktion) geschehen. Der Abschluss von Tarifverträgen soll dabei weiterhin auf einem System freier Vereinbarungen beruhen, die der Grundstein für das Funktionieren des Tarifvertragssystems sind.[231] Um dies zu gewährleisten, muss nach Auffassung des Bundesarbeitsgerichts sichergestellt sein, „dass nicht eine Tarifvertragspartei der anderen von vornherein ihren Willen aufzwingen kann, sondern dass möglichst gleiche Verhandlungschancen bestehen".[232] Dieser Machtausgleich wird durch die (zulässigen)

---

226 BAGE 33, 140 (175)

227 BAGE 1, 291 (307)

228 BAGE 23, 292 (304)

229 BAGE 33, 140 (2. LS); 33, 185 (2. LS, 191)

230 zu den Funktionen des Warnstreiks: *Seiter*, FS 25 BAG, S. 583 (586 ff.)

231 BAGE 23, 292 (308)

232 BAGE 23, 292 (308)

Mittel des Arbeitskampfes, die nach Ziel und Zweck nur auf eine vorübergehende Unterbrechung der beiderseitigen Rechte und Pflichten angelegt sind, gewährleistet.[233] Die Gewerkschaften benötigen regelmäßig den Streik beziehungsweise die Streikandrohung als „mildem" Druck[234], um das Zustandekommen von Verträgen zu gewährleisten.[235] Sie sind auf die Bereitschaft der Arbeitgeber zum Abschluss von Tarifverträgen angewiesen, weil diese in der Regel auf eine Verbesserung der Arbeitsbedingungen ihrer Mitglieder abzielen. Dies macht aus der Sozialgeschichte nach Auffassung des Bundesarbeitsgerichts einen weiteren Druck und damit den Streik erforderlich. Die Verträge verlaufen damit nach dem Muster der Konfliktregulierung und der Drohung, bei der die wirtschaftlichen Machtmittel der Gegenseite durch die Kontrahenten einzuschätzen sind.[236]

Die Druckausübung von Seiten der Gewerkschaften zielt dabei nach Auffassung des Bundesarbeitsgerichts auf eine Schädigung des Arbeitgebers ab. Dies wird deutlich, wenn bei der Verhältnismäßigkeit eines (Warn-) Streiks zum einen die durch den reinen Arbeitsausfall entstandenen und zum anderen die darüber hinausgehenden Schäden in die Prüfung einbezogen werden.[237] Die von der Rechtsprechung gebilligte „Neue Beweglichkeit" verdeutlicht, dass es um wirtschaftliche Macht geht. Den Gewerkschaften ist es erlaubt, mit geringem Aufwand eine hohe Wirkung zu erzielen.[238] Das Schrifttum hat sich der höchstrichterlichen Rechtsprechung angeschlossen und sieht den Zweck des Arbeitskampfes in der Druckausübung auf die Gegenseite,[239] um einen Tarifvertragsabschluss zu erreichen.[240] Dabei wird als Druckmittel die Schadenszufügung ausdrücklich genannt.[241] Wo die Grenze der Druckausübung zu ziehen ist, ist schwer zu ermitteln. Das Bundesarbeitsgericht greift unter anderem auf das Zahlen-

---

233 BAGE 23, 292 (304)

234 BAG AP Nr. 51 zu Art. 9 GG Arbeitskampf, S. 611

235 BAGE 33, 185 (2. LS)

236 BAG AP Nr. 81 zu Art. 9 GG Arbeitskampf, S. 573 R

237 BAG AP Nr. 51 zu Art. 9 GG Arbeitskampf, S. 611

238 BAG AP Nr. 108 zu Art. 9 GG Arbeitskampf, S. 741

239 *Löwisch*, Arbeitsrecht, Rn. 341; *Zöllner/Loritz*, Arbeitsrecht, § 39 III, S. 440; *Schumann*, in: Däubler (Hrsg.), Arbeitskampfrecht, Rn. 169

240 *Kissel*, Arbeitskampfrecht, § 32 Rn. 1

241 *Seiter*, Streikrecht und Aussperrungsrecht, S. 540

verhältnis der am Arbeitskampf Teilnehmenden und die Existenz beziehungsweise Funktionsfähigkeit des Arbeitskampfgegners zurück.[242]

---

[242] BAGE 33, 140 (167)

2. KAPITEL: DAS STREIKRECHT IN WELTLICHEN KARITATIVEN EINRICHTUNGEN

Karitative Einrichtungen sind vor allem im Bereich der Gesundheitsfürsorge tätig. Dieser umfasst die Betreuung und Versorgung von Kranken, Alten und Hilflosen. Trotz der Sensibilität in diesem Bereich findet das Arbeitsrecht Anwendung und damit auch das verfassungsrechtlich verankerte Streikrecht. Der Ausübung dieses Rechts müssen gleichwohl Schranken gesetzt werden. Relative Einigkeit besteht darin, dass Arbeitskämpfe in Betrieben, die die Bevölkerung mit lebensnotwendigen Gütern und Dienstleistungen versorgen, Beschränkungen unterliegen.[243] Das Bundesarbeitsgerichts steht auf dem „Standpunkt, dass die Durchführung eines Arbeitskampfes nur auf einem Sektor erfolgen kann, auf dem nicht höherwertige Interessen einen solchen Kampf verbieten, wie z.B. bei Beamten und regelmäßig auch bei Ärzten und Pflegepersonal".[244] Im Anschluss daran lässt sich konstatieren, dass die Arbeitsniederlegung in karitativen Einrichtungen – Behindertenheimen, Krankenhäusern und Altersheimen – rechtlichen Grenzen unterliegt. Sie werden vielfach mit einer Gemeinwohlbindung des Arbeitskampfes begründet,[245] deren rechtliche Grundlage aber sehr unterschiedlich beurteilt wird. Die Gemeinwohlbindung darf nach Auffassung des Bundesarbeitsgerichts nicht offensichtlich verletzt sein.[246] Das folgert es aus den gegebenenfalls tiefgreifenden wirtschaftlichen und sozialen Folgen eines Arbeitskampfes sowie aus der Verantwortung der Tarifvertrags-

---

[243] *Seiter*, Streikrecht und Aussperrungsrecht, S. 546; *Oetker*, Die Durchführung von Not- und Erhaltungsarbeiten bei Arbeitskämpfen, S. 38 ff.; *Scherer*, Grenzen des Streikrechts in den Arbeitsbereichen der Daseinsvorsorge, S. 94 ff.; *Brox*, in Brox/Rüthers, Arbeitskampfrecht, Rn. 290 ff.; *Gamillscheg*, Kollektives Arbeitsrecht I, § 24, S. 1173 ff.; *Kissel*, Arbeitskampfrecht, § 27 Rn. 1 ff.; *Zöllner/Loritz*, Arbeitsrecht, § 38 V; *Schiffer*, Erhaltungsarbeiten im Arbeitskampf, S. 24; Dieterich, in: ErfK, Art. 9 GG, Rn. 77 f., 120 ff.; Vereinzelt wird diskutiert, ob ein strafbewährtes Verhalten vorliegt: 88 StGB sieht die Bestrafung von Störhandlungen in Unternehmen vor, die der öffentlichen Versorgung mit lebenswichtigen Gütern und Dienstleistungen dienen. Ziel der Bestrebung muss allerdings die Gefährdung des Bestands und der Sicherheit der BRD sein, so dass die Norm regelmäßig nicht einschlägig ist. Diskutiert wird auch, ob der Tatbestand der Nötigung gem. § 240 StGB einschlägig ist.

[244] BAGE 12, 184 (194)

[245] *Gamillscheg*, Kollektives Arbeitsrecht I, § 24, S. 1173; *Seiter*, Streikrecht und Aussperrungsrecht, S. 543 ff.; kritisch zum Begriff: *Jarass*, in Jarass/Pieroth, GG, Art. 9 Rn. 27; *Pieroth/Schlink*, Grundrechte, Rn. 758; *Bulla*, FS Nipperdey Bd. 2, S. 79 (83)

[246] BAGE 23, 292 (306)

parteien gegenüber der Allgemeinheit.[247] Eine übermäßige Beeinträchtigung des Gemeinwohls wird angenommen, wenn Dritt- beziehungsweise Allgemeininteressen unverhältnismäßig beeinträchtigt werden.[248] Diese Wertung spiegelt sich auch in Teil V Art. 31 der Europäischen Sozialcharta, der das Recht auf Kollektivmaßnahmen gem. Teil II Art 6 der Europäischen Sozialcharta einschränkt, wenn dies „in einer demokratischen Gesellschaft zum Schutze der Rechte und Freiheiten anderer oder zum Schutze der öffentlichen Sicherheit und Ordnung, der Sicherheit des Staates, der Volksgesundheit und der Sittlichkeit notwendig" ist, wieder. Ähnlich verhält es sich mit Art. 11 der Europäischen Menschenrechtskonvention (EMRK) und Art. 8 des Internationalen Paktes über wirtschaftliche, soziale und kulturelle Rechte. Im deutschen Recht fand sich der Gedanke des Gemeinwohls in Art. 151 Abs. 2 WRV. Danach ist zur Verwirklichung bedrohter Rechte und dem gleichstehend zur Aufrechterhaltung der öffentlichen Sicherheit und Ordnung[249] oder im Dienst „überragender Forderungen des Gemeinwohls" gesetzlicher Zwang zulässig. Darauf beruhen insbesondere die Regelungen des Arbeitsschutzes im weitesten Sinne sowie die Vorschriften der Pflichtversicherungsgesetze.[250]

Gleichwohl hinterlässt die Einschränkung des Arbeitskampfes durch eine so genannte Gemeinwohlbindung ein ungutes Gefühl. Zum einen ist der Begriff zu unbestimmt, um ein klares Bild möglicher Einschränkungen zuzulassen, zum anderen wird nicht deutlich, worin verfassungsrechtlich seine Grundlage liegt,[251] nachdem ein Äquivalent zur Weimarer Reichsverfassung im Grundgesetz fehlt.[252]

---

[247] BAGE 23, 292 (306); 20, 175 (195)

[248] *Löwisch*, ZfA 1988, 137 (149); *Scholz*, HdbStR VI, S. 1132 ff.; Däubler, AuR 1981, 257 (261 f.); *Seiter*, Streikrecht und Aussperrungsrecht, S. 549 ff.; *Schiffer*, Erhaltungsarbeiten im Arbeitskampf, S. 24; Säcker, Grundprobleme der kollektiven Koalitionsfreiheit, S. 88; *Oetker*, Die Durchführung von Not- und Erhaltungsarbeiten bei Arbeitskämpfen, S. 38; kritisch: *Jarass*, in Jarass/Pieroth, GG, Art. 9 Rn. 27; *Pieroth/Schlink*, Grundrechte, Rn. 758; *Ramm*, Kampfmaßnahme und Friedenspflicht im deutschen Recht, S. 117

[249] *Anschütz*, Die Verfassung des Deutschen Reiches, Art. 151, S. 700

[250] *Hoffmann*, in: Nipperdey, Die Grundrechte und Grundpflichten der Reichsverfassung, Bd. 3, S. 151; *Stein*, Die rechtliche Beurteilung von Arbeitskämpfen in lebenswichtigen Berieben, S. 23

[251] *Pieroth/Schlink*, Grundrechte, Rn. 758; *Kemper*, in: v. Mangoldt/Klein/Starck, GG, Art. 9 Abs. 3, Rn. 225 m.w.N.

[252] *Stein*, Die rechtliche Beurteilung von Arbeitskämpfen in lebenswichtigen Betrieben, S. 23

§ 1 Die Schranke des Dritt- beziehungsweise Allgemeininteresses

Die Grenze des Streikrechts muss im Grundgesetz begründet sein. Dies folgt aus der verfassungsrechtlichen Gewährleistung der Koalitionsfreiheit als ein vorbehaltlos gewährtes Grundrecht. Schranken für die Grundrechtsausübung können sich daher nur aus kollidierendem Verfassungsrecht ergeben. In Betracht kommen Grundrechte Dritter und andere mit Verfassungsrang ausgestattete Güter.[253] Regelmäßig setzen die den sozialen Gegenspieler schützenden Grundrechte der Berufsfreiheit aus Art. 12 GG und der Eigentumsschutz aus Art. 14 GG dem Streikrecht eine Grenze. Klassische Folge sind Erhaltungsmaßnahmen im Betrieb. So müssen beispielsweise Hochöfen weiter befeuert werden, wenn sie bei einmaligem Erkalten unbrauchbar werden und der Schaden damit außer Verhältnis gerät. Daneben sind die Interessen und Rechte Dritter zu beachten. Ihre Interessen werden durch die so genannte Gemeinwohlbindung als Gemeinschaftsgüter höchsten Ranges geschützt. Das Bundesverfassungsgericht hat dies unter anderem bei der Volksgesundheit,[254] der Bekämpfung der Arbeitslosigkeit,[255] der Verkehrssicherheit[256] und der Sicherung der Volksernährung[257] angenommen.[258] Entgegen einer in der Literatur vertretenen Ansicht ist die Gemeinwohlbindung damit nicht im Grundrecht selbst veranlagt, sondern folgt aus kollidierenden Rechten mit Verfassungsrang.[259] Zu den verfassungsrechtlichen Rechtsgütern, die das Gemeinwohl darstellen, zählen vor allem das Recht auf Leben und körperliche Unversehrtheit aus Art. 2 Abs. 2 GG sowie das in Art. 20 Abs. 1 GG verankerte Sozialstaatsprinzip und das Prinzip der „freiheitlichen demokratischen Grundordnung“. Die Bedenken gegen die verfassungsrechtliche Verankerung der so genannten Gemeinwohlbelange sind daher ausgeräumt.

---

[253] st. Rspr. vgl. nur BVerfGE 84, 212 (228); 94, 268 (284); 100, 271 (283); Jarass, in Jarass/Pieroth, GG, Art. 9 Rn. 38

[254] BVerfGE 7, 377 (414); 17, 269 (276)

[255] BVerfGE 21, 245 (251)

[256] BVerfGE 40, 196 (221)

[257] BVerfGE 25, 1 (16)

[258] ausführlich zur Rechtsprechung des Bundesverfassungsgerichts (Bd. 1 – 25): *Häberle*, AöR 95 (1970), 86 ff.

[259] BVerfG NZA 2001, 777 (778): Die Formulierung des Bundesverfassungsgerichts ist missverständlich. Dem Gemeinwohl kommt Verfassungsrang nur durch die mit Verfassungsrang ausgestatten Rechtsgüter Dritter zu. vgl. BVerfG NJW 1999, 3033; NJW 1991, 2549, so auch: *Gubelt*, in: v. Münch, GG, Art. 12 Rn. 67

Aufgrund des Zusammenhangs zwischen Wirtschaft und staatlicher Ordnung kann ein übermäßiger Arbeitskampf zu einer Gefährdung der freiheitlich demokratischen Grundordnung führen.[260] Eine solche ist trotzdem kaum vorstellbar. Die freiheitlich demokratische Grundordnung ist in den Art. 18, 21 und 91 GG erwähnt und wird durch das Bundesverfassungsgericht als eine Ordnung definiert, die unter Ausschluss jeglicher Gewalt- und Willkürherrschaft eine rechtsstaatliche Herrschaftsordnung des Volkes nach dem Willen der jeweiligen Mehrheit und der Freiheit und Gleichheit auf der Grundlage der Selbstbestimmung sichert.[261] Auch wenn lebenswichtigen Betrieben eine Schlüsselposition bei der Versorgung der Bevölkerung zukommt und damit unter Umständen demjenigen, der diese Versorgung unterbricht, ein Machtpotential zur Verfügung steht, bedarf die Feststellung eines verfassungsgefährdenden Notstandes einer erheblichen quantitativen und qualitativen Beeinträchtigung in wesentlichen Teilen der Bundesrepublik. Die Einschränkung einzelner oder von Gruppen durch die Ausübung des Streikrechts wird daher eher vom Recht auf Leben und körperlicher Unversehrtheit gem. Art. 2 Abs. 2 GG sowie vom Sozialstaatsprinzip gem. Art. 20 Abs. 1 GG erfasst.[262]

A Das Recht auf Leben und körperlicher Unversehrtheit

Das Recht auf Leben stellt als Voraussetzung aller anderen Grundrechte[263] innerhalb der Verfassung einen Höchstwert dar.[264] Es ist ein wesentliches Element der abendländischen Werteordnung, dass jeder Mensch die prinzipielle Achtung seines leiblichen Daseins verlangen kann.[265] Der Schutz des Lebens und der körperlichen Unversehrtheit ist eine verfassungsrechtliche Grundentscheidung. Sie verkörpert eine objektive Wertordnung, die als verfassungsrechtliche Grundentscheidung für alle Bereiche des Rechts gilt.[266] Das Leben ist nicht nur gegen den Eingriff des Staates, sondern auch gegen Eingriffe Dritter geschützt.[267]

---

[260] vgl. auch *Rüthers*, in: Brox/Rüthers, Arbeitskampfrecht, Rn. 111

[261] BVerfGE 2, 1 (12 f.); 5, 85 (140)

[262] *Stein*, Die rechtliche Beurteilung von Arbeitskämpfen in lebenswichtigen Betrieben, S. 20

[263] BVerfGE 39, 1 (42)

[264] BVerfGE 49, 24 (53)

[265] *Wiedemann*, in: Umbach/Clemens, Grundgesetz, Art. 2 Abs. 2, Rn. 288

[266] BVerfGE 39, 1 (41 f.); 49, 89 (141 f.); 53, 30 (57)

[267] *Bleckmann*, Staatsrecht II – Die Grundrechte, § 23 Rn. 4, S. 622

Durch Art. 2 Abs. 2 S. 1 1. Alt. GG wird das Recht auf Leben und damit die biologisch-physische Existenz vor Eingriffen Dritter geschützt.[268] Das Recht auf körperliche Unversehrtheit gem. Art. 2 Abs. 2 S. 1 2. Alt. GG umfasst vor allem Einwirkungen, welche die menschliche Gesundheit im biologisch-physiologischen Sinne beeinträchtigen.[269] Unterhalb dessen wird das psychische Wohlbefinden geschützt, sofern die Einwirkung zu körperlichen Schmerzen führt.[270] Ob darüber hinausgehende psychische Beeinträchtigungen erfasst werden, ist zweifelhaft.[271] Angesichts des Schutzes der geistig-sittlichen Persönlichkeit durch das allgemeine Persönlichkeitsrecht aus Art. 2 Abs. 1 GG entstehen jedoch keine Rechtsschutzlücken. Das allgemeine Wohlbefinden wird durch Art. 2 Abs. 2 S. 1 GG nicht erfasst.[272]

Grundsätzlich reichen Gefährdungen im Vorfeld von Beeinträchtigungen noch nicht aus, um von einem grundrechtsrelevanten Eingriff sprechen zu können.[273] Eine Eingriffsqualität wird erst angenommen, wenn Gefahrennähe, -ausmaß und Rang des bedrohten Rechtsgutes ein derartig hohes Gewicht zukommen, dass die Grenze des subjektiv Zumutbaren überschritten ist.[274] Entscheidend sind Art, Nähe und Ausmaß möglicher Beeinträchtigungen. Dabei ist zu berücksichtigen, dass aus Gründen eines effektiven Grundrechtsschutzes die Grenze des Zumutbaren eher überschritten ist, wenn der Eintritt der Beeinträchtigung zu irreversiblen Folgen führt.[275]

---

[268] *Starck*, in: v. Mangoldt/Klein/Starck, GG, Art. 2 Abs. 2 Rn. 177; *Jarass*, in: Jarass/Pieroth, GG Art. 2 Rn. 61; *Wiedemann*, in: Umbach/Clemens, GG, Art. 2 Abs. 2 Rn. 350

[269] BVerfGE 56, 54 (74); Jarass, in: Jarass/Pieroth, GG, Art. 2 Rn. 62

[270] BVerfGE 56, 54 (75); *Starck*, in: v. Mangoldt/Klein/Starck, GG Art. 2 Rn. 177; *Lorenz*, HdbStR VI, § 128 Rn. 18; Schütz, JuS 1996, 498 (502); *Kunig*, in: v. Münch/Kunig, Art. 2 Rn. 63

[271] so: *Pieroth/Schlink*, Grundrechte, Rn. 393; OVG Koblenz, NJW 1998, 1422 (1423): „psychisches Wohlbefinden"

[272] *Starck*, in: v. Mangoldt/Klein/Starck, GG, Art. 2 Abs. 2 Rn. 177; *Pieroth/Schlink*, Grundrechte, Rn. 393; *Schmidt-Aßmann*, AöR 1981 (106), 205 (210)

[273] BVerfGE 49, 89 (141 f.); 51, 324 (346 f.), 52, 214 (220); 56, 54 (78); *Wiedemann*, in: Umbach/Clemens, GG, Art. 2 Abs. 2, Rn. 306

[274] BVerfGE 51, 324 (346 f.); 56, 54 (78); *Jarass*, in: Jarass/Pieroth, GG, Art. 2 Rn. 68; *Wiedemann*, in: Umbach/Clemens, GG, Art. 2 Abs. 2 Rn. 306

[275] BVerfGE 49, 89 (142); *Schulze-Fielitz*, in: Dreier, Art. 2 Abs. 2 Rn. 27

B Das Sozialstaatsprinzip

Das Grundgesetz charakterisiert die Bundesrepublik in den Art. 20 Abs. 1 GG (sozialer Bundesstaat) und Art. 28 Abs. 1 S. 1 GG (sozialer Rechtsstaat) als einen Sozialstaat.[276] Sie bilden die Grundlage für das mit Verfassungsrang ausgestattete so genannte Sozialstaatsprinzip. Konkretisierungen finden sich beim Schutz von Ehe und Familie in den Art. 6 Abs. 3 - 5, bei der Eigentumsgarantie in Art. 14 Abs. 2 sowie bei der Überführung in Gemeinwirtschaft gem. Art. 15 GG.

Im Sozialstaatsprinzip ist die staatliche Fürsorgepflicht für Einzelne oder Gruppen, die aufgrund ihrer persönlichen Lebensumstände oder gesellschaftlichen Benachteiligungen an ihrer persönlichen oder sozialen Entfaltung gehindert und hilfsbedürftig sind, verfassungsrechtlich normiert.[277] Hilfsbedürftig sind beispielsweise kranke und alte Menschen. Ihnen muss ein menschenwürdiges Leben und nicht lediglich die bloße physische Existenz gesichert werden. Die Reichweite des Sozialstaatsprinzips bis in den Bereich der Bürger untereinander zeigt sich in der Verwandten-Bürgschafts-Entscheidung des Bundesverfassungsgerichts.[278] Es führt in ihr aus, dass bei typisierbaren Fallgestaltungen, die eine strukturelle Unterlegenheit des einen Vertragsteils erkennen lassen, und bei denen die Folgen des Vertrages für den unterlegenen Vertragsteil ungewöhnlich belastend sind, Korrekturen unter anderem aufgrund des Sozialstaatsprinzips zulässig sind.

Das Sozialstaatsprinzip ist geeignet, die Koalitionsfreiheit aus Art. 9 Abs. 3 GG und damit das Streikrecht zu beschränken.[279] Allerdings richtet sich das Sozialstaatsprinzip grundsätzlich an den Gesetzgeber[280] und nur sekundär an die ausführende und die rechtsprechende Gewalt. Dies hat seinen Grund vor allem in der inhaltlichen Unbestimmtheit des Prinzips, das erst einer inhaltlichen Wertentscheidung bedarf, so dass teilweise die Berufung auf den Sozialstaatsgrundsatz nur unter Zwischenschaltung eines Gesetzes er-

---

[276] *Ramm*, Zum freiheitlichen sozialen Rechtsstaat, S. 115

[277] BVerfGE 100, 271 ff.; BVerfGE 45, 376 (387)

[278] BVerfGE 89, 214 (232)

[279] BVerfGE 100, 271 ff.; Jarass, in: Jarass/Pieroth, GG, Art. 20 Rn. 110; *Gamillscheg*, Kollektives Arbeitsrecht I, S. 136; *Butzer*, RdA 1994, 375 (381)

[280] BVerfGE 100, 271 ff.;

folgen soll.[281] Die durchzuführende Güterabwägung ist daher mit besonderer Sorgfalt durchzuführen. Eine aufgrund der verfassungsrechtlichen Stellung im Grundgesetz mögliche Einschränkung von Freiheitsrechten wird ohne gesetzliche Regelung grundsätzlich nur dann durchzuführen sein, wenn es sich um einen extremen Ausnahmefall handelt.[282]

§ 2 Der Ausgleich der Rechtspositionen

Das Aufeinandertreffen von Koalitionsfreiheit und den mit Verfassungsrang ausgestatten Rechtsgütern Dritter ist im Wege der praktischen Konkordanz aufzulösen.[283] Die kollidierenden Grundrechtspositionen sind zum schonenden Ausgleich zu bringen und damit zu einer optimalen Wirksamkeit.[284] Die Interessen Dritter beziehungsweise der Allgemeinheit sind soweit wie möglich zu bewahren und mit den Interessen der Tarifvertragsparteien in Einklang zu bringen. Dies bedeutet gleichzeitig, dass die Beeinträchtigung Dritter grundsätzlich zulässig ist.[285] Andernfalls wäre das Streikrecht aufgrund der wirtschaftlichen Verflechtungen inhaltsleer.[286]

Der Rechtmäßigkeit eines Streiks steht auch die Zugehörigkeit der Streikenden zu einer bestimmten Berufsgruppe nicht entgegen. Als besonders pointierter Beispielgruppe mögen die angestellten Ärzte dienen, deren Tätigkeit in karitativen Einrichtungen von besonderer Bedeutung ist. Der Streik angestellter Ärzte ist grundsätzlich zulässig.[287] Dies lässt sich bereits mit der Vielfalt an möglichen Betätigungsfeldern für Ärzte erklären. Sie werden zwar typischerweise im Bereich der Krankenpflege angestellt, aber eben auch als Lektoren für medizinische Schriften. Im letzten Fall wird sich die für die Streikfreiheit relevante Frage der Gefährdung Dritter regelmäßig nicht stellen. Dies macht deutlich, dass das entscheidende Krite-

---

281 BVerfGE 59, 231 (263); *Stern*, Das Staatsrecht der Bundesrepublik Deutschland Band III/2, S. 577 f.

282 *Herzog*, in Maunz-Dürig, Art. 20 VIII Rn. 45

283 vgl. *Kissel*, Arbeitskampfrecht, § 28 Rn. 25, § 43 Rn. 124; BVerfGE 93, 1

284 *Hesse*, Grundzüge des Verfassungsrechts, § 2 Rn. 72; Maunz/Zippelius, Staatsrecht, S. 148; Lepa, DVBl. 1972, 161 (167)

285 *Bietmann*, Die Durchführung von Not- und Erhaltungsarbeiten im Arbeitskämpfen, S. 42; *Seiter*, Streikrecht und Aussperrungsrecht, S. 553

286 *Kissel*, Arbeitskampfrecht, § 28 Rn. 8

287 *Uhlenbruck*, RdA 1972, 327 (330); a.A. Hueck-Nipperdey, Lehrbuch Bd. II/1, S. 436; *Reuß*, RdA 1972, 321 (323); vgl. *ders.* Zum Arbeitskampf in der öffentlichen Verwaltung: DVBl. 1968, 57 (59)

rium nicht die Berufsgruppe, sondern die Art der ausgeübten Tätigkeit ist.[288] Der Grundsatz des Ausgleichs der verfassungsrechtlichen Positionen verbietet es gleichsam, jedem Arbeitskampf von Ärzten im Bereich der Krankenpflege wegen der besonderen Tätigkeit und aufgrund der möglichen Auswirkungen automatisch der Stempel der Inadäquanz aufzudrücken. Die Heiltätigkeit bedeutet keinen Verzicht auf kollektive Betätigung und auf die Ausübung verfassungsmäßig garantierter Rechte.[289] Unter diesem Gesichtspunkt sind auch die Standespflichten der Ärzte sowie die berufsethischen Grundsätze zu betrachten, aus denen sich unter Umständen die Unzulässigkeit eines Streiks ergeben könnte.[290] Verbandsinterne Regelungen müssen sich am Verfassungsrecht messen lassen – nicht umgekehrt.

Wie weit das Streikrecht gehen darf, ist für jeden Einzelfall zu prüfen. Um Rechtssicherheit zu erreichen, müssen aber Grundsätze aufgestellt werden, die der Orientierung bei Eingriffen in Rechte Dritter dienen. Die Grenze der Freiheitsgrundrechte ist erreicht, wenn die Ausübung des Streikrechts zu einer Unterbrechung zwingend notwendiger und unaufschiebbarer Versorgungen führt.[291] Dies kann beispielsweise der Fall sein, wenn die Müllabfuhr ihre Arbeit über mehrere Wochen einstellt, so dass aufgrund des liegengebliebenen Mülls Gesundheitsgefährdungen drohen – Geruchsbelästigungen sind demgegenüber regelmäßig hinzunehmen. Die Grenze ist auch erreicht, wenn Notaufnahmen von Krankenhäusern bestreikt werden, so dass zwingende Behandlungen nicht mehr durchgeführt werden können. Aufgrund der Möglichkeit von irreversiblen Schäden reicht in diesem Fall bereits die Gefährdung der Patienten für eine Grundrechtsbeeinträchtigung des Art. 2 Abs. 2 GG aus.[292] Dies entspricht auch der Wertung in Art. 32 Abs. 1 der Europäischen Sozialcharta, in der die „Volksgesundheit“ ausdrücklich als die Arbeitskampffreiheit begrenzendes Schutzgut genannt ist. Dabei wird es zur Versorgung der Bevölkerung regelmäßig nicht erforderlich sein, dass die gesamte Belegschaft arbeitet – die außerhalb eines

---

[288] vgl. auch *Reuß*, DVBl. 1968, 57 (59)

[289] *Uhlenbruck*, RdA 1972, 327 (330)

[290] vgl. beispielsweise das Gelöbnis nach der (Muster-)Berufsordnung in der Fassung der Beschlüsse des 100. Deutschen Ärztetages 1997 in Eisenach, geändert durch die Beschlüsse des 103.Deutschen Ärztetages 2000 Köln, geändert durch die Beschlüsse des 105. Deutschen Ärztetages 2002 in Rostock: „Die Erhaltung und Wiederherstellung der Gesundheit meiner Patienten soll oberstes Gebot meines Handelns sein.“, a.A. wohl *Küchenhoff*, RdA 1959, 201 (205)

[291] *Reuß*, RdA 1972, 321 (324)

[292] *Seiter*, Streikrecht und Aussperrungsrecht, S. 550

Streiks eben mehr als nur die Grundversorgung sichert. Ausreichend ist die Einrichtung eines so genannten Notdienstes,[293] der eine Mindestversorgung mit minimalem Personalaufwand absichert.[294] Für den Bereich der Krankenversorgung folgt das Gebot der Einrichtung von Notdiensten zusätzlich aus dem Erfordernis ärztlicher Untersuchungen, um Krankheiten und ihre Gefahren für den Patienten überhaupt diagnostizieren zu können. Bei der Einrichtung der Notdienste wird regelmäßig der Umfang des einzurichtenden Notdienstes streitig sein. Dieser darf nicht zur Aufhebung der Verhandlungsparität führen. Die Anforderungen an Notdienste dürfen nicht derart ausgedehnt werden, dass der Streikgegner nicht mehr beeinträchtigt wird.[295] Ein Notdienst, der alle erforderlichen Arbeiten abdeckt, wird den Arbeitgeber nicht zum Einlenken veranlassen. Insoweit gehört die Beeinträchtigung der Drittinteressen zum Bestandteil der Kalkulation, um erfolgreich zu streiken.[296] Die Schieflage, dass auch Dritte, die keinen unmittelbaren Einfluss auf den Arbeitgeber haben, von den Streikfolgen überzogen werden, ist eine Konsequenz der verfassungsrechtlich geschützten Tarifautonomie. Der Staat hat sich bewusst aus diesem Bereich zurückgezogen und ihn den Gewerkschaften und Arbeitgebern beziehungsweise deren Verbänden überlassen. Damit wurde der Streik als Arbeitskampfmittel in Kauf genommen, um die Verhandlungsparität herzustellen. Die Beeinträchtigung der Bevölkerung ist damit die Folge einer bewussten (Wert)-entscheidung der Verfassung. Die Tarifparteien haben regelmäßig gemeinsam eine Regelung über die notwendigen Notdienste zu treffen.[297]

Diese Überlegungen gelten auch für den karitativen Bereich. Die generelle Annahme eines arbeitskampffreien Bereichs ist abzulehnen. Nur soweit durch den Streik eine unzumutbare Beeinträchtigung Dritter eintritt, deren Rechtsposition verfassungsrechtlich abgesichert ist, ist der Streik rechtswidrig. Ein Kriterium für die Zumutbarkeit ist die Frage, inwieweit Ausweichmöglichkeiten für die Betroffenen bestehen.[298] Ist beispielsweise ein

---

[293] Seiter, Streikrecht und Aussperrungsrecht, S. 547; Hueck-Nipperdey, Lehrbuch II/2, S. 1030; *Uhlenbruck*, RdA 1972, 327 (335); a. A. *Scherer*, Grenzen des Streikrechts in den Arbeitsbereichen der Daseinsvorsorge, S. 125 f.

[294] *Löwisch*, ZfA 1988, 137 (149)

[295] *G. Müller*, RdA 1982, 86 (96)

[296] *Seiter*, Streikrecht und Aussperrungsrecht, S. 552, der für strengere Kampfbeschränkungen in Versorgungsbetrieben eintritt.

[297] *Bauer/Haussmann*, DB 1996, 881 (883)

[298] *Löwisch*, ZfA 1988, 137 (149); *Rüthers*, ZfA 1987, 1 (49); *Bieback*, in Däubler, Arbeitskampfrecht, Rn. 455

anderes Krankenhaus in der näheren Umgebung zur Aufnahme von Notfallpatienten in der Lage, so ist diese Möglichkeit in die Gesamtbetrachtung einzubringen.[299] Wird die Grenze des Zumutbaren überschritten, sind die Rechte Dritter durch Notdienste zu wahren. Um dem Zweck des Streikrechts gerecht zu werden, darf dies jedoch nicht dazu führen, dass der Arbeitgeber nunmehr keinem Druck ausgesetzt wird. Die Ausgestaltung richtet sich nach dem Einzelfall und ist grundsätzlich durch die Arbeitskampfparteien sicherzustellen. Damit sind karitative Einrichtungen den Maßnahmen der Gewerkschaft ausgesetzt. Allerdings dürfen die Beeinträchtigungen, die mit der Durchführung eines Streiks verbunden sind, nicht zu einem völligen Erliegen der karitativen Tätigkeiten führen. Gerade für diesen Arbeitsbereich, der unmittelbar den Menschen dient, kommt regelmäßig nur eine Reduzierung der Arbeitsleistung in Betracht.

---

[299] sehr eng insoweit *Stein*, Die rechtliche Beurteilung von Arbeitskämpfen in lebenswichtigen Betrieben, S. 30

3. KAPITEL: DAS STREIKRECHT IN KIRCHLICHEN KARITATIVEN EINRICHTUNGEN

Ein Streik in karitativen Einrichtungen trifft einen für Leistungsunterbrechungen sensiblen Bereich. Der Ausübung des Streikrechts in karitativen Einrichtungen steht daher unter der Bindung an das so genannte Gemeinwohl, soweit dieses verfassungsrechtlich verankert ist. Daneben wird dem Streikrecht aus Art. 9 Abs. 3 GG in kirchlichen (karitativen) Einrichtungen die „Verfassungsgarantie des kirchlichen Selbstbestimmungsrechts“[300] entgegengehalten. Diesem Recht wird die Befugnis entnommen, Streiks in kirchlichen Einrichtungen zu verbieten. Für die katholische Kirche ist dies positivrechtlich in Art. 7 Abs. 2 Grundordnung der katholischen Kirche (GrOkathK) geschehen; bei den evangelischen Kirchen wird es ihrem Selbstverständnis entnommen.

§ 1 Das Selbstbestimmungsrecht der Kirchen

Das kirchliche Selbstbestimmungsrecht ist einer der Kernbegriffe im Streit um die Zulässigkeit des Streikverbots in kirchlichen Einrichtungen. Es steht als Synonym für die kirchliche Regelungsmacht und bildet damit die Grundlage für den von kirchlicher Seite bestimmten Ausschluss des Streikrechts und die Errichtung Arbeitsrechtlicher Kommissionen, die Arbeitsbedingungen wie beispielsweise das Gehalt kirchlicher Mitarbeiter festlegen. Innerkirchlich beruht das Verlangen nach einem Selbstbestimmungsrecht auf dem von Gott gegebenen Auftrag, der sich insbesondere in der karitativen Tätigkeit widerspiegelt.[301] Aus kirchlicher Sicht ist dadurch ein Freiraum kirchlicher Rechtssetzungsbefugnisse im staatlichen Recht erforderlich, um den karitativen Bereich nach dem religiösen Bekenntnis zu ordnen und zu verwalten.[302] Um als verfassungsimmanente Schranke der Koalitionsfreiheit aus Art. 9 Abs. 3 GG dienen zu können, muss dem Selbstbestimmungsrecht ein verfassungsrechtlicher Rang zukommen. Diese Aufgabe soll (primär) die „lex regia“ des Staatskirchenrechts Art. 137 Abs. 3 WRV i.V.m. Art. 140 GG erfüllen.

---

300 *Richardi*, Arbeitsrecht in der Kirche, § 10 Rn. 11 ff.

301 *Deutsche Bischofskonferenz*, Caritas als Lebensvollzug der Kirche und als verbandliches Engagement in Kirche und Gesellschaft, S. 1 ff.

302 vgl. zu diesem Erfordernis *Bock*, Das für alle geltende Gesetz und die kirchliche Selbstbestimmung, S. 4 ff.

A Das Selbstbestimmungsrecht im geschichtlichen Kontext

Die Norm des Art. 137 Abs. 3 WRV sieht auf eine historische Entwicklung zurück, bei der die Bestimmung in Art. V § 147 der Frankfurter Reichsverfassung von 1849 grundlegend war. Auch wenn diese Verfassung niemals in Kraft trat, so beeinflusste sie die nachfolgenden Verfassungsmodelle[303] der Weimarer Reichsverfassung von 1919 und des Grundgesetzes von 1949 nachhaltig. Gemäß Art. V § 147 der Frankfurter Reichsverfassung sollten die Religionsgesellschaften ihre Angelegenheiten bei gleichzeitiger Unterwerfung unter die allgemeinen Staatsgesetze selbständig ordnen und verwalten können. Dem Entwurf waren kontroverse Diskussionen zur Frage der Trennung[304] beziehungsweise Unabhängigkeit[305] von Staat und Kirche vorangegangen. Unter Trennung wurde die vollständige Loslösung der Kirche vom Staat, unter Unabhängigkeit eine Wechselwirkung zwischen Staat und Kirche mit gegenseitiger Beeinflussung verstanden. Einer Trennung wurde entgegengehalten, dass ein gesetzlicher Ausspruch nicht die jahrtausende lange gegenseitige Einflussnahme auseinanderreißen könne.[306]

Eine der Frankfurter Reichsverfassung entsprechende Regelung wurde 1850 auch in Art. 15 der Preußischen Verfassung aufgenommen. Danach konnte jede Religionsgesellschaft ihre Angelegenheiten selbständig ordnen und verwalten. Die Einschränkbarkeit durch allgemeine Gesetze wurde nicht erwähnt. Darin wurde jedoch keine materielle Abweichung von der Frankfurter Reichsverfassung gesehen, da dies als selbstverständlich galt.[307]

Das Verhältnis von Staat und Kirche war bei Entstehen der Weimarer Reichsverfassung von 1919 wiederum Ausgangspunkt von Streitigkeiten. Einigkeit herrschte nur über die Notwendigkeit, Bestimmungen über die

---

303 *Hollerbach*, HdbStR VI, § 138 Rn. 13

304 *Scholler*, Die Grundrechtsdiskussion in der Paulskirche: *Förster* (S. 176 f.) spricht sich gegen eine Trennung von Staat und Kirche aus; so auch *Hagen*, S. 174 f.; *Zimmermann* (S. 176) befürwortet sie.

305 *Scholler*, Die Grundrechtsdiskussion in der Paulskirche: *Giskra* (S. 182) war der Ansicht, dass die Unabhängigkeit der Natur des Staates widerspricht, während *Blömer* (S. 182 f.) sie fordert.

306 *Scholler*, Die Grundrechtsdiskussion in der Paulskirche, S. 165: *Wedekind*; so auch S. 170 f.: *Geritz*; so auch S. 166: *Tafel*, der von der Schwierigkeit aufgrund der „Natur der Sache“ spricht.

307 *Anschütz*, Die Verfassungsurkunde für den Preußischen Staat, Art. 15, S. 284

rechtliche Stellung der Religionsgesellschaften im Staat aufzunehmen.[308] Während die SPD die Trennung von Staat und Kirche erreichen wollte, strebte das Zentrum die Unabhängigkeit der Kirchen an. Es suchte dabei aber weiterhin, eine Verbindung mit dem Staat herzustellen.[309] Dies führte letztendlich zu einem Kompromiss.[310] So gesteht Art. 137 Abs. 3 WRV jeder Religionsgesellschaft zu, ihre Angelegenheiten selbständig zu ordnen und zu verwalten; Art. 137 Abs. 7 WRV stellt die Weltanschauungsgemeinschaften dafür den Religionsgesellschaften gleich. Die Linke hatte ihren radikalen Trennungsgedanken aufgegeben, während der rechte Flügel Weltanschauungsgemeinschaften die gleiche Rechtsstellung wie den Kirchen zugestand.[311]

Der Kompromiss der Weimarer Reichsverfassung setzt sich auch im Grundgesetz fort. Nachdem der Herrenchiemseer Entwurf noch keine Regelung über das Verhältnis zwischen Staat und Kirche enthielt, folgten auf eine Eingabe der großen Kirchen mehrere Anträge durch unterschiedliche Parteien. Sie fanden jedoch keine Zustimmung. Eine Regelung über die Religionsfreiheit des Art. 4 GG hinaus wurde teilweise sogar als überflüssig angesehen.[312] Hinzu kam, dass das Verhältnis zwischen Staat und Kirche als zu kompliziert empfunden wurde, um Neuregelungen einzuführen.[313] Auch wenn die Inkorporation der Weimarer Artikel in das Grundgesetz durch Verweisung als bedenklich angesehen wurde,[314] war eine andere Regelung angesichts der Differenzen nicht zu erzielen. Durch Art. 140 GG wurden die so genannten Kirchenartikel Art. 136 bis 138 und 141 WRV Bestandteil des Grundgesetzes.

B Die verfassungsrechtliche Grundnorm des kirchlichen Selbstbestimmungsrechts, Art. 140 GG i.V.m. Art. 137 Abs. 3 WRV

Art. 140 GG i.V.m. Art. 137 Abs. 3 WRV ist die grundlegende Verfassungsnorm für das Verhältnis von Staat und Kirche. Danach können die Religionsgesellschaften ihre Angelegenheiten selbständig ordnen und ver-

---

[308] *Ebers*, Staat und Kirche im Neuen Deutschland, S. 110

[309] *Hollerbach*, HdbStR VI, § 138 Rn. 15, S. 479

[310] *Ebers*, Staat und Kirche im Neuen Deutschland, S. 112

[311] *Ebers*, Staat und Kirche im Neuen Deutschland, S. 112

[312] JöR NF/Band 1, S. 901

[313] JöR NF/Band 1, S. 901

[314] JöR NF/Band 1, S. 906

walten. Streitig ist vor allem der Inhalt der Gewährleistung. So spricht *Wieland* davon, dass die gegenwärtige Auslegung zu einer Fremdbestimmung durch die Kirchen führt[315] und in der Tat bedarf es einer besonderen Begründung, wenn karitativen kirchlichen Einrichtungen in der Rechtsform einer GmbH besondere Privilegien im Arbeitsrecht zugebilligt werden.

I. Die Religionsgesellschaft als Berechtigter

Der Begriff der Religionsgesellschaft ist historisch belegt.[316] Anhaltspunkte für eine Definition lassen sich dem zeitlich der Weimarer Reichsverfassung vorhergehenden Allgemeinen Preußischen Landrecht (ALR) entnehmen, das bereits den Begriff der Religionsgesellschaft verwandte und ihn inhaltlich in Kirchengesellschaften[317] und geistliche Gesellschaften[318] unterteilte. Unter Kirchengesellschaften wurden die einzelnen Kirchengemeinden, nicht die Gesamtorganisation verstanden.[319] Geistliche Gesellschaften waren zum einen die Stifte, Klöster und Orden,[320] aber auch alle sonstigen religiösen Vereine und Gesellschaften.[321] In der Folgezeit wurde der Begriff der Religionsgesellschaften in der Gesetzgebung anderer Staaten und seit 1847 auch Preußens enger ausgelegt.

1) Auslegung in der Zeit der Weimarer Reichsverfassung

Für die Weimarer Reichsverfassung vertrat *Anschütz* die Auffassung, dass eine Religionsgesellschaft ein Verband von Angehörigen ein und desselben Glaubensbekenntnisses – oder mehrerer verwandter Glaubensbekenntnisse – für ein Gebiet zur allseitiger Erfüllung der durch das gemeinsame Bekenntnis gestellten Aufgaben ist.[322] Neben einem bestimmtem Glaubensbekenntnis war eine ausschließliche und oberste gesellschaftliche Organisati-

---

[315] *Wieland*, Der Staat 1986, 321 (344)

[316] *v. Campenhausen*, in: v. Mangoldt/Klein/Starck, GG III, Art. 140GG / Art. 137 WRV Rn. 17

[317] 11. Teil § 11 ALR: Religionsgesellschaften, welche sich zur öffentlichen Feier des Gottesdienstes verbunden haben, werden Kirchengesellschaften genannt.

[318] 11. Teil § 12 ALR: Diejenigen, welche zu gewissen anderen besonderen Religionsausübungen vereinigt sind, führen den Namen der geistlichen Gesellschaft.

[319] *Ebers*, Staat und Kirche im Neuen Deutschland, S. 167

[320] 11. Teil § 939 ALR: Unter geistlichen Gesellschaften, deren Mitglieder sich mit anderen Religionsübungen als der Seelsorge hauptsächlich beschäftigen, werden die vom Staate aufgenommenen Stifte, Klöster und Orden verstanden.

[321] *Ebers*, Staat und Kirche im Neuen Deutschland, S. 167

[322] *Anschütz*, Die Verfassung des Deutschen Reichs, Art. 137 Anm. 2

on der Anhänger erforderlich. Unter diese Definition fielen jedenfalls die großen christlichen Kirchen mit der Einschränkung, dass nicht die Kirche als solche, sondern nur die Landeskirchen beziehungsweise die Apostolischen Vikariate Berechtigte waren.[323] Für religiöse Vereine und Gesellschaften bestand eine Sonderregelung in Art. 124 Abs. 1 S. 3 WRV[324]. Die Stifte, Klöster und Orden als so genannte geistliche Gesellschaften fielen daher aus dem Anwendungsbereich des Art. 137 Abs. 3 WRV heraus.[325]

2) Auslegungswandel unter dem Grundgesetz?

Mit der Inkorporation des Art. 137 Abs. 3 WRV sollte der Schutz der Kirchen vor einem totalitärem Staat gewährleistet und eine Regelung für das Verhältnis zwischen Staat und Kirche gefunden werden.[326] Der nicht unumstrittene Schutz[327] erstreckt sich in Anlehnung an das historische Vorbild jedenfalls auf die klassischen Religionsgesellschaften und damit auf die traditionellen christlichen Kirchen.[328] Allerdings gibt es Versuche, diese Autonomie auch auf Vereine auszudehnen.[329]

Das Bundesverfassungsgericht ging in seinen Entscheidungen davon aus, dass nur die Kirchen Rechtsträger des Art. 137 Abs. 3 WRV sind.[330] Allerdings verwandte es, um die Nähe von Religionsgesellschaften und kirchlichen Einrichtungen darzustellen, eine missverständliche Begründung. Es erklärte, dass im Sinne des Art. 138 Abs. 2 WRV auch Anstalten, Stiftungen und sonstiges Vermögen zu den Religionsgesellschaften gehören.[331] In einer der nachfolgenden Entscheidungen stellt es fest, dass die Selbstord-

---

323 *Ebers*, Staat und Kirche im Neuen Deutschland, S. 168

324 Art. 124 Abs. 1 WRV: Alle Deutschen haben das Recht, zu Zwecken, die den Strafgesetzen nicht zuwiderlaufen, Vereine oder Gesellschaften zu bilden. Dieses Recht kann nicht durch Vorbeugungsmaßregeln beschränkt werden. Für Religiöse Vereine und Gesellschaften gelten dieselben Bestimmungen.

325 *Anschütz*, Die Verfassung des Deutschen Reichs, Art. 137 Anm. 2

326 JöR Bd. 1 (1951), S. 900, 903, 905

327 JöR Bd. 1 (1951), S. 900, 903, 901: Der Abgeordnete *Bergsträßer* war der Ansicht, dass es genüge, wenn Art. 4 die Glaubens und Gewissensfreiheit regele.

328 *Hesse*, HdbStKirchR Bd. 1, § 17, S. 521, 534

329 vgl. für Stiftungen *Hoffmann*, ZevKR 12 (1966/67), 313 (324 f.); die ablehnende Entscheidung des ArbG Mönchengladbach vom 7. 12. 2001 (4 BV 34/01) besprochen von *Thüsing*, NZA 2002, 306 (309)

330 BVerfGE 46, 73 (85); 53, 366 (391); 57, 220 (242)

331 BVerfGE 46, 73 (86)

nungs- und Selbstverwaltungsgarantie nicht nur den verfassten Kirchen und deren rechtlich selbständigen Teilen zugute kommt, „sondern allen der Kirche in bestimmter Weise zugeordneten Einrichtungen ohne Rücksicht auf ihre Rechtsform“.[332] Für eine weitreichende Auslegung durch das Bundesverfassungsgericht spricht auf den ersten Blick auch seine Prüfung des Art. 137 Abs. 3 WRV. In Verfassungsbeschwerden kirchlicher Einrichtungen wird ausschließlich auf den Schutz durch Art. 137 Abs. 3 WRV abgestellt. In der Literatur ist der Gesichtspunkt umstritten. Überwiegend wird das Recht zur Ordnung und Verwaltung der eigenen Angelegenheiten den Kirchen und nicht den einzelnen Einrichtungen zugeordnet.[333] Danach sollen Religionsgesellschaften im Sinne des Art. 137 Abs. 3 WRV nur solche Zusammenschlüsse sein, die der allseitigen Erfüllung der durch das gemeinsame Bekenntnis gestellten Aufgaben dienen.[334] Kirchliche Einrichtungen fallen nicht darunter, weil sie nur einen Teilaspekt – die Heilstätigkeit – verwirklichen. Allerdings deuten einige Ausführungen auf eine Erstreckung auch auf die kirchlichen Einrichtungen hin.[335]

3) Stellungnahme

Der Hintergrund der Norm zeigt, dass der Begriff der Religionsgesellschaft geschichtlich vorgeprägt ist. Der in das Grundgesetz inkorporierte Art. 137 Abs. 3 hat seine Wurzeln in der Weimarer Reichsverfassung. In dieser wurde der Begriff der Religionsgemeinschaft eng ausgelegt. Die Weimarer Verfassung kannte Religionsgesellschaften und stellte ihnen ihre religiösen Vereine beziehungsweise Gesellschaften zur Seite.[336] Letztere unterfielen wie auch Orden Art. 124 Abs. 1 S. 3 WRV als geistliche Gesellschaft.[337] Die gemeinsame Aufnahme von Religionsgesellschaften sowie Anstalten, Stiftungen und sonstigen Vermögen in den Schutzbereich des Art. 138 Abs. 2 WRV verfolgte einen finanziellen Zweck, ohne dass der Begriff der Reli-

---

332 BVerfGE 70, 138 (162)

333 *Thüsing*, NZA 2002, 306 (309); *Richardi*, Arbeitsrecht in der Kirche, § 3 Rn. 9 f.; *Leisner*, DÖV 1977, 475 (479); *Jeand'Heur/Korioth*, Grundzüge des Staatskirchenrechts, Rn. 172 f.

334 *Hesse*, in: HbStKirchR Bd. 1, S. 534; *Obermayer*, in: BK, Art. 140 Rn. 39-41

335 *Ehlers*, in: Sachs, GG, Art. 140 GG / Art. 137 WRV Rn. 5; *Belling*, ZevKR 48 (2003) 407 (424 ff.); missverständlich *Bauer*, Die GmbH als Rechtsform karitativer Einrichtungen der Kirche, S. 38 f. (Rechtsträger ist die Kirche), S. 56 (Einrichtung kann sich auf Art. 137 Abs. 3 WRV berufen)

336 *Ebers*, Staat und Kirche im Neuen Deutschland, S. 169 f.

337 *Anschütz*, Die Verfassung des Deutschen Reiches, Art. 137 Anm. 2, S. 632 f.

gionsgesellschaft dadurch verändert werden sollte. Den Kirchen sollte ein umfassender Eigentumsschutz geboten werden, der über den allgemeinen Eigentumsschutz des Art. 153 WRV hinausging.[338] Ziel war es, die Religionsgesellschaften und religiösen Vereine vor einer entschädigungslosen Wegnahme ihres Gutes zu schützen.[339] Daher musste auch das Eigentum von Anstalten und Stiftungen einbezogen werden, um der Besonderheit Rechnung zu tragen, dass das Kirchenvermögen im Wesentlichen nicht im Eigentum der Religionsgesellschaften selbst steht.[340] Unabhängig vom Eigentümer wurde das Vermögen geschützt, das den Kirchen gehörte oder zugute kam[341] und das zu kulturellen, Unterrichts- oder Wohltätigkeitszecken benötigt wurde, so dass das Subjekt des Eigentums keine Rolle spielte. Damit war in finanzieller Hinsicht eine einheitliche Behandlung von Religionsgesellschaften sowie ihnen zugeordneten Anstalten, Stiftungen und sonstigen Vermögen gewollt.[342] Die Ungenauigkeit des Wortlauts „Eigentum an Stiftungen" erklärt sich aus dem historischen Hintergrund der Norm.[343]

Art. 138 Abs. 2 WRV liefert damit ein systematisches Argument gegen eine Ausdehnung der Wortbedeutung des Begriffs der Religionsgesellschaft. Sowohl Art. 138 Abs. 2 WRV als auch Art. 137 Abs. 3 WRV kann nur ein einheitlicher Begriff der Religionsgesellschaft zu Grunde liegen.[344] Die Verfassung spricht in Art. 138 Abs. 2 WRV von Religionsgesellschaften „und" Anstalten beziehungsweise Stiftungen und sonstigem Vermögen. Es findet also in Art. 138 Abs. 2 WRV eine begriffliche Unterscheidung statt.[345] Die Nichterwähnung von Anstalten, Stiftungen und sonstigem Vermögen in Art. 137 Abs. 3 WRV spricht daher gegen eine Ausweitung des Selbstbestimmungsrechts, weil der Verfassungsgeber die Unterschei-

---

338 *Ebers*, Staat und Kirche im Neuen Deutschland, S. 213 f.

339 *Ebers*, in: Nipperdey (Hrsg.), Die Grundrechte und Grundpflichten der Reichsverfassung, 2. Bd., Art. 137, 138, 140, 141, IV., S. 382; *Anschütz*, Die Verfassung des Deutschen Reiches, Art. 138 Anm. 6 f.

340 vgl. BGHZ 39, 299 (305); *v. Campenhausen*, Anmerkung zu BGH, Beschluss vom 28.05.1963 – V BLw 34/62, ZevKR 11 (1964/64) 183 (184)

341 *Ebers*, Staat und Kirche im Neuen Deutschland, S. 213

342 *v. Campenhausen*, Anmerkung zu BGH, Beschluss vom 28.05.1963 – V BLw 34/62, ZevKR 11 (1964/64) 183 (186)

343 *Hofmann*, ZevKR 12 (1966/67), 313 (315)

344 BVerfGE 46, 73 (86)

345 *Wieland*, Der Staat 1986, 321 (343)

dung kannte und sie dort gerade nicht aufführte. Dies gilt umso mehr für Aktiengesellschaften, Gesellschaften mit beschränkter Haftung und Vereine, die nach der alten Rechtslage mit Art. 124 WRV eine eigenständige Regelung erhielten.

Dies steht auch nicht im Widerspruch zum Grundsatz, dass die Grundrechte zur Optimierung des Grundrechtsschutzes weit auszulegen sind. Auch eine die Religionsfreiheit aus Art. 4 GG als Vorbild nehmende weite Auslegung führt zu keinem anderen Ergebnis. Art. 4 GG und Art. 137 WRV sind strukturell verschieden. Die Religionsfreiheit in Art. 4 GG ist ein Menschenrecht, das jedermann zusteht. Gegebenenfalls unter Heranziehung des Art. 19 Abs. 3 GG kann gefolgert werden kann, dass es sich an Einzelne und jedenfalls bei der Religionsausübung auch an Personenvereinigungen und juristische Personen richtet.[346] Dagegen spricht Art. 137 Abs. 3 WRV nur von Religionsgesellschaften. Dies ist ein vom Verfassungsgeber vorgegebener und historisch belegter Begriff. Er ist nicht identisch mit dem Jedermann-Begriff des Art. 4 Abs. 1 und 2 und schränkt dadurch den Anwendungsbereich der Vorschrift ein.

Auch der Genese des Art. 140 GG i.V.m. Art. 137 Abs. 3 WRV ist nicht zu entnehmen, dass eine Vielzahl von Gesellschaften mit eigenständiger Regelungsbefugnis geschaffen werden sollten. Ein Recht von dem der Bürger, wird der weiten Auslegung der herrschenden Meinung gefolgt, in vielen Bereichen und insbesondere im Arbeitsrecht erfasst wird, ohne Religionsangehöriger zu sein. Das Selbstbestimmungsrecht schützt inhaltlich mehr als die Religionsfreiheit. Während dem Grundrechtsträger der Religionsfreiheit ein persönlicher Freiheitsraum gewährt wird, der es ihm (primär) ermöglicht, staatliche Eingriffe in diesen abzuwehren, kommt zu der gleichfalls vom Verfassungsgeber intendierten Abwehrfunktion gegen staatliche Eingriffe die Gewährleistung einer Rechtssetzung- und Verwaltungsbefugnis in Art. 137 Abs. 3 WRV hinzu.[347]

Dies bedeutet, dass der Begriff „Religionsgesellschaft" nicht auf kirchliche Einrichtungen zu erstrecken ist. Er ist historisch belegt und trägt eine derartige Erweiterung nicht.[348] Dies zeigen auch die Beratungen im Parlamentarischen Rat, der nur die Sicherung und Stärkung der Kirchen und nicht der mit ihr verbundenen Einrichtungen verfolgte. Letztendlich spricht auch die

---

[346] vgl. BVerfGE 19, 129 (132); 24, 236 (246 f.); 46, 73 (83)

[347] *Wieland*, Der Staat, 1986, 321 (327 f.)

[348] *Hesse*, HdbStKR Bd. 1, § 17, S. 521 (534)

systematische Verknüpfung mit Art. 138 Abs. 2 WRV dagegen, da dieser zwischen Religionsgesellschaften und sonstigen Vermögen begrifflich trennt. Das Selbstbestimmungsrecht ist kein Recht der Einrichtung, sondern ein Recht der Kirchen.[349]

4) Sind kirchliche Einrichtungen geschützt?

Nach dem zuvor gefundenen Ergebnis sind nur die Religionsgesellschaften Berechtigte des Art. 137 Abs. 3 WRV. Gleichzeitig ist unbestritten, dass die kirchlichen Einrichtungen zu ihren Religionsgesellschaften in engem Verhältnis stehen. Sie sind gehalten, die Vorgaben der Kirchen zu erfüllen, um den Status einer kirchlichen Einrichtung zu behalten. Verfassungsrechtlich zeigt sich die (wirtschaftliche) Verknüpfung von Religionsgesellschaften und Anstalten, Stiftungen sowie sonstigem Vermögen in Art. 138 Abs. 2 WRV. Nach dem Selbstverständnis der Kirchen dienen die Einrichtungen der Verwirklichung des von Gott gegebenen Auftrags. Aus diesem Grund soll der Einfluss der Kirchen auf diese Einrichtungen gewährleistet werden. Dem dient Art. 137 Abs. 3 WRV.[350] Das führt zu zwei Problemen. Zum einen können die Religionsgesellschaften nach dem Wortlaut des Art. 93 GG nicht unmittelbar mittels einer Verfassungsbeschwerde eine Verletzung des Art. 137 Abs. 3 WRV rügen. Zum anderen können sich die kirchlichen Einrichtungen nicht auf die Verletzung des Selbstbestimmungsrechts aus Art. 137 Abs. 3 WRV berufen, da sie keine Religionsgesellschaften sind.

Das Bundesverfassungsgericht hat entschieden, dass eine Verfassungsbeschwerde unter Berufung auf die Verletzung des Art. 137 Abs. 3 WRV unzulässig ist.[351] Dabei kann das Bundesverfassungsgericht auf den Wortlaut des Art. 93 Abs. 1 Nr. 4a GG verweisen. Als Teil der enumerativen Aufzählung[352] der Zuständigkeiten des Gerichts regelt dieser die Zulässigkeit von Verfassungsbeschwerden, nach der jedermann mit der Behauptung der Verletzung seiner Grundrechte oder anderer aufgeführter Verfassungsartikel durch die öffentliche Gewalt die Beschwerde einlegen kann. Art. 140 GG i.V.m. Art. 137 Abs. 3 WRV ist dort nicht aufgeführt. Gleichzeitig

---

349 *Richardi*, Arbeitsrecht in der Kirche, § 3 Rn. 9

350 Bedingung ist, dass unter dem Begriff der eigenen Angelegenheiten auch kirchliche Einrichtungen subsumiert werden.

351 BVerfGE 19, 129 (135); vgl. dazu auch *Ehlers*, in: Sachs, Art. 140 Rn. 3; *Schlaich/Korioth*, Das Bundesverfassungsgericht, Rn. 224; *Hillgruber*, NVwZ 2001, 1347

352 *Fleury*, Verfassungsprozessrecht, § 1 Rn. 29, S. 8; *Benda/Klein*, Verfassungsprozessrecht, § 18, Rn. 344, S. 143

wird eine Erweiterung der Zuständigkeit im Wege der Analogie abgelehnt.[353]

Regelmäßig benutzt das Bundesverfassungsgericht die Religionsfreiheit des Art. 4 GG als Vehikel, um Verfassungsbeschwerden von Kirchen (oder karitativen Einrichtungen) für zulässig zu erklären. In der Begründetheit stellt es dann ausschließlich auf Art. 137 Abs. 3 WRV ab. So hatte das Bundesverfassungsgericht über eine Verfassungsbeschwerde der Bremischen Evangelischen Kirche zu befinden.[354] Eine Mandatsklausel sah die Beurlaubung von Pfarrern und Kirchenbeamten vor, die in den Deutschen Bundestag oder in die gesetzgebende Körperschaft des Landes gewählt werden. Das Bundesverfassungsgericht stellte fest, dass auch eine Kirche als Körperschaft des öffentlichen Rechts sich auf Grundrechte berufen könne, da sie dem Staat nicht inkorporiert sei.[355] Die Kirche könne daher in ihrem Status (Art. 140 GG) und in einem ihr zukommenden Grundrecht verletzt sein.[356] Zwischen Art. 4 GG und Art. 140 GG käme es dabei teilweise zu Überschneidungen.[357] Für die Zulässigkeit der Verfassungsbeschwerde stehe Art. 4 GG im Vordergrund. Die Freiheit des religiösen Bekenntnisses umfasse auch die Freiheit des organisatorischen Zusammenschlusses. In der Begründetheit beginnt der Beschluss mit der Feststellung, dass die materielle Prüfung nicht mehr auf die gerügte Grundrechtsverletzung beschränkt ist. Danach erfolgt eine Prüfung am Maßstab des Art. 140 GG i.V.m. Art. 137 Abs. 3 WRV.

Für den Fall der Bremerischen Mandatsklausel ist das Vorgehen plausibel. Wie das Bundesverfassungsgericht zu Recht feststellt, muss auf das Verhältnis von Art. 4 GG zu Art. 140 GG i.V.m. Art. 137 Abs. 3 WRV nicht eingegangen werden. Die Ämterführung betrifft sowohl den Kern der Religionsfreiheit als auch das Selbstbestimmungsrecht. Die Schutzbereiche der Grundrechtsartikel überschneiden sich in diesem Bereich, so dass sie dem Grunde nach beliebig austauschbar sind. Die Begründetheitsprüfung hätte daher am Maßstab der Religionsfreiheit erfolgen können. Andererseits gehört die Besetzung von Posten in der Kirche zu den klassischen Regelungsbereichen des Art. 137 Abs. 3 S. 2 WRV. Es stellt sich die Frage, ob eine

---

[353] *Benda/Klein*, Verfassungsprozessrecht, § 18, Rn. 345, S. 143

[354] BVerfGE 42, 312 ff.

[355] BVerfGE 42, 312 (321)

[356] BVerfGE 42, 312 (322)

[357] BVerfGE 42, 312 (322)

analoge Anwendung des Art. 93 Abs. 1 Nr. 4a GG auf Art. 140 GG sinnvoll wäre. Grundsätzlich steht dem das Enumerationsprinzip des Art. 93 Abs. 1 GG entgegen.[358] Die Entwicklungsgeschichte des Art. 137 WRV zeigt aber, dass der Verfassungsgeber nicht zwischen den Kirchenartikeln und den Grundrechten unterschieden hat. Verwiesen sei nur auf die Vereinigungsfreiheit, die zunächst in Art. 5 Abs. 1 S. 2 (jetzt Art. 4 GG) geregelt war und später aufgrund der Aufnahme des Art.137 Abs. 2 WRV gestrichen wurde. Damit sollte keine qualitative Schlechterstellung des Schutzes verbunden sein. Dies rechtfertigt eine Gleichbehandlung mit den Grundrechten im Wege einer analogen Anwendung, insbesondere auch unter dem Aspekt der gleichen Interessenlage und der Überschneidungen der Schutzbereiche zwischen Art. 4 Abs. 1 und 2 GG und Art. 137 Abs. 3 WRV als Abwehrrechten gegenüber dem Staat. Art. 137 Abs. 3 WRV ist ein grundrechtsgleiches Recht.[359] Den Kirchen steht es daher frei, sich in einer Verfassungsbeschwerde ausschließlich auf Art. 137 Abs. 3 WRV zu berufen. Angesichts der vom Bundesverfassungsgericht angenommenen Ergänzungsfunktion des Art. 137 Abs. 3 WRV gegenüber der Religionsfreiheit aus Art. 4 GG ist dies auch angebracht, da ansonsten die Verfassungsbeschwerde mit der Religionsfreiheit eröffnet werden müsste, deren Schutzbereich nicht betroffen ist.

Ähnlich wie bei Verfassungsbeschwerden von Kirchen geht das Bundesverfassungsgericht bei Verfassungsbeschwerden kirchlicher Einrichtungen vor. Das gilt beispielsweise für die so genannte *Goch*-Entscheidung, in der es vor allem um die Frage der Geltung kirchlicher Wertvorstellung in privaten religiösen Gesellschaften ging.[360] In der Zulässigkeit der Verfassungsbeschwerde wurde der Schutzbereich der Religionsausübungsfreiheit aus Art. 4 Abs. 2 GG angenommen, weil die betroffene Stiftung karitative Tätigkeit ausübe. In der Begründetheit wurde Art. 140 GG i.V.m. Art. 137 Abs. 3 WRV herangezogen. Vergleichbar ging das Bundesverfassungsgericht in einem Verfahren zur Verfassungsmäßigkeit der Vorschriften des Krankenhausgesetzes des Landes Nordrhein-Westfalen vor. Bei der Zulässigkeit der Verfassungsbeschwerde griff es aufgrund der karitativen Betäti-

---

[358] *Benda/Klein*, Verfassungsprozessrecht, § 18, Rn. 345, S. 143

[359] *Magen*, in: Umbach/Clemens, Art. 140 Rn. 22; *Maunz*, in: Maunz-Dürig (alte Fassung), Art. 140 GG / Art. 137 Abs. 3 WRV, Rn. 2; *Ehlers*, in: Sachs, GG, Art. 140 GG Rn. 3; *Isensee*, HbStKR II, § 59 S. 665 (725); a.A. *Jarass*, in: Jarass/Pieroth, Art. 140 Rn. 1; *Korioth*, in: Maunz-Dürig (neue Fassung), Art. 140 GG / Art. 137 WRV Rn. 22

[360] BVerfGE 46, 73 ff.

gung auf die Religionsausübungsfreiheit aus Art. 4 Abs. 2 GG zurück und nahm in seiner Begründung teilweise auf die Entscheidung zur Bremerischen Mandatsklausel Bezug.[361] In der Begründetheit wurde wiederum – als „unter jedem in Betracht kommenden verfassungsrechtlichen Gesichtspunkt" – Art. 140 GG i.V.m. Art. 137 Abs. 3 WRV geprüft. In einer weiteren Entscheidung, die Kündigungen zum Gegenstand hatte, prüfte das Bundesverfassungsgericht in der Zulässigkeit nur Art. 4 Abs. 2 GG im Hinblick auf die karitative Tätigkeit der Beschwerdeführerinnen.[362] Die Begründetheitsprüfung erfolgt wiederum am Maßstab des Art. 140 GG i.V.m. Art. 137 Abs. 3 WRV.

Mit der Berufung auf Art. 137 Abs. 3 WRV in einer Verfassungsbeschwerde machen die kirchlichen Einrichtungen ein fremdes Recht im eigenen Namen geltend. Dies wäre im Wege einer Prozessstandschaft möglich, soweit eine Ermächtigung des Vertreters und ein Eigeninteresse des Vertretenen vorliegen.[363] Beides kann für die zu entscheidenden Fälle grundsätzlich angenommen werden. Für die Zulässigkeit der Prozessstandschaft spricht die von der Verfassung (an-) erkannte Nähe der Religionsgesellschaften zu ihren Einrichtungen, die insbesondere durch Art. 4 GG und Art. 138 Abs. 2 WRV dokumentiert wird. Der Prozessstandschaft steht allerdings die ständige Rechtsprechung des Bundesverfassungsgerichts entgegen. Bei einer Verfassungsbeschwerde schließt es eine Prozessstandschaft aus.[364]

Wird eine Prozessstandschaft abgelehnt, ist bei den kirchlichen Einrichtungen zu überlegen, ob nicht die Berufung auf die Religionsfreiheit den Schutz durch Art. 137 Abs. 3 WRV mit umfasst. Kirchliche Einrichtungen sind nach allgemeiner Ansicht durch die Religionsfreiheit gemäß Art. 4 GG geschützt.[365] Soweit das Selbstbestimmungsrecht nach der Überschneidungstheorie des Bundesverfassungsgerichts von der Religionsfreiheit umfasst wird, ist dies unproblematisch. Schwieriger sind die Fälle, in denen es an dieser Überschneidung fehlt. Art. 4 GG gewährleistet, dass die Einrichtungen entsprechend den Vorgaben ihrer Religion und damit der Kirchen leben können. Die Vorgaben der Kirchen stehen unter dem verfassungs-

---

361 BVerfGE 53, 366 (386)

362 BVerfGE 79, 138 (160)

363 *Weth*, in: Musielak, ZPO, § 51 Rn. 25 ff.

364 BVerfG, NJW 2002, 357; BVerfGE 56, 296 (297) = NJW 1981, 1360; BVerfGE 77, 263 (268) = NJW 1988, 1371 m.w. Nachw.

365 BVerfGE 19, 129 (2. LS u. 132); 53, 366 (386 ff.)

rechtlichen Schutz des Art. 137 Abs. 3 WRV. Die Vorgaben der Religionsgesellschaft sind zur Erreichung des Seelenheils zu beachten. Sie sind damit wesentlicher Bestandteil des Glaubens. Um den optimalen Schutz zu erreichen, sind die Religionsfreiheit und das Selbstbestimmungsrecht als Einheit zu betrachten. Die Prüfung hat entsprechend in zwei Schritten zu erfolgen. Zunächst ist zu prüfen, ob sich die Einrichtung auf Art. 4 Abs. 1 und 2 GG berufen kann und damit die Vorgabe nach ihrer Vorstellung zu berücksichtigen hat. In einem zweiten Schritt ist zu prüfen, ob die Vorgabe „rechtmäßig" ist. In dieser Inzidentprüfung ist zu untersuchen, inwieweit die getroffene Entscheidung von der Regelungsbefugnis des Art. 137 Abs. 3 WRV in eigenen Angelegenheiten umfasst ist und sich in die verfassungsmäßige Ordnung des Grundgesetzes einfügt. Dabei sind die Interessen Dritter und damit auch der Gewerkschaften zu berücksichtigen.

Somit sind auch die kirchlichen Einrichtungen geschützt. Sie können sich mittelbar auch auf den Schutz durch Art. 137 Abs. 3 WRV berufen, soweit entsprechende Regelungen vorhanden sind.

II. Die eigenen Angelegenheiten der Religionsgesellschaften

Der Wortlaut des Art. 137 Abs. 3 WRV gewährleistet den Religionsgesellschaften das Verwalten „ihrer" Angelegenheiten. Diese Begriffsbestimmung ist in Rechtsprechung und Literatur höchst umstritten. Sie ist von wesentlicher Bedeutung, weil sie den Inhalt und damit den Umfang der Gewährleistung regelt. Im Laufe der Zeit ist es hier zu einer veränderten Auslegung gekommen.

1) Auslegung in der Zeit der Weimarer Reichsverfassung

Das Preußische Oberverwaltungsgericht vertrat die Auffassung, dass der Staat zu bestimmen habe, was die Angelegenheiten der Religionsgemeinschaften sind. Dies folge aus der Stellung des Staates als der höchsten Gewalt und den für eine einheitliche Lösung zu unterschiedlichen Auffassungen der Religionsgesellschaften. Es wurde angenommen, dass für die Bestimmung des Gegenstands und der Reichweite des Selbstbestimmungsrechts die Länder zuständig seien.[366]

In der Literatur wurden im Wesentlichen zwei Ansichten vertreten. *Anschütz* verfocht ebenfalls die Auffassung, dass die Auslegung durch den Staat zu erfolgen habe. Allerdings sah er die Auslegungskompetenz beim

[366] PreußOVG 82, 196 (204 f.)

Richter.[367] Zu den Angelegenheiten zählte er unter anderem die Verfassung und Verwaltung der Religionsgesellschaften und ihrer Unterverbände (Kirchengemeinden), die Rechtsverhältnisse der geistlichen und kirchlichen Amtsträger sowie die Rechte und Pflichten der Mitglieder.[368] Die zweite von *Ebers*[369] vertretene Auffassung ging wie *Anschütz* davon aus, dass der Umfang der eigenen Angelegenheiten nicht durch den Gesetzgeber bestimmt werden könne. Allerdings seien nicht das subjektive Ermessen, sondern objektive Gesichtspunkte entscheidend. Damit waren weder die Ausfüllung durch den Staat durch Rechtssetzung noch die Ansichten der Religionsgemeinschaften von Bedeutung. Der Umfang sollte aus der Natur der Sache und der Zweckbeziehung der Aufgabe der Religionsgesellschaften bestimmt werden. Während bei der Erstreckung der eigenen Angelegenheiten auf die Kirchen und die Regelung der Rechte und Pflichten ihrer Mitglieder[370] Einigkeit herrschte, lehnte *Anschütz* die aus diesem Ansatz resultierende Erweiterung der kirchlichen Angelegenheiten ab.[371]

2) Auslegung unter dem Grundgesetz

Die Inkorporation der kirchenrechtlichen Bestimmungen der Weimarer Reichsverfassung führte auch zur Übernahme der rechtswissenschaftlichen Lösungen zur Bestimmung des Umfangs der kirchlichen Angelegenheiten.

So übernahm das Bundesverfassungsgericht zunächst die Eberssche Lehre, um bei einer Kirchengemeindeteilung die Frage zu klären, ob eine Maßnahme der öffentlichen Gewalt im Sinne des § 90 Abs. 1 BVerfGG oder eine rein innerkirchliche Maßnahme vorlag.[372] Soweit es an einer Vereinbarung zwischen Kirche und Staat fehlte, richtete sich die Auslegung nach dem, was nach der Natur der Sache oder Zweckbeziehung als solche anzusehen war.[373] In seinen späteren Entscheidungen hat das Bundesverfassungsgericht seine Auffassung geändert. Was als eigene Angelegenheiten zu qualifizieren ist, beurteilt es nunmehr nach dem Selbstverständnis der Religionsgesellschaften.[374] Damit entwickelte sich die Rechtsprechung, die

---

[367] *Anschütz*, Die Verfassung des Deutschen Reichs, Art. 137 Anm. 4, S. 635

[368] *Anschütz*, Die Verfassung des Deutschen Reichs, Art. 137 Anm. 4, S. 636

[369] *Ebers*, Staat und Kirche im Neuen Deutschland, § 15, S. 258 ff.

[370] *Ebers*, Staat und Kirche im Neuen Deutschland, S. 262

[371] *Anschütz*, Die Verfassung des Deutschen Reichs, Art. 137 Anm. 4, S. 636

[372] BVerfGE 18, 385 (387); 42, 312 (334)

[373] BVerfGE 18, 385 (387)

[374] BVerfGE 46, 73 (85 f.); 70, 138 (162 ff.)

die Heranziehung des Selbstverständnisses als Rechtskriterium begründete.[375]

In der Literatur findet sich eine Vielzahl von Ansichten, die sich im Wesentlichen an den bereits aufgezeigten Ansätzen orientieren.[376] Der wohl überwiegende Teil in der Literatur folgt der neuen Auslegung durch das Bundesverfassungsgericht und sieht das Selbstverständnis der Religionsgesellschaften als entscheidendes Kriterium an.[377] Andere vertreten weiterhin den Ansatz von Ebers.[378]

3) Stellungnahme

In zahlreichen Bereichen bestehen zwischen den Auffassungen Übereinstimmungen. Sie lassen sich bereits objektiv dem kirchlichen Selbstbestimmungsrecht zuordnen, ohne dass ein Rückgriff auf das Selbstverständnis der Religionsgesellschaft erforderlich ist.[379] Zu ihnen zählen beispielsweise die Bestimmung von Ziel und Zweck der Religionsgemeinschaft, Erwerb und Verlust der Mitgliedschaft sowie die Besetzung der eigenen Ämter und Organe, die durch Art. 137 Abs. 3 S. 2 WRV verfassungsrechtlich verankert ist. Diese Bereiche sind unmittelbar der Religionsgesellschaft als Organisation zugeordnet.

Die Freiheit der Organisation der Religionsgemeinschaften erstreckt sich auch auf die Wahl der Organisationsform.[380] Dies ergibt sich aus dem Grundsatz der Organisationsfreiheit. Das jeweilige Freiheitsrecht schützt die Art und Weise, wie Organisationen ihre Ziele wahrnehmen. Es steht den Vereinigungen zu, ihre organisatorischen Formen selbst zu bestimmen. Die Grenze bildet der verfolgte Zweck, der vom Freiheitsrecht gedeckt sein muss. Für die kirchlichen Einrichtungen und die Kirchen bildet die Religionsfreiheit den Rahmen.

Das Selbstbestimmungsrecht der Kirche aus Art. 137 Abs. 3 WRV über das Ordnen und Verwalten ihrer (organisatorischen) eigenen Angelegenheiten

---

375 *Morlock*, Selbstverständnis als Rechtskriterium, S. 431

376 *Geiger*, ZevKR 26 (1981), 156 (161)

377 *Korioth*, in: Maunz-Dürig, Art. 140 GG Rn. 28

378 *Wieland*, Der Staat 25 (1986), S. 321 (346); *Ehlers*, in: Sachs, GG, Art. 137 WRV Rn. 6

379 *Magen*, in: Umbach/Clemens, GG, Art. 140 Rn. 69

380 *Morlock*, Selbstverständnis als Rechtskriterium, S. 391

steht damit in einem unmittelbaren Zusammenhang zur Religionsfreiheit aus Art. 4 GG.[381] Sie (zusammen) sind die Grundpfeiler der religiösen Freiheiten. Art. 137 Abs. 3 WRV ist daher im Zusammenhang mit Art. 4 GG auszulegen.[382] Neben den Organisationsstrukturen werden dadurch auch der religiöse Auftrag und das nach außen tretende Wirken geschützt. Der Rahmen, in dem dieses stattfinden soll, kann nicht durch den Staat bestimmt werden. Allerdings spricht dagegen nicht eine prinzipielle Scheidung von geistlichem und weltlichem Wirken, die sich aus Art. 137 Abs. 3 WRV ergeben soll.[383] Zunächst ist das Argument für eine solche Trennung eher in dem Verbot einer Staatskirche gem. Art. 137 Abs. 1 WRV zu suchen. Zudem weist die Verfassung zahlreiche Durchbrechungen auf. So spiegelt die Regelung des Religionsunterrichts in Art. 7 Abs. 3 GG zum einen eine staatliche Aufgabe – die Schulpflicht – und zum anderen das Selbstbestimmungsrecht bei der religiösen Unterrichtung des Glaubens wider.[384] Unstreitig ist die Aufgabenzuweisung lediglich bei den objektiv den Kirchen zugeordneten Bereichen. Entscheidend für die Heranziehung des Selbstverständnisses als Rechtskriterium ist der Grundsatz „in dubio pro libertate". Die Freiheitsrechte werden weit ausgelegt, so dass keine Freiheit dem Schutzbereich der Grundrechte entzogen wird.[385] Als Maßstab muss dann die Vorstellung des Grundrechtsträgers – sein Selbstverständnis – dienen. Das Bundesverfassungsgericht wendet seine Überlegungen sowohl auf den Begriff der „Religionsausübung"[386] in Art. 4 Abs. 2 GG als auch auf das Selbstbestimmungsrecht in Art. 137 Abs. 3 WRV an und berücksichtigt so regelmäßig das Selbstverständnis der Religionsgemeinschaften.[387] Damit gewährleistet die Verfassung die Glaubensausübung nach den Vorstellungen der Religionsgesellschaften, von denen das Selbstbestimmungsrecht ohnehin als ein originäres Recht angesehen wird.[388] Für die katholische Kirche ergibt sich dies aus den Texten des zweiten vatikanischen Konzils, nach denen die Kirche die Freiheit hat, sich gemäß ihren

---

381 *Hesse*, in: HbStKR I, § 17 III 3, S. 539; *Hollerbach*, HbStR VI, § 138 Rn. 121

382 *Magen*, in: Umbach/Clemens, GG, Art. 140 Rn. 70

383 *Hesse*, HbStKR I, § 17 III 3, S. 540 f.

384 Daher ist die Rechtslage nicht so eindeutig, wie *Geiger* (ZevKR 26 (1981), 156 (161 f.)) dies darstellt.

385 *Bleckmann*, Staatsrecht II – Die Grundrechte, § 8 Rn. 12, S. 106

386 BVerfGE 83, 236 (246)

387 BVerfGE 83, 236 (247)

388 *Bleckmann*, Von der individuellen Religionsfreiheit des Art. 9 EMRK zum Selbstbestimmungsrecht der Kirchen, S. 33

eigenen Normen zu leiten. Aus dieser weiten Auslegung des Grundrechts der Religionsfreiheit folgt neben den erhöhten Konflikten mit Rechtsgütern anderer gleichzeitig, dass der Staat an Einfluss verliert,[389] da sich der Schutzbereich mit dem Selbstverständnis als Rechtskriterium erheblich weitet. Für die Religionsfreiheit und das Selbstverständnis sieht das Bundesverfassungsgericht die Begründung in der Sonderstellung im Grundgesetz.[390]

Als Argument führt das Bundesverfassungsgericht zunächst an, dass der Schutz der Religionsfreiheit in Art. 4 Abs. 1 und 2 GG im Gegensatz zur Regelung der Weimarer Reichsverfassung in Art. 135 WRV nicht durch einen ausdrücklichen Gesetzesvorbehalt beschränkt wird.[391] Während nach der heutigen Regelung die Religionsfreiheit nur beschränkt werden kann, wenn kollidierende Verfassungsrechtsgüter als Schranke vorliegen, war dies bei der Gewährleistung in der Weimarer Reichsverfassung möglich, wenn die allgemeinen Staatsgesetze berührt waren.[392] Darin sieht das Bundesverfassungsgericht einen qualitativen Unterschied in der Schutzgewährung.

Dieses Argument ist zur Hervorhebung einer Sonderstellung allerdings nur bedingt tauglich. Auf den ersten Blick hat ein Grundrecht, das nur im Kollisionsfall mit einem anderen Verfassungsgut beschränkbar ist, eine höhere Stellung als dasjenige, das bereits die Möglichkeit der Einschränkbarkeit durch einfaches Gesetz in sich trägt. Die Änderung bei der Schranke als dem Einfallstor für einen Eingriff ändert gleichsam nicht das Gewicht des Grundrechts in einer Abwägung mit anderen Verfassungsgütern. Ein qualitativer Unterschied im Sinne einer Sonderstellung besteht nicht. Zuzustimmen ist dem Bundesverfassungsgericht darin, dass von Seiten des Verfassungsgebers ein Akzent gesetzt wurde, der die Resistenz gegen staatliche Schrankengesetze erhöht und damit ein Unterschied zur Weimarer Reichsverfassung schafft.

Den zweiten Hinweis für eine extensive Auslegung sieht das Bundesverfassungsgericht in Art. 18 GG. Dieser bestimmt, dass derjenige, der die aufgeführten Grundrechte zum Kampf gegen die freiheitlich demokratische

[389] *Morlock*, Das Selbstverständnis als Rechtskriterium, S. 80 f.

[390] BVerfGE 24, 236 ff.

[391] BVerfGE 24, 236 (246)

[392] *Anschütz*, Die Verfassung des Deutschen Reiches, Art. 135 Anm. 6, S 621

Grundordnung missbraucht, diese verwirkt. Es handelt sich bei Art. 18 GG um eine Reaktion des Parlamentarischen Rates auf die Abwehrschwäche der Weimarer Demokratie gegen die ihre Freiheitsrechte missbrauchenden Bürger.[393] Das streng geregelte bundesverfassungsgerichtliche Verfahren endet in einer ausdrücklichen konstitutiven Aberkennung der Grundrechte.

Nach einhelliger Auffassung ist die Aufzählung der zu verwirkenden Grundrechte abschließend.[394] Das nicht aufgeführte Grundrecht der Religionsausübung in Art. 4 Abs. 1 und 2 GG kann daher nicht verwirkt werden. Die Besonderheit der Nichterwähnung wird bei einem Vergleich mit den aufgeführten Grundrechten deutlich. In Art. 18 GG werden neben den Art. 13 und 14 GG die so genannten Kommunikationsgrundrechte der Meinungsfreiheit in Art. 5, der Versammlungsfreiheit in Art. 8 GG und der Vereinigungsfreiheit in 9 GG als verwirkbar aufgezählt. Zu diesen Kommunikationsgrundrechten kann auch die Religionsfreiheit in Art. 4 Abs. 1 und 2 GG gezählt werden, da sie unter anderem eine Ausprägung des Art. 5 GG ist und sich ebenfalls mit Art. 8 und 9 GG überschneidet, da insbesondere das Versammeln zum Wesen der Glaubensausübung gehört. Trotz dieser Parallelen wurde die Religionsfreiheit nicht in den Katalog des Art. 18 GG aufgenommen, so dass die Überlegung des Bundesverfassungsgerichts, daraus eine besondere Stellung herzuleiten, nahe liegt. Allerdings ist bei der Bewertung auch die Aussage des Abgeordneten *Dr. v. Mangoldt* (CDU) in der 26. Sitzung des Grundsatzausschusses vom 30. November 1948 zu berücksichtigen. Zur Frage, inwieweit andere Grundrechte erfasst werden, erklärte er, dass unter den Missbrauch der „Freiheit der Meinungsäußerung" auch ein religiös getarntes und gegen die Verfassung kämpfendes weltanschauliches Bekenntnis zu verstehen sei.[395] Dies deckt sich mit den Überlegungen von *Maunz/Dürig*, dass Art. 18 GG unter Umständen wirkungslos wird, weil sich ein „Überzeugungstäter" auch auf Art. 4 GG berufen wird.[396] Um den Schutzzweck des Art. 18 GG nicht wirkungslos werden zu lassen, darf die Aberkennung des grundrechtlichen Schutzes durch die Art. 5, 8 oder 9 GG daran nicht scheitern. Die Negierung wirkt

---

393 *Brenner*, in: v. Mangoldt/Klein/Starck, GG I, Art. 18 Rn. 2; *Dürig/Klein*, in: Maunz-Dürig, Komm. z. GG., Art. 18 Rn. 6

394 *Dürig/Klein*, in: Maunz-Dürig, Komm. z. GG., Art. 18 Rn. 29; *Seiters*, in: Umbach/Clemens, GG, Art. 18 Rn. 18; *Krebs*, in: v. Münch/Kunig, GG, Art. 18 Rn. 7; *Krüger*, in: Sachs, GG, Art. 18 Rn. 20

395 JöR NF/Band 1 (1951), S. 172; vgl. auch *Seiters*, in: Umbach/Clemens, GG, Art. 18 Rn. 18

396 *Maunz/Dürig*, in: Maunz-Dürig, Komm. z. GG, Art. 18 Rn. 29, 36

daher auch auf die Religionsfreiheit ein und relativiert dadurch ihre Sonderstellung.

Das Bundesverfassungsgericht leitet die besondere Bedeutung der Religionsfreiheit weiterhin aus den die Religionsfreiheit flankierenden Sonderregelungen her. So schützen Art. 3 Abs. 3 und Art. 33 Abs. 3 GG vor der Diskriminierung aufgrund eines religiösen Bekenntnisses. Sie werden durch den in die Verfassung inkorporierten Art. 136 Abs. 3 S. 1 WRV ergänzt, der vor dem Zwang, seine religiöse Überzeugung offenbaren zu müssen, schützt. Weiterhin wird das die Vermittlung religiöser Wertvorstellungen umfassende elterliche Sorgerecht durch Art. 7 Abs. 2 GG gesichert. Art. 7 Abs. 3 S. 3 GG wiederum gewährleistet, dass nicht gegen eine bestimmte religiöse Überzeugung gehandelt werden muss. Er wird von Art. 136 Abs. 4 WRV flankiert. Die Vielfalt an Schutzvorschriften zeigt die Bedeutung der Religionsfreiheit, die ihr von der Verfassung zuerkannt wurde.

Schließlich ist die Neutralitätspflicht des Staates gegenüber den Religionsgesellschaften zu berücksichtigen.[397] Dies ist vor allem für das Selbstbestimmungsrecht gem. Art. 137 Abs. 3 WRV von entscheidender Bedeutung. Der Staat soll keinen Einfluss auf religiöse Bekenntnisse nehmen und sich Wertungen enthalten. Die staatliche Festlegung, dass eine bestimmte Handlung keine Religionsausübung ist, stellt eine Begrenzung der Religionsfreiheit dar. Damit verbunden ist das Problem, dass die Eingrenzungen Wertungen enthalten. Dies zeigt sich unter anderem bei kulturellen Handlungen, die sich außerhalb der religiösen Vorstellungen und Riten des abendländischen Kulturkreises bewegen. Auch diesen ist der Schutz zu gewährleisten. Die an christlichen Wertungen orientierte Entstehung des Grundgesetzes und die dies widerspiegelnde Präambel beschränken die Anwendung nicht. Eine hier ansetzende Begrenzung[398] würde dem religiösen Gleichbehandlungsgrundsatz widersprechen. Eine in diese Richtung weisende Rechtsprechung des Bundesverfassungsgerichts[399] wurde später zu Recht nicht mehr aufgegriffen.[400] Jede Deutung des Begriffs der Religion ist gleichzeitig auch eine Begrenzung ihres Inhalts und verstößt gegen die staatliche Neutralität sowie den Grundsatz „in dubio pro libertate".[401]

---

[397] BVerfGE 93, 1 (16 f.); *Starck*, in: v. Mangoldt/Klein/Starck, GG I, Art. 4 Rn. 21

[398] kritisch hinsichtlich einer historischen Einschränkung *Starck*, in: v. Mangoldt/Klein/Starck, GG I, Art. 4 Rn. 56

[399] BVerfGE 12, 1 (4)

[400] BVerfGE 41, 29

[401] *Bleckmann*, Staatsrecht II – Die Grundrechte, § 8 Rn. 20, S. 109

Um Wertungen vorzubeugen, ist daher das Selbstverständnis der Religionsgesellschaften heranzuziehen.[402] Dies führt allerdings zu der bedenklichen Konsequenz, dass grundsätzlich alles, was von der Kirche als Bestandteil der Glaubensverwirklichung angesehen wird, auch unter den Schutzbereich der Religionsfreiheit des Art. 4 Abs. 1 und 2 GG und des Selbstbestimmungsrechts aus Art. 137 Abs. 3 WRV fällt. Das politische oder wirtschaftliche Engagement würde, soweit es von der Religionsgesellschaft als Bestandteil ihrer Religion angesehen wird, schrankenlos geschützt.[403] Dadurch entsteht die Gefahr einer Verlagerung der Kompetenz-Kompetenz, die den Staat einschränkt und die Erfüllung seiner Aufgaben nach jeweils eigener Entscheidung erschwert.[404]

Die Kompetenz-Kompetenz des Staates ist für den Regelungsbereich des Selbstbestimmungsrechts der Kirchen allerdings ohnehin nicht unumstritten. Insbesondere das Bundesverfassungsgericht hat in seinen Entscheidungen mehrfach erklärt, dass es sich bei dieser Gewährleistung um einen anerkannten und unantastbaren Freiheitsraum handelt, der nicht vom Staat zur Verfügung gestellt oder von ihm abgeleitet ist.[405] Wird der Ansatz weiterentwickelt, so führt er zu einer Autonomie der Religionsgesellschaften, die jeder Regelungsbefugnis des Staates enthoben ist. Im Bezug auf die Gewährleistungen durch Art. 137 Abs. 3 WRV ist dies nicht haltbar und wird vom Bundesverfassungsgericht auch so nicht verstanden. Auch bei einer weiten Auslegung des Schutzbereichs, welche die Bedeutung der Religionsgesellschaften und ihr Selbstverständnis berücksichtigt, kann der Staat sich nicht vollständig seiner Regelungskompetenz entziehen. Betroffen ist nämlich nicht nur das Verhältnis von Staat und Kirche. Die Auswirkungen erstrecken sich auch auf den Bürger und damit auf Dritte. Dem Staat muss die Möglichkeit vorbehalten bleiben – im Notfall – Regelungen zu treffen, um den Bürger zu schützen.[406] Die Kompetenz-Kompetenz des Staates muss gewahrt bleiben. Art. 137 Abs. 3 WRV ist eine staatliche Norm im staatlichen Recht.

Das Selbstverständnis der Religionsgesellschaften findet auch aus einem anderen – systematischen – Grund eine Grenze vor einer uferlosen Aus-

---

[402] *Herzog*, in: Maunz-Dürig, Komm. z. GG, Art. 4 Rn. 104

[403] *Herzog*, in: Maunz-Dürig, Komm. z. GG, Art. 4 Rn. 104

[404] *Herzog*, Allgemeine Staatslehre, S. 147

[405] BVerfGE 57. 220 (244)

[406] *Herzog*, Allgemeine Staatslehre, S. 148

dehnung. Religionsfreiheit und Selbstbestimmungsrecht dürfen nicht zu einem Recht der allgemeinen Handlungsfreiheit im Sinne des Art. 2 Abs. 1 GG werden, so dass ihre objektive tatbestandliche Umgrenzung verloren geht.[407] Dies folgt aus den unterschiedlichen Schrankenvorbehalten der beiden Grundrechte. Die Ausweitung des Schutzbereichs mit dem Hinweis auf das besondere Verantwortungsbewusstsein der christlichen Kirchen zu begründen, scheitert jedenfalls an der Vorstellung, dass auch Sekten diesen Schutz für sich in Anspruch nehmen können, auf deren Verantwortung kein Verlass sein könnte.

Einen Anfang für die Begrenzung dieser durch das Selbstverständnis der Religionsgesellschaften geprägten Verfassungsauslegung hat das Bundesverfassungsgericht selbst vorgenommen. Es muss sich tatsächlich nach dem geistigem Gehalt und dem äußeren Erscheinungsbild um eine Religion und Religionsgesellschaft handeln. Diese Feststellung obliegt den Gerichten, die dies anhand von Sinn und Zweck der Gewährleistung ermitteln müssen.[408] So dient der Erwerb eines Grundstücks zum Bau einer Kirche der Verwirklichung und Ausübung des Glaubens. Der Erwerb selbst wird jedoch nicht als Religionsausübung empfunden. Entsprechendes gilt für den Bau der Kirche. Dieser unterfällt den allgemeinen Gesetzen des Baurechts. Somit fällt dieser Bereich nicht – auch nicht nach den Vorstellungen der Kirche – in den Schutzbereich des Art. 4 Abs. 1 und 2 GG.

Die Heranziehung des Selbstverständnisses der Grundrechtsträger ist bei derart offenen Begriffen wie der Religionsfreiheit eine Folge des staatlichen Neutralitätsgebots. Trotz der Bedenken gegen eine weite Auslegung, bietet die Verfassung ausreichenden Schutz gegen eine Überdehnung. Zu beachten ist insbesondere, dass die extensive Auslegung nur auf der Ebene des Schutzbereiches vorgenommen wird und die Auslegung der Schranken nach objektiven Maßstäben erfolgt.[409]

Die Argumentation des Bundesverfassungsgerichts zeigt im Ergebnis die von der Verfassung gewollte Bedeutung der Religionsfreiheit im Grundgesetz. Insbesondere die Neutralitätspflicht des Staates erfordert es, die Vorstellungen der Religionsgesellschaften zu berücksichtigen. Um nicht jedem behaupteten Bezug zum Glauben Tür und Tor zu öffnen, ist die Beschrän-

[407] *Starck,* in v. Mangoldt/Klein/Starck, GG I, Art. 4 Rn. 53

[408] BVerfGE 83, 341 (353)

[409] a.A. wohl *Heckel*, FS BVerfG, S. 379 (402 f.)

kung durch eine Plausibilitätsprüfung[410] ein gangbarer Weg, der den Bedürfnissen der Grundrechtsträger hinreichend Rechnung trägt. Im Hinblick darauf sind bei der Auslegung der Religionsfreiheit in Art. 4 Abs. 1 und 2 GG als auch bei Art. 137 Abs. 3 WRV keine Unterschiede zu machen.

4) Kirchliche Einrichtungen als eigene Angelegenheit

Nach dem Selbstverständnis der Religionsgesellschaften fallen die kirchlichen Einrichtungen unter den Begriff der „eigenen Angelegenheiten".[411] Die Einbeziehung dieser Einrichtungen lässt sich allerdings auch objektivrechtlich begründen. Art. 138 Abs. 2 WRV zeigt die wirtschaftliche Verbundenheit von Kirchen und ihren Einrichtungen.[412] Werden deren Rechte und Güter beschränkt, so hat dies mittelbar Auswirkungen auf die Kirchen, die dadurch in ihrem Wirken – nicht nur unerheblich – eingeschränkt werden. Der Einwand, dass Art. 137 Abs. 3 WRV nur das Recht der und für die Religionsgesellschaften regele,[413] überzeugt nicht. Auslegungsgegenstand ist nicht der Begriff der Religionsgesellschaft, sondern der der „eigenen Angelegenheiten". Warum sollten die Kirchen die kirchlichen Einrichtungen nicht ordnen und verwalten, nachdem die inhaltliche Nähe bereits durch die Verfassung in Art. 138 Abs. 2 WRV dokumentiert ist? Die kirchlichen Einrichtungen sind daher zu den eigenen Angelegenheiten zu zählen.[414]

Die Ordnungs- und Regelungsbefugnis im Bereich der eigenen Angelegenheiten setzt die Qualifikation als kirchliche Einrichtung voraus. Nicht erforderlich ist die Zugehörigkeit zur Kirchenverwaltung,[415] so dass auch Krankenhäuser in der Rechtsform einer privaten Stiftung[416], GmbH[417] oder

---

410 BVerfGE 94, 165 (195); 50, 256 (262)

411 BVerfGE 46, 73 (85 ff.); 57, 220 (242); 70, 138 (162); *v. Campenhausen*, in: v. Mangoldt/Klein/Starck, GG III, Art. 140 / Art. 137 WRV Rn. 94 ff.

412 so auch *Morlock*, Selbstverständnis als Rechtskriterium, S. 390

413 *Preuß*, in: AK-GG, Art. 140 Rn. 45

414 *Hassemer/Hömig*, EuGRZ 1999, 525 (531); *Richardi*, Arbeitsrecht in der Kirche, § 3 Rn. 8; *v. Campenhausen*, in: v. Mangoldt/Klein/Starck, GG III, Art. 140 / Art. 137 WRV Rn. 94 ff.

415 BVerfGE 53, 366 (394)

416 BVerfGE 46, 73 (Hospital)

417 BVerfGE 53, 366 (397)

ähnliche Heilanstalten[418], die eine kirchlichen Verbundenheit aufweisen, dem Schutz des Art. 137 Abs. 3 WRV unterfallen, obwohl es sich nach der klassischen Unterscheidung nur um geistliche Gesellschaften handelt. Bei der Beurteilung der kirchlichen Verbundenheit der privaten Vereinigungen lassen sich drei besonders nachhaltige Ansatzpunkte des Bundesverfassungsgerichts feststellen, die das kirchliche Selbstverständnis berücksichtigen.[419] In erster Linie wird der Zweck der Einrichtung hinterfragt und, um diesen zu ergründen, die Satzung oder das Statut herangezogen.[420] Der ermittelte Zweck wird dann mit dem religiösen Verständnis der Religionsgesellschaft von Fürsorge[421], wohltätigem und altruistischem Handeln[422] verglichen. Als zweites Indiz ist die Einflussmöglichkeit der „Geistlichkeit" durch eine entsprechende Besetzung des Entscheidungsgremiums (Kuratoriums oder des Vorstandes) „wichtig".[423] Dabei muss nicht zwangsläufig ein Übergewicht an Klerikern im Gremium bestehen. Das Bundesverfassungsgericht folgt insoweit der neuen Bedeutung von Laien in der katholischen Kirche nach dem zweiten Vatikanischen Konzil. Der katholische Laie ist damit – vergleichbar mit dem schon immer starken Gewicht des evangelischen Laien – nicht der säkularisierte Mensch, sondern verantwortungsvolles Mitglied des kirchlichen Sendungsauftrags.[424] Vielfach existiert daneben noch als dritter Ansatzpunkte ein Genehmigungsvorbehalt beispielsweise des Diözesanbischofs bei Satzungsänderungen oder anderen wichtigen Entscheidungen.[425] Der dritte Ansatzpunkt überschneidet sich mit den Aufsichts- und Genehmigungsvorbehalten der vorgesetzten Geistlichen, wie dem Visitationsrecht des Bischofs[426] oder der Zustimmung des Landeskirchenamts[427].

---

418 BVerfGE 57, 220 (Orthopädische Heil-, Lehr- und Pflegeanstalten für Körperbehinderte), BVerfGE 70, 138 (Trägerin eines Jugendwohnheims)

419 BVerfGE 46, 73 (1. LS)

420 BVerfGE 46, 73 (88); 53, 366 (394); 57, 221 (242); 70, 138 (163); gegen das Erfordernis der satzungsmäßigen Verbundenheit *Thüsing*, ZTR 2002, 56 (57)

421 BVerfGE 46, 73 (88)

422 BVerfGE 53, 366 (394) u. (397): Gewinne der Gesellschaft durften nur für ihre satzungsmäßigen Zwecke verwandt werden.

423 BVerfGE 46, 73 (92)

424 BVerfGE 46, 73 (92)

425 BVerfGE 53, 366 (398)

426 BVerfGE 46, 73 (93)

427 BVerfGE 53, 366 (398)

Auf der Linie der Rechtsprechung des Bundesverfassungsgerichts befindet sich auch das Bundesarbeitsgericht.[428] In einem Beschluss hatte es über die Frage zu entscheiden, ob die Durchführung einer Betriebsratswahl in einem Krankenhaus durch die Gewerkschaft ÖTV zulässig war oder ob die Ausnahmeregelung des § 118 Abs. 2 BetrVG eingreift. Die Arbeitgeberin ist eine gemeinnützige GmbH. Gesellschafter der GmbH sind jeweils zur Hälfte die städtische H-Klinik Weimar GmbH und die Stiftung S Weimar, eine Einrichtung des Diakonischen Werkes der Evangelisch-Lutherischen Kirche in Thüringen e.V. Seit 1.1.1998 ist die Arbeitgeberin ebenfalls Mitglied des Diakonischen Werkes. Das Bundesarbeitsgericht kam zu dem Schluss, dass es sich um eine karitative Einrichtung handelt, auf die gem. § 118 Abs. 2 BetrVG das Betriebsverfassungsgesetz keine Anwendung findet. Das Krankenhaus sei seinem Zweck nach auf die Verwirklichung eines christlichen Auftrags ausgerichtet und es bestehe ein Mindestmaß an Einflussmöglichkeit der Amtskirche, weil die Anstellungsträgerin Mitglied des Diakonischen Werkes Thüringen ist.

Mit der Auffassung, dass bereits die Möglichkeit der Einflussnahme durch das Diakonische Werk ausreicht, fallen zahlreiche Einrichtungen in den Anwendungsbereich des Art. 137 Abs. 3 WRV. Dies entspricht dem Grundsatz der weiten Auslegung, so dass dieser Meinung im Grundsatz zuzustimmen ist. Vorzugswürdig ist es allerdings, als Mindestmaß eine satzungsmäßige Verbundenheit zu verlangen, auch wenn die Drohung mit dem Entzug der Qualifikation als kirchlicher Einrichtung grundsätzlich ausreichen wird. Die weite Auffassung lässt die arbeitsrechtlichen Folgen einer kirchlichen Sanktion unberücksichtigt. Mit einem Entzug des kirchlichen Status wird gleichzeitig der „Dritte Weg“ und das Mitarbeitervertretungsrecht unzulässig. Folgt die Einrichtung daraufhin erneut den kirchlichen Vorgaben und wird der Status einer solchen Einrichtung wieder anerkannt, kämen abermals die alten Regelungen zum tragen. Diese Möglichkeit lässt die für die Arbeitnehmer erforderliche Rechtssicherheit vermissen.

5) Arbeitsverhältnisse als eigene Angelegenheiten

Nach der Rechtsprechung des Bundesverfassungsgerichts gehören auch die Arbeitsverhältnisse zu den eigenen Angelegenheiten der Kirche.[429] Dies ist

---

[428] Beschluss vom 31.7.2002 – 7 ABR 12/01 = NZA 2002, Heft 16, S. VII

[429] BVerfGE 70, 138 (164 f.); so auch *Richardi*, Arbeitsrecht in der Kirche, § 2 Rn. 25 f.; *v. Campenhausen*, Staatskirchenrecht, S. 200 f.; ders., in: v. Mangoldt/Klein/Starck, Art. 140 GG / Art. 137 WRV Rn. 71; Ehlers, in: Sachs, GG, Art.

die Konsequenz aus der Einbeziehung von privaten kirchlichen Einrichtungen in den Bereich der eigenen Angelegenheiten. Ihr Zweck macht es notwendig, Entscheidungen treffen zu können, die das religiöse Wirken der Einrichtung sicherstellen. Auch diese Entscheidungsgewalt muss gewährleistet werden. Gleichzeitig führt die privatrechtliche Ausgestaltung der Arbeitsverhältnisse zur Anwendung staatlichen Rechts. In der Folge wird das staatliche Recht durch spezifische kirchliche Vorgaben ergänzt.[430] Voraussetzung ist allerdings immer, dass das religiöse Wirken der Einrichtung sichergestellt werden soll. Das bedeutet, dass Arbeitsverhältnisse in kirchlichen Banken oder Klosterbrauereien nicht mehr den „eignen Angelegenheiten" zuzuordnen sind. Ihnen fehlt grundsätzlich der spezifisch bekenntnismäßige Bezug – die religiöse Dimension des kirchlichen Dienstes – als Motiv für das Tätigwerden.

Diese Rechtsprechung ist auf Kritik gestoßen, weil der Arbeitnehmer, der Mitglied der Kirche ist, ihr nicht als Verbandsmitglied, sondern in der Rolle eines Arbeitnehmers gegenübertritt.[431] Das wird aber der Schutzweite des Selbstbestimmungsrechts nicht gerecht. Die Kirchen dürfen, weil sie in der Wahl der Rechtsform frei sind, auch Gesellschaften mit der Erfüllung ihrer Aufgaben betrauen. In der Folge ist es erforderlich, Arbeitsverhältnisse zu begründen. Bei diesen darf der Einfluss der Religionsgesellschaften nicht derart zurückgedrängt werden, dass die mit der Errichtung dieser Einrichtung erforderlichen Ziele nicht mehr berücksichtigt werden.[432] Es entwickelt sich eine Kette, die von der Religionsgesellschaft über die Freiheit, eigene Einrichtungen zu errichten, zur Regelungskompetenz bei Arbeitsverhältnissen reicht. Dabei sind die grundrechtlich geschützten Freiheiten der Angestellten zu berücksichtigen. Es handelt sich um weltliches Recht mit kirchenspezifischen Besonderheiten und nicht um Kirchenrecht mit weltlichen Einschüben. Die Ausweitung des Schutzbereichs führt im Gegenzug zu einer Fülle von Problemen auf Schrankenebene.

---

140 GG / Art. 137 WRV Rn. 9a; in sich widersprüchlich *Ehlers*, in: Sachs, GG, Art. 140 Rn. 7 u. 9a: Einerseits soll es nicht zulässig sein, die Rechtssphäre Außenstehender (nicht der Glaubensgemeinschaft angehörend?) zu gestalten. Andererseits soll es erlaubt sein, den „Dritten Weg" einzuführen.; a.A. *Preuß*, in: AK-GG, Art. 140 Rn. 48

[430] BVerfGE 70, 138 (165)

[431] *Preuß*, in: AK-GG, Art. 140 GG Rn. 48

[432] a.A. *Herschel*, AuR 1978, 172 (176): Nach seiner Ansicht kann sich die Kirche nicht der staatlichen Gesetzgebung durch Berufung auf Art. 137 Abs. 3 WRV entziehen. Wenn die Kirche Arbeitnehmer einstelle, müsse sich auch alle rechtlichen Folgen, die das Lohnarbeitsverhältnis mit sich bringt, tragen.

III. Das selbständige Ordnen und Verwalten

Das selbständige Ordnen und Verwalten zeigt die Handlungsalternativen, die das Grundgesetz den Kirchen zubilligt. Das selbständige Ordnen umfasst die eigenverantwortliche Rechtssetzung,[433] während das Verwalten nicht nur die Verwaltung im engeren Sinne, sondern auch die Leitung der Kirche, einschließlich der Bestimmung über die Organisation umfasst.[434]

Der Umfang der Regelungskompetenz zur Zeit der Weimarer Reichsverfassung verläuft kongruent mit dem Inhalt der eigenen Angelegenheiten. Der selbständigen Rechtsetzung wurde in der Zeit der Weimarer Reichsverfassung der Charakter einer Verbandssatzung zuerkannt, so dass sich die Regelungskompetenz nur auf die Mitglieder der Religionsgesellschaft erstreckte.[435] Heute hat sich der Wirkungskreis der Religionsgesellschaften hinsichtlich der eigenen Angelegenheiten erweitert, indem kirchliche Einrichtungen einbezogen werden. Durch die Kongruenz des Regelungsinhalts der eigenen Angelegenheiten mit der Regelungskompetenz der Ordnung und Verwaltung ist auch die Regelungskompetenz anzugleichen. Sie kann sich nicht auf eine Satzungsgewalt beschränken, wenn der erweiterte Inhalt nicht ins Leere gehen soll. Die Ordnungsgewalt erfasst damit über die Unterverbände und Mitglieder hinaus auch Arbeitnehmer, die in Einrichtungen arbeiten, die zu den eigenen Angelegenheiten zählen. Der Charakter der Regelungsbefugnis hat sich verändert.

Damit stellt sich die Frage, in welchem Umfang kirchliche Regelungen mit Wirksamkeit im staatlichen Recht ausgestattet sind. Das ist auch für die Wirkung der Beschlüsse der Arbeitsrechtlichen Kommissionen im Verfahren des „Dritten Weges“ von Bedeutung. Es stellt sich die Frage, ob ihnen unmittelbare Wirkung zukommt oder ob sie vertraglich einbezogen werden müssen. Das Bundesarbeitsgericht lehnt eine normative Wirkung von Arbeitsrechtsregelungen in einer neueren Entscheidung ab.[436] Die Entscheidung beruht auf der Auffassung des Gerichts, dass die Religionsgesellschaften für die Arbeitsrechtsregelungen keinen „normativen Geltungsanspruch erheben“. Es fehle dazu an einem kirchengesetzlich angeordneten Geltungsbefehl, der Inhalt und Reichweite des normativen Geltungsanspruchs – insbesondere für wen die unmittelbare und zwingende Wirkung

---

433 *Maunz*, in: Maunz-Dürig, Komm. z. GG, Art. 140 / Art. 137 WRV Rn. 16

434 *Hesse*, HdbStKirchR Bd. 1, § 17, S. 520 (535 ff. und 537)

435 *Ebers*, Staat und Kirche im Neuen Deutschland, § 14, S. 255; vgl. auch *Magen*, Umbach/Clemens, GG, Art. 140 Rn. 73

436 BAG, NZA 2002, 1402 ff.

gelten soll – enthält.[437] Damit nähert sich das Bundesarbeitsgericht im Grundsatz gleichzeitig einem Verfassungsrechtsansatz in der Literatur an, der zur Begründung einer möglichen normativen Wirkung Art. 137 Abs. 3 WRV heranzieht. Danach könnten auch Arbeitnehmer in kirchlichen Einrichtungen unmittelbar in die Regelungskompetenz der Religionsgesellschaften einbezogen werden. Die Auffassungen in der Literatur zur normativen Wirkung von Arbeitsrechtsregelungen sind vielfältig.[438] Fest steht, dass den Regelungen jedenfalls nicht der Charakter einer staatlichen Regelung zukommt. Sie sind nicht von staatlichen, sondern von kirchlichen Instanzen gesetzt worden.[439] Ein Weg, eine Normwirkung anzuerkennen, ist jedenfalls der bereits oben erwähnte Ansatz, diese unmittelbar Art. 137 Abs. 3 WRV zu entnehmen. Dafür spricht der Wortlaut. Ein anderer Weg liegt in der nachträglichen Anerkennung kirchlicher Rechtssetzung durch den staatlichen Gesetzgeber.[440] Anstelle der Übertragung einer eigenständigen Rechtssetzungskompetenz beruht die Wirkung des kirchlichen Rechts in der nachträglichen Anerkennung der gesetzten Normen. In beiden Fällen lässt sich die Wirkung auf den Staat zurückführen, so dass die Regelungen jedenfalls nicht wie das Recht einer fremden Rechtsordnung zu behandeln sind.[441] Letztendlich ändert die Ablehnung der Normqualität aber am ordnenden Charakter der Regelungen nichts.[442] Die Vorgaben der Religionsgesellschaften werden durch arbeitsvertragliche Bezugnahmeklauseln wie beispielsweise bei den Arbeitsvertragsrichtlinien oder aber über die im Arbeitsverhältnis bestehenden Loyalitätspflichten Bestandteil des Arbeitsvertrages.

III. Die Grenzen des Selbstbestimmungsrechts

Das Selbstbestimmungsrecht der Religionsgesellschaften reicht nicht unbegrenzt. Bereits der Wortlaut des Art. 137 Abs. 3 WRV sieht eine Beschränkung vor, nach der ein Eingriff in das kirchliche Selbstbestimmungsrecht „innerhalb der Schranken des für alle geltenden Gesetzes“ möglich ist. Der Wortlaut der Schranke ist eine Folge der Erfahrungen der Kulturkampfzeit,

---

437 BAG, NZA 2002, 1402 (1405); zustimmend *Gaul*, ZTR 2002, 368 (370)

438 vgl. zusammenfassend: *Hammer*, ZTR 2002, 302 ff; *Dütz*, FS Schaub, S. 157 ff.

439 *Magen*, in: Umbach/Clemens, GG, Art. 140 Rn. 73

440 vgl. *Jurina*, NZA Beil. 1/1986, S. 15 f.

441 so aber *Magen*, Umbach/Clemens, GG, Art. 140 GG Rn. 73

442 *v. Tiling*, RdA 1979, 103 (107)

während der in die Selbstverwaltung der katholischen Kirche weitestgehend eingegriffen werden konnte.[443]

1) Die „Schranken des für alle geltenden Gesetzes“

Das Selbstbestimmungsrecht der Religionsgesellschaften darf in der Weimarer Reichsverfassung nur „innerhalb der Schranken des für alle geltenden Gesetzes“ ausgeübt werden. Die Definition dieser Formulierung hat sich im Laufe der Zeit stetig verändert, so dass sie auch als „sinnvariierende Formel“ bezeichnet wird.

a) Auslegung in der Zeit der Weimarer Reichsverfassung

Zur Zeit der Weimarer Reichsverfassung wurde überwiegend die Meinung vertreten, dass das für jedermann und damit das für alle – Kirchen, Bürger, Vereine – gleichermaßen geltende Gesetz eine zulässige Schranke des Selbstbestimmungsrechts darstelle.[444] Sondergesetze wurden für zulässig erachtet, wenn sie Sonderrechte verliehen oder mit der Verleihung dieser Rechte korrespondierende Pflichten auferlegten.[445] Diese Auffassung wurde von *Martin Heckel* kritisiert. Das Gesetz sei rechtmäßig, wenn es trotz grundsätzlicher Bejahung der kirchlichen Autonomie vom Standpunkt der Gesamtnation als sachlich notwendige Schranke der kirchlichen Freiheit anerkannt werden müsse. Es müsse sich mit anderen Worten um ein für die Gesamtnation als politische, Kultur- und Rechtsgemeinschaft unentbehrliches Gesetz, aber auch nur ein solches handeln.[446] Die Vorschrift kennzeichnete damit die Unterordnung der Religionsgesellschaften unter die Staatshoheit bei gleichzeitiger Sicherheit vor staatlichen Eingriffen in das Selbstbestimmungsrecht.[447]

b) Auslegungswandel unter dem Grundgesetz

Unter dem Grundgesetz hat sich das Verständnis der Schranke gewandelt. Wandte der Bundesgerichtshof die Heckelsche Bestimmung der Schranken

---

443 *Ebers*, Staat und Kirche im Neuen Deutschland, § 16, S. 291

444 RGZ 114, 220 (224); *Anschütz*, Die Verfassung des Deutschen Reichs, Art. 137 Anm. 5

445 *Anschütz*, Die Verfassung des Deutschen Reichs, Art. 137 Anm. 5

446 *Heckel*, VerwArch. 37 (1932), S. 282 ff.

447 *Ebers*, Staat und Kirche im Neuen Deutschland, § 16, S. 294

zunächst mit gewissen Modifikationen an,[448] so prägte insbesondere die Rechtsprechung des Bundesverfassungsgerichts den Auslegungswandel.

Das Bundesverfassungsgericht kam zu dem Schluss, dass der Staat in innere Verhältnisse der Religionsgesellschaft nicht eingreifen dürfe. Dies ergebe sich aus der Anerkennung der Kirche als Institution, die ihrem Wesen nach vom Staat unabhängig sei und ihre Gewalt nicht von ihm herleite. Der Gesetzgeber könne der Kirche in diesem Bereich keine Schranken setzen.[449] Entscheidend für die Abgrenzung zwischen innerkirchlichem und staatlichem Bereich sei, was materiell, der Natur der Sache oder Zweckbeziehung nach als eigene Angelegenheit der Kirche anzusehen ist.[450] Wird nicht mehr der innerkirchliche Bereich berührt, so findet die Schrankenregelung des Art. 137 Abs. 3 WRV Anwendung. Das Gesetz muss für die Kirche dieselbe Bedeutung haben wie für jedermann. Danach liegt kein allgemeines Gesetz vor, wenn es die Kirchen nicht wie jedermann, sondern *in ihrer Besonderheit als Kirche* (Hervorhebung im Original) härter, ihr Selbstverständnis, insbesondere ihren geistig-religiösen Auftrag beschränkend, also *anders* (Hervorhebung im Original) als den normalen Adressaten trifft.[451] In anderen, insbesondere neueren Entscheidungen bestimmte das Gericht die Zulässigkeit der Schranke durch eine Art Güterabwägung im Sinne einer Wechselwirkung zwischen Kirchenfreiheit und dem Schutz anderer für das Gemeinwesen bedeutender Rechtsgüter als Zweck der Schranke.[452] Bei dieser Abwägung soll dem Eigenverständnis der Kirchen, soweit durch die Religionsfreiheit des Art. 4 Abs. 1 und 2 GG geschützt, ein besonderes Gewicht zuzumessen sein.[453] Das Gericht prüft dabei, ob die Schranke nicht zulässig ist, weil sie zur Erfüllung der staatlichen Aufgabe und im Blick auf das Gemeinwohl unumgänglich ist.[454]

In der Literatur lässt sich eine Vielzahl von Meinungen ausmachen. So finden sich Befürworter der Rechtsprechung des Bundesverfassungsge-

---

[448] BGHZ 22, 383 (387 f.); 34, 372 (374)

[449] BVerfGE 18, 385 (386); 42, 312 (333 f.); 66, 1 (20)

[450] BVerfGE 42, 312 (333 f.): Das Bundesverfassungsgericht wendet diese Formel regelmäßig an, wenn es den inneren Bereich der Kirche ermittelt.

[451] BVerfGE 42, 312 (334); 66, 1 (20)

[452] BVerfGE 66, 1 (22): In dieser Entscheidung werden beide Ansätze aufgeführt; 70, 138 (167)

[453] BVerfGE 53, 366 (401), 70, 138 (167)

[454] BVerfGE 66, 1 (22)

richts,[455] aber auch Kritiker. Gerügt wird vor allem, dass das Bundesverfassungsgericht das Selbstverständnis erneut anwendet. Dies führt bei einem bereits stark ausgedehnten Schutzbereich zu einer erneuten Einschränkung staatlicher Maßnahmen auf der Ebene der Schranken.[456] In anderen Lösungen werden teilweise Anleihen bei der Auslegung zur Zeit der Weimarer Reichsverfassung genommen.[457]

2) Die Grundrechte als Schranken des Selbstbestimmungsrechts

Die Lösung des Streitstandes ist für die Dissertation allerdings unerheblich, da das Streikrecht bislang einfachgesetzlich nicht normiert worden ist. Ein für alle geltendes Gesetz liegt nicht vor. Mit der Feststellung, dass das Recht auf koalitionsmäßige Betätigung aus Art. 9 Abs. 3 GG abzuleiten ist, stellt sich aber die Frage, ob dieses nicht als Schranke fungieren kann.

a) Die Grundrechtsbindung der Kirchen

Dazu müssen die Kirchen zunächst überhaupt Grundrechtsadressaten sein. Nach der Konzeption des Grundgesetzes richten sich die Grundrechte primär gegen den Staat. Entsprechend wird allgemein eine Bindung angenommen, wenn die Kirchen übertragene hoheitliche Befugnisse beispielsweise bei der Kirchensteuer wahrnehmen.[458] Ob die Grundrechte darüber hinaus als Schranke des Selbstbestimmungsrechts fungieren können, ist umstritten. So wird vorgebracht, dass eine Qualifikation von Grundrechten als „für alle geltende Gesetze" deshalb ausscheide, weil damit nicht Rechte, sondern allgemeine Begrenzungen, also Pflichten gemeint sind. Grundrechte könnten so nicht verstanden werden.[459] Dem ist entgegenzuhalten, dass mit der Feststellung, dass sich die Verpflichtung in erster Linie an den Staat richtet, noch nicht entschieden ist, dass nicht ausnahmsweise auch nichtstaatliche Adressaten gebunden sind. Soweit wirken die Grundrechte dann

---

455 *Richardi*, Arbeitsrecht in der Kirche, § 2 Rn. 35; *Magen*, in: Umbach/Clemens, GG, Art. 140 GG / Art. 137 WRV, Rn. 74 ff. (ablehnend gegenüber der Bereichsscheidungslehre)

456 *Morlock*, Das Selbstverständnis als Rechtskriterium, S. 434; a. A. *Magen*, in: Umbach/Clemens, GG, Art. 140 GG/ Art. 137 WRV, Rn. 74

457 *Preuß*, in: AK-GG, Art. 140 GG / 137 WRV Rn. 27 f.

458 *Säcker*, DVBl. 1969, 5; *Richardi*, Arbeitsrecht in der Kirche, § 9 Rn. 6; *Kästner*, JuS 1977, 715 (718); *Weber*, ZevKR 17 (1972), 386 (402); *Schnapp/Kaltenborn*, JuS 2000, 937 (942)

459 *Hesse*, FS Weber, S. 447 (456 f.)

nicht nur rechts-, sondern auch „pflichtenbegründend“.[460] Dies gilt jedenfalls für den Fall, dass zwei Grundrechte beziehungsweise grundrechtsgleiche Normen durch die Ausübung der Rechte kollidieren. Das Selbstbestimmungsrecht kann durch andere Verfassungsgarantien begrenzt werden.[461] Eines Rückgriffs auf den qualifizierten Gesetzesvorbehalt bedarf es dann allerdings nicht mehr.

Als Besonderheit des Staatskirchenrechts wird in Literatur und Rechtsprechung ein von staatlichem Recht freier Raum angenommen. Dieser Ansatz wird als „Bereichslehre“ bezeichnet. Bei der Bindung der Kirchen wird zwischen innerem und äußerem Bereich unterschieden.[462] Aus der Garantie des kirchlichen Selbstbestimmungsrechts wird dann eine Bindung im innerkirchlichen Bereich generell abgelehnt.[463] Dazu wird eine Trennung zwischen dem kirchlichen Innenbereich und dem Wirken „nach außen“ vorgenommen.[464] Der Staat habe durch die Gewährung der Religionsfreiheit in Art. 4 Abs. 1 und 2 GG das forum internum freigegeben und auf eine Ingerenz in kirchlichen Fragen verzichtet. Dies sei Ausdruck des säkularen Staates[465]. Die Trennung nach Bereichen stößt jedoch auf Kritik.[466] Neben den praktischen Problemen, wann und wie die Abgrenzung verlaufen soll, spricht insbesondere der Wortlaut des Art. 137 Abs. 3 WRV gegen eine Trennung. Der Wortlaut spricht nur von „ihren“ Angelegenheiten und nennt keine weitere Unterscheidung.[467] Zudem steht die Trennung im Widerspruch zum kirchlichen Selbstverständnis, das eine Trennung nach Bereichen nicht vorsieht.[468] Für den Bereich des Arbeitsrechts werden diese Streitigkeiten jedoch nicht relevant, weil anerkannt ist, dass die Kirchen nach außen tätig werden und entsprechend an die staatliche Rechtsordnung

---

460 *Kästner*, JuS 1977, 715 (718); a.A.: *Wufka*, Art. 33 V GG und das kirchliche Dienstrecht, ZevKR 16 (1971) 190 (199)

461 *Belling*, ZevKR 4 (2003), 407 (437); *Dütz*, AuR 1979 Sonderheft, S. 2 (5 f.); Hemmerich, in: v. Münch/Kunig, GGK III, Art. 140 Rn. 20

462 BVerfGE 18, 385 (386); 42, 312 (334)

463 *Leisner*, DÖV 1977, 475 (481); *Weber*, ZevKR 17 (1972), 386 (395); *ders.*, HdbStKirchR Bd. 1, § 19, S. 573 (575 f.)

464 *Weber*, ZevKR 17 (1972), 386 (396)

465 *Weber*, HdbStKirchR, § 19, S. 573 (576)

466 *Kästner*, JuS 1977, 715 (717)

467 *Bock*, Das für alle geltende Gesetz und die kirchliche Selbstbestimmung, S. 182

468 *Richardi*, Arbeitsrecht in der Kirche, § 9 Rn. 8

gebunden sind.[469] Die Grundrechtsbindung soll die Kirchen nicht anders treffen als andere Rechtssubjekte.[470] Nach heutigem Rechtsverständnis käme damit grundsätzlich nur eine mittelbare Grundrechtsbindung über eine so genannte Generalklausel im einfachen Recht in Betracht.

b) Bindung an die Koalitionsfreiheit des Art. 9 Abs. 3 GG

Einer solchen Generalklausel bedarf es bei der Koalitionsfreiheit ausnahmsweise jedoch nicht. Der Streit um die Drittwirkung von Grundrechten ist hinsichtlich der Koalitionsfreiheit aus Art. 9 Abs. 3 GG nicht zu entscheiden. Art. 9 Abs. 3 GG richtet sich mit seinem Schutz nicht nur gegen den Staat, sondern unmittelbar auch gegen jedes andere Privatrechtssubjekt.[471] Dies folgt aus Art. 9 Abs. 3 S. 2 GG. Wegen der unmittelbaren Drittwirkung der Koalitionsfreiheit wird allgemein anerkannt, dass dieses Grundrecht auch das Selbstbestimmungsrecht der Kirchen begrenzt, soweit die Kirchen als Arbeitgeber auftreten.[472] Für diesen Fall wirkt das Grundrecht nach einer Auffassung selbst als für alle geltendes Gesetz im Sinne des Art. 137 Abs. 3 S. 1 WRV[473] oder vorzugswürdig als verfassungsimmanente Schranke einer Verfassungsnorm. Jedenfalls ist der von *Richardi* vertretenen Ansicht, dass zunächst ein staatliches allgemeines Gesetz i.S.d. Art. 137 Abs. 3 WRV vorliegen muss,[474] nicht zu folgen. Sie verkennt zunächst die unmittelbare Drittwirkung der Koalitionsfreiheit gem. Art. 9 Abs. 3 S. 2 GG. Außerdem kann die Ausübung eines Grundrechts nicht erst eines gesetzgeberischen Tätigwerdens bedürfen. Es ist ein Abwehr- und Freiheitsrecht. Dies gilt vor allem dann, wenn zwei unmittelbar durch die Verfassung geschützte Positionen aufeinanderprallen. Ein gesetzgeberisches Unterlassen kann dann nicht zu einem Rechtsausübungsverbot der einen Seite werden. Das begriffsjuristische Argument, dass (Abwehr- und Freiheits-) Rechte keine Schranken seien, überzeugt nicht.[475]

---

469 *Weber*, ZevKR 17 (1972), 386 (398)

470 *Weber*, ZevKR 17 (1972), 386 (404)

471 *Kittner*, in: AK-GG, Art. 9 Abs. 3 Rn. 80

472 *Richardi*, Arbeitsrecht in der Kirche, § 9 Rn. 9; *Kästner*, JuS 1977, 715 (720); *Weber*, ZevKR 17 (1972) 386 (406); *Hesse*, HdbStKirchR Bd. 1, § 17, S. 521 (558)

473 BVerfGE 57, 220 (245); *Weber*, HdbStKirchR Bd. 1, § 19, S. 573 (582)

474 *Richardi*, Arbeitsrecht in der Kirche, § 9 Rn. 14

475 *Dieterich*, in: ErfK, Art. 4 GG Rn. 49

C Konkurrierende Gewährleistungen des kirchlichen Selbstbestimmungsrechts

Im Vordergrund des Schutzes des Selbstbestimmungsrechts steht Art. 140 GG i.V.m. Art. 137 Abs. 3 WRV. Die Norm steht in Konkurrenz (und Ergänzung) zu den Gewährleistungen der Glaubens-, Bekenntnis- und Kultusfreiheit in Art. 4 Abs. 1 und 2 GG, den Konkordaten und Staatskirchenverträgen sowie der europarechtlichen Regelung des Art. 9 EMRK.

I. Die Religionsfreiheit als Grundlage des Selbstbestimmungsrechts

Die Religionsfreiheit aus Art. 4 Abs. 1 und 2 GG ist mit Art. 137 Abs. 3 WRV eng verknüpft. Das zeigt auch die Rechtsprechung des Bundesverfassungsgerichts, wenn bei Verfassungsbeschwerden zum Selbstbestimmungsrecht für das Nadelöhr der Zulässigkeit i.S.d. Art. 93 Abs. 1 Nr. 4a GG die Religionsfreiheit herangezogen und in ihrer Begründetheit regelmäßig nur noch Art. 140 GG i.V.m. Art. 137 Abs. 3 WRV geprüft wird.[476] Entsprechend ihrem Wortlaut gewährt die Religionsfreiheit aus Art. 4 Abs. 1 GG dem einzelnen die Unverletzlichkeit der Freiheit des Glaubens, Gewissens und religiösen und weltanschaulichen Bekenntnisses und in Abs. 2 das Recht der ungestörten Religionsausübung.

1) Der Schutzbereich der Religionsfreiheit

Die Struktur des Art. 4 Abs. 1 und 2 GG ist schwer zu erfassen. Es sind vor allem die verwandten Begriffe Glaube, Bekenntnis und Religionsausübung, die ineinander zu verschwimmen scheinen und eine definitorische Erfassung durch Literatur und Rechtsprechung schwer machen.[477] Einigkeit besteht darin, dass sich eine Definition nicht an christlichen Wertvorstellungen orientieren darf, da der Staat sich zu religiöser und weltanschaulicher Neutralität verpflichtet hat.[478] Die vom Bundesverfassungsgericht zunächst verwandte aber bedenkliche Formel, dass die Religionsfreiheit geschützt ist, „soweit sie sich im Rahmen gewisser übereinstimmender sittlicher Grundanschauungen der heutigen Kulturvölker" bewegt,[479] ist durch das Gericht aufgegeben worden, als es sich von der Zugrundelegung „ethischer

---

[476] BVerfGE 46, 73 ff.; 53, 366 ff.; 57, 220 ff.

[477] *Heckel*, FS BVerfG, 379 (395)

[478] BVerfGE 93, 1 (16 f.); *Starck*, in: v. Mangoldt/Klein/Starck, GG I, Art. 4 Rn. 21

[479] BVerfGE 12, 1 (4)

Standards" distanzierte.[480] Die Formel findet sich aber noch heute in der Literatur, wenn es um die Jugendreligionen geht.[481]

Zum Begriff der Glaubensfreiheit wird die Auffassung vertreten, dass sie die Autonomie des Denkens und damit einen inneren, nicht nach außen tretenden Bereich, das so genannte „forum internum" schützt. Gleichzeitig wird eine Vielzahl von Definitionen zum Begriff des Glaubens vertreten. So soll er eine Gesamtsicht darstellen, aus der sich Erkenntnisse über die Stellung des Menschen in der Welt und seine Beziehung zu höheren Mächten ableiten lassen oder die Frage beantworten, welche absolut gültigen Werte das Sein des Menschen in der Welt bestimmen.[482] Das Bundesverfassungsgericht scheint dieser engen auf das „forum internum" begrenzten Auslegung nicht zu folgen und über den inneren Bereich hinauszugehen. Erfasst sei auch das Recht, sein Leben an den Lehren des Glaubens auszurichten und seiner inneren Überzeugung gemäß zu handeln,[483] so dass als Folge auch das so genannte „forum externum" geschützt ist. Allerdings scheint das Bundesverfassungsgericht nicht zwischen den Begrifflichkeiten zu differenzieren, sondern Glaube und Religion als synonyme Begriffe zu verwenden.[484]

Dem Aspekt der Verwirklichung des Glaubens nach außen durch Reden und Handeln trägt jedenfalls die Unverletzlichkeit des Bekenntnisses und das Recht auf ungestörte Religionsausübung Rechnung. Das Verhältnis der Schutzbereiche ist in der wissenschaftlichen Literatur ungeklärt. Die Bekenntnisfreiheit kann als lex specialis zur Meinungsfreiheit des Art. 5 Abs. 1 GG angesehen werden,[485] so dass die für Dritte sinnlich wahrnehmbaren Meinungsäußerungen durch Wort, Bild, Schrift, Musik oder durch die Teilnahme an Ritualen und Umzügen erfasst werden. Andere dehnen den Anwendungsbereich der Bekenntnisfreiheit auf ein Handeln nach religiösen Vorstellungen aus.[486] Entsprechend wird der Religionsausübung als der

[480] BVerfGE 41, 29; *Pieroth/Schlink*, Grundrechte – Staatsrecht II, Rn. 586; *Bock*, Das für alle geltende Gesetz und die kirchliche Selbstbestimmung, S. 171 ff,

[481] *v. Campenhausen*, Staatskirchenrecht, S. 55 f.

[482] *Schmalz*, Grundrechte, Rn. 624

[483] BVerfGE 12, 1 (4); 32, 98 (106)

[484] *Heckel*, FS BVerfG, S. 379 (395)

[485] *Bleckmann*, Staatsrecht II – Die Grundrechte, § 25 Rn. 50, S. 776; BVerfGE 32, 98 (107); *Mager*, in: v. Münch/Kunig, GGK I, Art. 4 Rn. 87

[486] *Herzog*, in: Maunz-Dürig, Komm. z. GG, Art. 4 Rn. 99

Freiheit zu Kultushandlungen in Abs. 2 von dieser Ansicht nur eine klarstellende Bedeutung zuerkannt.[487] Gegen eine solche Auslegung der Bekenntnisfreiheit bestehen Bedenken, weil dies zur Gewährleistung eines umfassenden Schutzes der Religionsfreiheit nicht erforderlich ist. Die Freiheit der Religionsausübung wurde ausdrücklich geregelt.[488] Allerdings lässt dies den historischen Hintergrund der Vorschrift unberücksichtigt.[489] Durch die Meinungen ergeben sich für den Schutzbereich keine Unterschiede.

Uneinigkeit herrscht auch bei der Frage, ob es sich um ein Gesamtgrundrecht handelt, dass durch die Einzelausprägungen seinen Gesamtcharakter erhält [490] oder ob jeder Begriff für ein selbständiges Grundrecht steht.[491] Übereinstimmung besteht nur bei der Gewissensfreiheit. Ihr wird trotz ihres textlichen Standortes zwischen der Glaubens- und der Bekenntnisfreiheit der Charakter eines selbständigen Grundrechts zuerkannt. Ein notwendiger inhaltlicher Zusammenhang von Glauben und Bekenntnis auf der einen und Gewissen auf der anderen Seite ist nicht zwingend. Das Bewusstsein vom sittlichen Gut oder Böse lässt sich nicht notwendigerweise an einer religiösen Prägung festmachen,[492] sondern kann aus einem sittlichen Gefühl getroffen werden, dass sich gerade gegen kirchliche Vorstellungen richtet. In jedem Fall wird der Grundrechtsträger umfassend geschützt.

Auf kollektiver Ebene ergeben sich Parallelen zur Koalitionsfreiheit in Art. 9 Abs. 3 GG. Entsprechend dem Schutzzweck der Grundrechte richtet sich Art. 4 Abs. 1 und 2 GG zunächst an das Individuum.[493] Obwohl der Glaube und die Weltanschauung grundsätzlich etwas Persönliches sind, besteht Einigkeit darüber, dass die Religionsfreiheit religiösen und weltanschaulichen Vereinigungen zusteht.[494] Das gemeinsame Feiern der Messe ist wesentlicher Bestandteil des Bekenntnisses. Um dem gerecht zu werden und

---

[487] BVerfGE 24, 236 (245)

[488] *Herzog*, in: Maunz-Dürig, Komm. z. GG, Art. 4 Rn. 99

[489] BVerfGE 24, 236 (245)

[490] *Heckel*, FS BVerfG, S. 379 (395)

[491] *Muckel*, Religiöse Freiheit und staatliche Letztentscheidung, 125 ff.

[492] *Bleckmann*, Staatsrecht II – Die Grundrechte, § 25 Rn. 28, S. 753

[493] vgl. *Scheuner*, DÖV 1967, 585 (588 f.); *Richardi*, Arbeitsrecht in der Kirche, § 1 Rn 7

[494] BVerfGE 19, 129 (2. LS); 24, 236 (246 f.); *Hassemer/Hönig*, EuGRZ 99, 525 (526); *Pieroth/Schlink*, Grundrechte Staatsrecht II, Rn. 517; *Heckel*, FS BVerfG, S. 379 (397)

Art. 4 Abs. 1 und 2 GG anwenden zu können, wird zum Teil auf Art. 19 Abs. 3 GG zurückgegriffen, da dieser eine spezielle Regelung enthalte[495] oder die Ansicht vertreten, dass es sich vergleichbar mit Art. 9 Abs. 3 GG um ein so genanntes Doppelgrundrecht handelt, das unmittelbar auf Vereinigungen Anwendung findet.[496] Unabhängig vom gewählten Weg werden zu diesen Vereinigungen auch die Religionsgesellschaften gezählt.[497] Sie können, selbst wenn es sich um öffentliche Körperschaften handelt, Träger von Grundrechten sein.[498] Die Kirchen sind Körperschaften des öffentlichen Rechts sui generis. Ein Vergleich mit anderen Körperschaften ist aufgrund der staatlichen Neutralitätspflicht nicht möglich.[499]

2) Herleitung eines Selbstbestimmungsrechts aus der Religionsfreiheit?

Mit der Annahme einer kollektiven Komponente der Religionsfreiheit liegt es nahe, zur Optimierung des grundrechtlichen Schutzes auch das Selbstbestimmungsrecht unter den Schutz des Art. 4 Abs. 1 und 2 GG zu subsumieren. Für die Religionsfreiheit aus Art. 4 Abs. 1 und 2 GG kann insoweit eine Anleihe bei der Koalitionsfreiheit aus Art. 9 Abs. 3 GG genommen werden. Grundsätzlich sind die spezifischen religiösen Betätigungen der Kirchen zu gewährleisten. Nach dem Selbstverständnis der Kirchen beinhaltet dies unter anderem die Dienste, welche die gelebte Nächstenliebe darstellen. Das sind vor allem die karitativen Einrichtungen, die entsprechend den religiösen Vorgaben verwaltet werden müssen. Um dies effektiv tun zu können, müsste ein Einfluss der Religionsgesellschaften auf die kirchlichen Einrichtungen und sogar auf die Arbeitsverhältnisse zugelassen werden. Allerdings bewegt sich eine solche Auslegung bildlich gesprochen am Randbereich der Religionsfreiheit.

Bei einer derartigen Auslegung bestehen systematische Probleme durch die Gewährung des Selbstbestimmungsrechts in Art. 137 Abs. 3 WRV. Entsprechend dem Wortlaut des Art. 140 GG ist dieser Bestandteil des Grundgesetzes und damit zu vollgültigem Recht mit Verfassungsrang geworden.[500] Der Schutz durch Art. 4 Abs. 1 und 2 GG anstatt durch Art. 137

---

[495] *Pieroth/Schlink*, Grundrechte Staatsrecht II, Rn. 517

[496] *Listl*, HbStKR I, § 14, S. 461

[497] *Richardi*, Arbeitsrecht in der Kirche, § 1 Rn. 8; *Geiger*, ZevKR 26 (1981) 156 (160)

[498] BVerfGE 19, 1 (5); *Herzog*, in: Maunz-Dürig, Komm. z. GG, Art. 4 Rn. 40 mit weiteren Nachweisen

[499] *Hollerbach*, AöR 92 (1967), 99 (109)

[500] BVerfGE 19, 206 (219)

Abs. 3 WRV würde sich bei den materiellen Voraussetzungen eines Eingriffs auswirken. Der benannte Gesetzesvorbehalt des Art. 137 Abs. 3 WRV lässt gesetzessystematisch eine Einschränkung zur Verfolgung beliebiger öffentlicher Interessen unter Berücksichtigung der Verhältnismäßigkeit zu,[501] während das vorbehaltlos gewährte Grundrecht der Religionsfreiheit in Art. 4 Abs. 1 und 2 GG nur dann einschränkbar ist, wenn sich die Interessen im Grundgesetz wiederfinden.[502]

a) Der Meinungsstand

Die in der Literatur und in der Rechtsprechung existierenden Auffassungen um das Verhältnis zwischen Religionsfreiheit und Selbstbestimmungsrecht sind vielfältig.[503] Während eine Ansicht einen Vorrang des Art. 4 GG annimmt,[504] sieht die extreme Gegenposition Art. 140 GG in Verbindung mit Art. 137 Abs. 3 GG als speziellere Norm an, so dass ein Rückgriff auf Art. 4 Abs. 1 und 2 GG ausgeschlossen ist. Teilweise werden Schutzbereich und Schranken der Normen auch vermengt, so dass das Selbstbestimmungsrecht dem Schutzbereich des Art. 4 Abs. 1 und 2 GG entnommen wird, während bei den Schranken der Eingriffsvorbehalt[505] der „für alle geltenden Gesetze" i.S.d. Art. 137 Abs. 3 WRV angewandt werden soll.[506] Eine andere Auffassung will zwischen Kern- und Randbereich des Selbstbestimmungsrechts trennen. Der Kernbereich des Selbstbestimmungsrechts soll durch Art. 4 Abs. 1 und 2 GG geschützt sein,[507] während der Randbereich dem Schutz des Weimarer Kirchenartikels und damit seiner benannten Schrankenregelung unterfällt.[508] Die Religionsfreiheit soll dabei den geistlichen Kern des Selbstbestimmungsrechts schützen.[509]

---

501 *Bleckmann*, Staatsrecht II – Die Grundrechte, § 12 Rn. 78, S. 430

502 *Bleckmann*, Staatsrecht II – Die Grundrechte, § 12 Rn. 78, S. 431

503 vgl. auch die Darstellung von *Jurina*, Der Rechtsstatus der Kirchen und Religionsgemeinschaften im Bereich ihrer eigenen Angelegenheiten, S. 51 ff.

504 *Listl*, Das Grundrecht der Religionsfreiheit, S. 369; *Hemmerich* (v. Münch/Kunig, Art. 140 GG, Rn. 49) hält den Anwendungsbereich der Weimarer Artikel für gering.

505 *Bleckmann*, Staatsrecht II – Die Grundrechte, § 12 Rn. 55, S. 420

506 *Morlock*, in: H. Dreier (Hrsg.), Grundgesetz-Kommentar Bd. 3, Art. 140 / Art. 137 WRV Rn. 42

507 *Leisner*, DÖV 1977, 475 (479)

508 *Lücke*, EuGRZ 1995, 651 (654)

509 *Hesse*, HdbStKirchR Bd. 1, § 17, S. 521 (525)

b) Stellungnahme

Die Frage des systematischen Verhältnisses von Art. 140 GG i.V.m. Art. 137 Abs. 3 WRV zu Art. 4 GG resultiert aus einer veränderten weiten Grundrechtsauslegung, die auf alte Verfassungsvorschriften aus der Weimarer Zeit stößt, die nunmehr ebenfalls anders ausgelegt werden. Dies führt zu Schnittmengen, die beim Erlass des Grundgesetzes in diesem Ausmaß nicht erkannt wurden. Die alten Regelungen der Weimarer Reichsverfassung müssen im System des Grundgesetzes neu definiert werden. Dabei sind der Wille des Verfassungsgebers und die Systematik des Grundgesetzes zu berücksichtigen.

aa) Die Genese des Art. 140 GG im Bezug auf Art. 137 Abs. 3 WRV

Die Entstehungsgeschichte im engeren Sinn[510] von Art. 140 GG wird mit dem Begriff des „doppelten Kompromisses"[511] umschrieben, da sich der Parlamentarische Rat wie schon zuvor die Weimarer Nationalversammlung mit der Ausarbeitung der Vorschriften über das Verhältnis von Staat und Kirche schwer tat.

(1) Beratungen der Gremien

Der Vorschlag des Verfassungsausschusses auf Herrenchiemsee, der einen ersten Entwurf der Verfassung vorlegte, sah keine Aufnahme staatskirchenrechtlicher Bestimmungen vor. Eine mit dem heutigen Art. 140 GG vergleichbare Regelung war nicht vorgesehen.

Die Frage des Staatskirchenrechts wurde zum ersten Mal durch eine Eingabe der „Konferenz der Kirchen der britischen Zone" und des „Rates der Evangelischen Kirchen" in Deutschland aufgeworfen, der am 19. November 1949 ein Antrag durch die Fraktion der Deutschen Partei (DP) folgte. Der Antrag sah vor, dass die Kirchen und Religionsgemeinschaften ihre Angelegenheiten selbständig aus eigenem Recht ordnen können und das Recht der Ämterverleihung ohne Mitwirkung des Staates gewährt wird.[512] Der Abgeordnete *Dr. Süsterhenn* (CDU) stellte als Befürworter des Antrags die wichtige Frage, ob das Staatskirchenrecht systematisch bei den Grundrechten steht oder ob man sich nicht auf die persönliche und gemeinschaftliche Religionsausübung und das Recht der religiösen Koalitionsfrei-

---

510 *Wank*, Die Auslegung von Gesetzen, S. 75

511 *Morlock*, in: H. Dreier (Hrsg.), Grundgesetz-Kommentar, Bd. 3, Art. 140 Rn. 11; *Ehlers*, in: *Sachs*, GG, Art. 140 Rn. 1

512 *Schlief*, Die Entwicklung des Verhältnisses von Staat und Kirche, S. 66 f.

heit beschränken solle.[513] Sein Lösungsansatz verfolgte das Ziel, im Grundrechtskatalog nur eine Minimalregelung von Grundsätzen zu treffen und die Regelung im Übrigen den Ländern zu überlassen.[514] Der Antrag wurde in der 24. Sitzung des Grundsatzausschusses vom 23. November 1948 beraten und von der Mehrheit des Ausschusses abgelehnt. Ihm wurde entgegengehalten, dass es bei einer solchen Regelung um eine Gesellschaftsordnung gehe und die Materie in die Zuständigkeit der Länder falle.[515] Einigkeit hinsichtlich eines kollektiven Aspekts der Religionsfreiheit konnte nur bei der Aufnahme der religiösen Koalitionsfreiheit in Art. 4 Abs. 1 S. 2 GG erzielt werden, eine Regelung zum Recht auf Selbstverwaltung wurde abgelehnt.[516]

Nachdem in der 29. Sitzung des Grundsatzausschusses vom 29. November 1948 keine Einigung erzielt werden konnte, stellten die Fraktionen der CDU/CSU, des Zentrums und der DP im Hauptausschuss[517] einen neuen Antrag. Inhaltlich entsprach er hinsichtlich der kirchenrechtlichen Bestimmungen zur Selbstverwaltung dem abgelehnten Antrag der DP.[518] Der Antrag war als eine die wesentlichen Grundzüge enthaltende Rahmenregelung gedacht, die Schutz gegen totalitäre Staatsbestrebungen bieten sollte.[519] Verwiesen wurde weiterhin auf bereits abgeschlossene Staatskirchenverträge, die geltendes Recht seien, und auf die christliche Prägung des kulturellen Lebens durch die Kirchen in Deutschland, die nicht übergangen werden könne.[520] Der Antrag konnte sich im Hauptausschuss nicht durchsetzen.[521] *Dr. Bergsträßer* (SPD) und *Dr. Eberhard* (FDP) sahen die Rechte der Kirchen durch die Religionsfreiheit des Art. 4 GG als ausreichend geschützt an,[522] da diese auch auf juristische Personen Anwendung finde.[523]

---

513 *Schlief*, Die Entwicklung des Verhältnisses von Staat und Kirche, S. 69

514 *Schlief*, Die Entwicklung des Verhältnisses von Staat und Kirche, S. 69

515 *Schlief*, Die Entwicklung des Verhältnisses von Staat und Kirche, S. 69 f.

516 *Schlief*, Die Entwicklung des Verhältnisses von Staat und Kirche, S. 70

517 22. Sitzung des Hauptausschusses vom 8.12.1948

518 JöR, NF/Band 1 (1951), S. 899 f.; *Schlief*, Die Entwicklung des Verhältnisses von Staat und Kirche, S. 73 f.

519 JöR, NF/Band 1 (1951), S. 900

520 *Schlief*, Die Entwicklung des Verhältnisses von Staat und Kirche, S. 79

521 *Schlief*, Die Entwicklung des Verhältnisses von Staat und Kirche, S. 84

522 JöR, NF/Band 1 (1951), S. 901; *Schlief*, Die Entwicklung des Verhältnisses von Staat und Kirche, S. 82

Weitere Sicherungen seien nicht notwendig. Aufgrund der Kompliziertheit des Verhältnisses zwischen Kirche und Staat sah *Dr. Heuss* (FDP) in der Aufnahme staatskirchenrechtlicher Regelungen die Gefahr, dass die Auswirkungen nicht absehbar seien.[524] Er sprach sich daher ebenfalls gegen den Antrag aus und schlug vor, die Regelung der Weimarer Verfassung in das Grundgesetz zu übernehmen. *Dr. Heuss* (FDP) leitete damit den Weg zum späteren Kompromiss des Art. 140 GG mit der Übernahme der Staatskirchenartikel der Weimarer Reichsverfassung ein. Der Gedanke wurde von *Dr. Süsterhenn* (CDU) in derselben Sitzung des Hauptausschusses aufgegriffen. Sein Vorschlag zum damaligen Art. 139 cc GG lautete in Abs. 1: „Die Bestimmungen der Artikel 137, 138 Abs. 2, 139 und 141 der Deutschen Verfassung vom 11. August 1919 werden aufrechterhalten."[525] Diese Fassung wurde vom Hauptausschuss in erster Lesung angenommen.

Der Allgemeine Redaktionsausschuss wies in seiner Stellungnahme auf Überschneidungen mit den bereits im Grundgesetz verankerten Vorschriften hin. Er bezog sich wohl auf die damalige Fassung der Religionsfreiheit in Abs. 1 S. 2 GG, die das Recht der Vereinigung zu Religions- und Weltanschauungsgemeinschaften ausdrücklich anerkannte.[526] Später wurde die Vereinigungsfreiheit aus Abs. 1 S. 2 GG gestrichen.

Der Hauptausschuss befasste sich in seiner 39. Sitzung vom 14. Januar 1949 erneut mit Art. 140 GG. Als Ergänzung beantragte die Fraktion der DP den einleitenden Satz, dass die Kirchen ihre Angelegenheiten selbständig aus eigenem Recht ordnen.[527] *Dr. Seebohm* (DP) begründete dies mit der Bedeutung der Kirchen für die Verteidigung der Gewissensfreiheit gegen totalitäre Ansprüche des Staates. Das Grundgesetz müsse eine klare Entscheidung über das Verhältnis von Staat und Kirche treffen. Die kirchliche Autonomie sei nicht in der staatlichen begründet, sondern stehe auf einer anderen Rechtsebene. Das Nebeneinader bedeute nicht in allen Dingen die Trennung von Staat und Kirche. Der Staat sei zur Zurückhaltung ge-

---

[523] JöR, NF/Band 1 (1951), S. 901; *Schlief*, Die Entwicklung des Verhältnisses von Staat und Kirche, S. 80

[524] JöR, NF/Band 1 (1951), S. 901; *Schlief*, Die Entwicklung des Verhältnisses von Staat und Kirche, S. 79 f.

[525] JöR, NF/Band 1 (1951), S. 902

[526] JöR, NF/Band 1 (1951), S. 903; *Schlief*, Die Entwicklung des Verhältnisses von Staat und Kirche, S. 87 mit Fn. 344

[527] JöR, NF/Band 1 (1951), S. 904; *Schlief*, Die Entwicklung des Verhältnisses von Staat und Kirche, S. 89 f.

zwungen.[528] Das iura in sacra existiere nicht mehr und das Aufsichtsrecht des Staates, das iura circa sacra, habe ebenfalls eine Korrektur erfahren. *Dr. Süsterhenn* (CDU) stimmte dem Ergänzungsantrag der DP grundsätzlich zu, wollte ihn jedoch nicht unterstützen, da er sich nicht in das Verweisungssystem des Art. 140 GG einfüge.[529] Die Abstimmung wurde vertagt.[530]

Die 46. Sitzung des Hauptausschusses am 20. Januar 1949 schloss die zweite Lesung ab. Einziger Tagesordnungspunkt war Art. 140 GG. Der Abgeordnete *Zinn* (SPD) äußerte die Bedenken, dass die Zitierung der Weimarer Reichsverfassung einseitig verfassungsrechtliche Privilegien für Kirchen und ähnliche Gemeinschaften enthalte, während alle von der Weimarer Verfassung auf dem Gebiet der Wirtschafts- und Sozialordnung verfassungsrechtlich garantierten Rechte weggefallen seien.[531] Es wurde keine Entscheidung über den Artikel getroffen, sondern die Sachen an den Grundsatzausschuss zurückverwiesen.[532]

In der 51. Sitzung des Hauptausschlusses wurde auf Vorschlag des Fünferausschusses folgende Fassung angenommen: „Die Bestimmungen der Artikel 137, 138, 139 und 141 der deutschen Verfassung vom 11. August 1919 werden aufrechterhalten".

Nach einer Wortlautänderung auf Vorschlag des Allgemeinen Redaktionsausschusses wurde Art. 140 GG in der heutigen Fassung in der 57. Sitzung des Hauptausschusses angenommen und durch das Plenum des Parlamentarischen Rates verabschiedet.

(2) Schlussfolgerung

Die Aufnahme der Weimarer Artikel stellt den Kompromiss zwischen der vollständigen Ablehnung der Aufnahme von Staatskirchenartikeln und der gesetzlichen Fixierung, dass die Kirchen ihre Angelegenheiten aus „eigenem" Recht regeln, dar. Dabei wurde auf die Erstellung einer neuen Rege-

[528] JöR, NF/Band 1 (1951), S. 905; *Schlief*, Die Entwicklung des Verhältnisses von Staat und Kirche, S. 89 f.

[529] JöR, NF/Band 1 (1951), S. 905; Schlief, Die Entwicklung des Verhältnisses von Staat und Kirche, S. 91

[530] *Schlief*, Die Entwicklung des Verhältnisses von Staat und Kirche, S. 93

[531] JöR, NF/Band 1 (1951), S. 906

[532] *Schlief*, Die Entwicklung des Verhältnisses von Staat und Kirche, S. 94

lung verzichtet, was aufgrund der problematischen Auslegung der Artikel der Weimarer Reichsverfassung und des ungeklärten Verhältnisses zu Art. 4 GG heute zu Problemen führt. Ob die eigenständige Entwicklung staatskirchenrechtlicher Artikel unübersehbare Auswirkungen gehabt hätte – wie dies von *Dr. Heuss* befürchtet wurde – oder ob nicht eine bessere Lösung gefunden worden wäre, ist Spekulation.

Zum Verhältnis von Art. 4 GG zu Art. 140 GG i.V.m. Art. 137 Abs. 3 WRV sind mehrere Aussagen getroffen worden. Bereits damals wurde die Anwendbarkeit des Art. 4 Abs. 1 und 2 GG auf juristische Personen und damit auf die Kirchen erkannt. Dieser Schutz wurde als „ausreichend", aber eben nicht als umfassend angesehen. Mit der Einführung wurde das Ziel eines zusätzlichen, daneben stehenden Schutzes verfolgt, um die christlichen Kirchen gegen einen totalitären, kirchenfeindlichen Staat zu schütztzen. Die Möglichkeit, dass Art. 137 Abs. 3 WRV aufgrund einer extensiven Auslegung der Schutzbereiche überflüssig sein könnte, wurde nicht gesehen und folglich – soweit ersichtlich – auch nicht diskutiert. Die intendierte gegenseitige Ergänzung der Schutzvorschriften wird bei der zunächst im Abs. 1 S. 2 geregelten religiösen Vereinigungsfreiheit deutlich. Über die Notwendigkeit einer Regelung konnte schnell eine Einigung erzielt werden. Die Regelung wurde aber in der vierten Lesung des Hauptausschusses wieder rückgängig gemacht,[533] nachdem mit Art. 137 Abs. 2 WRV eine inhaltsgleiche Vorschrift aufgenommen worden war. Aus Sicht des Parlamentarischen Rates wurden mit Art. 140 GG zusätzliche Regelungen in das Grundgesetz aufgenommen.[534] Art. 137 Abs. 3 WRV sollte entsprechend eine eigenständige Bedeutung zukommen. Wenn es heute aufgrund einer extensiven Auslegung des Art. 4 Abs. 1 und 2 GG zu einer Schutzbereichsüberlagerung kommen sollte, so ist dies damals nicht berücksichtigt worden.

bb) Die Parallelen zur religiösen Vereinigungsfreiheit

Dass die Folgen einer Überschneidung durch eine extensive Auslegung der Schutzbereiche von Art. 4 GG und Art. 137 Abs. 3 WRV nur teilweise berücksichtigt wurden, zeigt sich – wie zuvor bereits angesprochen – bei der religiösen Vereinigungsfreiheit. Die „Freiheit der Vereinigung zu Religionsgesellschaften" ist ausdrücklich in Art. 137 Abs. 2 WRV normiert. Er komplettierte zur Zeit der Weimarer Reichsverfassung die Religionsfreiheit

---

[533] JöR, NR/Band 1 (1951), S. 78

[534] a.A.: *Bleckmann*, Von der individuellen Religionsfreiheit des Art. 9 EMRK zum Selbstbestimmungsrecht der Kirchen, S. 33

für Religionsgesellschaften.[535] Für religiöse Vereine, worunter auch die so genannten geistlichen Gesellschaften und damit beispielsweise Orden zu verstehen waren, fand sich eine spezielle Regelung in Art. 124 Abs. 1 S. 3 WRV. Heute sieht die überwiegende Meinung die Vereinigungsfreiheit bereits durch die Religionsfreiheit des Art. 4 Abs. 1 und 2 GG gewährleistet,[536] da der Glaube seine Bestätigung insbesondere in der kollektiven Ausübung findet. Die kollektive Religionsausübung ist wesentlicher Bestandteil des grundrechtlichen Schutzes. Nur teilweise wird Art. 137 Abs. 2 WRV als lex specialis zu Art. 4 GG angesehen.[537] Für Überlegungen zum Selbstbestimmungsrecht ist interessant, dass sich aus der ausdrücklichen Gewährung der Vereinigungsfreiheit in Art. 137 Abs. 2 WRV und der gleichzeitigen Herleitung aus Art. 4 Abs. 1 und 2 GG eine vergleichbare Problematik ergibt. Welche Norm ist als Rechtsgrundlage für die Vereinigungsfreiheit heranzuziehen?

(1) Die Genese des Art. 140 GG im Bezug auf Art. 137 Abs. 2 WRV

Die ideengeschichtlichen Zusammenhänge zeigen bei Art. 137 Abs. 2 WRV, dass die Vereinigungsfreiheit geschützt werden sollte.[538] In der 24. Sitzung des Grundsatzausschusses am 23. November 1948 wurde auf Vorschlag von *Dr. von Mangoldt* und *Dr. Bergsträßer* das Recht auf Vereinigung zu Religions- und Weltanschauungsgemeinschaften in Art. 4 Abs. 1 S. 2 GG eingefügt.[539] Dies wurde erst in der vierten Lesung des Hauptausschusses am 5. Mai 1949 wieder rückgängig gemacht[540], nachdem vorgesehen war, Art. 137 Abs. 2 WRV über die Verweisung des Art. 140 GG in die Verfassung zu inkorporieren und die Vereinigungsfreiheit dort ebenfalls gewährleistet war.[541]

Eine Überschneidung durch eine weite, optimierende Grundrechtsauslegung des Art. 4 Abs. 1 und 2 GG blieb unberücksichtigt. Vielmehr sollte durch die Streichung die Konkurrenz zu Art. 137 Abs. 2 WRV beseitigt

---

[535] *Anschütz*, Die Verfassung des Deutschen Reichs, Art. 135 Anm. 3

[536] BVerfGE 83, 341 (354); *Hemmerich*, in: von Münch/Kunig, GGK III, Art. 140 15; *Maunz*, in: Maunz-Dürig, Komm. z. GG, Art. 140 GG / 137 WRV Rn. 7

[537] Preuß, in: AK-GG, Art. 140 Rn. 44; *Ehlers*, in: Sachs, Art. 140 GG / 137 WRV Rn. 3

[538] so auch BVerfGE 83, 341 (355)

[539] JöR, NF/Band 1 (1951), S. 76

[540] JöR, NF/Band 1 (1951), S. 78

[541] JöR, NF/Band 1 (1951), S. 902

werden. Die Korrektur bei Art. 4 Abs. 1 S. 2 GG anzusetzen, war praktikabler, da sonst das ohnehin beanstandete Verweisungssystem des Art. 140 GG durchbrochen worden wäre. Dies lässt gleichzeitig den Schluss zu, dass die Streichung zu keiner Verschlechterung für den Rechtsträger führen sollte. Dies ist angesichts der Stellung des Art. 4 Abs. 1 S. 2 GG in den Grundrechten im Gegensatz zu Art. 140 GG allerdings fraglich. Im enumerativen Zuständigkeitskatalog des Bundesverfassungsgerichts ist Art. 140 GG im Gegensatz zu Art. 4 GG bei der Möglichkeit der Einlegung einer Verfassungsbeschwerde gem. Art. 93 Abs. 1 Nr. 4a GG nicht aufgeführt. Bei Anwendung des Art. 137 Abs. 2 WRV als lex specialis hätte dies zur Folge, dass eine Verfassungsbeschwerde, wird der Katalog als abschließend angesehen, mit der Begründung der Verletzung der Vereinigungsfreiheit nicht mehr erhoben werden könnte. Die Rechtsstellung des Grundrechtsträgers hätte sich verschlechtert. Dem entgeht die hier vertretene Auffassung, die im Art. 137 ein grundrechtsgleiches Recht sieht. In diesem Fall ist Art. 137 Abs. 2 WRV der Vorrang einzuräumen. Wird die Möglichkeit der Verfassungsbeschwerde mit dem Bundesverfassungsgericht abgelehnt, ist Art. 4 GG der Vorrang einzuräumen, da es ansonsten zu einer Verschlechterung der Rechtsposition kommt. Wird diese Überlegung fortgeführt, spricht noch ein weiteres Argument für eine Überlagerung des Art. 137 Abs. 2 WRV durch Art. 4 GG. Wird zwischen Religionsgesellschaften und religiösen Vereinen unterschieden, so ist zu beachten, dass religiöse Vereine von der Verschlechterung der Rechtsposition nicht betroffen wären. Für sie läge keine vor, da Art. 137 Abs. 2 WRV nur von „Religionsgesellschaften" und nicht von Vereinen spricht. Dem Schutz durch die Religionsfreiheit aus Art. 4 GG stünde nichts entgegen. Die Ungleichbehandlung, insbesondere von religiösem Verein und Religionsgesellschaft, vermag nicht zu überzeugen. Warum sollte die große Religionsgesellschaft mit dem aufgrund ihrer Größe erhöhten Konfliktpotential einen geringen Schutz haben?

Es lässt sich festhalten, dass sich eine Überlagerung des Art. 4 Abs. 1 und 2 GG durch Art. 137 Abs. 2 WRV als lex specialis aus genetischer Betrachtung nicht begründen lässt. Gleichzeitig steht fest, dass die Veränderung der Rechtsposition durch die Verlagerung aus den Grundrechten in Art. 140 GG nicht erkannt wurde. Angesichts des erstrebten Ziels, einen zusätzlichen Schutz zu erreichen, kann dies – wird eine entsprechende Anwendung des Art. 93 Abs. 1 Nr. 4a GG abgelehnt – nicht gewollt gewesen sein. In diesem Fall ist eine Überlagerung des Art. 137 Abs. 2 WRV durch Art. 4 GG sinnvoll. Dass Art. 137 Abs. 2 WRV in diesem Fall nur eine deklaratorische beziehungsweise klarstellende Bedeutung zukommt, ist bedenklich, aber angesichts der Alternative hinnehmbar, da dem Willen des historischen Gesetzgebers gerade entsprochen wird. Wird in Art. 137 WRV ein grundrechtsgleiches Recht gesehen, ist die Überlagerung allerdings überflüssig.

(2) Bedeutung für das Selbstbestimmungsrecht

Zwischen dem Selbstbestimmungsrecht und der religiösen Vereinigungsfreiheit besteht eine systematische Verknüpfung. Absatz 2 regelt die „Daseinsbegründung" der Religionsgesellschaften und Absatz 3 gibt ihnen die Freiheit der „Betätigung".[542] Mit dem Schutz der „Daseinsbegründung" wird der Notwendigkeit des Zusammentreffens in einer Gemeinschaft Rechnung getragen. Die darauf folgende „Betätigung", die gemeinsame Glaubensausübung, benötigt ab einer bestimmten Anzahl von Personen eine Organisation, um den gesetzten Zielen und Aufgaben gerecht zu werden. In Ergänzung der vom Staat zu respektierenden Vereinigung ist die religiös motivierte unabhängige Eigenorganisation die Folge. Aufgrund der Verknüpfung beider Absätze liegt der Gedanke nahe, die Abs. 2 und 3 des Art. 137 WRV gleich zu behandeln. Dann würde Abs. 3 ebenfalls von Art. 4 Abs. 1 und 2 GG überlagert.

cc) Die Schrankensystematik der Normen

Gegen eine derartige Überlagerung bestehen aber Bedenken aufgrund der Unterschiede in der Schrankensystematik. Wird das Selbstbestimmungsrecht dem Art. 4 Abs. 1 und 2 GG entnommen, so kommt den Schranken „der für alle geltenden Gesetze" aus Art. 137 Abs. 3 WRV keine Bedeutung mehr zu.[543] Dieses Problem tritt bei der Vereinigungsfreiheit nicht auf. Art. 137 Abs. 2 WRV ist schrankenlos gewährleistet. Zudem lässt sich kein Wille des Verfassungsgebers feststellen, der einen gleichen Regelungsinhalt des Art. 4 Abs. 1 und 2 und Art. 137 Abs. 3 WRV erkennen lässt, wie dies bei Art. 137 Abs. 2 WRV der Fall gewesen ist.

dd) Zusammenfassend

Nach dem zuvor Gesagten steht fest, dass Art. 137 Abs. 3 WRV eine eigenständige Bedeutung zukommt. Dies ergibt sich aus seiner Entstehungsgeschichte und aus seiner systematischen Stellung im Grundgesetz, insbesondere seiner Schrankenklausel. Gleichzeit besteht zur Religionsfreiheit des Art. 4 Abs. 1 und 2 GG ein Kooperationsverhältnis. Das folgt aus dem

---

[542] *Anschütz*, Die Verfassung des Deutschen Reichs, Art. 137 Anm. 4

[543] *Listl*, HdbStKirchR Bd. 1, S. 439 (447)

Schutzzweck des Selbstbestimmungsrechts, durch den eine besonders geschützte Stellung der Kirchen erreicht werden sollte, um sie vor einem totalitären Staat zu schützen. Entsprechend dürfen die Kirchen gegenüber religiösen Vereinen nicht schlechter gestellt werden. Soweit Art. 4 Abs. 1 und 2 GG religiöse Vereine schützt, wird der Schutzbereich des Art. 137 Abs. 3 WRV überlagert. Dies ergibt sich zum einen aus den höheren Eingriffsvoraussetzungen aufgrund der unterschiedlichen Schranken und zum anderen – wenn man der Rechtsprechung des Bundesverfassungsgerichts folgt – aus der fehlenden Möglichkeit, unter Berufung auf Art. 137 Abs. 3 WRV eine Verfassungsbeschwerde zu erheben. Die Schutzbereiche des Art. 4 Abs. 1 und 2 GG und des Art. 137 Abs. 3 WRV weisen damit Überlagerungen auf, sie sind jedoch nicht deckungsgleich.

Für die Regelung der Arbeitsbedingungen bedeutet dies Folgendes: Nach der Intention des Gesetzes soll nicht jeder kirchlichen Einrichtung die Kompetenz zur Ordnung und Verwaltung ihrer Angelegenheiten gegeben werden, sondern nur den Großkirchen, um religiöse Überzeugungen berücksichtigen zu können. In diesem Bereich erhält Art. 137 Abs. 3 WRV seine eigenständige Bedeutung. Für diese Überlegung spricht auch, dass dem Handeln in diesem Bereich eher Schranken gezogen werden können, da ein Gesetzesvorbehalt existiert. Der starken Kompetenz wird eine stärkere Einschränkbarkeit gegenübergestellt. Lediglich der Begriff der „eigenen Angelegenheiten" wird durch Art. 4 GG aufgefüllt.

II. Die Kirchenverträge als Grundlage des Selbstbestimmungsrechts

Das deutsche Staatskirchenrecht wird nicht nur durch einseitige staatliche Rechtsakte, sondern auch durch Verträge[544] als Ausdruck der Zusammenarbeit[545] geregelt. Sie sind traditioneller Bestandteil des Verhältnisses zwischen Staat und Kirche.[546]

1) Historischer Abriss

War das 19. Jahrhundert das „Jahrhundert der Konkordate"[547], so kam es im 20. Jahrhundert mit dem Reichskonkordat vom 20. Juli 1933 zu einer bedeutenden Fortentwicklung.[548] Erstmals wurde unter Bestätigung der al-

---

544 *Maier*, HdbStKirchR Bd. 1, S. 85 (89)

545 *Badura*, HdbStKirchR Bd. 1, S. 211 (217)

546 *Pirson*, FS Liermann, S. 177

547 *Obermayer*, in: BK, Art. 140 Rn. 25

548 *Jeand'Heur/Korioth*, Grundzüge des Staatskirchenrechts, Rn. 275

ten Verträge eine Regelung zwischen dem Gesamtstaat und der römisch-katholischen Kirche erreicht.[549] Nach 1945 sicherte der Parlamentarische Rat nach Kontroversen über die Behandlung der Konkordate durch den Formelkompromiss[550] des Art. 123 Abs. 2 GG, dass die Verträge fortgelten. Art. 123 GG bestimmt, dass die vom Deutschen Reich abgeschlossenen Staatsverträge, die sich auf Gegenstände beziehen, für die nach dem Grundgesetz die Landesgesetzgebung zuständig ist, bestehen bleiben, bis neue Staatsverträge durch die nach dem Grundgesetz zuständigen Stellen abgeschlossen werden oder ihre Beendigung auf Grund der in ihnen enthaltenen Bestimmungen anderweitig erfolgt. Voraussetzung ist, dass sie nach allgemeinen Rechtsgrundsätzen gültig sind und fortgelten. Alle Rechte und Einwendungen der Beteiligten bleiben vorbehalten. Das Bundesverfassungsgericht entschied daraufhin, dass das Reichskonkordat vom 20. Juli 1933 fortgilt.[551] Nach 1945 wurden weitere Staatskirchenverträge geschlossen.[552] Eine Leitfunktion kam dem so genannten Loccumer Vertrag der Evangelischen Landeskirchen von Niedersachsen mit dem Land Niedersachsen vom 19. März 1955 für die evangelischen Kirchen zu.[553] Auf katholischer Seite folgten am 19. Dezember 1956 ein Ergänzungsvertrag zum preußischen Konkordat[554] mit dem Land Nordrhein-Westfalen und ein niedersächsisches Konkordat am 28. Februar 1965. In neuerer Zeit rückten Verträge mit den neuen Bundesländern in den Vordergrund.

2) Die Terminologie und rechtliche Einordnung

Der Oberbegriff für die Verträge zwischen Staat und Kirchen ist der Staatskirchenvertrag. Er kann in der Form von Staatsverträgen und Konkordaten geschlossen werden. Sie binden den Staat und die Kirche als Ganzes, während Verwaltungsabkommen in Abgrenzung dazu nur für Teile Bindungswirkung haben.[555] Der Begriff „Konkordat“ ist historisch belegt. Es werden damit nur Verträge zwischen dem Apostolischen Stuhl und dem Staat bezeichnet.[556] Sie werden von der herrschenden Meinung als völker-

[549] *Jeand`Heur/Korioth*, Grundzüge des Staatskirchenrechts, Rn. 275

[550] *Hollerbach*, HdbStKirchR Bd. 1, S. 253 (257)

[551] BVerfGE 6, 309 (336)

[552] vgl. Aufzählung bei *v. Campenhausen*, Staatskirchenrecht, S. 55 f.

[553] *Hollerbach*, HdbStKirchR Bd. 1, S. 253 (258 f.)

[554] *v. Campenhausen*, Staatskirchenrecht, S. 56

[555] *Maunz*; in: Maunz-Dürig, Komm. z. GG, Art. 140 Rn. 27

[556] *Hollerbach*, HdbStKirchR Bd. 1, S. 253 (254)

rechtliche oder quasi-völkerrechtliche Verträge angesehen, während Verträge mit den evangelischen Kirchen als Staatsverträge behandelt werden, da diese keine Völkerrechtssubjekte sind.[557] Eine unterschiedliche Behandlung der Verträge ist aufgrund des Gleichbehandlungsgrundsatzes dennoch ausgeschlossen.[558] Die Staatskirchenverträge bedürfen der Legitimierung durch das Parlament. Sie werden damit allgemeinverbindlich.[559] Der Rang des Vertragsrechts im Verfassungsgefüge beurteilt sich unter anderem danach, ob die Bundes- oder Landesverfassungen dahingehende Regelungen getroffen haben.[560] Fehlen solche, kommt den Verträgen der Rang von Gesetzen zu, da ein Kirchenvertrag nicht die Verfügungsgewalt des Verfassungsgebers beseitigt.[561]

3) Das Selbstbestimmungsrecht und die Staatsverträge

Die Staatskirchenverträge sehen in ihren Vorschriften vielfach die Sicherstellung des kirchlichen Selbstbestimmungsrechts vor. Auffällig ist, dass deren Wortlaut mit der Vorschrift des § 137 Abs. 3 WRV übereinstimmt.[562] So ergibt der textliche Befund in § 1 Abs. 3 des Vertrags zwischen dem Heiligen Stuhl und dem Freistaat Sachsen, der § 1 Abs. 2 S. 1 des Vertrags zwischen dem Heiligen Stuhl und dem Freistaat Thüringen und der § 2 des Vertrags zwischen dem Heiligen Stuhl und dem Land Mecklenburg-Vorpommern, dass die katholische Kirche ihre Angelegenheiten selbständig im Rahmen/innerhalb der Schranken des für alle geltenden Gesetzes ordnet. Zuvor hatte dies schon das Reichskonkordat festgestellt. Damit können auch die Verträge als rechtliche Grundlage für Gewährleistungen herangezogen werden. Von Bedeutung für den Umfang des Selbstbestimmungsrechts ist, ob den Verträgen mehr als nur eine klarstellende, deklara-

---

557 *Epping*; in: Ipsen, Völkerrecht, § 8 Rn. 3, S. 85 f.; *Jeand`Heur/Korioth*, Grundzüge des Staatskirchenrechts, Rn. 280; a.A. vgl. Obermayer, in: BK, Art. 140 Rn. 93; vgl. als Übersicht: *v. Campenhausen*, Staatskirchenrecht, S. 156 Fn. 10; *Renck*, DÖV 1997, 929 ff.;

558 *Jeand`Heur/Korioth*, Grundzüge des Staatskirchenrechts, Rn. 280

559 *Jeand`Heur/Korioth*, Grundzüge des Staatskirchenrechts, Rn. 282

560 vgl.: Art. 8 der Baden-Württembergischen Verfassung; Art. 23 Abs. 2 der Nordrhein-Westfälischen Verfassung; Art. 67 der Hessischen Verfassung

561 *Hollerbach*, HdbStKirchR Bd. 1, S. 253 (276)

562 vgl.: § 1 Abs. 3 des Vertrags zwischen dem Heiligen Stuhl und dem Freistaat Sachsen; § 1 Abs. 2 S. 1 des Vertrags zwischen dem Heiligen Stuhl und dem Freistaat Thüringen; § 2 des Vertrags zwischen dem Heiligen Stuhl und dem Land Mecklenburg-Vorpommern

torische Bedeutung zukommt, so dass durch die Parlamente eine Neuinterpretation der Regelungsreichweite vorgenommen wurde.

a) Verträge unter Verfassungsvorbehalt

Quaritsch steht auf dem Standpunkt, dass das Verfassungsrecht den Staatskirchenverträgen vorgeht, da diese unter einem Verfassungsvorbehalt stünden.[563] Damit käme der Wiederholung keine konstitutive Bedeutung zu. Eine vertragliche Bindung durch die wortgleichen vertraglichen Regelungen über die verfassungsrechtlichen Gewährleistungen des § 137 Abs. 3 WRV hinaus wäre ausgeschlossen. Der Ansatz ist so aber nicht haltbar. Für Staatsverträge gilt zwar der Grundsatz, dass ein Vertrag oder genauer das erforderliche Zustimmungsgesetz, das gegen die Verfassung des Bundes oder eines Landes verstößt, nichtig ist;[564] dies wirkt sich jedoch nicht auf das Verhältnis zwischen den Parteien eines völkerrechtlichen Vertrages und, wenn eine Gleichrangigkeit der Staatskirchenverträge der evangelischen Kirchen angenommen wird, auch nicht auf diese aus. Es ist zwischen Vertrags- und Gesetzesbindung zu unterscheiden.[565] Gegenüber Vertragspflichten kann sich ein Staat gem. Art. 27 Satz 1 der Wiener Vertragskonvention (WVK) nicht auf entgegenstehendes innerstaatliches Recht berufen.[566] Eine Ausnahme gilt nur für grobe und evidente Verletzungen innerstaatlichen Rechts über die Abschlusskompetenz, Art. 27 Abs. 3 in Verbindung mit Art. 46 WVK.

b) Bedeutungswandel im Sinne einer authentischen Auslegung

Somit ist es grundsätzlich durchaus denkbar, dass der Wiederholung des Wortlauts des Art. 137 Abs. 3 WRV im Verhältnis zwischen Staat und Kirche eine neue Begriffsvorstellung im Sinne einer Modifikation[567] zu Grunde liegt. *Smend* vertritt dies im Bezug auf den Niedersächsischen Kirchenvertrag vom 19. März 1955 (Loccumer Vertrag), dem er ein gewisses Maß an Kodifikation zuspricht.[568] Aus dem neuen Verhältnis von Staat und Kirche leitet er einen Bedeutungswandel der Grundbegriffe her.[569] Das neue

---

[563] *Quaritsch*, Der Staat 1962, 289 (300)

[564] *Herzog*, in: Maunz-Dürig, Art. 20 VI Rn. 12

[565] *Scheuner*, FS Ruppel, S. 312 (326)

[566] *Herdegen*, Völkerrecht, § 15 Rn. 16, S. 115

[567] *Weber*, FS Huber, S. 181 (192)

[568] *Smend*, JZ 1956, 50 (51)

[569] *Smend*, JZ 1956, 50 (52)

Verhältnis ergebe sich aus Begriffen wie „freundschaftlichen Verhältnisses“, „Förderung“ und „Partnerschaft“, die gleichlautend oder sinnentsprechend auch in neuen Staatskirchenverträgen verwandt werden. Diese neue Öffentlichkeit der Kirche führt zu einer Kooperation, die nach der von *Smend* vertretenen historischen Entwicklung auf der dritten Stufe des Verhältnisses von Staat und Kirche steht. Die erste Stufe reicht bis in das 20. Jahrhundert. In ihr finden Auseinandersetzungen zwischen Staat und Kirche statt, die sich aber ohne größere Probleme vollziehen.[570] Sie betreffen vor allem Vermögens- oder Finanzfragen, aber auch die Garantierung, Modifizierung, Pauschalierung, Liquidierung, Säkularisierung kirchlicher Rechte und Ansprüche. Auf der zweiten Stufe wird das Verhältnis zwischen Staat und Kirche problematisch. Die Nähe ist nicht mehr gegeben. Es besteht eine Atmosphäre des gegenseitigen Misstrauens.[571] Der Staat zieht der Kirche letztlich die Grenze des für alle geltenden Gesetzes in Art. 137 Abs. 3 WRV. Die dritte Stufe scheint bei *Smend* mit der Auseinandersetzung im Dritten Reich zu beginnen, die eine Notwehr gegen diesen Staat herausforderte.[572] Der Distanzierung der Kirche vom Staat in dieser Zeit folgte der so genannte „Öffentlichkeitsanspruch“ in Form von kirchlicher Hilfe, Mahnung und Intervention[573] und damit eine Wiederannäherung. Das erfordert nach dem neuen Selbstverständnis der Kirchen die Anerkennung dieser Aufgabe durch den Staat. Die in das Grundgesetz eingefügte Weimarer Reichsverfassung ist nach *Smend* deswegen neu zu interpretieren. Anders sei ein solches Regelungsmodell für die Kirchen nicht annehmbar.[574] Angesichts dieser veränderten Lage sind die Begriffe nach *Smend* anders auszulegen.[575]

c) Eigene Stellungnahme

Der Ansatz, dass die Artikel der Weimarer Reichsverfassung für eine andere Auslegung offen sind, zeigt sich in ihrer Übernahme in die Verfassung der Deutschen Demokratischen Republik vom 7. Oktober 1949 in den Art. 42 – 46. Ohne darauf näher eingehen zu wollen, ist sicher, dass dort ein anderes Verständnis über Beziehung zwischen Staat und Kirche herrschte.

---

570 *Smend*, ZevKR Bd. 1 (1951), 4 (5)

571 *Smend*, ZevKR Bd. 1 (1951), 4 (6)

572 *Smend*, ZevKR Bd. 1 (1951), 4 (7 f.)

573 *Smend*, ZevKR Bd. 1 (1951), 4 (9)

574 *Smend*, ZevKR Bd. 1 (1951), 4 (10)

575 *Smend*, ZevKR Bd. 1 (1951), 4 (11)

Eine durch den Wortlaut der Verträge veränderte Gewährleistung des Selbstbestimmungsrechts scheidet trotzdem aus. Zunächst ist zwischen vertraglicher und gesetzlicher Gewährleistung des Selbstbestimmungsrechts schärfer zu trennen. Art 137 Abs. 3 WRV ist Bestandteil der Verfassung und bildet damit den Rahmen kirchlicher Befugnisse in der Bundesrepublik. Nur der Legislative obliegt es, die Verfassung in einem Verfahren zu ändern. Eine Änderung durch Staatskirchenverträge ist nicht möglich, da ihnen grundsätzlich nur den Rang eines einfachen Gesetzes zukommt.[576] Damit scheidet auch eine Rechtserweiterung gegenüber dem von der Verfassung Gewährten aus. Ein Recht niederen Ranges kann kein höherrangiges Recht begrenzen oder erweitern. Zudem kann dem Vertragsschluss kein Bedeutungswandel entnommen werden, wenn dieser aus Sicht der vertragsschließenden Parteien ausgelegt wird. Übereinstimmend wird in der wörtlichen Übernahme des Art. 137 Abs. 3 WRV eine Rücksichtnahme auf den verfassungsrechtlichen Rang dieser Norm gesehen.[577] Dies steht im Widerspruch zu einer Neuinterpretation. Es ist nicht vorstellbar, dass die öffentlich-rechtlichen Vertragspartner den verfassungsrechtlichen Vorgaben zuwider handeln und damit sehenden Auges einen Verfassungskonflikt in Kauf nehmen. Dies ist auch nicht das Ziel der Kirchen. Sie suchen die Kooperation im Sinne eines neuen gegenseitigen Verständnisses. Als Ausdruck dessen streben sie selbst keine weitergehenden Vergünstigungen an.[578]

Zu überlegen ist allerdings, ob die dreistufige Entwicklung, die *Smend* aufgezeigt hat, nicht auf Verfassungsebene zu einer Wandlung der Begriffsbedeutung geführt hat. Ansätze seiner Überlegungen finden sich in den Diskussionen des Parlamentarischen Rats wieder. So trug beispielsweise der Abgeordnete *Seebohm* (DP) den Gedanken der staatlichen Rücksichtnahme aufgrund des Verhaltens der Kirchen im Kirchenkampf und der Abgrenzung zum Dritten Reich vor.[579] Allerdings ist die Regelung in Art. 140 GG bereits der daraufhin gefundene Kompromiss. Den Bedenken wurde kein derartiges Gewicht zugemessen, das zu einer Wortlautänderung führte. Ob bei gleichem Wortlaut ein Gehaltsverlust der Schranke im Sinne eines Rückzugs des Staates aus der einseitigen Disposition gesehen werden kann,[580] ist jedenfalls nicht ausgeschlossen. Allerdings ist es für die Be-

[576] *Bernhardt*, HdbStR VII § 174 Rn. 29, S. 590

[577] *Müller*, DÖV 1955. 421 (424)

[578] *Scheuner*, FS Ruppel, S. 312 (316)

[579] JöR Bd. 1 (1951), 905

[580] *Müller*, DÖV 1955. 421 (424)

stimmung, ob den Verträgen eine konstitutive Bedeutung zukommt, ohne Relevanz. Wenn die Verträge nur den gewandelten Wortlaut der Verfassung wiedergeben, so ist diese Klarstellung unproblematisch.

Die Wiederholung des Wortlauts von Art. 137 Abs. 3 WRV erfolgt aber auch aus einem anderen Grund. Sie dient der Festigung der kirchlichen Position.[581] Eine Änderung der Verfassung in den vertraglich erfassten Bereichen durch den Staat ist zwar immer noch möglich. Um einen Vertragsbruch zu verhindern, erfordert sie aber das Einvernehmen der Kirche. Es kann davon ausgegangen werden, dass das Einvernehmen in einem Rechtsstaat eingeholt wird, zumal flankierend die Beilegung von Meinungsverschiedenheiten in freundschaftlicher Weise beispielsweise in Art. 27 des Staatskirchenvertrags des Landes Mecklenburg-Vorpommern in den Verträgen vorgesehen ist.

III. Gemeinschaftsrechtliche Verankerung eines kirchlichen Selbstbestimmungsrechts

Das Europarecht im weiteren Sinne stellt eine zunehmend zu beachtende Größe dar, die auch die Kirchen nicht von ihren Rechtswirkungen ausnimmt.[582] Mit der Vereinheitlichung des Arbeitsrechts in den Mitgliedsstaaten ist es streitig, ob eine Überlagerung auch im kirchlichen Bereich stattfindet[583] oder ob die besonderen Ausprägungen des Arbeitsrechts in kirchlichen Einrichtungen „europafest"[584] sind. Für die kirchlichen Anstellungsträger sind daher zwei Fragen von besonderer Bedeutung. Zum einen stellt sich das Problem, ob von Seiten der Organe der Europäischen Gemeinschaft Entscheidungen getroffen werden können, die die gegenwärtige Rechtslage verändern, und es ist zu erörtern, inwieweit das Selbstbestimmungsrecht der Kirchen aus Art. 140 GG i.V.m. Art. 137 WRV im europäischen Rechtsgefüge eine Entsprechung hat, das gegebenenfalls als Schranke für Gemeinschaftsrechtsakte dient.

---

581 *v. Campenhausen*, LKV 1995, 233 (234)

582 vgl. *Schliemann*, NZA 2003, 407 ff.

583 *Link*, ZevKR 42 (1997) 130 (135); *Bleckmann*, Von der individuellen Religionsfreiheit des Art. 9 EMRK zum Selbstbestimmungsrecht der Kirchen, S. 65; vgl. *Reichold*, NZA 2001, 1054 (1057) m.w.N.

584 *Richardi*, Arbeitsrecht in der Kirche, § 1 Rn. 38; in diese Richtung auch *Hanau/Thüsing*, Europarecht und kirchliches Arbeitsrecht, S. 13 - 26

Das europäische Primärrecht kennt einerseits keinerlei Kompetenzen zur Regelung von religiösen Fragen.[585] Andererseits zeigt die Rechtsprechungspraxis des Europäischen Gerichtshofs (*EuGH*), dass auch Regelungsbereiche, die beim nationalen Gesetzgeber verblieben sind, nicht vom Europarecht verschont bleiben. Dies macht unter anderem der Fall *Tanja Kreil* deutlich.[586]

Frau *Kreil*, die als Elektronikerin ausgebildet ist, bewarb sich 1996 für den freiwilligen Dienst in der Bundeswehr mit dem Verwendungswunsch Instandsetzung (Elektronik). Ihr Antrag wurde vom Zentrum für Nachwuchsgewinnung und danach vom Personalstammamt der Bundeswehr mit der Begründung abgelehnt, es sei gesetzlich[587] ausgeschlossen, dass Frauen Dienst mit der Waffe leisteten. Sie erhob daraufhin Klage beim *VG Hannover* und trug unter anderem vor, die Ablehnung ihrer Bewerbung allein aus geschlechtsspezifischen Gründen sei gemeinschaftsrechtswidrig. Da das Gericht der Ansicht war, dass für die Entscheidung des Rechtsstreits eine Auslegung der Gleichbehandlungsrichtlinie 76/207/EWG erforderlich sei, hat es das Verfahren ausgesetzt und den *EuGH* um Vorabentscheidung ersucht. Dieser erklärte den generellen Ausschluss von Frauen vom Dienst mit der Waffe für europarechtswidrig. Die Besonderheit der Entscheidung liegt darin, dass sich ihre Wirkungen auf einen Bereich beziehen, der den Mitgliedsstaaten vorenthalten ist. Europa hat keine Zuständigkeit für die Bereiche der Außen- und Sicherheitspolitik und damit auch nicht für die Organisation der Bundeswehr.[588] Trotzdem nimmt der *EuGH* im Anschluss an seine *Sirdar*-Rechtsprechung[589] an, dass es zwar Sache der Mitgliedsstaaten ist, die geeigneten Maßnahmen zur Gewährleistung ihrer inneren und äußeren Sicherheit zu ergreifen und dazu Entscheidungen über die Organisation ihrer Streitkräfte zu treffen, dies aber nicht bedeute, dass derartige Ent-

---

[585] *Reichold*, NZA 2001, 1045 (1056)

[586] EuGH, Urt. v. 11.01.2000 - C-285/98; so auch *Schliemann*, NZA 2003, 407 (409)

[587] vgl. § 1 Abs. 2 Soldatengesetz a.F., §§ 3a und 5 Abs. 3 Soldatenlaufbahnverordnung a.F.

[588] BVerwG, DÖV 1999, 914 (915); *Torsten*, Anm. zum EuGH, Urt. v. 11.1.2000 – Rs. C-285/98 (*Tanja Kreil / BRD*), in EuZW 2000, 213 (214); *Köster/Schröder*, NJW 2001, 273; vgl. auch die Stellungsnahmen der deutschen, italienischen und der Regierung des Vereinigten Königreichs (EuZW 2000, 211 Rn. 11 und 12 der Entscheidung); a. A. *Sieberichs*, NJW 2000, 2565 Fn. 3

[589] EuGH, EuZW 2000, 27 Rn. 15 (*Angela Maria Sirdar / The Army Board, Secretary of State for Defence)*

scheidungen vollständig dem Anwendungsbereich des Gemeinschaftsrechts entzogen wären.[590]
Nachdem der *EuGH* den Grundsatz, dass sekundäres Gemeinschaftsrecht in seinem möglichen Anwendungsbereich durch den Umfang der der Gemeinschaft im Primärrecht zugewiesenen Kompetenzen begrenzt ist (Prinzip der begrenzten Einzelermächtigung)[591], durchbrochen hat, ist eine Erstreckung europarechtlicher Vorschriften auf religiöse Bereiche, insbesondere das Arbeitsrecht mit seinen kirchenspezifischen Besonderheiten, anzunehmen. Das deutsche staatskirchenrechtliche System ist nicht „europafest“.[592]
Eine unmittelbare Änderung des gegenwärtigen Rechtszustandes beim so genannten „Dritten Weg“ und dem damit in Zusammenhang stehenden Recht, zu streiken, ist trotzdem gegenwärtig nicht zu befürchten.[593] Es fehlt ausdrücklich an einer Rechtssetzungskompetenz für diesen Bereich.[594] Art. 137 Abs. 5 EG-Vertrag nimmt die Regelungsbereiche des Arbeitsentgelts, der Koalitionsfreiheit, des Streik- sowie des Aussperrungsrechts aus der Förderung der Lebens- und Arbeitsbedingungen sowie des sozialen Dialogs i.S.d. Art. 136 EG-Vertrag ausdrücklich aus. Ob darüber hinaus aus der Achtung der nationalen Identität der Mitgliedsstaaten durch die Union gem. Art. 6 Abs. 3 EU-Vertrag ein Schutz des gegenwärtigen Staatskirchenrechts hergeleitet werden kann, ist angesichts des unbestimmten Begriffs und der daraus resultierenden Interpretationsmöglichkeiten allerdings fraglich.[595]

Die Frage eines kirchlichen Selbstbestimmungsrechts auf europäischer Ebene ist für die Grenzen europarechtlicher Regelungen im Bereich des kirchlichen Arbeitsrechts aber weiterhin von Interesse. Dies gilt beispielsweise beim Erlass von Antidiskriminierungsrichtlinien i.S.d. Art. 13 EG-Vertrag, die im Gegensatz zu Art. 4 Abs. 2 der Richtlinie 2000/78/EG des

---

590 EuGH, EuZW 2000, 211 f. Rn. 15 und 16

591 BVerwG, DÖV 1999, 914 (915 f.); *Calliess*, in: Calliess/Ruffert, EUV/EGV, 2002, Art. 5 EGV Rn. 8; *Köster/Schröder*, NJW 2001, 273

592 *Reichold*, NZA 2001, 1045 (1057); *Link*, ZevKR 42 (1997), 130 (135); *Streinz*, EssG 31 (1997), S. 53 (69f.)

593 *Link*, ZevKR 1997 (42), 130 (142); *Hanau/Thüsing*, Europarecht und kirchliches Arbeitsrecht, S. 25; *Streinz*, EssG 31 (1997), 53 (74)

594 vgl. *Hanau/Thüsing*, Europarecht und kirchliches Arbeitsrecht, S. 13: vgl. *Link*, ZevKR 1997 (42), 130 (142)

595 vgl. auch *Reichold*, ZTR 2000, 57 (59); so aber *Richardi*, Arbeitsrecht in der Kirche, § 1 Rn. 33 ff; *Oppermann*, Europarecht, Rn. 208; *Triebel*, Europa und Kirchen, http.//nomokanon.de/abhandlungen/004.htm, Rn. 22

Rates vom 27. November 2000 keine Ausnahmen hinsichtlich beruflicher Anforderungen für die Kirchen bereithalten. Ein europarechtlich verankertes kirchliches Selbstbestimmungsrecht könnte der Rechtssetzung der europäischen Organe Schranken setzen.

1) Die Europäische Menschenrechtskonvention als Grundlage des Selbstbestimmungsrechts

In diesem Zusammenhang ist die Achtung der Europäischen Menschenrechtskonvention (EMRK), die gleichzeitig für die nationalen Organe verbindliches Recht darstellt, durch die Europäische Union gem. Art. 6 Abs. 2 EUV von Bedeutung.

Die Europäische Menschenrechtskonvention trat am 3. September 1953 nach der Ratifizierung unter anderem durch die Bundesrepublik Deutschland gem. Art. 59 der Europäischen Menschenrechtskonvention (EMRK) als völkerrechtlicher Vertrag[596] in Kraft. In der Bundesrepublik Deutschland kommt der Konvention nach der Transformation gem. Art. 59 Abs. 2 S. 1 GG der Rang eines einfachen Gesetzes zu.[597] Sie gewährleistet mit dem Schutz der persönlichen Freiheit, von Justizgrundrechten, besonderen Freiheitsrechten wie der Gewissens- und Religionsfreiheit sowie dem Recht auf Ehe und Familie elementare Menschenrechte und wird daher als eine „Art gemeineuropäischer Grundrechtsstandard" angesehen.[598] Ihre Besonderheit liegt in der auf internationaler Ebene bestehenden Möglichkeit der effektiven Rechtsdurchsetzung durch Anrufung des Europäischen Gerichtshofs für Menschenrechte. Dafür stehen dem Rechtssuchenden die Verfahren der Staaten- und Individualbeschwerde gem. Art. 33 f. EMRK zur Verfügung. Die Konventionsrechte können allerdings nicht gegen Private, sondern nur gegen die Mitgliedsstaaten geltend gemacht werden.[599] Der Europäische Gerichtshof sieht in der Europäischen Menschenrechtskonvention eine Rechtserkenntnisquelle, die der Grundrechtsfortbildung auf europäischer Ebene dient.[600] Eine normative Verankerung dieser Rechtserkenntnisquelle findet sich in Art. 6 Abs. 2 EU-Vertrag. Eine unmittelbare Bindung der Europäischen Gemeinschaften an die EMRK entsteht da-

---

596 *Frowein*, in: Frowein/Peukert, EMRK-Kommentar, Einführung Rn. 4, S. 3

597 *Frowein*, in: Frowein/Peukert, EMRK-Kommentar, Einführung Rn. 6, S. 4; *Jaeckel*, Schutzpflichten im deutschen und europäischen Recht, S. 105 m.w.N. auch zur a.A.

598 *Herdegen*, Europarecht, § 3 Rn. 19, S. 15

599 *Herdegen*, Europarecht, § 3 Rn. 26, S. 23

600 *Kingreen*, in: Calliess/Ruffert (Hrsg.), EUV/EGV, Art. 6 EUV Rn. 35

durch jedoch nicht. Es handelt sich lediglich um eine Rechtserkenntnisquelle.[601] Der *EuGH* betont jedoch, dass „die leitenden Grundsätze dieser Konvention im Rahmen des Gemeinschaftsrechts zu berücksichtigen“[602] sind und „in der Gemeinschaft keine Maßnahmen als Rechtens anerkannt werden können, die mit der Bedeutung der so anerkannten und gewährleisteten Menschenrechte unvereinbar sind“[603].

Die Gedanken-, Gewissens- und Religionsfreiheit wird in der Europäischen Menschenrechtskonvention in Art. 9 garantiert. Trotz der Formulierung als Individualgrundrecht[604] ist nunmehr auch die kollektive Seite dieser Freiheit anerkannt. Damit steht auch den Kirchen das Recht zu, sich darauf zu berufen.[605] Da der Europäischen Menschenrechtskonvention eine dem Art. 140 GG und seinen Verweisungen vergleichbare staatskirchenrechtliche Ergänzung fehlt, muss das Selbstbestimmungsrecht aus der Religionsfreiheit des Art. 9 EMRK abgeleitet werden.[606] Die Europäische Kommission für Menschenrechte[607] hat ein solches Selbstbestimmungsrecht der Kirchen für die Organisation und Ausübung der religiösen Verehrung, den Unterricht und die Überwachung angenommen; insbesondere um die Einheitlichkeit des kirchlichen Wirkens sicherzustellen.[608] Damit liegt allerdings

---

[601] *Kingreen*, JuS 2000, 857 (859)

[602] *EuGH*, Slg. 1986, 1651 (1682), Rn. 18 (*Johnston/Chief Constable of the Royal Ulster Constabulary*).

[603] *EuGH*, Slg. 1989, 2609 (2639), Rn. 17 (*Wachauf/Bundesanstalt für Ernährung und Forstwirtschaft*); Slg. 1991, 2925 (2963f.), Rn. 41 (ERT); Slg. 1997, 7493 (7509), Rn. 12 (*Annibaldi*).

[604] *Bleckmann*, Von der individuellen Religionsfreiheit des Art. 9 EMRK zum Selbstbestimmungsrecht der Kirchen, S. 17

[605] EKMR, NJW 1987, 1131; *Frowein*, in: Frowein/Peukert, EMRK-Kommentar, Art. 9 Rn. 9

[606] vgl. *Robbers*, HdbStKirchR Bd. 1, S. 315 (317); *Bleckmann*, Von der individuellen Religionsfreiheit des Art. 9 EMRK zum Selbstbestimmungsrecht der Kirchen, S. 29 ff.

[607] Vor der Umgestaltung des Rechtsschutzsystems der Konvention durch das 11. Protokoll zur EMRK (BGBl. 1995 II, S. 578) waren die Europäische Kommission für Menschenrechte und der Europäische Gerichtshof für Menschenrechte die zuständigen Konventionsorgane.

[608] NR 73/74/76 X:7: Dänemark, D & R 5 (1976), S. 157 f.: „Through the rights granted to its members under Art. 9, the Church itself is protected in its rights to manifest its religion, to organise and carry out worship, teaching practice and observance, and it is free to act out and enforce uniformity in these matters."

nur eine Entscheidung zum inneren Bereich der religiösen Betätigung vor. Problematisch bleiben aufgrund der pluralistischen staatskirchenrechtlichen Ordnungen der Mitgliedsstaaten aber die „Randbereiche“ kirchlichen Tätigwerdens und damit die Frage nach möglichen Modifizierungen des deutschen Arbeitsrechts bei Arbeitnehmern, die in kirchlichen Einrichtungen beschäftigt sind.

a) Gerichtliche Feststellung eines kirchlichen Selbstbestimmungsrechts?

Für den Bereich des Arbeitsrechts wird im Schrifttum die Ansicht vertreten, dass die Europäische Kommission für Menschenrechte in der Entscheidung über den Fall *Rommelfanger*[609] das Selbstbestimmungsrecht der Kirchen anerkannt hat.[610]

Sie hatte in diesem Fall über die Rechtmäßigkeit einer Kündigung zu entscheiden. *Rommelfanger* war Assistenzarzt in einem katholischen Krankenhaus. Trägerin des Krankenhauses war eine kirchliche Stiftung, die sich nach ihrer Satzung unter anderem die Einrichtung und Unterhaltung von Krankenhausanstalten zum Ziel gesetzt hatte. Im Oktober 1979 wurde in der Wochenzeitschrift „Stern“ ein Aufruf von 58 Personen veröffentlicht. Bei ihnen handelte es sich überwiegend um Ärzte. Das mit „Ärzte gegen Ärztefunktionäre“ betitelte Schreiben wandte sich gegen „die von klerikalkonservativer und standesärztlicher Seite [...] geführten Angriffe“ gegen den § 218 StGB. Die Unterzeichner sahen sich durch die inhumanen Äußerungen des Präsidenten der Bundesärztekammer nicht vertreten. Das Krankenhaus sprach *Rommelfanger* daraufhin die Kündigung aus. Auf ein von ihm nachfolgend geführtes Interview hin wurde eine außerordentliche und vorsorglich eine erneute ordentliche Kündigung ausgesprochen.[611]

Die Klage *Rommelfangers* gegen die Kündigung war in allen Instanzen erfolgreich. Die darauf erhobene Verfassungsbeschwerde der Trägerin des Krankenhauses hatte Erfolg. Das Bundesverfassungsgericht stellte fest, dass die Trägerin „in ihrem kirchlichen Selbstbestimmungsrecht verletzt“ sei. Dieses ergebe sich aus Art. 140 GG i.V.m. Art. 137 Abs. 3 WRV. Die Instanzen hätten das Selbstbestimmungsrecht der Kirche nicht hinreichend gewürdigt und die „Schwere und Tragweite des festgestellten Loyalitäts-

---

[609] EKMR, Entscheidung vom 6.9.1989, (BNr. 12242/86 – Rommelfanger/BRD)

[610] *Robbers*, HdbStKirchR Bd. 1, S. 315 (317)

[611] BVerfGE 70, 138 (142 ff.)

verstoßes zu gering eingeschätzt"[612]. Die Tötung eines Menschen sei nach kirchlichem Recht als Tötung eines Unschuldigen einzuordnen und könne zur Ausstoßung des Tötenden aus der Kirche führen. Bei der Wechselwirkung von Kirchenfreiheit und Schrankenzweck durch Güterabwägung[613] überwiege Erstere. Eine Berufung auf die Meinungsfreiheit des Art. 5 GG sei *Rommelfanger* nicht mit Erfolg möglich.[614]

Rommelfanger erhob Individualbeschwerde vor der Europäischen Kommission für Menschenrechte und machte die Verletzung der Meinungsfreiheit i.S.d. Art. 10 der EMRK geltend. Das Bundesverfassungsgericht habe eine unverhältnismäßig weite Auslegung von Art. 140 GG vorgenommen und ihn dadurch in seinem Recht auf Meinungsfreiheit beschränkt. Die Kommission wählte zur Lösung des Konflikts einen anderen Ansatz als das Bundesverfassungsgericht. Sie stellte fest, dass auch die Trägerin des Krankenhauses von ihrem Recht auf freie Meinungsäußerung aus Art. 10 EMRK Gebrauch gemacht habe: „The Commission is satisfied that German law, as interpreted by the Federal Constitutional, takes account of the necessity to secure an employee's freedom of expression against unreasonable demands of this employer, even if they should result from a valid employment contract. If, as in the present case, the employer is an organisation based on certain convictions and value judgements which it considers as essential for the performance of its functions in society, it is in fact in line with the requirements of the Convention to give appropriate scope also to the freedom of expression of the employer. An employer of this kind would not be able to effectively exercise this freedom without imposing certain duties of loyalty on its employees. As regards employers such as the Catholic foundation which employed the applicant in its hospital, the law in any event ensures that there is a reasonable relationship between the measures affecting freedom of expression and the nature of the employment as well as the importance of the issue for the employer. In this way it protects an employee against compulsion in matters of freedom of expression which would strike at the very substance of this freedom (cf., a contrario Young, James and Webster judgment, loc cit, p. 23, pare. 55). The Commission considers that Article 10 of the Convention does not, in cases like the present one, impose a positive obligation on the State to provide protection beyond this standard."

612 BVerfGE 70, 138 (170)

613 BVerfGE 70, 138 (167)

614 BVerfGE 70, 138 (172)

Die Kommission folgte damit im Ergebnis der Entscheidung des Bundesverfassungsgerichts. Angestellte in kirchlichen Einrichtungen sind in ihrer Meinungsfreiheit hinsichtlich bestimmter Themen eingeschränkt. Entgegen anderer Ansichten trifft die Kommission damit allerdings keine Entscheidung, ob dem Art. 9 EMRK ein Selbstbestimmungsrecht deutscher Prägung zugrunde liegt.[615] Die Kommission legte den Schwerpunkt ihrer Prüfung auf die Meinungsfreiheit der kirchlichen Einrichtung nach Art. 10 EMRK und prüfte nicht die Tragweite der Religionsfreiheit gem. Art. 9 EMRK als möglicher Grundlage des kirchlichen Selbstbestimmungsrechts. Dem lässt sich auch nur begrenzt die Auseinandersetzung der Kommission mit den Loyalitätspflichten der Angestellten entgegenhalten. Die Ausführungen der Kommission gehen nicht über den Schutz eines Tendenzbetriebes hinaus.[616] Lediglich die an bestimmten Werten orientierte Glaubwürdigkeit des Arbeitgebers soll danach geschützt werden. Dies ist aber lediglich ein Teilaspekt des Selbstbestimmungsrechts. Daraus eine Indizwirkung für ein Selbstbestimmungsrecht deutscher Prägung herzuleiten, ist angesichts des gleichgelagerten Schutzes für Tendenzbetriebe in Form von Zeitungen oder Parteieinrichtungen bedenklich. Im Übrigen befasst sich die Kommission in ihrer Entscheidung nur mit einem Teilaspekt des Verhältnisses von Arbeitnehmern zu kirchlichen Arbeitgebern. Offen geblieben ist, ob auch eine Kündigung wegen praktizierter homosexueller Orientierung als wesentlichem Bestandteil der unveräußerlichen Menschenwürde oder aufgrund der Wiederheirat eines/einer Geschiedenen in gleicher Weise entschieden würde.[617] Entsprechendes gilt für eine Beurteilung des Streikverbots. Festhalten lässt sich aber, dass die religiöse Orientierung kirchlicher Einrichtungen ein wesentlicher Gesichtspunkt in der Interessenabwägung zwischen den Rechten des Arbeitgebers und den Pflichten des Arbeitnehmers ist. Der Konflikt ist durch Abwägung der betroffenen Rechtsgüter aufzulösen.

b) Ansätze in der Literatur

In der Literatur wird versucht, das Selbstbestimmungsrecht der Kirchen aus Art. 9 EMRK durch eine systematische Erfassung der Norm zu begründen. Grundlegend sind die Ausführungen von *Bleckmann*.[618] Er zeigt, dass der

---

615 so auch *Blum*, Die Gedanken-, Gewissens- und Religionsfreiheit nach Art. 9 der Europäischen Menschrechtskonvention, S. 177

616 so auch *Frowein*, EssG 1993 (27), S. 46 (58); *Robbers*, EssG 1993 (27), S. 81 (93)

617 BAG, NJW 1984, 1917

618 *Bleckmann*, Von der individuellen Religionsfreiheit des Art. 9 EMRK zum Selbstbestimmungsrecht der Kirchen, S. 27 ff.

innerkirchliche Bereich des Selbstbestimmungsrechts durch Art. 9 EMRK geschützt ist.[619] Dies ist die Konsequenz aus der Tatsache, dass dieser als Minimalkonsens von allen beteiligten Ländern akzeptiert wird[620] und die liturgischen Handlungen untrennbar mit der individuellen Glaubensausübung verbunden sind. Diese Ansicht wird – wie bereits oben dargelegt – durch die Rechtsprechung des Europäischen Gerichtshofs für Menschenrechte gestützt,[621] so dass insoweit von einem anerkannten Selbstbestimmungsrecht gesprochen werden kann.

Problematischer ist die Annahme eines Selbstbestimmungsrechts für den so genannten Randbereich des Selbstbestimmungsrechts, in dem sich das Arbeitsrecht im kirchlichen Dienst bewegt. *Bleckmann* vermutet, dass aus dem Recht der Gläubigen, sich entsprechend ihrem Glauben zu verhalten, der Rückschluss gezogen werden kann, dass die Kirchen diese Prinzipien in positives Recht umwandeln dürfen. Die Festlegung entsprechender Regelungen sei erforderlich, um dem Streben der Gläubigen nach Erreichung des Seelenheils zu ermöglichen.[622] Die Überzeugungskraft dieses Arguments ist gering. Das Recht der Kirchen, Leitlinien für die Anhänger ihres Glaubens zu erlassen, ist unbestritten. Daraus eine mit der deutschen Rechtslage vergleichbare Gewährleistung zur Ordnung und Verwaltung der eigenen Angelegenheiten herzuleiten, ist nicht möglich. Das Seelenheil ist etwas Persönliches und kann nicht für allgemeinverbindlich erklärt und vor allem nicht auf Andersgläubige erstreckt werden. Nachvollziehbarer scheint eine aus dem deutschen Recht übernommene Herleitung, dass Religionsausübung ab einer bestimmten Anzahl von Personen und bei bestimmten Aufgaben organisiert werden muss. Erst dadurch wird sichergestellt, dass die Ziele der Religionsgemeinschaft – beispielsweise die karitative Versorgung der Menschen durch Gründung privater Gesellschaften - erfüllt werden. Bei einer solchen Herleitung ist allerdings zu beachten, dass es sich bei der Europäischen Menschenrechtskonvention um einen Minimalkonsens handelt. Die Übertragung deutscher Vorstellungen vom Verhältnis Staat-Kirche ist daher nur im Rahmen eines allgemeinen Konsenses

---

[619] *Bleckmann*, Von der individuellen Religionsfreiheit des Art. 9 EMRK zum Selbstbestimmungsrecht der Kirchen , S. 48

[620] *Bleckmann*, Von der individuellen Religionsfreiheit des Art. 9 EMRK zum Selbstbestimmungsrecht der Kirchen, S. 49

[621] Nr. 73/74/76 X:7: Dänemark, D & D (1976), S. 157 f.

[622] *Bleckmann*, Von der individuellen Religionsfreiheit des Art. 9 EMRK zum Selbstbestimmungsrecht der Kirchen, S. 42

der ratifizierten Mitgliedsstaaten möglich.[623] Ein Problem für die Annahme eines solchen Konsenses sind die Existenz der Staats- und Volkskirchen in Großbritannien[624], einigen nordischen Staaten und Griechenland, weil die Eingriffe des Staates dort über die Schranken des Art. 9 Abs. 1 EMRK weit hinausgehen würden. Wie weit der Staat in diesen Ländern tatsächlich Einfluss auf die Kirchen nimmt, ist nicht abschießend geklärt. *Bleckmann* weist darauf hin, dass die Rechtslage in den einzelnen Ländern „zu dürftig", „weniger klar" oder „nicht hinreichend geklärt" ist.[625] Ansätze für eine Aufklärung der unterschiedlichen Systeme finden sich in Aufsätzen zur Autonomie der Religionsgesellschaften beim Institut für europäisches Verfassungsrecht der Universität Trier.[626] Gleichzeitig würde das laizistische System in Frankreich ebenfalls gegen Art. 9 EMRK verstoßen, wenn ihm das deutsche Recht zu Grunde liegen würde.

c) Ergebnis

Die Herleitung des Selbstbestimmungsrechts aus Art. 9 EMRK bedarf weitergehender Untersuchungen. Ob und welches staatskirchenrechtliche Modell zurzeit verbürgt ist, ist gegenwärtig nicht feststellbar.[627] Dass es nicht das deutsche System ist, steht allerdings fest.[628] Aus dem Artikel ist lediglich eine Sonderstellung im Sinne eines Tendenzschutzes herzuleiten. Die Rechtsprechung der Europäischen Kommission für Menschenrechte im Fall *Rommelfanger* zeigt, dass die religiöse Tendenz in Rechtsstreitigkeiten berücksichtigt werden muss, damit die kirchlichen Anstellungsträger in der Lage sind, „to effectively exercise this freedom without imposing certain duties of loyality on ist employees".

Die Auswirkungen für die innerstaatliche Rechtsfindung wären allerdings ohnehin nur gering. Trotz der EMRK-konformen Auslegung des Grundgesetzes schließt die Konvention in Art. 53 EMRK aus, dass ein weiterreichendes innerstaatlich verbürgtes Grundrecht in Ansehung einer enger

623 *Blum*, Die Gedanken-, Gewissens- und Religionsfreiheit nach Art. 9 der Europäischen Menschenrechtskonvention, S. 177

624 *Minnerath*, Church Autonomy in Europe, S. 7 aus: Second European/American Conference on Religious freedom, Draft Paper

625 *Bleckmann*, Von der individuellen Religionsfreiheit des Art. 9 EMRK zum Selbstbestimmungsrecht der Kirchen, S. 44 f.

626 http://www.uni-trier.de/~ievr/staatskirchenrecht.htm

627 vgl. *Müller-Vollbehr*, Europa und das Arbeitsrecht der Kirchen, S. 73

628 vgl. Schliemann, NZA 2003, 407 (408 f.)

formulierten Menschenrechtsverbürgung der Konvention restriktiv ausgelegt und der Schutzbereich verkleinert wird.[629] Umgekehrt reicht die Pflicht zur entsprechenden Auslegung nur soweit, wie der Wortlaut der grundgesetzlichen Norm eine solche gestattet.[630] Eine Überlagerung der Schrankenregelung des Art. 137 Abs. 3 WRV wäre ohnehin nicht möglich. Im Ergebnis würde das Selbstbestimmungsrecht dann noch durch die Europäische Sozialcharta eingeschränkt, welche die gewerkschaftliche Betätigung und den Streik schützt.[631] Für die europäische Rechtssetzung ergibt sich ebenfalls keine mit dem Schutz durch Art. 137 Abs. 3 WRV im deutschen Staatsrecht vergleichbare Schranke.

2) Gemeinsame Verfassungsüberlieferungen als Grundlage des kirchlichen Selbstbestimmungsrechts

Neben der europäischen Menschenrechtskonvention hat die Union gem. Art. 6 Abs. 2 EUV die Grundfreiheiten zu achten, wie sie sich aus den gemeinsamen Verfassungsüberlieferungen der Mitgliedsstaaten ergeben. Der Europäische Gerichtshof hat beginnend mit der Entscheidung *Stauder* die Grundrechte als zu den allgemeinen Rechtsgrundsätzen der Gemeinschaftsordnung gehörend anerkannt.[632] Daraus hat er einen im Wesentlichen lückenlosen Grundrechtskatalog geschaffen.[633] In der Entscheidung *Prais* hat er den Grundrechtsschutz durch die Religionsfreiheit allerdings lediglich gestreift.[634] Bei einer wertenden Rechtsvergleichung[635] kann aufgrund des Schutzes in Art. 9 EMRK, in den Verfassungen der Mitgliedsstaaten und in Art. 10 Abs. 1 GRCh von der Gewährleistung einer Religionsfreiheit aufgrund gemeinsamer Verfassungsüberlieferung der Mitgliedsstaaten ausgegangen werden. Im Sinne eines Minimalkonsenses kann angenommen werden, dass die Religionsgemeinschaften ihre inneren Angelegenheiten selbständig ordnen können.[636] Eine Normierung eines Selbstbestimmungsrechts nach deutschem Vorbild ist darin nicht zu sehen. Dies

---

629 *Frowein/Peukert*, EMRK-Kommentar, Art. 60

630 *Klein*, in: Mahrenholz/Hilf/Klein, Entwicklung der Menschenrechte innerhalb der Staaten des Europarates, S. 43 (54)

631 *Bleckmann*, Von der individuellen Religionsfreiheit des Art. 9 EMRK zum Selbstbestimmungsrecht der Kirchen, S. 69

632 EuGH, Slg. 1969, 414 (425)

633 *Kingreen*, JuS 2000, 857

634 EuGH, Rs. 130/7, Slg. 1976, 1589, Rn. 12/19

635 *Zweigert*, RabelsZ 28 (1964), S. 601 (610 f.)

636 *Triebel*, http://www.nomokanon.de/abhandlungen/004.htm, Rn. 16

ließe sich nur annehmen, wenn die Grundrechtsstandards entsprechend dem maximalen Schutz in einem Mitgliedsstaat auszulegen wären. Dies ist angesichts der Probleme, die aus der Anwendung dieser Theorie folgen, bedenklich.

V. Ergebnis

Als Rechtsgrundlage ist Art. 137 Abs. 3 WRV in Verbindung mit Art. 140 GG heranzuziehen. Die gleichzeitige Anwendung neuer Staatskirchenverträge hat das Verhältnis zwischen Staat und Kirche jedenfalls für den Bereich des Selbstbestimmungsrechts nicht verändert. Gleiches gilt für den innerstaatlichen Bereich im Hinblick auf die vorhandenen europarechtlichen Vorschriften.

§ 2 Die rechtliche Grundlage des Streikverbots

Die Nordelbische Ev.-Luth. Kirche (NEK) sowie die Landeskirche Berlin-Brandenburg haben sich entschlossen, mit den Gewerkschaften Verträge abzuschließen. Die Abschlüsse, die sich am Tarifvertragssystem orientieren, werden als „Zweiter Weg" bezeichnet. Im Übrigen wurde durch die christlichen Kirchen ein eigenständiges Arbeitsrechtsregelungsverfahren – der so genannte „Dritte Weg" – als Alternative zum Tarifvertragssystem geschaffen. Darin schließen sie den Abschluss von Tarifverträgen und den Streik als Mittel zur Lohnfindung aus. Die Unterschiede in den Regelungsmodellen werden bei der Frage des Streikrechts relevant, so dass zwischen den Kirchen, die einen Vertrag mit den Gewerkschaften abschließen und damit dem „Zweiten Weg" folgen, sowie denjenigen, die das Modell des „Dritten Weges" anwenden, zu differenzieren ist.

A Der „Zweite Weg"

Der „Zweite Weg" wird als (modifiziertes)[637] Tarifvertragssystem bezeichnet. Tarifverträgen wohnt für die geregelte Materie ein Streikverbot als Folge der ihnen immanenten relativen Friedenspflicht inne.[638] Darüber hinaus kann ein absolutes Streikverbot vereinbart werden. Eine Möglichkeit für die Rechtmäßigkeit des Streikverbots in kirchlichen Einrichtungen ist daher, dass es sich bei den mit den Gewerkschaften geschlossenen Vereinbarungen im Bereich der Nordelbischen Evangelisch-Lutherische Kirche und der Landeskirche Berlin-Brandenburg um Tarifverträge handelt.

---

[637] *Schaub*, Arbeitsrechts-Handbuch, § 186 Rn. 169

[638] BAG EzA Nr. 20 zu § 4 TVG Druckindustrie; *Preis*, Arbeitsrecht, § 96, S. 105; *Zöllner/Loritz*, Arbeitsrecht, § 38, S. 391

Die Kirche und ihre Einrichtungen sind tariffähig und können grundsätzlich Tarifvertragsparteien im Sinne des § 2 Tarifvertragsgesetzes (TVG) sein.[639] Für die einzelnen Einrichtungen folgt dies aus ihrer Stellung als Arbeitgeber i.S.d. § 2 Abs. 1 TVG. Die gegenteilige Auffassung[640] wird heute nicht mehr vertreten.[641] Einschränkend wird allerdings angenommen, dass es den Kirchen freisteht, ob sie sich dem Tarifvertragssystem öffnen oder den kircheneigenen so genannten „Dritten Weg" anwenden.[642]

Trotz der Bezeichnung als Tarifverträge und dem Abschluss mit den Gewerkschaften ist es umstritten, ob es sich bei den konkreten Vereinbarungen der Nordelbischen Evangelisch-Lutherischen Kirche und der Evangelischen Kirche in Berlin-Brandenburg mit den Gewerkschaften um Tarifverträge handelt.[643] Wesentliche Problempunkte sind die Tariffähigkeit sowie der Umfang der Tariferstreckung.

I. Die Vereinbarungen der Nordelbischen Evangelisch-Lutherischen Kirche

Die NEK nimmt im Arbeitsrecht eine Sonderstellung innerhalb der evangelischen und der katholischen Kirchen ein. Entgegen der Empfehlung des Rates der Evangelischen Kirchen in Deutschland[644] entschloss sie sich als erste Kirche zum Abschluss von Verträgen mit den Gewerkschaften. Die kirchenrechtliche Grundlage wurde durch kirchliches Arbeitsrechtsregelungsgesetz vom 9. Juni 1979 gesetzt.[645] Die Arbeitgeber werden durch den Verband kirchlicher und diakonischer Anstellungsträger Nordelbien (VKDA-NEK) vertreten, der entsprechend § 2 Abs. 1 seiner Satzung den Abschluss von Tarifverträgen bezweckt. Das „Verfahrensgerüst"[646] des „Zweiten Weges" der NEK bilden der so genannte „Tarifvertrag zur Regelung der Grundlagen einer kirchengemäßen Tarifpartnerschaft", in dem die

---

[639] *Richardi*, Arbeitsrecht in der Kirche, § 13 Rn. 3; *Dieterich*, in: ErfK, Art. 4 RN. 498

[640] *Rauch*, Die arbeitsrechtliche Sonderstellung der Angestellten und Arbeiter im kirchlichen Dienst, S. 63, 65

[641] so auch *Briza*, „Tarifvertrag" und „Dritter Weg", S. 168

[642] *Richardi*, Arbeitsrecht in der Kirche, § 13 Rn. 3 ff.

[643] vgl. *Richardi*, Das Arbeitsrecht in der Kirche, § 13 Rn. 15 ff.

[644] Richtlinie vom 8. Oktober 1976 (Abl. EKD 1979, 482)

[645] GVOBl. S. 193

[646] *Pahlke*, Kirche und Koalitionsrecht, S. 15; *Richardi*, Arbeitsrecht in der Kirche, § 13 Rn. 11

Besonderheit des kirchlichen Dienstes ausdrücklich formuliert ist, eine Schlichtungsvereinbarung und eine „Tarifvertragliche Vereinbarung über Regelungen in finanziellen Notlagen". Sie wurden jeweils am 5. November 1979 mit den Gewerkschaften abgeschlossen.

1. Tariffähigkeit des Verbandes kirchlicher und diakonischer Anstellungsträger Nordelbien

Die Tariffähigkeit des Verbandes kirchlicher und diakonischer Anstellungsträger Nordelbien (VKDA-NEK) richtet sich nach § 2 TVG. Danach können Gewerkschaften sowie Arbeitgeberverbände Tarifvertragsparteien sein.

a) Die Unabhängigkeit von der Kirche

Als Voraussetzung für die Tariffähigkeit wird neben der Qualifikation als Verband der Arbeitnehmer oder -geber unter anderem die Unabhängigkeit von Staat, Politik und Kirche gefordert. Sie drückt sich im Fehlen eines Weisungsrechts der Institutionen aus.[647] Entsprechend dürfen gesellschaftspolitische Leitbilder von Parteien oder Kirchen übernommen werden;[648] ein Einfluss auf den Willensbildungsprozess muss aber ausgeschlossen sein.[649] Begründet wird dies unter anderem mit der Wahrnehmung von öffentlicher Gewalt durch die Koalitionen bei der Vereinbarung von Tarifverträgen, deren normative Teile wie staatliche Gesetze zwingend für die Tarifgebundenen wirken. Diese Hoheitsgewalt muss bei einem säkularen Staat frei von religiösen Strömungen sein.[650]

Der VKDA-NEK stellt entsprechend seiner Satzung einen Arbeitgeberverband dar, dessen Zweck im Abschluss von Tarifverträgen liegt.[651] Ihm mangelt es aber an der geforderten Unabhängigkeit von kirchlichen Weisungen. Die Verbandssatzung sieht in § 2 Abs. 1 S. 3 vor, dass der Verband an die Entscheidungen der Synode gebunden ist, die im Rahmen des ent-

---

647 *Reichel*, RdA 1972, 143 (147); *Schaub*, Arbeitsrechts-Handbuch, § 187 Rn. 16; *Zöllner/Loritz*, Arbeitsrecht, § 8, S. 113; a.A. *Nikisch*, Arbeitsrecht II, § 57, S. 9 f., der allerdings davon spricht, dass die Koalitionen mit den „Interessen" der Kirchen und von Parteien konform gehen können.

648 *Löwisch/Rieble*, Tarifvertragsgesetz, § 2 Rn. 18; *Zachert*, in: Kempen/Zachert, Tarifvertragsgesetz, § 2 Rn. 50

649 *Zachert*, in: Kempen/Zachert, Tarifvertragsgesetz, § 2 Rn. 50

650 *G. Müller*, FS Nipperdey II, S. 435 (450)

651 § 2 Abs. 1 i.V.m. § 4 der Satzung des VKDA-NEK vom 11.12.2000

sprechenden Kirchengesetzes getroffen werden. Der Synode und damit der Kirche werden somit Weisungsbefugnisse zugestanden. Unter Zugrundelegung der allgemeinen Grundsätze könnte der VKDA-NEK daher die Tariffähigkeit fehlen.

Aufgrund des Regelungsziels – der Verhinderung religiöser Einflussnahmen auf staatlich vermittelte Rechte – stellt sich allerdings die Frage, ob der Grundsatz der Unabhängigkeit gegenüber der Kirche bei kirchlichen Arbeitgeberverbänden modifiziert werden muss. Der Verband wurde gegründet, um die Interessen der kirchlichen Dienstgeber wahrzunehmen. Die Arbeitgeberinteressen decken sich in diesem Fall zwangsläufig mit dem konfessionellen Ziel. Dies ist aufgrund der staatlichen Neutralitätspflicht in kirchlichen Angelegenheiten bei der Auslegung einfachgesetzlicher Regelungen zu berücksichtigen.[652] Gewährt der Staat den Kirchen die Freiheit, kirchliche Einrichtungen in Privatrechtsform zu betreiben, so muss der verfassungsrechtliche Schutz auch die vom Staat zur Erreichung adäquater Arbeitsvertragsinhalte gebotenen Instrumentarien zur Verfügung stellen.[653] Dies umfasst auch das Tarifvertragsgesetz und damit die Möglichkeit, Arbeitgeberverbände zu gründen. Nachteile ergeben sich ohnehin nicht auf Arbeitnehmerseite, deren Schutz die Koalitionsfreiheit des Art. 9 Abs. 3 GG und das Tarifvertragssystem aus historischer Sicht primär dient. Auch kirchlichen Arbeitgeberverbänden kann daher trotz der Bindung an kirchliche Weisungen die Tariffähigkeit nicht versagt werden.[654]

b) Die demokratische Binnenstruktur des Verbandes

Umstritten ist weiterhin, ob die Tarifvertragsparteien eine demokratische Binnenstruktur aufweisen müssen.[655] Für die Gewerkschaften wird dies überwiegend gefordert, um die Normsetzung gegenüber den Mitgliedern zu legitimieren.[656] Für die Arbeitgeberverbände werden Abstriche gemacht. So soll die unterschiedliche Wirtschaftskraft sich auch im Stimmgewicht niederschlagen dürfen.[657] Teilweise wird eine demokratische Struktur als

---

652 *G. Müller*, FS Nipperdey II, S. 435 (447)

653 *Richardi*, ZfA 1984, 109 (130)

654 *G. Müller*, FS Nipperdey II, 435 (447)

655 *Schaub*, Arbeitsrechts-Handbuch, § 187 Rn. 10; ders., in: ErfK, § 2 TVG Rn. 9; ablehnend: *Scholz*, in: Maunz/Dürig, Art. 9 Rn. 99 ff.; Hagemeier, in: Kempen/Zachert, § 2 Rn. 82 (für Arbeitgeberverbände)

656 *Preis*, Arbeitsrecht, § 90, S. 69; *Hagemeier*, in: Kempen/Zachert, TVG, § 2 Rn. 18

657 *Hagemeier*, in: Kempen/Zachert, § 2 TVG Rn. 89; *Preis*, Arbeitsrecht, § 90, S. 77

Voraussetzung generell abgelehnt.[658] Beim VDKA-NEK kommt ein Demokratiedefizit an zwei Stellen in Betracht. Zum einen existiert gem. § 8 Abs. 2 S. 2 der Verbandssatzung ein Einspruchsrecht der Nordelbischen Kirche gegen Beschlüsse der Mitgliederversammlung des VDKA-NEK, zum anderen besteht gem. § 2 der Verbandssatzung – wie bereits oben erläutert – ein Weisungsrecht im Rahmen des Kirchengesetzes.

Das Einspruchsrecht gem. § 8 Abs. 2 S. 2 der Verbandssatzung ist unproblematisch. Der Einspruch kann mit der Mehrheit der Mitglieder der Versammlung zurückgewiesen werden, so dass der Beschluss der Versammlung weiterhin auf der Willensentscheidung der Mitglieder beruht. Der Willensbildungsprozess wird dadurch nicht nachhaltig beeinträchtigt.

Demgegenüber beschränkt § 2 der Verbandssatzung den demokratischen Willensbildungsprozess nachhaltiger. Der Arbeitgeberverband ist an Weisungen der NEK gebunden. Im Ergebnis ist die Frage aber nicht anders als bei der Unabhängigkeit des Verbandes von den Kirchen zu entscheiden. Die Weisungsunterworfenheit beeinflusst die Qualität der Einrichtung als Arbeitgeber und damit als Tarifvertragspartei gem. § 2 Abs. 1 TVG nicht. Jeder kirchliche Arbeitgeber steht unter dem Einfluss der Kirche. Zu den Voraussetzungen, die an die Qualifikation eines Unternehmens als kirchliche Einrichtung gestellt werden, gehört die Einwirkungsmöglichkeit der Kirche. Sie besteht beispielsweise in der Besetzung des unternehmerischen Leitungsorgans mit Pfarrern oder nach der Rechtsprechung des Bundesarbeitsgerichts in der Möglichkeit, der Einrichtung den Status einer kirchlichen Institution wieder zu entziehen. Bilden diese Einrichtungen einen Arbeitgeberverband, um ihre Interessen besser wahrnehmen zu können, bleibt die Weisungsgebundenheit des Einzelnen bestehen. Qualitativ ändert sich der Einfluss der Kirche nicht, wenn die Weisungsbefugnisse nunmehr unmittelbar gegenüber dem Verband und nicht mittelbar über das Abstimmungsverhalten der Einrichtungen ausgeübt werden. Dabei ist die Sorge unbegründet, dass sich die Weisungsgebundenheit negativ auf die materielle Richtigkeitsgewähr des ausgehandelten Tarifvertrages auswirke, weil die Arbeitgeber nicht mehr frei verhandeln können.[659] Liegen die Vorgaben der Synode unterhalb des für die Gewerkschaften Akzeptablen, so werden sie den Vertrag nicht schließen. Es wird gegebenenfalls zu Arbeitsniederlegungen kommen. Problematisch ist daher lediglich ein zu hoher Rahmen, den die Gewerkschaften akzeptieren, der aber wirtschaftlich für die Arbeit-

---

[658] *Scholz*, in: Maunz/Dürig, Art. 9 Rn. 99 ff.

[659] *Briza*, „Tarifvertrag" und „Dritter Weg", S. 178 f.

geber nicht tragbar ist. Dass dieser Fall eintritt, ist aber wohl nur theoretisch möglich, da die Kirchen an der Funktionsfähigkeit ihrer Einrichtungen interessiert sind. Schlussendlich gibt das seit dem 9. Juni 1979 in Kraft getretene kirchliche Arbeitsrechtsregelungsgesetz keine die Verhandlungen gefährdenden detaillierten Vorgaben. Es enthält anlehnend an den Gedanken der Dienstgemeinschaft das Verbot, zwischen Mitgliedern und Nichtmitgliedern der Gewerkschaften zu differenzieren und als Folge das Gebot an die Arbeitgeber, den Tarifvertrag auch auf die nichtgewerkschaftlich organisierten Arbeitnehmer zu erweitern. Dies ist unter dem Aspekt, den Verbandseintritt der Arbeitnehmer nicht mittelbar zu fördern, ohnehin üblich. Schließlich gibt es eine Notlagenregelung, die allerdings wiederum auf eine tarifvertragliche Vereinbarung über Regelungen in finanziellen Notlagen vom 5. November 1979 verweist. Die Bindung der Anstellungsträger an die Entscheidung der Synode wirkt sich jedenfalls gegenwärtig nicht auf den demokratischen Willensbildungsprozess aus. Die unmittelbare Abstimmung wird nicht beeinflusst.

c) Die fehlende Arbeitskampfbereitschaft des Verbandes

Schlussendlich steht der Tariffähigkeit des Verbandes auch nicht die fehlende Arbeitskampfbereitschaft entgegen. Sie wird für Koalitionen im Einzelfall[660] und für Arbeitgeber generell nicht verlangt.[661] Der einzelne Arbeitgeber ist auch dann tariffähig, wenn ihm die Durchsetzungsfähigkeit beispielsweise durch Ablehnung von Arbeitskämpfen fehlt.[662] Lehnt er den Arbeitskampf für sich ab, so verändert sich seine Durchsetzungsfähigkeit in Tarifvertragsverhandlungen nicht durch den Beitritt zu einer Koalition, die ebenfalls den Arbeitskampf ablehnt.[663] Eine Arbeitskampfbereitschaft beziehungsweise eine soziale Mächtigkeit ist damit keine Voraussetzung für die Tariffähigkeit des Arbeitgeberverbandes.[664]

---

660 BVerfGE 18, 18 ff.; kritisch: *Däubler*, Tarifvertragsrecht, Rn. 49

661 BAG AP Nr. 40 zu § 2 TVG; *Hagemeier*, in: Kempen/Zachert, § 2 Rn. 81; *Däubler*, Tarifvertragsrecht, Rn. 69; *Wiedemann/Stumpf*, Tarifvertragsgesetz, Rn. 189 ff.; kritisch: *Löwisch/Rieble*, in MünchArbR § 255 Rn. 24 ff.

662 BVerfGE 58, 233 (256); *Zeuner*, FS BAG, S. 727 (730 ff.)

663 vgl. BAG AP Nr. 40 zu § 2 TVG Bl. 821

664 BAG AP Nr. 40 zu § 2 TVG; *Gamillscheg*, Kollektives Arbeitsrecht, S. 438 f.; *Kempen/Zachert*, § 2 Rn. 26, 60 ff.

d) Stellungnahme

Der VDKA-NEK ist daher i.S.d. § 2 Abs. 1 TVG tariffähig.[665] Bei den mit den Gewerkschaften abgeschlossenen Vereinbarungen handelt es sich um Tarifverträge.

2) Die Tarifgebundenheit kirchlicher Einrichtungen

Die Bindung des Tarifvertrages erstreckt sich gem. § 3 Abs. 1 TVG grundsätzlich nur auf die Mitglieder der Tarifvertragsparteien. Nur diese werden von der Wirkung des Tarifvertrages i.S.d. § 4 TVG erfasst. Für die kirchlichen Einrichtungen der VKDA-NEK bedeutet dies, dass der Tarifvertrag nur für die Arbeitgeber wirkt, die auch Mitglied des Verbandes sind. Entsprechendes gilt für die Arbeitnehmer. Sie müssen Mitglieder der vertragsschließenden Gewerkschaft sein. Entsprechend ist zwischen Mitgliedern des VKDA-NEK und der Gewerkschaften sowie den Nichtmitgliedern in der rechtlichen Bewertung zu unterscheiden. Dies widerspricht allerdings dem Leitgedanken der Dienstgemeinschaft, nach dem alle Arbeitnehmer und Arbeitgeber gleich zu behandeln sind. Die Nordelbische Kirche strebt daher die Übernahme der tariflichen Vorgaben durch alle kirchlichen Arbeitgeber und Arbeitnehmer ungeachtet ihrer Zugehörigkeit zum VKDA-NEK oder einer Gewerkschaft an.

Das Tarifvertragsgesetz sieht die Möglichkeit der Erstreckung der tarifvertraglichen Regelungen auf nichttarifgebundene Arbeitgeber und Arbeitnehmer in § 5 TVG vor. Bei der so genannten Allgemeinverbindlichkeitserklärung handelt es sich um einen Rechtssetzungsakt eigener Art[666], der ausschließlich dem zuständigen Bundesminister vorbehalten ist. Für den kirchlichen Bereich fehlt eine solche ministerielle Erklärung bislang. Stattdessen nimmt die Kirchenleitung der Nordelbischen Kirche für sich in Anspruch, die abgeschlossenen Tarifverträge für allgemeinverbindlich zu erklären.[667] Eine entsprechende Regelung wurde in § 3 des Arbeitsrechtsregelungsgesetzes der Nordelbischen Evangelischen Kirche (ARRG-NEK) erlassen. Diese führt gleichwohl nicht zu einer Rechtsnormerstreckung des Tarifvertrages auf die bisher nicht tarifgebundenen Arbeitgeber und Arbeitnehmer. Die Regelung des § 5 TVG ist abschließend. Für die kirchlichen Arbeitgeber handelt es sich bei § 3 ARRG-NEK um eine kirchenge-

---

665 so wohl auch: *Hammer*, Kirchliches Arbeitsrecht, S. 185 f.; *Pahlke*, Kirche und Koalitionsrecht, S. 9 ff.

666 BVerfG AP Nr. 15 zu § 5 TVG (1. LS)

667 *Richardi*, Arbeitsrecht in der Kirche, § 13 Rn. 19

setzliche Vorgabe. Sie ist mit einer Satzung vergleichbar,[668] welche die Mitglieder eines Arbeitgeberverbandes zur Einräumung der Tarifvertragsbedingungen auch auf nichtorganisierte Arbeitnehmer verpflichtet. Die Besonderheit besteht in der satzungsmäßigen Verweisung auf ein Kirchengesetz. Die Übernahme der Tarifverträge auch von Nichtmitgliedern der VKDA-NEK ist freiwillig und lässt sich durch die enge Verbindung der Einrichtung zur Kirche und dem Gedanken der Dienstgemeinschaft erklären. Aufgrund der fehlenden Allgemeinverbindlichkeit i.S.d. § 5 TVG werden die nichtorganisierten Arbeitnehmer ebenfalls nicht von der normativen Wirkung des Tarifvertrages i.S.d. § 4 Abs. 1 TVG erfasst. Die tarifvertraglichen Vorschriften erhalten bei den nichtorganisierten Arbeitnehmern kraft arbeitsvertraglicher Bezugnahmeklausel Geltung, so dass dem Leitgedanken der Dienstgemeinschaft mit dem Grundsatz der gleichen Entlohnung Rechnung getragen wird.

Dem Verband kirchlicher und diakonischer Anstellungsträger Nordelbien kommt somit die Tariffähigkeit zu. Der Tarifvertragsabschluss gilt normativ nur für die Mitglieder des VKDA-NEK beziehungsweise die Mitglieder der beteiligten Gewerkschaften. Die Allgemeinverbindlichkeitsregelung durch die Kirchen gem. § 3 ARRG-NEK hat für die Erweiterung der normativen Wirkung des Vertrages keine Auswirkung. Die Erklärung lässt aber den grundsätzlichen Charakter der Vereinbarung als Tarifvertrag nicht entfallen.[669] Die Nichtverbandsmitglieder des VKDA-NEK können den Tarifvertragsabschluss freiwillig übernehmen. Bei nichtorganisierten Arbeitnehmern kann er durch arbeitsvertragliche Bezugnahmeklausen Anwendung finden.

3) Die Rechtmäßigkeit des Streikverbots

Die Friedenspflicht führt während der Laufzeit von Tarifverträgen zu einem relativen Streikverbot, das sich auf die durch den Vertrag geregelten Materien erstreckt. Darüber hinaus wurde in § 1 des „Tarifvertrags" zur Regelung der Grundlagen einer kirchengemäßen Partnerschaft vom 5. November 1979 die absolute Friedenspflicht vereinbart. Die neuen Verträge des Verbandes kirchlicher und diakonischer Anstellungsträger Nordel-

[668] *Löwisch*, Arbeitsrecht, Rn. 276

[669] BAG AP Nr. 8 zu § 1 TVG Form Bl. 1104; so aber *Briza*, „Tarifvertrag" und „Dritter Weg", S. 187

bien[670] nehmen auf diesen Bezug. Dadurch ist jede Kampfhandlung zwischen den tarifgebundenen Parteien während der Laufzeit der Verträge rechtswidrig.[671] Im Gegensatz zur relativen Friedenspflicht umfasst das Streikverbot auch die Bereiche, die durch den Vertrag nicht geregelt wurden. Für die Zeit nach Ablauf der Vereinbarung ist ein Streikrecht im Rahmen der allgemeinen Grundsätze grundsätzlich zulässig. Die vertraglich vereinbarte absolute Friedenspflicht gilt allerdings grundsätzlich nur zwischen den Tarifpartnern.[672] Sie schlägt erst über die allgemeinen Rechtmäßigkeitsvoraussetzungen des Arbeitskampfes und das Deliktsrecht auf die Mitglieder der Verbände durch. Entsprechend können die kirchlichen Einrichtungen, die Mitglied des Verbandes sind, von den Mitgliedern der vertragsschließenden Gewerkschaft nicht bestreikt werden. Das bedeutet aber auch, dass die kirchlichen Einrichtungen der NEK, die nicht Mitglied des VDKA-NEK sind, grundsätzlich bestreikt werden können. Angesichts der Übernahme des Tarifvertragsabschlusses in allen kirchlichen Einrichtungen der NEK stellt sich allerdings die Frage, ob auch zu Gunsten der anderen Einrichtungen Streiks ausgeschlossen sind.

Der Tarifvertrag wirkt konzeptionell nur zwischen den Tarifvertragsparteien, § 1 Abs. 1 TVG, und gegebenenfalls ihren Mitgliedern. Zu unterscheiden ist allerdings zwischen dem normativen und dem schuldrechtlichen Teil des Tarifvertrages. Die schuldrechtlichen Vereinbarungen können inhaltlich weitergehen als die normativen Regelungen.[673] Dies gilt auch für die schuldrechtliche Vereinbarung einer Friedenspflicht. Sie wirkt gegenüber den Verbandsmitgliedern als privatrechtliche Vereinbarung über die so genannte „Drittwirkung".[674] Der Tarifvertrag wird von der Rechtsprechung als Vertrag zugunsten Dritter angesehen.[675] Wer als Dritter im Sinne

---

670 Kirchlicher Tarifvertrag Diakonie: http://www.nordelbien.de/fix/files/Voker%20 Kleinert %20-;%20KTD%20%20Stand%2001.07.03.pdf; Kirchlicher Arbeitnehmerinnen-Tarifvertrag:

671 *Rüthers*, in: Brox/Rüthers, Arbeitskampfrecht, Rn. 222; *Schaub*, Arbeitsrechts-Handbuch, § 201 Rn. 10

672 *Kissel*, Arbeitskampfrecht, § 26 Rn. 49; *Rüthers*, in: Brox/Rüthers, Arbeitskampfrecht, Rn. 219; *Gamillscheg*, Kollektives Arbeitsrecht I, S. 1080 f.

673 BAG AP Nr. 13 zu Art. 9 GG; *Däubler*, Tarifvertragsrecht, Rn. 175 ff.; *Löwisch/Rieble*, § 1 Rn. 267; *Zachert*, in: Kempen/Zachert, TVG, § 1 Rn. 362

674 LAG Köln, NZA 1997, 327 (331)

675 BAG AP 4 zu § 1 TVG; LAG Köln AP Nr. 149 zu Art. 9 Arbeitskampf; *Wiedemann/Stumpf*, Tarifvertragsgesetz, § 1 Rn. 71; *Löwisch/Rieble*, Tarifvertragsgesetz, § 1 Rn. 276

der vertraglichen Vereinbarung in Betracht kommt, ist bei einer schuldrechtlichen Vereinbarung gegebenenfalls durch Auslegung gem. §§ 133, 157 BGB zu ermitteln.[676] Regelmäßig sind dies die Verbandsmitglieder. Grundsätzlich könnten dies auch Dritte sein. Entscheidend ist, ob andere kirchliche Einrichtungen nach dem Willen der Vertragsparteien erfasst werden sollen.

Eine ausdrückliche Vereinbarung, die Nichtmitglieder in die schuldrechtliche Vereinbarung der Friedenspflicht einzubeziehen, fehlt im Tarifvertrag. In Betracht kommt nur eine konkludente Vereinbarung durch schlüssiges Verhalten, das den Schluss auf einen entsprechenden Willen zulässt.[677] Dafür spricht die offenkundige Nähe der kirchlichen Einrichtungen zur Kirche, die sich auch in der Übernahme der Vertragsergebnisse zeigt. Unterstrichen wird dies durch die kirchengesetzliche Vorgabe an alle kirchlichen Anstellungsträger, die Tarifverträge zu übernehmen. In der inhaltlichen Übernahme der Arbeitsbedingungen kommt der Wille der Anstellungsträger zum Ausdruck, die schuldrechtlichen Vereinbarung auf alle kirchlichen Einrichtungen zu erstrecken. Dies spricht für die Vereinbarung einer Vertragserweiterung.

Die Rechtmäßigkeit der konkludenten Vereinbarung scheitert aber an dem Schriftformerfordernis des § 1 Abs. 2 TVG i.V.m. § 126 BGB. Zweck des Erfordernisses ist es, Unklarheiten zu vermeiden und dem einzelnen Arbeitnehmer oder den Tarifvertragsparteien selbst eine sichere Grundlage für die jeweiligen Ansprüche zu verschaffen.[678] Das Schriftformerfordernis erstreckt sich auch auf schuldrechtliche Abreden. Einem Streik in den Einrichtungen, die nicht Mitglieder des VKDA-NEK sind, kann auch nicht der Einwand eines treuwidrigen Verhaltens entgegengesetzt werden.[679] Im Gegensatz zu den Wertungen im allgemeinen Zivilrecht greift das Gebot von Treu und Glauben auch dann nicht, wenn die Berufung auf den Formmangel zu „schlechthin untragbaren Ergebnissen“[680] für eine Vertragspartei führt. Formvorschriften, die im öffentlichen Interesse erlassen werden, dürfen nicht unter Berufung auf § 242 BGB ausgehöhlt werden.[681]

---

676 *Thüsing*, NZA 1997, 294 (295)

677 Palandt-*Heinrichs*, Einf. v. § 116 Rn. 6

678 *Däubler* Tarifvertragsrecht, Rn. 111; *Wiedemann*, Tarifvertragsgesetz, § 1 Rn. 228

679 BAG AP Nr. 12 zu § 4 TVG Geltungsbereich, *Löwisch/Rieble*, TVG, § 1 Rn. 374

680 BGHZ 12, 286 (304); *Einesele*, in: MünchKomm, § 125 Rn 53

681 BAG AP Nr. 12 zu § 4 TVG Geltungsbereich; *Hueck/Nipperdey*, Arbeitsrecht II / 1, S. 456; *Wiedemann*, Tarifvertragsgesetz, § 1 RN. 230

Insoweit kann dahinstehen bleiben, ob es sich bei der Erweiterung der Friedenspflicht nicht ohnehin um einen unzulässigen Vertrag zu Lasten Dritter handelt. Dafür spricht, dass im Gegenzug zum Streikverbot es auch allen Arbeitgebern verboten sein müsste, Aussperrungen vorzunehmen. Diese Vereinbarung stellt jedenfalls gegenüber Nicht-Verbandsmitgliedern einen unzulässigen Vertrag zu Lasten Dritter dar.

Dies bedeutet, dass die Grundlage des Streikverbots die schuldrechtlich zwischen dem Anstellungsverband und den Gewerkschaften vereinbarte absolute Friedenspflicht im Tarifvertrag ist. Das Streikverbot schlägt nur zu Gunsten der Einrichtungen durch, die Mitglied des Arbeitgeberverbandes VDKA-NEK sind. Die übrigen kirchlichen Einrichtungen werden nicht geschützt. Sie können grundsätzlich bestreikt werden. Ob sich die NEK beziehungsweise ihre kirchlichen Einrichtungen in diesem Fall auf den verfassungsrechtlichen Schutz des Selbstbestimmungsrechts und der Religionsfreiheit gem. Art. 137 Abs. 3 WRV und Art. 4 GG zurückziehen und das Streikrecht mit der Begründung, dass er dem Wesen und Auftrag der Kirche widerspricht, ausschließen können,[682] wird im Rahmen des Interessenausgleichs zu prüfen sein.

II. Die Vereinbarung der Evangelischen Kirche in Berlin-Brandenburg

In Anlehnung an den Weg der Evangelischen Kirche Nordelbien hat sich auch die Evangelische Kirche Berlin-Brandenburg gegen den „Dritten Weg“ entschieden. In § 5 Abs. 2 des Kirchengesetzes über die Synode, die Kirchenleitung und das Konsistorium der Evangelischen Kirche in Berlin-Brandenburg vom 9. Dezember 1990 wurde die Regelung getroffen, dass durch Kirchengesetz bestimmt werden kann, „dass das Arbeitsrecht der privatrechtlich angestellten Mitarbeiter tarifvertraglich geregelt werden wird“.[683] Dabei müssen „um des Auftrags der Kirche willen“ „Arbeitskampfmaßnahmen ausgeschlossen sein“.[684] Daraufhin erging am 16. November 1991 das Kirchengesetz über die tarifvertragliche Regelung der Rechtsverhältnisse der in einem privatrechtlichen Arbeitsverhältnis beschäftigten Mitarbeiter in der Evangelischen Kirche in Berlin-Brandenburg (Tarifvertragsordnung – TVO).[685] Darin wird ein Verfahrensgerüst nor-

682 so *Richardi*, Arbeitskampf in der Kirche, § 13 Rn. 13, S. 184

683 Zuvor existierte bereits eine vergleichbare Regelung für die Kirche in Berlin-Brandenburg durch Kirchengesetz der Region West vom 18. November 1979.

684 KABl. der Ev. Kirche in Berlin-Brandenburg, S. 145

685 KABl. der Ev. Kirche in Berlin-Brandenburg S. 162

miert. In der Folge wurden unter anderem mit der Deutschen Angestellten-Gewerkschaft (DAG) am 21. Juli 1980 eine Schlichtungsvereinbarung und eine Notlagenvereinbarung sowie später der „Tarifvertrag für kirchliche Mitarbeiter in der Evangelischen Kirche in Berlin-Brandenburg“ (KMT) mit den Gewerkschaften geschlossen.

1) Die Tariffähigkeit und -gebundenheit kirchlicher Einrichtungen

Grundvoraussetzung für die Friedenspflicht ist wiederum, dass die Vereinbarung zwischen der Evangelischen Kirche in Berlin-Brandenburg als Tarifvertrag zu qualifizieren ist und sich auf die kirchlichen Einrichtungen im Bereich der Evangelischen Kirche in Berlin-Brandenburg erstreckt. Tariffähig sind – insoweit sei auf die Ausführungen zur Tariffähigkeit der NEK verwiesen – sowohl die kirchlichen Einrichtungen als auch die Kirche selbst, soweit letztere Arbeitgeber ist.

a) Die Tarifgebundenheit der Kirche

Das Zustandekommen des Tarifvertrages richtet sich nach den allgemeinen Vorschriften der §§ 145 ff. BGB. Die Änderungsverträge zum KMT wurden „zwischen der Evangelischen Kirche in Berlin-Brandenburg vertreten durch die Kirchenleitung einerseits“ und den Gewerkschaften andererseits abgeschlossen.[686] Die Kirchenleitung ist somit das rechtsgeschäftliche Vertretungsorgan. Ihre Vertretungsmacht i.S.d. § 167 BGB folgt aus § 1 Abs. 2 TVO, in dem normiert ist, dass die Tarifverträge namens der Kirche durch die Kirchenleitung abgeschlossen werden. Sie ist ein innerkirchlicher Funktionsträger unterhalb der Synode. Ihr gehören gem. Art. 16 des Kirchengesetzes über die Synode die Kirchenleitung und das Konsistorium der Evangelischen Kirche in Berlin-Brandenburg, der Präses sowie fünfzehn Mitglieder der Synode, von denen nicht mehr als die Hälfte Mitarbeiter sein dürfen, die Bischöfe, die Generalsuperintendenten, der Vorsitzende des Evangelisch-reformierten Moderamens der bisherigen Region Ost und der geistliche Moderator des Evangelisch-reformierten Moderamens der bisherigen Region West und die Präsidenten und Pröpste des Konsistoriums an. Die Kirchenleitung ist also weder selbst Arbeitgeber noch kommt ihr der Charakter eines Arbeitgeberverbandes zu.[687] Der Abschluss gilt damit zunächst nur für die Evangelische Kirche in Berlin-Brandenburg. Sie ist Arbeitgeber und Tarifvertragspartei i.S.d. § 2 Abs. 1 TVG.

---

686 vgl. 12. Tarifvertrag zur Änderung des Tarifvertrages für kirchliche Mitarbeiter in der Evangelischen Kirche in Berlin-Brandenburg vom 13. Dezember 2002

687 *Briza*, „Dritter Weg“ und „Tarifvertrag“, S. 179

b) Die kirchlichen Einrichtungen

Fraglich ist, ob auch die kirchlichen Einrichtungen der Kirche in den Tarifvertrag einbezogen sind. Dafür könnte sprechen, dass gem. § 1 Abs. 1 KMT der Tarifvertrag auch für „kirchliche Verbände und sonstige Körperschaften" gilt. Auf diese Regelung wird in § 1 der jeweiligen neuen Tarifverträge zwischen der Kirche und den Gewerkschaften Bezug genommen. Voraussetzung ist, dass die kirchlichen Anstellungsträger durch die Kirchenleitung ebenfalls wirksam vertreten wurden. Weiterhin ist erforderlich, dass sie als Vertragspartner hinreichend bestimmbar sind.

Die Vertretung der privaten kirchlichen Einrichtungen setzt eine wirksame Vollmacht i.S.d. § 167 BGB voraus. Sie ergibt sich durch schlüssiges Verhalten[688] mit dem Eintritt in den „Verband" der kirchlichen Einrichtungen. Mit diesem akzeptieren die Einrichtungen, dass sie im Einklang mit dem Bekenntnis und den Amtsträgern die Verwirklichung des Auftrags der Kirche verfolgen[689] und sich an die aufgestellten Rechtsregeln halten. Eine derartige Regelung ist die Entscheidung der Synode in der TVO, dass Tarifverträge mit den Gewerkschaften geschlossen werden. Die Vertretung soll gem. § 1 Abs. 2 TVO über die Kirche durch die Kirchenleitung erfolgen. Dadurch sollen die Anforderungen an ein kirchengemäßes Arbeitsrecht erfüllt werden. Insoweit kann es dahinstehen bleiben, ob sich die Vollmacht zur Vertretung i.S.d. § 167 BGB bereits unmittelbar aus der kirchengesetzlichen Regelung des § 1 Abs. 2 TVO ergibt, da eine rechtsgeschäftliche Vollmacht vorliegt.

Grundvoraussetzung des Vertragsschlusses ist allerdings, dass der vertretene Vertragspartner bestimmbar ist. Dies ist ein allgemeiner Grundsatz im Vertragsrecht. Dem Kopf des Tarifvertrages lässt sich nur entnehmen, dass ein Vertrag „zwischen der Evangelischen Kirche in Berlin-Brandenburg vertreten durch die Kirchenleitung" und den Gewerkschaften abgeschlossen wurde. Die Vertragserstreckung auf die kirchlichen Einrichtungen kommt in den aktuellen Tarifverträgen erst durch die zulässige Verweisung[690] auf § 1 Abs. 1 KMT zum Ausdruck. Der Tarifvertrag soll sich auf „kirchliche Verbände und sonstige Körperschaften" erstrecken und damit auch auf kirchliche Einrichtungen. Problematisch ist, dass die Vertragsparteien nicht genau benannt werden. Es fehlt die konkrete Benennung als

---

[688] Palandt-*Heinrichs*, § 167 Rn. 1

[689] BVerfGE 46, 73 (87)

[690] BAG AP Nr. 7 zu § 1 TVG Form mit Anm. *Wiedemann*

„XY Krankenhaus-GmbH". Dies steht im Konflikt zum tarifvertraglichen Schriftformerfordernis, dessen Zweck es ist, den Inhalt eines Tarifvertrages den beteiligten Parteien sowie den organisierten Mitgliedern klarzustellen.[691] Dies erfordert auch, dass die personelle Erstreckung erkennbar ist. Diesen Voraussetzungen ist genügt, wenn anhand allgemein gültiger Kriterien die Zugehörigkeit feststellbar ist. Dies ist bei kirchlichen Einrichtungen der Fall. Insoweit kann auf die Rechtsprechung des Bundesarbeitsgerichts zu § 118 BetrVG verwiesen werden. Die Frage, ob ein Verband oder eine Körperschaft als kirchlich einzustufen ist, setzt zunächst voraus, dass sowohl die Kirche als auch die Einrichtung diese Zuordnung billigen. Weiterhin ist erforderlich, dass die Einrichtung durch eine hinreichende Einflussmöglichkeit der Kirche mit dieser verbunden ist. Im Einzelfall kann zwar ein erheblicher Unsicherheitsfaktor bestehen; dieser kann aber durch Gerichtsurteil beseitigt werden. Insoweit besteht kein Unterschied zu inhaltlichen Ungenauigkeiten in Tarifverträgen.

Die Evangelische Kirche in Berlin-Brandenburg und ihre Einrichtungen haben mit den Gewerkschaften Tarifverträge abgeschlossen. Soweit in kirchlichen Gesetzen beispielsweise die Allgemeinverbindlichkeit angeordnet wird, gilt das zuvor bei der NEK Gesagte. Um Missverständnissen vorzubeugen, sollten im Tarifvertrag oder in einer Protokollnotiz alle kirchlichen Einrichtungen aufgeführt werden. Es besteht die absolute Friedenspflicht hinsichtlich der Tarifvertragsparteien.

2) Das Streikverbot

Die relative Friedenspflicht gilt aufgrund des Tarifvertragsabschlusses. Zusätzlich kann der Schlichtungsvereinbarung durch Auslegung gem. den §§ 133, 157 BGB die Vereinbarung einer absoluten Friedenspflicht entnommen werden. Die Tarifvertragsparteien erkennen im KMT ausdrücklich an, dass die Kirche zum Arbeitskampf weder fähig noch bereit ist. Akzeptieren die Gewerkschaften das Fehlen der Mittel des Arbeitskampfes auf Arbeitgeberseite, so ist Ausschluss des Streikrechts auf Arbeitnehmerseite ebenfalls für den Zeitraum der Tarifgeltung anzunehmen. Dies gilt sowohl für die Kirchen als auch für die kirchlichen Einrichtungen.[692]

---

[691] BAG AP NR. 6 zu § 1 TVG Form Bl. 626 R; *Wiedemann*, Anm. zu BAG AP Nr. 5 zu § 1 TVG B. 305

[692] Der Vertrag über die Bildung der Evangelischen Kirche Berlin-Brandenburg-schlesische-Oberlausitz (Neubildungsvertrag) hat auf die geschlossenen Tarifverträge der karitativen Einrichtungen im ehemaligen Bereich der Evangelischen Kirche Berlin-Brandenburg keinen Einfluss. Diese sind nach dem Modell dieses „Zweiten Weges" selbst Tarifvertragspartei (zur Fortgeltung der Tarifverträge für die kirchli-

B Der „Dritte Weg“

Für die katholische Kirche, die geschlossen dem Modell des „Dritten Weges“ folgt, ergibt sich das Streikverbot aus Art. 7 Abs. 2 GrOkathK. Danach ist es „wegen der Einheit des kirchlichen Dienstes und der Dienstgemeinschaft als Strukturprinzip des kirchlichen Arbeitsrechts ausgeschlossen, dass kirchliche Dienstgeber Tarifverträge mit den Gewerkschaften abschließen. Streik und Aussperrung scheiden ebenfalls aus“. Die Grundordnung findet dabei gem. Art. 2 Abs. 2 GrOkathK auch auf sonstige kirchliche Rechtsträger und ihre Einrichtungen unbeschadet ihrer Rechtsform sowie Einrichtungen des Verbandes der Diözesen Deutschlands und des Deutschen Caritasverbandes Anwendung. Die Regelung ist das Ergebnis der Deutschen Bischofskonferenz auf ihrer Herbst-Vollversammlung am 22. September 1993. Die Grundordnung trat am 1. Januar 1994 in Kraft. Sie ist von den Bischöfen gem. can. 391 § 2 CIC für ihre Diözese als Kirchengesetz promulgiert worden. Ihnen steht gem. can. 391 § 1 CIC die gesetzgebende Gewalt in der Teilkirche zu. Die Grundordnung ist damit die Verfassung des kircheneigenen Arbeitsrechts,[693] die von den kirchlichen Einrichtungen gem. § 2 Abs. 2 S. 2 GrOkathK zu übernehmen ist. Kirchenrechtlich ist sie für die Einrichtungen rechtsverbindlich.

Für die evangelischen Kirchen, die dem „Dritten Weg“ folgen, fehlt eine derartig klare rechtliche Aussage. Das Streikverbot wird dem Selbstverständnis der kirchlichen Arbeit entnommen. Die Anwendung tarifrechtlicher Gestaltungsformen wird damit überwiegend als unvereinbar empfunden. Dies gilt insbesondere für Streiks oder Aussperrungen innerhalb der Kirche oder kirchlicher Einrichtungen zur Lösung von Konflikten.[694]

Die Entscheidung der katholischen und evangelischen Kirchen als Religionsgesellschaften, den Streik und die Aussperrung als Mittel des Arbeitskampfes auszuschließen, ist vom Schutzbereich des Selbstbestimmungsrechts aus Art. 137 Abs. 3 WRV umfasst. Die „lex regia“ des Staatskirchenrechts gewährleistet den Kirchen, den Bereich der „eigenen Angelegenheiten“ zu regeln. Art. 7 Abs. 2 GrOkathK tut dies, da sich der Schutzbereich auf kirchliche Einrichtungen und das in ihnen geltende kirchliche Arbeitsrecht unbeschadet ihrer Rechtsform erstreckt.[695] Hinsichtlich der

---

chen Arbeitnehmer vgl. *Willemsen/Hohenstatt/ Schweibert/Seibt*, Umstrukturierung und Übertragung von Unternehmen, E 90 ff.).

[693] *Richardi*, NZA 1994, 19

[694] *Richardi*, Arbeitsrecht in der Kirche, § 13 Rn. 1

[695] BVerfGE 70, 73 (85)

Glaubwürdigkeit eines Streikverbots aus religiösen Motiven bestehen keine Bedenken. Entscheidend ist insoweit nicht die Meinung einzelner Theologen, die auch im Streik kirchliche Traditionen wiederfinden, sondern die Meinung der Kirche beziehungsweise der sie repräsentierenden Personen.

C Zusammenfassend

Den einen „Zweiten Weg“ gibt es nicht. Die NEK und die Evangelische Kirche in Berlin-Brandenburg nutzen die Möglichkeiten des Tarifvertrages in unterschiedlicher Weise, um ihren Vorstellungen eines kirchengemäßen Arbeitsrechts gerecht zu werden. Grundlage für den Ausschluss des Streikrechts ist jeweils die Vereinbarung der absoluten Friedenspflicht im Tarifvertrag. Einschränkend gilt die Friedenspflicht für die Einrichtungen der NEK nur dann, wenn sie dem Verband diakonischer Anstellungsträger beigetreten sind.

Die übrigen Einrichtungen haben einen anderen – rechtlich umstrittenen – Weg gewählt. In diesem so genannten „Dritten Weg“ wird eine eigenständige Verfahrensregelung zur Lohnfindung normiert. Das Streikverbot ergibt sich dabei entweder aus einer speziellen gesetzlichen Regelung oder wird aus allgemeinen glaubensgeprägten Grundsätzen hergeleitet. Ob diese Rechtsgrundlage der Verfassung entspricht, ist im Rahmen einer Verhältnismäßigkeitsprüfung festzustellen, in der die gegenläufigen Verfassungspositionen in einen angemessenen Ausgleich gebracht werden. Dies gilt auch für die Einrichtungen der NEK, die zwar den Tarifvertrag durch einzelvertragliche Bezugnahmeklauseln inhaltlich übernommen haben, der Friedenspflicht jedoch nicht unterfallen.

§ 3 Die Rechtmäßigkeit des Streikverbots

Das „Streikverbot“ von tarifgebundenen kirchlichen Einrichtungen als Folge der so genannten Friedenspflicht ist während der Laufzeit der Verträge allgemein anerkannt. Eine Begründung fehlt weiterhin für die Zulässigkeit eines Streikverbots, wenn der Tarifvertrag ausgelaufen ist oder die Kirchen zwar dem „Zweiten Weg“ folgen, die Einrichtungen aber nicht tarifgebunden sind.[696] Schließlich muss das Streikverbot für die Einrichtungen untersucht werden, deren Kirchen den „Dritten Weg“ eingeschlagen haben. In Letzterem wird nachfolgend der Schwerpunkt liegen.

---

[696] vgl. *Rüthers*, in Brox/Rüthers, Arbeitskampfrecht, Rn. 218; *Schaub*, Arbeitsrechts-Handbuch, § 201, Rn. 9 ff.; *Preis*, Arbeitsrecht, § 116, S. 297 f

Dem Grundsatz nach gilt für alle Unternehmen das Tarifvertrags- und damit das Arbeitskampfrecht. Daraus formulierte *von Nell-Breuning* eine eingängige Begründung für die Geltung von Tarifverträgen und damit ihres Hilfsmittels Arbeitskampf auch in kirchlichen Einrichtungen: Wenn die Kirche sich darauf einlässt, Arbeitnehmer im Lohnverhältnis einzustellen – also nicht nur Mitarbeiter etwa nach dem Vorbild familiärer Betriebe oder als Ordensangehörige -, dann muss sie auch alle rechtlichen Folgen, die das Lohnarbeitsverhältnis mit sich bringt, gegen sich gelten lassen.[697] Damit erscheint die Zulässigkeit eines Streikverbots in der Kirche und in ihren Einrichtungen die Folge einer simplen Rechtswahl zu sein. Stellen die Kirchen Kirchenbeamte ein, so ist der Streik ausgeschlossen; lassen die Kirchen die Aufgaben durch private Einrichtungen erledigen, die Arbeitsverhältnisse abschließen, so greift das normale Arbeitsrecht und gegebenenfalls auch das Recht zu streiken. Diesem durch seine Simplizität überzeugenden Ansatz steht eine breite Front in der rechtswissenschaftlichen Literatur entgegen.[698]

A Die gewohnheitsrechtliche Anerkennung eines Streikausschlusses

Das Gewohnheitsrecht bildet neben dem kodifizierten Recht eine anerkannte Rechtsquelle. Eine gewohnheitsrechtliche Anerkennung wird im Allgemeinen angenommen, wenn sie auf langer praktischer Übung beruht und in der allgemeinen Überzeugung ausgeübt wird, dass die Maxime, auf welcher die Übung beruht, rechtlich verbindlich ist.[699]

Entgegen der Auffassung von *Mayer-Maly*[700] fehlt eine solche Rechtsüberzeugung hinsichtlich eines Streikverbots in kirchlichen Einrichtungen.[701] Es lassen sich in der Rechtsprechung zwar Tendenzen für einen umfassenden Schutz der Religionsgesellschaften erkennen, eine Entscheidung zum Streikrecht ist seitens der Gerichte bislang aber nicht erfolgt. Dies gilt entgegen der Auffassung von *Thüsing* auch für die Entscheidung des Bundesarbeitsgerichts zur Frage der Ausbildungsbeihilfe vom 6. November

---

697 *von Nell-Breuning*, Stimmen der Zeit 195 (1977), 709, so auch *Schlaich*, JZ 1980, 209 (215)

698 *Dietz*, RdA 1979, 79 (83); *Frank*, RdA 1979, 87 (93); *Mayer-Maly*, BB 1979, 632 (635); *Müller*, RdA 1979, 71 (77 f).; *Richardi*, HdbStKR II, S. 927 (933); *ders.*, FS BAG, 429 (447)

699 *Bydlinski*, Juristische Methodenlehre und Rechtsbegriff, S. 215

700 *Mayer-Maly*, EssG 10 (1976), 33

701 so auch *Schlaich*, JZ 1980, 209 (215)

1996.[702] Darin hatte das Bundesarbeitsgericht über das Kostenerstattungsbegehren für eine Fachkrankenpflegerweiterbildung aufgrund der Regelung des § 10a Abs. 2 der Arbeitsvertragsrichtlinien der Caritas (AVR-Caritas) zu entscheiden. In Frage stand unter anderem, inwieweit die Arbeitsvertragsrichtlinien durch die Gerichte einer Inhaltskontrolle unterzogen werden dürfen.[703] Das Bundesarbeitsgericht kam zu dem Schluss, dass dieselben Maßstäbe wie für Tarifverträge gelten[704] und legte zur Begründung zunächst das Tarifsystem und anschließend das System des „Dritten Weges" dar. Dabei führte es aus, dass bei der Anwendung des „Dritten Weges" das Mittel des Arbeitskampfes keiner Seite zur Verfügung stehe, während es im Tarifvertragssystem als Mittel der Gewerkschaften zur Druckausübung benannt wurde. *Thüsing* schließt daraus, dass das Gericht den „Ausschluss des Arbeitskampfes im kirchlichen Bereich ausdrücklich" festgestellt hat.[705] Eine solche Interpretation lässt jedoch den Zweck der gerichtlichen Ausführungen unberücksichtigt. Das Bundesarbeitsgericht stellt lediglich die Ausgestaltung des „Dritten Weges" durch die Kirchen dar, die von einem Streikverbot ausgehen. Eine rechtliche Wertung sollte damit nicht verbunden sein. Zutreffend ist allerdings, dass das Bundesarbeitsgericht, indem es die materielle Parität zwischen Arbeitnehmern und Arbeitgebern im Regelungsverfahren des „Dritten Weges" annahm, ein wesentliches Argument für ein Streikverbot bejahte.[706] Trotzdem ist es nach wie vor verfrüht, von einem Gewohnheitsrecht zu sprechen, wenn die Rechtslage durch die Rechtsanwendungsorgane bislang noch nie entschieden wurde und es sich auch nicht um eine allgemein anerkannte Auffassung handelt.[707]

B Der Streikausschluss als Folge eines freiwilligen Vertragsschlusses

Nach dem Grundsatz „volenti non fit iniuria" – dem Einwilligenden geschieht kein Unrecht – könnte der Ausschluss des Streikrechts eine Folge des Arbeitsvertragsschlusses sein. Dieser würde damit einem partiellen Grundrechtsverzicht gleichgesetzt. Dafür spricht, dass der Arbeitsvertrag

---

702 EZA Nr. 16 zu § 611Ausbildungsbeihilfe

703 EZA Nr. 16 zu § 611 Ausbildungsbeihilfe (Leitsätze)

704 EZA Nr. 16 zu § 611 Ausbildungsbeihilfe, S. 7

705 *Thüsing*, Anm. zu EZA Nr. 16 zu § 611 Ausbildungsbeihilfe

706 EZA Nr. 16 zu § 611 Ausbildungsbeihilfe, S. 8 f. (dazu später noch ausführlich)

707 *Naendrup*, BlStSozArbR 1979, 353 (367); *Birk*, AuR S. ; *Vogt*, Der „Dritte Weg" der evangelischen Kirchen und die Tarifautonomie, S. 106; *Kühling*, AuR 2001, 241 ff.

von den Arbeitnehmern freiwillig und in Kenntnis der von den Kirchen aufgestellten besonderen Regeln abgeschlossen wird. Diese werden grundsätzlich Bestandteil der arbeitsvertraglichen Treuepflicht und können nach Ansicht des Bundesarbeitsgerichts durch die Einbindung des gesamten Menschen in den kirchlichen Auftrag sogar in den außerbetrieblichen Lebensbereich hineinragen.[708]

Ein Grundrechtsverzicht scheidet gleichwohl aus. Ungeachtet der generellen Streitfrage, ob ein solcher zulässig ist,[709] kann der freiwillige Abschluss des Vertrages nicht als Grundrechtsverzicht gedeutet werden.[710] Zunächst fehlt es an einer aufgrund der Reichweite einer solchen Entscheidung erforderlichen unmissverständlichen Willenserklärung. Außerdem könnte ein solcher Verzicht andernfalls bei jedem Arbeitsvertragsabschluss angenommen werden, was rechtssystematisch nicht zulässig ist. Der Grundsatz der Vertragsfreiheit aus Art. 2 Abs. 1 GG ist im Arbeitsrecht faktisch nur begrenzt anwendbar. Er erfordert eine identische Verhandlungsmacht,[711] die beim Abschluss von Arbeitsverträgen regelmäßig nicht vorliegt. Im Falle des Streikrechts scheitert ein Grundrechtsverzicht zudem am Wortlaut des Art. 9 Abs. 3 S. 2 GG. Danach sind Abreden, die Rechte aus der Koalitionsfreiheit einschränken, nichtig. Dies umfasst auch den konkludenten Grundrechtsverzicht auf das Streikrecht.

Pflichten dürfen Arbeitnehmern daher vertraglich nur soweit auferlegt werden, wie dies durch den Tendenzbezug erforderlich und in Abwägung mit der gegenläufigen Grundrechtsposition in Einklang zu bringen ist.[712] Die Überprüfung obliegt den Arbeitsgerichten, die die Grundrechtspositionen der Arbeitnehmer gegenüber der verfassungsrechtlichen Position der kirchlichen Einrichtungen aus Art. 4 GG und 137 Abs. 3 WRV abzuwägen haben.

C Der Streikausschluss als Folge einer Parallelwertung zum Öffentlichen Dienst

Von Arbeitnehmern kirchlicher Einrichtungen wird von der herrschenden Meinung eine besondere Loyalität gegenüber ihren Arbeitgebern verlangt.

---

708 BAG, AP Nr. 2 zu Art. 140 GG, Bl. 443 R

709 vgl. dazu *Bleckmann*, Staatsrecht II – Die Grundrechte, § 15, S. 485 ff.

710 mit dieser Tendenz anscheinend *Schultz*, MDR 1985, 902 (904)

711 *Bleckmann*, Staatsrecht II – Die Grundrechte, § 15, Rn. 17, S. 491

712 *Rüthers*, NJW 1978, 2066 (2070)

Daraus wird teilweise eine Parallele zu den Treuepflichten der Staatsbeamten gezogen.[713] Dass diesen zwar die Vereinigungsfreiheit i.S.d. Art. 9 Abs. 3 GG, nicht aber ein Streikrecht zugestanden wird, wird angenommen, dass dies die Möglichkeit des Streikausschusses auch für kirchliche Mitarbeiter dokumentiert. Einem solchen Ansatz ist entgegenzuhalten, dass die Vergleichsgruppen nicht genau genug herausgearbeitet wurden. Für die christlichen Großkirchen besteht aufgrund ihrer Stellung als originäre Körperschaften des öffentlichen Rechts gem. Art. 137 Abs. 5 S. 1 WRV die Möglichkeit, Beamte zu ernennen[714] oder privatrechtliche Arbeitsverhältnisse zu begründen. Vergleichsgruppen sind daher die Staats- und Kirchenbeamten sowie die Angestellten im Staats- und im Kirchendienst.

Das Beamtenverhältnis ist als öffentlich-rechtliches Dienst- und Treueverhältnis während der ganzen Lebenszeit des Beamten ausgezeichnet.[715] Dies spiegelt sich auch im (veralteten) Begriff des „besonderen Gewaltverhältnisses“ wider, der die besondere Beziehung zwischen dem Beamten und der öffentlichen Anstalt charakterisiert. Die besondere Pflichtbindung der Beamten gewährleistet, dass die öffentliche Verwaltung stets in der Lage ist, die ihr gestellten Aufgaben zu erfüllen. Insbesondere soll sie unabhängig von politischen oder sozialen Einflüssen ihre Aufgaben neutral durchführen können. Als Folge dessen gilt für Beamte nach deutschem Recht ein Streikverbot, das aus den allgemeinen Grundsätzen des Berufsbeamtentums in Art. 33 Abs. 5 GG hergeleitet wird.[716] Übertragen auf von der Kirche ernannte Beamte ließe sich ebenfalls ein Streikverbot annehmen. Bei der Koalitionsfreiheit in Art. 9 Abs. 3 GG wird insoweit zwischen der Ausübung der Vereinigungsfreiheit und der Streikfreiheit getrennt.[717]

Im allgemeinen öffentlichen Dienstrecht der Angestellten als Pendant zu den Angestellten im kirchlichen Dienst ist die Treuepflicht durch die ausdrücklichen Verweisungen in den §§ 6, 8, 9 BAT, §§ 9 Abs. 9, 2 Abs. 10

---

[713] *Schultz*, MDR 1985, 902 (904): für den Gedanken der Trennung zwischen der Ausübung der Koalitionsfreiheit durch Zusammenschluss und dem Streikrecht, *Richardi/Thüsing*, AuR 2002, 94 (100): allgemein für Treuepflichten

[714] dazu nachfolgend ausführlich

[715] *Achterberg/Püttner/Würtenberger* (Hrsg.), Besonderes Verwaltungsrecht, Bd. 2, 2. Aufl., S. 1020

[716] *Scholz*, Koalitionsfreiheit, in: HdbStR VI, § 151 Rn. 110; *Achterberg/Püttner/Würtenberger* (Hrsg.), Besonderes Verwaltungsrecht, Bd. 2, 2. Aufl., S. 1024; *Reuß*, DVBl. 1968, 57 (58)

[717] *Richardi/Thüsing*, AuR 2002, 94 (100)

MTB II zu einer der Arbeitsleistung gleichwertigen Pflicht aufgewertet worden. Dies wird durch das Gelöbnis manifestiert, § 6 BAT, § 9 Abs. 10 MTB II.[718] Dadurch soll ein reibungsloser Arbeitsablauf zum Wohle der Bevölkerung gesichert werden. Gegebenenfalls kann von Angestellten die gleiche Treuepflicht wie von Beamten verlangt werden. Die Treuepflicht findet ihre Grenze in den berechtigten Interessen der Arbeitnehmer. Es ist bezüglich der Anforderungen an die Treuepflicht im öffentlichen Dienst nach der vom Arbeitnehmer ausgeübten Tätigkeit zu differenzieren. Eine Beschränkung des Streikrechts ergibt sich nicht aus der Person des Arbeitgebers. Sie ergibt sich vielmehr aus der ausgeübten Tätigkeit.[719] Vielfach übt der Angestellte im öffentlichen Dienst Arbeiten aus, die für die Allgemeinheit von besonderer Bedeutung sind. Dies gilt insbesondere für die Bereiche der Daseinsvorsorge, die für die öffentliche Ordnung und die öffentliche Versorgung mit lebensnotwendigen Gütern unerlässlich sind. Bei der überproportionalen Belastung Dritter beispielsweise im Bereich der Krankenversorgung wird das Streikrecht eingeschränkt.[720] Trotz des besonderen Treueverhältnisses entfällt es damit nicht. Übertragen auf die Angestellten im kirchlichen Dienst lässt sich ein generelles Streikverbot aus einem Vergleich mit den Angestellten im öffentlichen Dienst nicht rechtfertigen.

D Der verfassungskonforme Ausgleich

Der Verfassungskonflikt zwischen dem Streikrecht aus Art. 9 Abs. 3 GG und den religiösen Schutzvorschriften aus den Art. 4 und Art. 140 GG i.V.m. Art. 137 Abs. 3 WRV ist daher nach den allgemeinen Grundsätzen der Konkordanz aufzulösen.[721] Dies entspricht der Rechtsprechung des Bundesarbeitsgerichts, nach der Arbeitskämpfe unter dem „obersten Gebot der Verhältnismäßigkeit“[722] stehen, da Streiks (wie auch Aussperrungen) nicht nur die unmittelbar Beteiligten, „sondern auch Nichtstreikende und sonstige Dritte sowie die Allgemeinheit vielfach nachhaltig“[723] beeinträchtigen. Das Gebot der Verhältnismäßigkeit wird dabei in drei Teilgrundsätze – Geeignetheit, Erforderlichkeit und Proportionalität – unterteilt.

---

[718] *Achterberg/Püttner/Würtenberger* (Hrsg.), Besonderes Verwaltungsrecht, Bd. 2, 2. Aufl., S. 1105

[719] *Reuß*, DVBl. 1968, 57 (58)

[720] vgl. dazu Kapitel 2

[721] *Belling*, FS 50 Jahre BAG, S. 477 (485 f.)

[722] BAGE 23, 298 (306)

[723] BAGE 23, 298 (306)

Nach der Rechtsprechung des Bundesarbeitsgerichts dürfen Arbeitskämpfe nur eingeleitet und durchgeführt werden, wenn sie zur Durchsetzung rechtmäßiger Kampfziele und des nachfolgenden Arbeitsfriedens geeignet sind.[724] Eine Maßnahme ist geeignet, wenn dadurch der bezweckte Erfolg gefördert wird.[725] Ausreichend ist, dass der erstrebte Erfolg näherrückt, so dass bereits eine Teilverwirklichung ausreicht.[726] Dies entspricht für Tarifverhandlungen der Lebenswirklichkeit, in der die Vorstellungen der Gewerkschaften niemals vollständig erfüllt werden, sondern der Tarifvertrag durch gegenseitiges Nachgeben beider Seiten in Form eines Kompromisses entsteht.[727] Die Maßnahme des Streiks muss grundsätzlich zur Wahrung und Förderung der Arbeits- und Wirtschaftsbedingungen auf den Abschluss eines – inhaltlich ausgewogenen – Tarifvertrags gerichtet sein.[728] Dies folgt aus der Hilfsfunktion des Arbeitskampfes im Tarifvertragsrecht.
Der Streik bietet abstrakt[729] die Möglichkeit, den Gegner derart unter Druck zu setzen, dass dieser zum Nachgeben beziehungsweise zum Verhandeln bewegt wird und es in der Folge zum Tarifvertragsabschluss kommt. Das Kampfziel ist jedenfalls dann geeignet, wenn die Kirchen Tarifverträge abschließen wollen. Der Streik ist damit als Mittel zur Durchsetzung von Forderungen in den Einrichtungen der Nordelbischen Kirche und der Evangelischen Kirche in Berlin-Brandenburg geeignet. Umstritten ist die Eignung des Arbeitskampfmittels Streik für die Kirchen, die den „Dritten Weg" beschritten haben. Trotz seiner in den Einzelheiten unterschiedlichen Ausgestaltung ist der gemeinsame Nenner dieser Wege, dass die Arbeitsbedingungen durch Gremien ausgehandelt werden, die mit Vertretern der Arbeitgeber- und Arbeitnehmerseite besetzt sind. Die Unterstützung der Machtposition einer Seite durch Arbeitskampfmittel ist systematisch nicht vorgesehen. Der Arbeitskampf ist und bleibt damit ein Teilaspekt des Tarifvertragssystems.[730] Die Einführung des „Dritten Weges" mit einem gleichzeitigen Streikrecht der Arbeitnehmer zur Durchsetzung von

---

724 BAGE 23, 292 (306)

725 *Kreuz*, Der Grundsatz der Verhältnismäßigkeit im Arbeitsrecht, S. 36 f.

726 BVerfGE 30, 292 (316); 33, 171 (187); *Kreuz*, Der Grundsatz der Verhältnismäßigkeit im Arbeitsrecht, S. 37

727 *Czerweny von Arland*, Die Arbeitskampfmittel der Gewerkschaften und der Verhältnismäßigkeitsgrundsatz, S. 94 f.

728 *Kissel*, Arbeitskampfrecht, § 29 Rn. 21

729 Auf die konkrete Eignung kommt es nicht an (*Kissel*, Arbeitskampfrecht, § 29 Rn. 21).

730 *Naendrup*, BlStSozArbR 1979, 353 (360)

Forderungen wäre systemfremd.[731] Der Arbeitskampf nimmt eine Hilfsfunktion zur Durchsetzung von Forderungen im Tarifvertragswesen wahr. Damit ist es zweifelhaft, ob der Streik zur Durchsetzung von Forderungen geeignet ist, wenn das Tarifvertragsrecht durch ein äquivalentes Lohnfindungssystem – den kirchlichen „Dritten Weg“ – ersetzt wurde. Das Streikrecht kann nicht weiter gehen, als Tarifverträge abgeschlossen werden können.[732] Entscheidend ist damit, ob und wie den Kirchen ein „Wahlrecht“ zugestanden wird, alternativ Tarifverträge abzuschließen oder den „Dritten Weg“ einzuführen.[733] Die alternative Rechtssetzung des kirchlichen Arbeitsrechts ist von den Verfassungsnormen der Art. 140 GG i.V.m. Art. 137 Abs. 3 WRV gedeckt. Das System muss aber den Anforderungen eines ausgeglichenen Verhandlungsgleichgewichts genügen. Wird der „Dritte Weg“ den Interessen der Arbeitnehmer aus den Art. 2 und 12 GG und dem Schutz der Koalitionsfreiheit aus Art. 9 GG nicht gerecht, so steht den Gewerkschaften das Arbeitskampfmittel des Streiks zur Verfügung. Insoweit handelt es sich nicht um ein „Wahlrecht“ der Kirchen, sondern um das Ergebnis einer Abwägung der beiderseitigen Interessen. Darin sind das Wesen des kirchlichen Dienstes und die Interessen der Arbeitnehmer zu berücksichtigen. Nehmen die Kirchen ihre Rechtssetzungsbefugnis wahr und normieren das kirchliche Arbeitsrecht, so hat dies in einer Form zu erfolgen, die dem Schutzzweck der Koalitionsfreiheit ausreichend Rechnung trägt. Der „Dritte Weg“ führt nicht per se zum Ausschluss des Tarifvertrags- und des Streikrechts, so dass das Streikrecht ein geeignetes Mittel ist.

Das Arbeitskampfmittel des Streiks muss als Druckmittel zum Abschluss eines Tarifvertrags nicht nur geeignet, sondern auch erforderlich sein. Allgemein ist eine Maßnahme erforderlich, wenn kein anderes, zumindest gleich geeignetes, aber die Rechts- und Interessensphäre des/der Betroffenen weniger beeinträchtigendes (Kampf-) Mittel zur Auswahl steht.[734] Arbeitskämpfe sind demzufolge erst nach Erschöpfung aller Verständigungsmöglichkeiten zulässig.[735] Dies ist Ausdruck des ultima-ratio Gedankens. Zweifel an der Erforderlichkeit eines Streiks ergeben sich aus der Alternative des „Dritten Weges“ als Regelungssystem ohne Streikrecht. Die Mitbestimmung der Arbeitnehmer im Verfahren des „Dritten Weges“ stellt für

---

[731] so aber *Pahlke*, Kirche und Koalitionsrecht, S. 197

[732] *Richardi/Thüsing*, AuR 2002, 94 (95)

[733] so *Beyer*, Herder Korrespondenz 2003, 91 (92)

[734] BVerfGE 30, 292 (316); 38, 281 (302); 49, 24 (58); 57, 250 (270)

[735] BAGE 23, 292 (306)

die Kirchen eine geringere Beeinträchtigung bei der Erfüllung ihres Auftrags und damit ihrer Interessen dar. Entscheidend für die rechtliche Beurteilung ist, ob das Verfahren des „Dritten Weges" die Arbeitnehmerinteressen hinreichend berücksichtigt und die strukturelle Unterlegenheit der Arbeitnehmer verfassungskonform ausgleicht.[736] Auf den ersten Blick ist der Streik unzulässig, wenn es darum geht, die kirchlichen Einrichtungen an den Verhandlungstisch zu bewegen. Im Gegensatz zum Tarifvertragssystem sieht das Verfahren des „Dritten Weges" einen Verhandlungsanspruch der Arbeitnehmerseite vor. Allerdings ist insbesondere in der katholischen Kirche nicht die Beteiligung der Gewerkschaften am Prozess der Lohnfindung vorgesehen. In diesen Fällen ist der „Dritte Weg" für die Gewerkschaften nicht das mildere Mittel. Ob der Streik trotzdem unzulässig ist, ist in einer Gesamtabwägung der Interessen von Arbeitnehmern, ihrer Interessenvertreter – den Gewerkschaften – und den Arbeitgebern zu ermitteln. Dies ist eine Frage der Proportionalität. Hinzu kommt, dass über den Abschluss der Verhandlungen eine Kommission entscheidet, die paritätisch mit Arbeitnehmer- und Arbeitgebervertretern besetzt ist. Dabei stellt sich die Frage, ob die Durchsetzung einer Forderung mittels Druckausübung nicht effektiver ist, als ein freiwilliges Eingehen der Arbeitgeberseite auf die Forderung. Auch dies ist eine Frage der Proportionalität.

Die Ausübung des Streikrechts muss daher die Proportionalität wahren. Die Beeinträchtigung der kirchlichen Einrichtungen darf nicht außer Verhältnis zu dem angestrebten Zweck stehen.[737] Das Mittel des Streiks darf die Arbeitgeber nicht unzumutbar beeinträchtigten.[738] Für die (Gesamt-)Abwägung bestehen kaum feste Maßstäbe.[739] Da sowohl der Religionsfreiheit als auch der Koalitionsfreiheit verfassungsrechtlicher Schutz zukommt, besteht mangels einer allgemeinen grundgesetzlichen Werteordnung kein besonderes Gewicht zugunsten einer Seite.[740] Die Aussagen des Bundesverfassungsgerichts, dass das besondere Gewicht des Selbstbestimmungsrechts zu berücksichtigen ist, sind missverständlich. Das Selbstbestimmungsrecht gibt lediglich darüber Aufschluss, was Bestandteil des Glaubens ist und welchen Stellenwert es im Glauben hat.

---

[736] *Belling*, Streik in der Diakonie, ZevKR 48 (2003) 407 (445); *Kühling*, AuR 2001, 241 (244)

[737] vgl. BVerfGE 50, 217 (227); 80, 103 (106 f.); 99, 202 (212 ff.); *Gentz*, NJW 1968, 1600 (1604 f.)

[738] BVerfGE 13, 97 (113); 30, 292 (316); 67, 157 (178); 102, 1 (20)

[739] *Sachs*, in Sachs, GG, Art. 20 Rn. 155

[740] *Sachs*, in Sachs, GG, Art. 20 Rn. 156; Stern, Staatsrecht III/2, S. 828 ff.

I. Das Wesen des kirchlichen Dienstes

Bei der Argumentation mit dem „Wesen des kirchlichen Dienstes" vermengen sich christliche Wertvorstellungen und rechtliche Argumente. Nach überwiegender Auffassung spricht das Wesen des kirchlichen Dienstes gegen ein Streikrecht. Die Ablehnung folgt aus der Vorstellung, dass Tarifautonomie, Schlichtung und Arbeitskampf „notwendige Elemente eines marktwirtschaftlich organisierten Arbeitslebens" sind.[741] Dieses marktwirtschaftliche Gepräge fehlt den Kirchen nach Auffassung der kirchlichen Anstellungsträger und einem Großteil der Autoren in der Literatur. Der auf christlichen Werten beruhende (Heils-) Auftrag dürfe nicht aus finanziellem Gewinnstreben unterbrochen werden. Im Vordergrund steht nach kirchlicher Vorstellung nicht der Interessengegensatz von Kapital und Arbeit; die klassische Interessenpolarität von Arbeitnehmern und Arbeitgebern soll durch eine religiös geprägte Arbeitnehmer-Arbeitgeber-Dienstgemeinschaft modifiziert werden.

1. Die Unzulässigkeit der Suspendierung des Heilsauftrags

Ein Streik ist mit der Niederlegung der Arbeit verbunden, um durch Vorenthaltung der Arbeitskraft die eigenen Forderungen durchzusetzen. Während früher die Auffassung vertreten wurde, dass auch der rechtmäßige Arbeitskampf die Arbeitspflichten verletzt und daher zuvor eine Kündigung des Arbeitsverhältnisses notwendig war,[742] wird dies nunmehr einhellig abgelehnt. Nach heutiger Auffassung werden durch einen rechtmäßigen Streik die arbeitsvertraglichen Pflichten gewerkschaftlich organisierter Arbeitnehmer suspendiert.[743] Das gilt ebenfalls für nichtorganisierte Arbeitnehmer, wenn sie sich am Arbeitskampf beteiligen.[744] Entsprechendes gilt für die Aussperrung, deren Zulässigkeit lange Zeit umstritten war. Für die Rechtspraxis hat der Beschluss des Bundesverfassungsgerichts vom 26. Juni 1991 zur unbefristeten Aussperrung in der Verlags- und Druckindustrie eine partielle Klärung erreicht.[745] Das Bundesverfassungsgericht sieht die suspendierende Abwehraussperrung, die zur Wiederherstellung der Verhandlungsparität eingesetzt wird, als durch Art. 9 Abs. 3 GG geschützt

---

[741] *Rüthers*, Gedächtnisschrift für R. Dietz, S. 299 (307); *Richardi*, Arbeitsrecht in der Kirche, § 10 Rn. 1

[742] *Sinzheimer*, Grundzüge des Arbeitsrechts, S. 290

[743] *Schaub*, Arbeitsrechts-Handbuch, § 194 Rn. 2; *Zöllner /Loritz*, Arbeitsrecht, § 41, S. 474

[744] *Wiedemann*, RdA 1969, 321 (325)

[745] BVerfGE 84, 212 ff.

an.[746] Das Bundesverfassungsgericht betont in seiner Begründung insbesondere den Zweck des Arbeitskampfes, bei Tarifverhandlungen das Verhandlungsgleichgewicht herzustellen. Die Aussperrung ist somit jedenfalls dann ein zulässiges Arbeitskampfmittel, wenn die Funktionsfähigkeit der Tarifautonomie beeinträchtigt ist.[747] Durch die Aussperrung werden die Arbeitnehmer durch den Arbeitgeber von der Arbeit planmäßig zur Erreichung eines Ziels ausgeschlossen.

Die Befugnis, die Arbeit niederzulegen oder die Arbeitnehmer von der Arbeit auszuschließen, widerspricht dem Verständnis der Kirchen von ihrem Auftrag. Nach diesem erfüllen Arbeitnehmer und Arbeitgeber zusammen einen von Gott gegebenen Auftrag, der nicht zur Disposition steht. Die Durchführung des Auftrags darf nach kirchlichem Selbstverständnis weder durch die Arbeitnehmer noch durch die Arbeitgeber suspendiert werden.[748] So ist die Unterbrechung der Pflege in einem Krankenhaus oder in einem Altenheim aus Sicht dieser religiösen Vorgabe unzulässig.

Ob bereits aus den religiösen Vorgaben gefolgert werden kann, dass die Arbeitnehmer die Arbeit nicht im Rahmen eines Streiks niederlegen dürfen und die Arbeitgeber die Arbeitnehmer nicht durch Aussperrung von der Arbeit ausschließen können, ist fraglich und im Rahmen einer Abwägung zu erörtern.

a) Die Niederlegung der Arbeit

Bei der Abwägung ist zunächst zu berücksichtigen, dass das Recht zur Arbeitsniederlegung nicht unbegrenzt besteht. Das Streikrecht findet seine Grenzen in den für das Arbeitskampfrecht allgemein geltenden Grundsätzen. Entsprechend ist eine besondere Zurückhaltung der Streikenden im Hinblick auf Notstands- und Erhaltungsarbeiten in karitativen, für die Versorgung der Bevölkerung unabdingbaren Einrichtungen geboten.[749] Das Streikrecht trifft die religiösen karitativen Einrichtungen folglich nur in begrenztem Maße.[750] Der Heilsauftrag wird grundsätzlich nicht vollständig suspendiert.

---

[746] BVerfGE 84, 212 (225)

[747] BVerfGE 84, 212 (229); BAGE 23, 292 (308)

[748] *Richardi*, ZfA 1984, 109 (131)

[749] vgl. dazu Kapitel 2

[750] vgl. *Däubler*, RdA 2003, 204 (209)

Im Übrigen ist eine Konkordanz zwischen staatlicher und kirchlicher Ordnung herzustellen, welche die gegenseitigen Beeinträchtigungen minimiert. Dabei sind alternative Regelungsmöglichkeiten zur Konfliktvermeidung zu berücksichtigen. *Naendrup* hat in diesem Zusammenhang auf die Option der Kirchen hingewiesen, Beamte zu ernennen.[751] Die Dienstherrenfähigkeit ergibt sich für die christlichen Großkirchen als geborene[752] Körperschaften des öffentlichen Rechts aus Art. 137 Abs. 5 S. 1 WRV kraft staatlich verliehener Befugnis.[753] Dies ist ein Überbleibsel der vorangegangenen staatlichen Ordnungen, in denen die Geistlichen Staatsbeamte waren.[754] Das Recht, Dienstverhältnisse einzugehen, ist aber nicht auf Geistliche beschränkt.[755] Für die Amtsträger hat sich der Begriff der „Kirchenbeamten" herausgebildet.[756] Diesen steht nach allgemeiner Auffassung ein Streikrecht nicht zu,[757] auch wenn eine unmittelbare Anwendung der hergebrachten Grundsätze des Berufsbeamtentums gem. Art. 33 Abs. 5 GG abgelehnt wird.[758] Soweit von der Rechtsprechung auch eine mittelbare Anwendung verneint wird,[759] greift jedenfalls die Typenprägung des Beamtenrechts.[760] Auch wenn eine Eigenständigkeit des kirchlichen Dienstrechts angenommen wird,[761] wollen die Kirchen jedenfalls beim Streikrecht keinen Unterschied und übernehmen den Grundsatz des Streikverbots aus dem staatlichen Beamtenrecht. Den Kirchen steht damit der Weg offen, Streiks durch die Ernennung von Kirchenbeamten auszuschließen.

---

751 BVerfGE 42, 312 (329); *Neandrup*, BlStSozArbR 1979, 353 (363 f.)

752 BVerfGE 102, 370 (372)

753 *Jurina*, Das Dienst- und Arbeitsrecht im Bereich der Kirchen in der Bundesrepublik Deutschland, S. 64; *Weber*, NJW 1983, 2541 (2550); *v. Campenhausen*, Staatskirchenrecht, S. 288 ff.; *Pahlke*, S. 102

754 *Schlaich*, JZ 1980, 209 (212)

755 *Hollerbach*, HdbStR VI, § 139 Rn. 43

756 *Pirson*, in: HdbStKirchR Bd. 2, § 64, S. 845 (852)

757 *v. Campenhausen*, in: *v. Mangoldt/Klein/Starck*, GG III, Art. 140 / Art. 137 WRV, Rn. 155

758 BVerwG, NJW 1983, 2581 (2582); NJW 1983, 2583; *Pirson*, in: HdbStKirchR Bd. 2, § 64, S. 845 (849 f.)

759 BVerwG, NJW 1983, 2583; a.A.: *Bogs*, ZevKR 20 (1975), 77 (79);

760 *v. Campenhausen*, ZevKR 18 (1973), 232 (242 ff.); *Weber*, ZevKR 28 (1983), 1 (16 f.);

761 *Weber*, ZevKR 28 (1983), 1 (15); *Robbers*, FS Heckel, S. 412 (415); *Hollerbach*, in: HdbStR VI, § 134 Rn. 43

Daraus lässt sich eine Parallele zu den Ausschlussmöglichkeiten eines Streikrechts im Öffentlichen Dienst ziehen. „Soweit der Staat von der Möglichkeit Gebrauch macht, Arbeitskräfte auf privatrechtlicher Basis als Arbeitnehmer zu beschäftigen, unterliegt er dem Arbeitsrecht, dessen notwendiger Bestandteil eine kollektive Interessenwahrnehmung ist."[762] Dazu gehören auch die Mittel des Arbeitskampfes, um die Unterlegenheit der Arbeitnehmer auszugleichen. Dies ist das Ergebnis einer „schlichten Rechtswahl" durch den Staat. Damit steht die Art der Anstellung zu seiner Disposition, nicht jedoch die sich im Anschluss ergebenden Folgen.

Warum sollte das bei den Kirchen anders sein? Im Bereich der verfassten Kirche, die als Körperschaft des öffentlichen Rechts i.S.d. Art. 137 Abs. 5 WRV organisiert ist, ist es möglich, das ununterbrochene christliche Wirken zu gewährleisten, wenn Mitarbeiter als Kirchenbeamte eingestellt werden. Das ist die Folge einer „schlichten Rechtswahl"[763] der Kirchen. Sie können entscheiden, wie ihre Anstellungsverhältnisse ausgestaltet werden. Mit anderen Worten: Sie haben es bereits ohne Modifikationen des staatlichen Rechts in der Hand, das Streikrecht durch ihre Wahl auszuschließen. Schließen die Kirchen privatrechtliche Arbeitsverhältnisse ab, so findet auf diese das staatliche Arbeitsrecht Anwendung.[764] Dies ist auch nicht unbillig. Der Ausschluss des Streikrechts macht die Gewerkschaften im Tarifvertragssystem zum zahnlosen Tiger. Als ausgleichender Faktor kommt lediglich das Verfahren des „Dritten Weges" in Betracht.

Für die Kirchen besteht damit bereits im gegenwärtigen System die Möglichkeit, den Streik auszuschließen und ihre Funktionsfähigkeit zu sichern. Religiöse Vorbehalte, die gegen die Ernennung von Kirchenbeamten sprechen, sind nicht ersichtlich. Die Ernennung von Kirchenbeamten wird bereits praktiziert. Die Rechtswahlfreiheit, Beamte zu ernennen oder Arbeitsverhältnisse einzugehen, ist allerdings durch die Kompetenznorm des Art. 137 Abs. 5 WRV begrenzt. Teilverbände oder die privatrechtlich organisierten Einrichtungen sind keine Religionsgesellschaft im Sinne des Art. 137 Abs. 5 WRV. Sie gehören der Religionsgemeinschaft an, ohne selbst Kirche zu sein.[765] Ihnen fehlt damit die Dienstherrenfähigkeit, die sich für die Kirchen als einfachgesetzliche Ausprägung der verfassungsrechtlichen

---

762 BVerfG, NJW 1993, 1379 (1380)

763 BVerfGE 70, 138 (165)

764 BVerfGE 70, 138 (165)

765 *Maunz*, in: Maunz/Dürig, GG, Art. 140 GG / Art. 137 WRV Rn. 31

Anerkennung als öffentlich-rechtlicher Körperschaft aus Art. 137 Abs. 5 GG in § 121 Abs. 2 BRRG ableiten lässt.

Trotz der gegenwärtigen Struktur der kirchlichen karitativen Dienste sind die vorgenannten Erwägungen auch bei den privatrechtlich organisierten Einrichtungen zu berücksichtigen. Die Verwirklichung des kirchlichen Auftrags durch privatrechtliche Einrichtungen ist wiederum das Ergebnis einer „schlichten Rechtswahl“[766]. Den Kirchen steht es zu, die Rechtsform ihrer Einrichtungen frei zu wählen, ohne dass der religiöse Charakter der Einrichtung verloren geht. Dies bedeutet gleichzeitig, dass bestehende Nachteile der unterschiedlichen Organisationsstrukturen bereits bei der Wahl der Rechtsform durch die Kirchen zu berücksichtigen sind. Andernfalls fände eine „Rosinentheorie“ Anwendung, die das Bundesverfassungsgericht dem mit gleichen Kompetenzen ausgestatteten Staat abgesprochen hat. Entscheidend ist daher, dass die Kirchen die Möglichkeit haben, das Streikrecht auch nach dem weltlichen System auszuschließen. Voraussetzung ist eine Entscheidung über die Rechtsform und damit wiederum eine „schlichte Rechtswahl“.

Den Kirchen steht bereits mit den gegenwärtigen Mitteln des Rechts die Möglichkeit offen, das Streikrecht auszuschließen. Dies ist das Ergebnis einer Rechtswahl. Ihre Ausübung stellt ein milderes Mittel gegenüber dem Streikverbot dar. Dies spricht für die Unzulässigkeit eines Streikverbots. Die Wahl ist nicht Ausdruck einer Beschränkung, sondern Ausübung eines besonderen Rechts, das nur den Kirchen und dem Staat zusteht.

b) Paritätsverlust durch den fehlenden Willen zur Aussperrung

Die Kirchen schließen in ihren Einrichtungen die Aussperrung der Arbeitnehmer von der Arbeitsleistung unter gleichzeitiger Verweigerung der Lohnfortzahlung aus.[767] Das Arbeitskampfmittel der Aussperrung widerspricht ihrer Vorstellung, den Heilsauftrag ohne Unterbrechung jedermann zukommen lassen zu können.[768] Die Ablehnung der Aussperrung beruht auf religiösen Überzeugungen. Im Gegensatz zu einem weltlichen Arbeitgeber unterfällt diese Entscheidung daher dem verfassungsrechtlichen Schutz der Religionsfreiheit aus Art. 4 GG.

---

[766] BVerfGE 70, 138 (165)

[767] *Kissel*, Arbeitkampfrecht, § 51 Rn. 1

[768] Für die Kirchen geht es um das „Ob“ und nicht um das „Wie“ der Aussperrung. Die streitige Frage, ob neben der suspendierenden Aussperrung auch die lösende Aussperrung zulässig ist, kann daher außen vor gelassen werden.

Durch die Ablehnung der Aussperrung gerät das ausgewogene Verhältnis der Kräfte, welches das Tarifvertragssystem kennzeichnet, ins Wanken. Die Gewerkschaften könnten das Kampfgeschehen einseitig bestimmen, während die Kirchen auf ein Dulden und Durchstehen beschränkt wären.[769] Dadurch bestünde die Gefahr, dass die Gewerkschaften das Verhandlungsgeschehen einseitig bestimmen können, da das Verhandlungsgleichgewicht nicht gewährleistet wäre.[770] Das System der freien Vereinbarung als Grundlage des Tarifvertragssystems wäre gefährdet.[771]

Dass die Aussperrung als Pendant zum Streikrecht überhaupt notwendig wird, ist bei den christlichen Großkirchen eine Folge ihrer Rechtswahl, privatrechtliche Arbeitsverhältnisse einzugehen. Als Folge dieser Rechtswahl begegnet der Einwand, das Recht zur Aussperrung nicht ausüben zu können, den gleichen oben genannten Einwänden. Bereits daraus lassen sich Argumente gegen den vollständigen Ausschluss eines Streikrechts ziehen. Hinzu kommt, dass im Rahmen der praktischen Konkordanz beide Rechtspositionen in einen optimalen Ausgleich zu bringen sind. Von daher liegt es näher, die Arbeitskampfmittel der Arbeitnehmerseite lediglich zu beschneiden. Danach dürfen die Arbeitskampfmittel der Arbeitnehmerseite in ihrer Intensität nicht stärker sein, als dies zur Erreichung der Verhandlungsparität notwendig ist, ohne dass Gegenmaßnahmen der Arbeitgeberseite notwendig werden. Die Entscheidung obliegt den Arbeitsgerichten, welche die Prüfung der Verhältnismäßigkeit eines Arbeitskampfmittels regelmäßig erst bei der rechtlichen Zulässigkeit eines Verteidigungsmittels beginnen, um die Tarifziele keiner Überprüfung unterziehen zu müssen.[772] Der Eingriff in die Tarifautonomie[773] der Gewerkschaften durch diese Kontrolle ist gleichwohl hinzunehmen. Die Überprüfung tarifvertraglicher Ziele kann durch die Arbeitsgerichte in großzügiger Weise erfolgen. Dadurch werden die Interessen beider Seiten zum Ausgleich gebracht. Die religiöse Motivation der Kirchen, die Aussperrung in ihren Einrichtungen nicht zuzulassen, wird berücksichtigt; die Rechte der Gewerkschaften werden gewahrt. Die Druckausübung durch Streik ist jedenfalls grundsätzlich nicht ausgeschlossen.

---

769 BAGE 23, 292 (308); 33, 140 (153); 58, 138 (144)

770 BAGE 23, 292 (308); 58, 138 (145)

771 vgl. BAGE 23, 292 (308)

772 BVerfGE 84, 212 (231)

773 BVerfGE 84, 212 (231)

c) Stellungnahme

Mit dem Argument, dass die Arbeitsniederlegung sowohl von Arbeitnehmer- als auch Arbeitgeberseite dem Wesen des kirchlichen Dienstes widerspricht, kann das Streikrecht nicht ausgeschlossen werden. Dagegen spricht zunächst, dass die Kirchen nach weltlichem Recht selbst in der Lage sind, das Streikrecht durch Ernennung von Beamten auszuschließen. Sie tragen damit auch die Folgen der Rechtswahl, wenn sie dies unterlassen. Dem Wesen der Kirche ist aber dadurch entgegenzukommen, dass bereits die Streikmaßnahmen am Verhältnismäßigkeitsgrundsatz gemessen werden, so dass eine Aussperrung zur Wiederherstellung der Parität nicht notwendig wird.

2. Der fehlende Gegensatz von Arbeitnehmern und Arbeitgebern

Grundsätzlich besteht in Arbeitsverhältnissen zwischen Arbeitgebern und Arbeitnehmern ein natürlicher Interessengegensatz. Die Vertreter einer kirchenfreundlichen Auslegung setzen dem in kirchlichen Einrichtungen das Verständnis der Kirchen von der Erfüllung ihrer Aufgabe entgegen. Danach sollen sich die Strukturgrundsätze von Tarif- und Arbeitskampfrecht im kirchlichen Dienstverhältnis nicht wiederfinden lassen und der so genannte Gegensatz von Kapital und Arbeit nicht existieren.[774] Der Ausgestaltung des kirchlichen Dienstes liegt stattdessen die Vorstellung einer Dienstgemeinschaft zu Grunde, in der jeder Funktionsträger eine Gliedkette zur Erfüllung des Auftrags ist.[775] Dies soll ebenfalls die Unterscheidung nach der Wertigkeit des Handelns unzulässig machen.[776]

a) Vorüberlegungen

Zunächst ist der These entgegenzutreten, dass sich das Fehlen eines Gegensatzes zwischen Kapital und Arbeit nach dem „allein maßgeblichen kirchlichen Selbstverständnis“ beurteilt.[777] Der Zirkelschluss einer solchen Auffassung ist offensichtlich. Die Arbeitnehmerrechte könnten durch den kirchlichen Anstellungsträger mit der Begründung beschnitten werden, dass nach dem Verständnis der Kirchen kein Interessengegensatz existiert, der die Rechte erforderlich macht. Der Arbeitgeber würde seinen Eingriff mit glaubensgeprägten und damit nur beschränkt nachprüfbaren Überzeu-

---

[774] *v. Campenhausen*, FS Geiger, S. 580 (587)

[775] *Rauscher*, Die Eigenart des kirchlichen Dienstes, S. 39 f.

[776] *Briza*, „Tarifvertrag“ und „Dritter Weg“, S. 57 f.

[777] *v. Campenhausen*, FS Geiger, S. 580 (587)

gungen rechtfertigen können. Während auf der Ebene des Schutzbereichs eine Auslegung der unbestimmten Begriffe unter Berücksichtigung der religiösen Vorstellungen zulässig ist, um einen umfassenden Schutz zu sichern, darf dem Selbstverständnis im Rahmen der praktischen Konkordanz kein absolutes Gewicht zukommen. Dies deckt sich allerdings nur zum Teil mit den Überlegungen des Bundesverfassungsgerichts. Dieses will zwar der Wechselwirkung von Kirchenfreiheit und Schrankenzweck bei den Schranken des Art. 137 Abs. 3 WRV durch Güterabwägung Rechnung tragen,[778] betont allerdings das besondere Gewicht des kirchlichen Selbstverständnisses. Die Rechtsprechung des Bundesarbeitsgerichts bietet trotz der im Ergebnis berechtigten Kritik[779] einen richtigen Ansatzpunkt.[780] Ob ein schwerer oder leichter Verstoß gegen Kircheninteressen vorliegt, ist unter Berücksichtigung des kirchlichen Selbstverständnisses zu ermitteln. Dem Gericht ist die Beurteilung durch die Kirchen plausibel zu machen. Dem Interesse des Grundrechtsträgers tritt in der Folge ein schweres oder leichtes Interesse der Kirchen gegenüber. Die Abwägung obliegt dem Gericht entsprechend den allgemeinen Rechtsgrundsätzen. Eine Beurteilung nach dem Selbstverständnis ist nicht zulässig.

Zum Zweiten ist darauf hinzuweisen, dass der Interessengegensatz von Kapital und Arbeit keine zwingende Voraussetzung für die Anwendbarkeit des Tarifvertragssystems ist. Auch im öffentlichen Dienst sitzt den Arbeitnehmern nicht das Kapital gegenüber.[781] Der Staat orientiert sich grundsätzlich nicht an wirtschaftlichen Erwägungen, sondern ist durch Steuergelder finanziert. Lohnerhöhungen werden nicht vom Gewinn abgezogen, sondern mit Steuermitteln gegenfinanziert. Verhandlungsführer der Arbeitgeberseite sind mit „angestellten Personen" vergleichbar.

Schließlich ist der Arbeitskampf nicht ausschließlich auf das Vorliegen des Tarifvertragssystems beschränkt. Der Arbeitskampf ist ohne Zweifel ein Hilfsmittel der Tarifvertragsparteien zur Durchsetzung ihrer Forderungen. Dabei dient es der Herstellung eines paritätischen Gefüges. Ein neues andersartiges Regelungssystem könnte gleichwohl ebenfalls ein Streikrecht erforderlich machen.

---

[778] BVerfGE 53, 366 (401); 66, 1 (22); 70, 138 (167)

[779] *Wieland*, Der Staat 1986, 321 (330 ff.)

[780] *Morlock*, Selbstverständnis als Rechtskriterium, S. 435

[781] *Naendrup*, BlStSozArbR 1979, 353 (360)

b) Das Leitbild der Dienstgemeinschaft

Den fehlenden Interessengegensatz zwischen Arbeitnehmern und Arbeitgebern in kirchlichen Einrichtungen kennzeichnet nach kirchlicher Vorstellung der Begriff der „Dienstgemeinschaft". Er spiegelt den religiösen Auftrag der Kirchen und die Verpflichtung jedes kirchlichen Mitarbeiters wider, den kirchlichen Auftrag zu fördern. Entsprechend prägt der Gedanke der Dienstgemeinschaft in der katholischen Kirche die Grundordnung des kirchlichen Dienstes. So sieht die Präambel des Kirchengesetzes über die Mitarbeitervertretungen bei den Dienststellen der Katholischen Kirche (MAVO)[782] vor, dass Dienstgebern sowie Mitarbeiter/-innen bei ihrer Tätigkeit die religiöse Eigenheit des Dienstes als Maßstab vorgegeben ist. Arbeitnehmer und Arbeitgeber wirken gemeinsam als Dienstgemeinschaft am Auftrag und an der Sendung der Kirche mit. Dies erfordert von ihnen die Bereitschaft zu gemeinsam getragener Verantwortung und vertrauensvoller Zusammenarbeit. Vergleichbar wird der Begriff auch von den evangelischen Kirchen verwandt und begründet.[783] So heißt es beispielsweise im kirchlichen Gesetz zur Ordnung der Mitarbeitervertretungen in der evangelischen Landeskirche in Württemberg, dass die gemeinsame Verantwortung für den Dienst der Kirche alle Mitarbeiter in der Dienstgemeinschaft verbindet und sie zu vertrauensvoller Zusammenarbeit verpflichtet.[784]

Das Leitbild der Dienstgemeinschaft wird auch von der Rechtsprechung berücksichtigt. Das Bundesverfassungsgericht[785] entnimmt dem Begriff der „Dienstgemeinschaft" die kirchliche Vorstellung, dass jeder Mitarbeiter das kirchliche Selbstverständnis der Einrichtung anerkennt und entsprechend handelt.[786] Durch den weitreichenden verfassungsrechtlichen Schutz des Selbstbestimmungsrechts kommt es zu dem Schluss, dass das Leitbild einer Dienstgemeinschaft und die dazu führenden Vorschriften aus *„verfassungsrechtlichen Gründen"* (Hervorhebung im Original) geschützt sind.[787] Daraus folgert es unter anderem, dass eine dem Dienstgemeinschaftsgedanken

---

[782] in der Fassung des einstimmigen Beschlusses der Vollversammlung des Verbandes der Diözesen Deutschlands vom 21.06.1999

[783] *Richardi*, ZfA 1984, 109 (117 f.)

[784] vgl. auch *Rauscher*, Die Eigenart des kirchlichen Dienstes, 97 ff.

[785] BVerfGE 53, 366 (403 f.); 70, 138 (167)

[786] BVerfGE 53, 366 (404)

[787] BVerfGE 70, 138 (167)

entgegenstehende inhaltliche Differenzierung nach dem Inhalt der Tätigkeit nicht zulässig ist.[788]

aa) Die Verfassungsmäßigkeit des § 118 Abs. 2 BetrVG und die Parallelwertung zum Tarifvertragssystem

In seinem Beschluss vom 6.12.1977 rechtfertigt das Bundesarbeitsgericht die Verfassungsmäßigkeit des § 118 Abs. 2 WRV[789] und begründet dies mit dem Leitgedanken der Dienstgemeinschaft. In seiner Argumentation führt es aus, dass das streng dualistische System des Betriebsverfassungsgesetzes dem Wesensgehalt der christlichen Religionsgemeinschaften widerspricht, weil zwischen Betriebsrat und Belegschaft auf der einen und dem Arbeitgeber auf der anderen Seite trotz des Kooperationsgedankens in § 2 Abs. 1 BetrVG ein „Spannungsmoment" existiere.

Diese Aussage wird in der Literatur mittels eines Erst-Recht-Schlusses auch auf das Tarifvertragssystem übertragen.[790] Dafür spricht im Sinne eines argumentum a minori ad maius, dass das Betriebsverfassungsrecht auf einem so genannten „Dualistischen System" beruht, bei dem die Förderung der Kooperation zwischen Arbeitgebern und Arbeitnehmern im Vordergrund steht, während das Tarifvertragsrecht auf der Gegensätzlichkeit der Parteien aufbaut und zur Konfliktlösung die Mittel des Arbeitskampfes zur Verfügung stellt. In Fortführung der Gedanken des Bundesarbeitsgerichts widerspricht das Tarifvertragswesen damit ebenfalls dem harmonischen Leitbild einer Dienstgemeinschaft.[791] Rechtsfolgenorientiert wäre die Nichtanwendbarkeit des Tarifvertragssystems auf kirchliche Einrichtungen durch den Gesetzgeber anzuordnen. Damit würde gleichzeitig das Streikrecht als dessen Anhängsel entfallen. Da der Gesetzgeber dieser Verpflich-

---

[788] BVerfGE 70, 138 (168); Die Rechtsprechung vermag auf der Ebene des Schutzbereichs zu überzeugen, als Ergebnis einer Abwägung ist sie bedenklich. Das gilt insbesondere für die Loyalitätspflichten, die bis in den ansonsten so umfassend geschützten Intimbereich wie beispielsweise der praktizierten Homosexualität reichen (BAG AP Nr. 15 zu Art. 140 GG mit Anm. *Richardi*). Der Leiter einer kirchlichen Einrichtung vertritt diese regelmäßig nach außen, so dass eine glaubenskonforme Lebensweise für diese Tätigkeit Voraussetzung sein mag. Bei einem Hausmeister einer kirchlichen Einrichtung ist der Funktionsunterschied zu berücksichtigen und entsprechend differenziert vorzugehen (kritisch dazu *Richardi*, ZfA 1984, 109 (124 ff).

[789] BAGE 29, 405 (411) = AP Nr. 10 zu § 118 BetrVG 1972

[790] *Grethlein*, NZA Beil. 1/1986, S. 18 (19)

[791] *v. Campenhausen*, FS Geiger, 580 (587); *Grethlein*, NZA Beil. 1/1986, S. 18 f., *Beyer*, Herder Korrespondenz, 2003, 91 (92)

tung nicht nachgekommen ist, wären die Gerichte gehalten, entsprechend zu entscheiden.

Dies macht es erforderlich, die rechtliche Würdigung des Bundesarbeitsgerichts näher zu untersuchen. Obwohl ein Großteil der Literatur die Auffassung der Rechtsprechung[792], die den Anwendungsbereich des § 118 Abs. 2 BetrVG über den Wortlaut hinaus noch weiter zieht,[793] teilt,[794] ist die Entscheidung nicht ohne Kritik geblieben. Das geflügelte Wort von der zu tief geratenen Verbeugung des Gesetzgebers vor den Kirchen prägt die Auseinandersetzung.[795] Der Gesetzgeber hat mit der Einführung eines Betriebsverfassungsgesetztes das Niveau festgelegt, das er für den Schutz von Arbeitnehmern vor einer rein mechanisch-ausführenden Stellung[796] als notwendig erachtet. Fraglich ist, ob mit der vollständigen und ersatzlosen Freistellung der kirchlichen Arbeitgeber vom Betriebsverfassungsgesetz diesem intendierten Schutz ausreichend Rechnung getragen wird. Die Freistellung der kirchlichen Einrichtungen vom Betriebsverfassungsgesetz berührt das Grundrecht der Berufsfreiheit der Arbeitnehmer aus Art. 12 GG[797] und daneben das Sozialstaatsprinzip.[798] Die vollständige Herausnahme kirchlicher Arbeitnehmer aus dem Betriebsverfassungsgesetz stellt den größtmöglichen Schutzverlust dar, den der Gesetzgeber mit seiner ihm zugestandenen Entscheidungs- und Beurteilungsprämisse[799] treffen konnte. Dies bedarf der Rechtfertigung, die das Bundesarbeitsgericht im der Gewährleistung des kirchlichen Selbstbestimmungsrechts gesehen hat.

---

792 *Richardi/Thüsing*, in: Richardi, BetrVG, § 118 Rn. 187 f.;

793 BAGE 68, 170 ff.

794 Fabricius/Weber, GK-BetrVG, § 118 Rn. 28 ff. und 215 (kritisch zum Argument der christlichen Dienstgemeinschaft); *Pahlke*, NJW 1986, 350 (353); *Richardi*, JZ 1986, 135

795 *Herschel*, AuR 1978, 172 (173); *ders*., Kirche und Koalitionsrecht, S. 41

796 *Hueck/Nipperdey*, Lehrbuch des Arbeitsrechts, S. 1062 f.

797 *Richardi*, in Richardi, BetrVG, Einl. Rn. 41; *Weiss/Weyand*, Betriebsverfassungsgesetz, § 118 Rn. 56; *Sterzel*, Tendenzschutz und Grundgesetz, S. 145 ff.

798 BAG, AP Nr. 4 und 5 zu § 118 BetrVG; BVerwGE 62, 55 (61); *Weber*, NZA 1989 Beil. 3, S. 2; kritisch zur Bedeutung des Sozialstaatsprinzip als Schranke: *Classen*, Religionsfreiheit und Staatskirchenrecht in der Grundrechtsordnung, , S. 158

799 BVerfGE 81, 242 (255); 97, 169 (176 ff.); *Trettinger*, in Sachs, GG, Art. 12 GG Rn. 14

Der Ausschluss hat keine historischen Wurzeln. Zur Weimarer Zeit bestand kein vergleichbarer Schutz der Religionsgesellschaften.[800] Im Betriebsrätegesetz von 1920 war nur ein allgemeiner Tendenzschutz in § 67 geregelt. Der Anwendungsausschluss für Religionsgemeinschaften fand erst auf Drängen der Kirchen 1952 Aufnahme in das neue Betriebsverfassungsgesetz.[801] Die Freistellung beruht auf der neuen und weiten Auslegung des Selbstbestimmungsrechts der Religionsgesellschaften aus Art. 140 GG i.V.m. Art. 137 Abs. 3 WRV. Dieses erlaubt ihnen, eigene Regelungen für ihre Einrichtungen aufzustellen. Durch eine gesetzliche Regelung wird befürchtet, dass die kirchlichen Einrichtungen kirchenfremden Gesichtspunkten ausgesetzt werden könnten.[802]

Diesem Selbstbestimmungsrecht steht der staatliche Schutzauftrag gegenüber, dem durch das Betriebsverfassungsgesetz nachgekommen wurde. Der Erlass des Betriebsverfassungsgesetzes findet seine Legitimation in der Berufsfreiheit des Art. 12 GG[803] und als Ausprägung des Menschenwürdegedankens in Art. 2 Abs. 1 i.V.m. Art. 1 GG[804].[805] Das Grundrecht fungiert dabei nicht in seiner primären Funktion als Abwehrrecht gegenüber Eingriffen des Staates, sondern als Bestandteil der objektiven Werteordnung, die von der Verfassung auf das gesamte Recht ausstrahlt. Sie verpflichtet den Gesetzgeber zum Schutz der Bürger,[806] ohne dass unmittelbar ein subjektiver Anspruch besteht. Dem Gesetzgeber wird dabei ein weiter Beurteilungs- und Gestaltungsspielraum eingeräumt, so dass ihm die Entscheidung obliegt, wann eine Ungleichgewichtslage so erheblich ist, dass ein Eingreifen erforderlich wird.[807]

---

800 vgl. *Richardi*, Arbeitsrecht in der Kirche, § 16 Rn. 1 ff., so auch *Classen*, Religionsfreiheit und Staatskirchenrecht in der Grundrechtsordnung, S. 161

801 vgl. Schreiben der Bischöfe, in: *Hammer*, Kirchlichen Arbeitsrechts, S. 529 f.

802 *Richardi*, Arbeitsrecht in der Kirche, § 16 Rn. 7

803 *Richardi*, in: Richardi, BetrVG, Einl. Rn. 41; *Weiss/Weyand*, BetrVG, § 118 Rn. 56;

804 *Belling*, Die Haftung des Betriebsrates und seiner Mitglieder für Pflichtverletzungen, S. 118, 325; *Wiese* in, GK-BetrVG, Einl. Rn. 49; *Weiss/Weyand*, BetrVG, § 118 Rn. 56

805 *Däubler*, in: Däubler/Kittner/Klebe, Einl. Rn. 39

806 BVerfGE 81, 242 ff.; *Wieland*, in Sachs, Kommentar zum GG, Art. 12 Rn. 145 ff.; *Trettinger*, in Sachs, GG, Art. 12 Rn. 14

807 BVerfGE 92, 26 (46); *Trettinger*, in: Sachs, GG, Art. 12 Rn. 14; *Wieland*, in Dreier, GG, Art. 12, Rn. 145 ff.

Für den religiösen Bereich sah der Gesetzgeber dieses Erfordernis offensichtlich nicht und drückte dies in der Freistellung in § 81 BetrVG (1952) beziehungsweise § 118 BetrVG (1972) aus. Die Ausnahmeregelung erfolgte allerdings unter dem Versprechen der Kirchen, eine entsprechende Mitarbeitervertretungsordnung zu erlassen. Problematisch ist, dass der Wortlaut des § 118 Abs. 2 BetrVG das nicht widerspiegelt, sondern die Anwendbarkeit des Betriebsverfassungsgesetzes ersatzlos ausschließt. Wortsinn und Bedeutungszusammenhang als wesentliche Kriterien einer verfassungskonformen Auslegung[808] des § 118 Abs. 2 BetrVG lassen die Verpflichtung zum Erlass kirchlicher Regelungen nicht erkennen. Damit verbunden ist ein rechtsfreies Vakuum, das vom Gesetzgeber nicht vorgesehen war[809] und der getroffenen Wertentscheidung, einen durchgehenden Schutz der Arbeitnehmer zu sichern, widerspricht. Dass die christlichen Großkirchen nunmehr eine entsprechende Regelung vorsehen, enthebt den Gesetzgeber im Hinblick auf bestehende Weltanschauungsgemeinschaften nicht von seiner Schutzpflicht.[810]

Die ersatzlose Freistellung kirchlicher Einrichtungen ist auch verfassungsrechtlich zweifelhaft.[811] Für den Regelungsbereich der kirchlichen Einrichtungen ist der Schutzbereich des Art. 137 Abs. 3 WRV eröffnet. Das Betriebsverfassungsgesetz würde in diesen verfassungsrechtlich geschützten Bereich eingreifen. Dies ist zulässig, soweit sich das Betriebsverfassungsgesetz in den Schranken des für alle geltenden Gesetzes bewegt. Unabhängig von der Frage, welche Definition zur Bestimmung eines „für alle geltenden Gesetzes" herangezogen wird, ist eine Abwägung der gegensätzlichen Verfassungspositionen erforderlich. Das kirchliche Selbstbestimmungsrecht ist mit dem Schutzzweck der Berufsfreiheit, der Menschenwürde und dem Sozialstaatsprinzip in Einklang zu bringen. Dabei ist zu berücksichtigen, dass es durchaus dem Gedanken der Dienstgemeinschaft entspricht, anstehende Aufgaben gemeinsam und damit unter Mitwirkung der Arbeitnehmer auszuführen. Dies dokumentieren auch die Regelungen der Mitarbeitervertretungsordnungen als Pendant zum Betriebsverfassungsgesetz. Sie entsprechen im Wesentlichen dem Betriebsverfassungsge-

---

808 *Larenz*, Methodenlehre der Rechtswissenschaft, S. 340

809 *v. Campenhausen*, Staatskirchenrecht, S. 204; *Richardi*, Arbeitsrecht in der Kirche, § 17 Rn. 9; *Smend*, Rechtsgutachten vom 18. September 1951, abgedruckt in *Richardi*, Arbeitsrecht in der Kirche, § 16 Rn. 7

810 *Classen*, Religionsfreiheit und Staatskirchenrecht in der Grundrechtsordnung, S. 163

811 a.A. *Richardi*, Arbeitsrecht in der Kirche, § 16 Rn. 19

setz,[812] so dass ein Verstoß gegen religiöse Grundsätze grundsätzlich nicht ersichtlich ist. Dies lässt an einem verfassungsrechtlichen Gebot der Freistellung zweifeln.[813] Auch wenn in einzelnen Vorschriften religiöse Belange zu beachten gewesen wären, ist die völlige Freistellung und das dadurch entstehende Rechtsvakuum keine adäquate Lösung. Die Freistellung lässt die Belange der Arbeitnehmer gänzlich unberücksichtigt, obwohl zwischen der Vertretung im Betrieb in weltlichen und kirchlichen Einrichtungen Parallelen bestehen.

Der Erst-Recht-Schluss vom Betriebsverfassungsrecht zum Tarifvertragsrecht führt daher nicht zu einer vollständigen Freistellung der kirchlichen Einrichtungen. Es ist verfassungsrechtlich zweifelhaft, ob die Kirchen ersatzlos von gesetzlichen Regelungen ausgenommen werden können, nachdem der Gesetzgeber mit Erlass des Betriebsverfassungsgesetzes eine Wertentscheidung zu Gunsten der Arbeitnehmerbeteiligung getroffen hat und die Freistellung – ohne dies ausdrücklich zu erwähnen – unter dem Eindruck geschah, dass die Kirchen eigene Regelungen schaffen.[814] Dem Gesetzgeber obliegt es, den Kirchen den Freiraum zu gewähren, der es ihnen erlaubt, den kirchenspezifischen Belangen gerecht zu werden. Angesichts der parallelen Ausgestaltungen setzt dies allerdings nicht zwingend den vollständigen Anwendungsausschluss des Betriebsverfassungsgesetzes voraus. Wird der Ausschluss gewährt, ist gleichzeitig sicherzustellen, dass der Arbeitnehmerschutz nicht zu kurz kommt. Übertragen auf das Tarifvertragssystem bedeutet dies, dass die Kirchen jedenfalls nicht ersatzlos von diesem abweichen dürfen. Das Gebot einer Freistellung der Kirchen vom weltlichen kollektiven Arbeitsrecht ist nicht haltbar. Auch von den Kirchen ist ein sozialer Standard einzuhalten.[815]

bb) Das Fehlen eines empirischen Belegs

Das Leitbild einer Dienstgemeinschaft gehört zum verfassungsrechtlich geschützten Selbstbestimmungsrecht. Für die Abwägung der Interessen ist

---

812 *Bietmann*, Betriebliche Mitbestimmung im kirchlichen Dienst, S. 49

813 vgl. *Schwerdtner*, AuR, Sonderheft 1979, S. 21 ff.; *Herschel*, AuR 1978, 172 (174); *Ruland*, NJW 1980, 97 Anm. 127; *Bietmann*, Betriebliche Mitbestimmung im kirchlichen Dienst, S. 53; *Weiss/Weyand*, BetrVG, § 118 Rn. 56; *FKHE*, BetrVG (20. Aufl.), § 118 Rn. 48 (Die Einbeziehung der Kirchen wird als bedenklich angesehen); a.A. *Fabricius/Weber*, GK-BetrVG, § 118 Rn. 29 f. m.w.N.

814 kritisch auch *Weiss/Weyand*, Betriebsverfassungsgesetz, § 118 Rn. 56; *Fitting*, BetrVG, § 118 Rn. 56

815 in diese Richtung auch *G. Müller*, RdA 1979, 71 (75)

allerdings zwischen dem tatsächlichen Vorliegen einer Dienstgemeinschaft und der religiösen Vorstellung von einer solchen zu unterscheiden. Der Schutz kirchlicher Mitarbeiter ist grundsätzlich nicht notwendig, wenn diese aus religiösen Motiven ihren Dienst verrichten und mit den kirchlichen Regelungen einverstanden sind. Der Eingriff in den Schutzbereich der Grundrechtsträger kann dann so an Gewicht verlieren, dass ein staatliches Eingreifen überflüssig wird. Dazu bedarf es allerdings eines empirischen Belegs,[816] der bislang fehlt. Angesichts der herausragenden Stellung kirchlicher Arbeitgeber im Bereich der karitativen Dienste sowie der angespannten Arbeitsmarktlage und der daraus resultierenden eingeschränkten Wahlfreiheit der Arbeitnehmer ist davon auszugehen, dass eine Vielzahl von Arbeitnehmern in der Tätigkeit bei kirchlichen Gesellschaften mit beschränkter Haftung oder Vereinen ein „normales" Arbeitsverhältnis sehen,[817] auch wenn der karitative Gedanke für die Mitarbeiter sicherlich von besonderer Bedeutung ist. Das kirchliche Leitbild bedeutet daher nicht, dass kein Interessengegensatz besteht. Dieser ergibt sich aus der arbeitsteiligen Organisation im Sinne eines Arbeitnehmer-Arbeitgeber-Verhältnisses. Dies wird auch von kirchlicher Seite nicht bestritten.[818]

Aus dem Leitbild kann aber eine Verpflichtung der Kirchen abgeleitet werden. Die besondere Pflichtenstellung einer Dienstgemeinschaft fordert, dass gegenüber den staatlichen Regelungen wenigstens gleichwertige soziale Standards geschaffen werden.[819] Ob dies durch die Einführung der Regelungsverfahren geschehen ist, ist nachfolgend zu prüfen.

cc) Ergebnis

Die Vorgabe einer Dienstgemeinschaft führt nicht ohne weitere Zwischenschritte zum einem Streikverbot.[820] Sie ist aber ein wesentlicher Begründungsfaktor für das Erfordernis eines eigenständigen, die kirchlichen Belange berücksichtigendes Regelungssystem. Dies deckt sich insoweit auch mit den Überlegungen des Bundesarbeitsgerichts zu § 118 Abs. 2 BetrVG. Zwingend ist die dort geführte Argumentation nicht. Gegen die Schlussfolgerungen der Rechtsprechung bestehen erhebliche verfassungsrechtliche

---

816 *Morlock*, Selbstverständnis als Rechtskriterium, S. 436

817 *v. Nell-Breuning*, Kirchliche Dienstgemeinschaft, Stimmen der Zeit 1977, 706

818 Erklärung der deutschen Bischöfe zum kirchlichen Dienst vom 27. Juni 1983 unter Nr. 4.

819 *Bischoff/Hammer*, AuR 1995, 161 (166)

820 *Schlaich*, JZ 1980, 209 (212)

Bedenken. Ein Regelungsbedürfnis zum Schutz der Arbeitnehmer besteht gleichwohl angesichts der Mitarbeitervertretungen in den christlichen Großkirchen nicht.

c) Das Gebot der Lohngerechtigkeit

In der Literatur wird die Meinung vertreten, dass das Gebot der Lohngerechtigkeit[821] die Folgen eines bestehenden Interessengegensatzes zwischen Arbeitnehmern und Arbeitgebern in kirchlichen Einrichtungen abmildert.[822] Für die katholische Kirche ist dieser Grundsatz ausdrücklich im Codex Iuris Canonici in can 231 § 2 festgelegt; für die evangelischen Kirchen ergibt er sich aus ihrem Selbstverständnis.[823] Den Arbeitnehmern steht entsprechend ihrer Stellung das Recht auf eine angemessene Vergütung zu, mit der sie, auch unter Beachtung weltlichen Rechts, für die eigenen Erfordernisse und für die ihrer Familie in geziemender Weise sorgen können. Die Regelung ist für die Entscheidungsträger – Bischof oder Synode – bindend. Ihnen obliegt es, entsprechend den Möglichkeiten in den Verfahrensordnungen des „Dritten Weges" bei Missachtungen einzuschreiten. So muss der Bischof in der katholischen Kirche gegebenenfalls sein Vetorecht ausüben.

Dadurch könnte eine hinreichende Verfahrenssicherung zur Wahrung der Arbeitnehmerinteressen vorliegen. Gegen den Ausschluss des Streikrechts aufgrund des Prinzips der Lohngerechtigkeit spricht aber zunächst die mangelnde Durchsetzbarkeit. Aus der kanonistischen Gewährleistung einer angemessenen Entlohnung folgt kein individueller Anspruch, der vor staatlichen Gerichten einklagbar ist.[824] Der Lohnanspruch richtet sich nach § 611 in Verbindung mit den Arbeitsvertragsrichtlinien der Kirchen und nicht nach dem Codex iuris Canonici.[825] Kirchenrechtlich bestünde die Möglichkeit, den Bischof zu verklagen. Klagegegenstand könnte zum einen das nichtausgeübte Vetorecht und zum anderen die gegen das Gebot der Lohngerechtigkeit verstoßende Umsetzung der Arbeitsvertragsrichtlinie sein. Die Klage wäre vor der Rota gem. den can 1405 § 3 Nr. 1 i.V.m. can 1444

---

821 Lukas Kap 10 Vers 7

822 *Richardi*, ZfA 1984, 109 (121); *ders.*, Arbeitsrecht in der Kirche, § 10 Rn. 11; *Thüsing*, Anm. zu BAG, Urt. v. 15.11.2001 – 6 AZR 88/01, EzA 611 Nr. 48 Kirchliche Arbeitnehmer, S. 11 (13); *ders.* Anm. zu BAG, Urt. v. 28.1.1998 – 4 AZR 491/96, in: ZevKR 44/1 (1999), S. 99 (101)

823 *Thüsing*, RdA 1997, 163 (169)

824 *G. Müller*, RdA1979, 71 (78)

825 BAG, EzA Nr. 44 zu § 611 Kirchliche Arbeitnehmer, S. 10

§ 2 CIC einzureichen. Da der Gerichtsort der Rota als Gericht des Apostolischen Stuhls im Zweifel Rom ist, ist dieser Weg außerordentlich kompliziert.

Zudem verspricht eine Klage angesichts des generalklauselartigen Begriffs der „Lohngerechtigkeit“ nur geringe Aussicht auf Erfolg. Der Begriff ist zu unbestimmt, um eine nachvollziehbare Rechtslage zu schaffen. Er erlaubt und verlangt, eine Vielzahl von Gesichtspunkten in die Beurteilung einfließen zu lassen. Die wichtigsten Gerechtigkeitsprinzipien in der Lohnfrage – das Bedürfnis- und das Leistungsprinzip – sind bereits durch eine Vielzahl von Einzelfaktoren zu berechnen.[826] An der Auswahl der Faktoren wird der Interessengegensatz zwischen Arbeitnehmern und –gebern deutlich. Er spiegelt sich auch in dem Rechtsstreit um die Einführung der so genannten W-Vergütung in kirchlichen Einrichtungen wider, der bis zum Bundesarbeitsgericht ging. Orientierten sich die kirchlichen Einrichtungen bislang an den Tarifvertragsabschlüssen des öffentlichen Dienstes und übernahmen den Bundesangestelltentarif in seinen wesentlichen Aussagen, so ist dies aufgrund der wirtschaftlichen Rezession für die Zukunft ungewiss. Insbesondere die vom Bundesarbeitsgericht für rechtmäßig gehaltene Maßnahme, die Löhne und Gehälter um bis zu 30 % zu reduzieren, lässt aufhorchen. Mit durchaus nachvollziehbaren Begründungen lassen sich Löhne und Gehälter senken, weil dies die Rentabilität einer Einrichtung insbesondere bei der gegenwärtigen wirtschaftlichen Lage verbessert. Ob dies zwingend notwendig ist, ist eine andere Frage.

Die gewonnenen Erkenntnisse zeigen, dass sich das „Prinzip der Lohngerechtigkeit“ nicht mit der Möglichkeit der Druckausübung vergleichen lässt. Aus dem Bestehen einer internen Bindung der Kirchenleitung kann nicht ohne weiteres auf die Erzielung eines gerechten Lohns geschlossen werden. Ein justiziabler Anspruch auf arbeitsadäquaten Lohn vergleichbar mit dem ebenfalls kaum fassbaren Begriff der amtangemessenen Alimentation[827] bei Staatsbeamten besteht nicht. Auch wenn die katholische Soziallehre die gerechte Bemessung des Entgelts als eine ihrer Aufgaben ansieht,[828] gerät die Leitungshoheit des Bischofs – seine Neutralität unterstellt – angesichts der Unbestimmtheit des Begriffs der Lohngerechtigkeit an seine Grenzen. Ein umfangreiches Tarifvertragssystem mit seinen Rege-

---

[826] *Messner*, FS G. Müller, S. 717 (725 f.)

[827] BVerfGE 99, 300 ff.; 81, 363 ff.

[828] *Nell-Breuning*, FS G. Müller, S. 731 (740)

lungsmechanismen und der Besetzung durch die Antagonisten kann das Prinzip der Lohngerechtigkeit nicht ausgleichen.

II. Der Dritte Weg

Die vorangegangenen Überlegungen haben gezeigt, dass das Verfahren des „Dritten Weges“ für die Frage des Streikausschlusses von erheblicher Bedeutung ist. In ihm liegt ohne Zweifel das überzeugendste Argument gegen ein Streikrecht in kirchlichen Einrichtungen. An die Stelle des Tarifvertragssystems wird ein anderes - die kirchlichen Belange berücksichtigendes - Verfahren gesetzt. Aufgrund dieser Ersatzfunktion lässt sich damit als Grundsaussage konstatieren, dass der „Dritte Weg“ die Aufgaben des Tarifvertragssystems im Hinblick auf die sozialen Belange der Arbeitnehmer gleichwertig erfüllen muss. Dies folgt aus den Wertungen der Verfassung in Art. 9 Abs. 3 und Art. 12 GG, die der Gesetzgeber mit dem Tarifvertragssystem konkretisiert hat, sowie für die Kirchen zusätzlich aus ihrem Selbstverständnis entsprechend dem Leitgedanken der Dienstgemeinschaft.

1) Die Schutzfunktion des „Dritten Weges“

Primäre Aufgabe der Tarifverträge ist noch heute die Schutzfunktion zu Gunsten der Arbeitnehmer.[829] Die strukturelle Unterlegenheit des einzelnen Arbeitnehmers in Vertragsverhandlungen gegenüber dem Arbeitgeber soll durch kollektives Handeln der Gewerkschaften ausgeglichen werden, so dass ein annähernd gleichgewichtiges Aushandeln der Löhne und Arbeitsbedingungen ermöglicht wird. Die Verhandlungsparität ist ein tragendes Prinzip der Tarifautonomie, damit keine Seite der anderen ihren Willen aufzwingen kann.[830] Gegebenenfalls kann sie durch Arbeitskämpfe hergestellt werden. Die Parität soll nunmehr durch die Arbeitsrechtsregelungsverfahren der Kirchen, dem so genannten „Dritten Weg“, unter Berücksichtigung der kirchlichen Aufgaben gewährleistet werden.[831] Der Zweck ist für die katholische Kirche bereits in Art. 7 Abs. 1 S. 1 GrOkathK als kirchlicher Rechtsgrundlage für die Arbeitsrechtsregelungen vorgegeben. Die Parallelität mit den Aufgaben des Tarifvertragssystems zeigt sich zudem in den Kompetenzen der Arbeitsrechtlichen Kommissionen gem. § 1 Abs. 1

---

[829] BVerfGE 84, 212 (229); *Preis*, Arbeitsrecht, § 88, S. 62; MünchArbR/*Löwisch/Rieble* § 252 Rn. 34: *Zöllner/Loritz*, Arbeitsrecht, S. 370

[830] BVerfGE 84, 212 (229); *Zöllner/Loritz*, Arbeitsrecht, S. 471; *Pieroth*, FS 50 Jahre Bundesverfassungsgericht, S. 292 (312)

[831] *Richardi*, Arbeitsrecht in der Kirche, § 15 Rn.121 u. 12; *Grethlein*, NZA Beil. 1/1986, S. 18 (20)

Zentral- beziehungsweise Bistums-/Regional-KODA und den vergleichbaren Regelungen in den evangelischen Kirchen, denen vergleichbar mit den Tarifvertragsparteien gem. § 1 Abs. 1 TVG die Ordnung des Inhalts, Abschlusses und der Beendigung von Arbeitsverhältnissen obliegt. Zur Herstellung einer Vertragsparität im Verfahren des „Dritten Weges" soll den Verhandlungspartnern im Unterschied zum Tarifvertragssystem kein Arbeitskampfmittel zur Verfügung stehen. Dies ist ohne Verletzung der Prämisse des Verhandlungsgleichgewichts möglich, wenn die strukturelle Unterlegenheit der Arbeitnehmer gegenüber den Arbeitgebern durch das Verfahren ausgeglichen wird. Die Ausübung des Streikrechts wäre dann rechtsmissbräuchlich, da das Streikrecht kein Selbstzweck ist,[832] sondern im Erreichen der so genannten Verhandlungsparität liegt. Die Kirchen und ihre Einrichtungen können nicht durch Arbeitskämpfe in das Tarifvertragssystem gezwungen werden, wenn der „Dritte Weg" einen adäquaten Ersatz bietet.

2) Die Akzeptanz des „Dritten Weges" in Rechtsprechung und Gesetzgebung

Die gerichtliche Bestätigung, dass die Einführung des „Dritten Weges" zulässig ist, wird teilweise der Entscheidung des Bundesverfassungsgerichts zum Mitbestimmungsgesetz vom 1. März 1979 entnommen.[833] Es führt darin aus, dass der Ausgleich zwischen Arbeitnehmern und Arbeitgebern „nicht nur durch Gestaltungen, die, wie das Tarifvertragsystem, durch die Grundelemente der Gegensätzlichkeit der Interessen, des Konflikts und des Kampfes bestimmt sind, sondern auch durch solche, die Einigung und Zusammenwirken in den Vordergrund rücken, wenngleich sie Konflikte und deren Austragung nicht ausschließen," erfüllt werden könne.[834] „Auch der zweite Weg [gemeint ist nicht der „Zweite Weg" der Kirchen] vermag namentlich der Aufgabe der Befriedigung gerecht zu werden."[835] Die Einigung ohne Austragung von Konflikten zur Befriedigung der Arbeitnehmerinteressen ist eine passende Zielbeschreibung für den „Dritten Weg". Trotzdem wird es der Entscheidung nicht gerecht, ihr die Legitimation für die Einführung des „Dritten Weges" zu entnehmen.[836] Kontext der Entscheidung war die Frage, inwieweit Regelungen des Mitbestimmungsrechts

---

[832] *Bischoff/Hammer*, AuR 1995, 161 (167)

[833] vgl. *v. Campenhausen*, FS Geiger, S. 580 (588)

[834] BVerfGE 50, 290 (371)

[835] BVerfGE 50, 290 (371)

[836] *Schlaich*, JZ 1980, 209 (216)

neben dem Tarifvertragssystem zur weiteren Förderung der Arbeits- und Wirtschaftsbedingungen zulässig sind. Problematisch war dabei, ob durch neue Regelungen die Gegnerunabhängigkeit im Tarifvertragssystem negativ beeinflusst wird. Zur Entscheidung stand nicht, ob ein alternatives Regelungsverfahren vergleichbar mit dem „Dritten Weg" zulässig ist, welches das Tarifvertragssystem ausschließen will. Vielmehr wurden die Regelungen für zulässig erachtet, weil das Tarifvertragssystem erhalten und funktionsfähig blieb.[837]

Das Urteil des Bundesverfassungsgerichts stellt allerdings klar, dass es neben dem Tarifvertragssystem noch weitere Regelungsformen geben kann. Dadurch kann der verfassungsrechtliche Abwägungsvorgang zwischen den Interessen von Arbeitnehmern und Arbeitgebern beeinflusst werden, auch wenn dies nicht zum Ausschluss des Tarifvertragssystems führen muss. Je weiter die Interessen der Arbeitnehmer im parallelen Verfahren berücksichtigt werden, desto weiter rückt das Tarifvertragssystem in den Hintergrund. Gegebenenfalls kompensiert das kirchliche Regelungssystem ohne Streiks das staatliche Tarifvertragssystem durch Erreichen der Verhandlungsparität und verhindert so die Durchsetzung von Forderungen mit den Instrumenten des Arbeitskampfes.[838] Die kirchlichen Einrichtungen hätten dann die Option, Tarifverträge abzuschließen; ein Zwang bestünde nicht. Die Durchsetzung der Forderungen mit den Mitteln des Streiks wäre unverhältnismäßig.

Der einfache Gesetzgeber hat das Regelungsverfahren des „Dritten Weges" bereits akzeptiert, so dass es zu einem Bestandteil der Rechtsordnung geworden ist.[839] Verweisungen finden sich beispielsweise in den §§ 7 Abs. 4 ArbZG, 21a Abs. 3 JArbSchG. Daraus lässt sich gleichwohl nicht der Schluss ziehen, dass das Verfahren des „Dritten Weges" verfassungskonform ist. Die Verfassung wird nicht durch einfachgesetzliche Vorschriften definiert; einfachgesetzliche Vorschriften sind nicht zwingend verfassungskonform. Die Gleichstellung von Tarifverträgen und kirchlichen Arbeitsvertragsordnungen bei „tarif"-dispositiven Vorschriften beruht auf der Annahme der Verhandlungsparität. Ist diese gegeben, so kann der Gesetzgeber in gewissem Rahmen Regelungen den Tarifvertragsparteien beziehungsweise den Arbeitsrechtlichen Kommissionen als deren Pendant überlassen, da beide die materielle Richtigkeitsgewähr bieten.

---

[837] BVerfG 50, 290 (373)

[838] *Richardi*, Arbeitsrecht in der Kirche, § 15 Rn. 21; *Hanau*, ZevKR 25 (1980), 61 (69)

[839] so auch *Spengler*, NZA 1987, 833 (838); *Richardi*, Arbeitsrecht in der Kirche, § 8 Rn. 14; *Jurina*, NZA Beil. 1/1986, S. 15 (16)

Im Ergebnis besteht Übereinstimmung, dass die paritätische Gestaltung des kirchlichen Arbeitsrechtsregelungsverfahrens von entscheidender Bedeutung ist.[840] Erforderlich ist dabei nicht nur eine formelle, sondern auch eine materielle Parität. Ob das Verfahren des „Dritten Weges“ diesen Anforderungen genügt und damit die notwendige Konkordanz zwischen staatlicher und kirchlicher Ordnung erreicht wurde, wird nachfolgend untersucht.

3) Die allgemeine Verfahrensgestaltung des „Dritten Weges“

Als Basis soll zunächst ein Abriss der Verfahrensgestaltungen des „Dritten Weges“ gegeben werden, um die erforderliche Grundlage für die rechtliche Beurteilung der materiellen Parität zu geben.

a) Die kirchlichen Grundlagen des „Dritten Weges“

Der so genannte „Dritte Weg“ stellt ein kirchenspezifisches Verfahren zur kollektiven Regelung der Arbeitsbedingungen kirchlicher Mitarbeiter dar.[841] Aufgrund des Art. 9b der Grundordnung der EKD vom 13. Juli 1948 konnte den evangelischen Gliedkirchen in einer Richtlinie des Rates der Evangelischen Kirche (EKD) in Deutschland vom 8. Oktober 1976 lediglich empfohlen werden, die Arbeitsverhältnisse der Mitarbeiter durch ein Arbeitsrechtsregelungsgesetz (ARRG) zu regeln.[842] Mit Ausnahme der oben bereits erwähnten zwei evangelischen Landeskirchen, folgten die übrigen der Empfehlung der EKD. Die landeskirchlichen Diakonischen Werke sind in den Geltungsbereich einbezogen. Die katholische Kirche wählte ebenfalls das Modell des „Dritten Weges“. Bereits am 24. April 1952 rief der Zentralrat des Deutschen Caritasverbandes die „Ständige Arbeitsrechtliche Kommission“ ins Leben, die im Juli 1986 die „Richtlinie für Arbeitsverträge in den Einrichtungen des Deutschen Caritasverbandes (AVR)“ beschloss. Am 5. Dezember 1977 verabschiedete die Deutsche Bischofskonferenz die Geltung des „Dritten Weges“ im gesamten Bereich der katholischen Kirche. Rechtsgrundlage ist Art. 7 Abs. 1 S. 1 GrOkathK.

b) Überblick über die Ausgestaltungen des „Dritten Weges“

Trotz eines vom Rat der EKD verabschiedeten Musterentwurfs sind die Arbeitsrechtsregelungen in den evangelischen Kirchen nicht einheitlich ausgestaltet, sondern weichen vielfach voneinander ab. Gleiches gilt, wenn

---

[840] *Dütz*, EssG 18 (1984), 67 (92); *Richardi*, Arbeitsrecht in der Kirche, § 15 Rn. 19; *Eder*, ZTR 1997, 482 (484)

[841] *Thüsing*, NZA 2002, 306 (310); *Eder*, ZTR 1997, 482 (483)

[842] *Dietz*, RdA 1979, 79 (80)

auch in wesentlich geringerem Maße, für die katholische Kirche. Allgemein haben die Regelungsverfahren die Aufgabe, die Arbeitsbedingungen der Angestellten und Arbeiter zu ordnen und fortzuentwickeln. Ihre Regelungskompetenz erstreckt sich vergleichbar mit der von Tarifvertragsparteien i.S.d. § 1 Abs. 1 Tarifvertragsgesetz (TVG) auf den Inhalt, den Abschluss und die Beendigung von Arbeitsverhältnissen.

aa) Das Verfahrensgerüst in den evangelischen Kirchen

Bei den evangelischen Kirchen wird deutlich, dass es den einen „Dritten Weg" nicht gibt. Jede Gliedkirche der EKD kann selbständig über die Ausgestaltung des Verfahrensgerüsts entscheiden. Durch das Leitbild der kirchlichen Dienstgemeinschaft und das Ziel, den kirchlichen Dienst zu fördern, gibt es in den 24 lutherischen, reformierten und unierten Landeskirchen vielfach Übereinstimmungen im Verfahrensgerüst, in den Einzelfragen beispielsweise bei den Schutzvorschriften für die Mitarbeitervertreter dagegen feine, aber wesentliche Unterschiede. Das Verfahrensgerüst soll nachfolgend anhand einiger Landeskirchen dargelegt werden.

(1) Der Entscheidungsprozess

Das Verfahren wird regelmäßig durch Vorlage des Landeskirchenrates beziehungsweise des ihm entsprechenden Gremiums, des Vorstandes des Diakonischen Werkes, der Gesamtmitarbeitervertretungen oder durch eigenen Beschluss der jeweiligen Arbeitsrechtlichen Kommission eröffnet.[843] Teilweise sind auch Vorlagen der die kirchlichen Mitarbeiter vertretenden Vereinigungen zulässig.[844] Die Vorlagen werden anschließend durch die Arbeitsrechtliche Kommission als Zentralorgan des „Dritten Weges" erörtert. Am Ende der Beratungen wird über den Antrag entschieden. Die Beschlussfähigkeit in den Arbeitsrechtlichen Kommissionen ist unterschiedlich geregelt worden. So muss je nach Ausgestaltung mindestens die Hälfte der Mitglieder anwesend sein.[845] Die Anwesenheit des Vorsitzenden und

---

[843] § 11 ARRG-Bayern; § 11 ARRG-Baden; § 12 ARRG-Bremen; § 12 Abs. 1 ARRG-Kurhessen-Waldeck; § 14 ARRG-Rheinland-Westfalen-Lippe; § 14 Abs. 2 LMG-Sachsen; § 12 ARRG-Thüringen; § 26 Abs. 3 MG-Niedersächsische Konföderation; § 10 ARRG-EKD sieht die Einberufung der Kommission bei einem Antrag von 1/3 der Mitglieder vor – Anträge kann dann jedes Mitglied stellen

[844] § 11 ARRG-Bayern; § 11 ARRG-Baden; § 12 Abs. 1 ARRG-Kurhessen-Waldeck

[845] mehr als die Hälfte: § 11 Abs. 3 Bremen; mindestens zwei Drittel: § 10 Abs. 5 ARRG-Baden; § 11 Abs. 5 Kurhessen-Waldeck, § 22 Abs. 5 MG-Niedersächsische Konföderation, § 11 Abs. 3 S. 1 Thüringen; (von jeder Seite aber wenigstens die Hälfte); § 13 Abs. 5 LMG-Sachsen (von jeder Seite aber wenigstens die Hälf-

seines Stellvertreters werden stets vorausgesetzt. Die erforderliche Stimmenmehrheit, um die Vorlage durchzusetzen, beginnt bei der einfachen Mehrheit.[846] Mit dem Beschluss oder dessen Ablehnung enden die Beratungen in der Arbeitsrechtlichen Kommission aber noch nicht zwingend. Bei vorgebrachten Einwendungen von einer bestimmten Anzahl von Mitgliedern oder der Entsendungsgremien muss der Beschluss oder die Ablehnung erneut beraten werden.[847] Gegen einen erneuten Beschluss und/oder dessen Ablehnung kann unter bestimmten Bedingungen der Schlichtungsausschuss angerufen werden.[848]

Bei dem Verfahren vor dem Schlichtungsausschuss sind die allgemeinen Grundsätze des gerichtlichen Verfahrens – zum Beispiel das rechtliche Gehör – zu beachten.[849] Die Beteiligten können sich auch noch vor der Entscheidung des Ausschusses einigen.[850] Erst wenn eine gütliche Einigung nicht erzielt werden kann, entscheidet die Schlichtungskommission. Die Beschlussfähigkeit und die erforderlichen Mehrheiten in der Schlichtungskommission sind wiederum unterschiedlich geregelt.[851]

---

te),mindestens drei Viertel: § 11 Abs. 5 Rheinland / Westfalen / Lippe; § 10 Abs. 5 Bayern, § 9 Abs. 5 Mecklenburg, § 9 Abs. 1 Diakonisches Werk der EKD

846 die Zustimmung der Mehrheit der gesetzlichen Mitglieder: § 13 Abs. 6 S. 1 Sachsen, § 11 Abs. 3 S. 2 ARRG-Thüringen, § 11 Abs. 6 Kurhessen-Waldeck; die Zustimmung von zwei Dritteln der Anwesenden: § 11 Abs. 4 Bremen, § 21 Abs. 5 MG-Niedersächsische Konföderation; die Zustimmung von zwei Dritteln der Mitglieder: § 10 Abs. 5 S. 2 Baden, § 10 Abs. 6 Bayern, § 11 Abs. 1 S. 2 Diakonische Werk der EKD; § 11 Abs. 7 S. 1 Rheinland / Westfalen / Lippe

847 § 12 Abs. 2 und 3 ARRG-Baden; § 14 Abs. 1 und § 15 Abs. 1 ARRG-Bremen; § 12 ARRG-Bayern; § 12 Abs. 3-5 ARRG-Kurhessen-Waldeck; § 15 ARRG-Rheinland/Westfalen/Lippe; § 15 Abs. 2 und 4 LMG-Sachsen i.V.m. 9 und 10 der Ordnung für die Arbeitsrechtliche Kommission; § 13 Abs. 2 u. 4 ARRG-Thüringen

848 12 Abs. 3 ARRG-Baden; § 12 Abs. 3 und 4 ARRG-Bayern; §§ 14 Abs. 2 und 15 Abs. 2 ARRG-Bremen; § 11 Abs. 2 ARRG-EKD; § 12 Abs. 4 und 5 ARRG-Kurhessen-Waldeck; §§ 26 Abs. 5 MG-Niedersächsische Konföderation; §§ 15 Abs. 5 ARRG-Rheinland / Westfalen / Lippe; § 15 Abs. 3 und 4 LMG-Sachsen; §§ 13 Abs. 3 und 4 ARRG-Thüringen

849 § 13 Abs. 7 ARRG-Bayern; § 14 Abs. 5 ARRG-EKD; § 13 Abs. 8 ARRG-Kurhessen-Waldeck; § 18 Abs. 1 LMG-Thüringen; Grundsatz des fairen Verfahrens: § 15 Abs. 1 ARRG-Baden; § 19 Abs. 1 ARRG-Rheinland/Westfalen/Lippe

850 Dieser Grundsatz ergibt sich beispielsweise aus § 15 Abs. 3 ARRG-Baden und § 13 Abs. 9 ARRG-Kurhessen-Waldeck; § 18 Abs. 3 LMG-Thüringen und ist im Übrigen allgemein anerkannt.

851 § 15 Abs. 2 ARRG-Baden; § 19 Abs. 3 ARRG-Bayern (Anwesenheit aller Mitglieder / Stimmenthaltung ist unzulässig / einfache Mehrheit); § 17 Abs. 2 ARRG-

Am Ende des Entscheidungsprozesses, der mit einem Beschluss endet, steht die so genannte Arbeitsvertragsrichtlinie (AVR) beziehungsweise Dienstvertragsordnung, die den Inhalt, Abschluss und die Beendigung von Dienstverhältnissen regelt. Sie wird nach Maßgabe der für ihren jeweiligen Bereich maßgeblichen Regelungen in der Kirche veröffentlicht.[852] Allerdings sind die Beschlüsse der Arbeitsrechtlichen Kommissionen beziehungsweise der Schlichtungskommission nur teilweise verbindlich.[853] In den Landeskirchen von Baden[854], Bremen[855], Kurhessen-Waldeck[856], Thüringen[857] und Sachsen[858] ist der Synode, dem Oberkirchenrat beziehungsweise dem Kirchentag ein Entscheidungsrecht vorbehalten. Der Vorbehalt dient vor allem der Sicherung der haushaltsrechtlichen Verantwortung der Gremien zur Wahrung der Wahrnehmungsfähigkeit der kirchlichen Aufgaben.

(2) Die Zusammensetzung der Gremien

Der Entscheidungsprozess im Verfahren des „Dritten Weges“ ist im Wesentlichen durch die Arbeitsrechtliche Kommissionen und die Schlichtungsausschüsse geprägt. Diese Gremien sind – jedenfalls regelmäßig – die Entscheidungsträger für die Arbeitsvertragsrichtlinien, so dass ihre Besetzung beziehungsweise das Besetzungsverfahren von entscheidender Bedeutung für die Parität des „Dritten Weges“ sind.

Bremen; § 18 Abs. 2 LMG-Sachsen i.V.m. 12 Abs. 7 der Ordnung für die Arbeitsrechtliche Kommission (Anwesenheit aller Mitglieder / einfache Mehrheit); § 13 Abs. 10 ARRG-Kurhessen-Waldeck; § 14 Abs. 3 ARRG-Thüringen (8/9 der Mitglieder/einfache Mehrheit); § 13 Abs. 8 ARRG-Rheinland / Westfalen / Lippe (6/7 der Mitglieder / einfache Mehrheit)

852 § 12 Abs. 1 ARRG-Baden; § 12 Abs. 1 ARRG-Bayern; § 13 ARRG-Bremen; § 15 Abs. 1 ARRG-Rheinland / Westfalen / Lippe; § 13 Abs. 1 ARRG-Thüringen; § 13 Abs. 12 ARRG-Kurhessen-Waldeck; § 12 ARRG-EKD-Diakonie

853 § 13 Abs. 9 ARRG-Bayern; § 19 Abs. 5 ARRG-Rheinland/Westfalen/Lippe

854 §§ 15 Abs. 4 S. 3, 12 Abs. 1, 16 ARRG-Baden

855 §§ 17 Abs. 4 und 18 ARRG Bremen: Der Beschluss ist zwar bindend, aber er darf sich im Falle finanzieller Engpässe nur in Rahmen des vom Kirchentag erlassenen Rahmengesetzes zur Arbeitsrechtsregelung bewegen.

856 14 ARRG Kurhessen-Waldeck

857 §§ 3 Abs. 1 i.V.m. 14 Abs. 4 S. 3 ARRG Thüringen

858 § 20 LMG-Sachsen

(a) Die Arbeitsrechtlichen Kommissionen

Die Anzahl der Vertreter von Mitarbeitern und Anstellungsträgern divergiert in den Arbeitsrechtlichen Kommissionen der einzelnen Landeskirchen zwischen 8 und 24 Personen.[859] Gemeinsam ist den Arbeitsrechtlichen Kommissionen, dass die Anzahl der Mitarbeitervertreter denen der Anstellungsträger entspricht. Daher wird auch von paritätisch besetzten Gremien gesprochen.

Bei den Wahlverfahren werden unterschiedliche Konzepte verfolgt. Als Pole werden zum einen die Mitarbeitervertretungslösung, bei der die Mitarbeitervertreter der Arbeitsrechtlichen Kommission von der gesamten Belegschaft gewählt werden[860] und zum anderen das Verbandsprinzip, bei der die Mitarbeitervertreter von den beruflichen Vereinigungen der Mitarbeiter – den Gewerkschaften – bestellt werden, verfolgt.[861] Daneben existieren Mischkonzepte. So werden die Vertreter der Arbeitnehmer in der Landeskirche Baden zur Hälfte von den Mitarbeitervereinigungen und zur anderen Hälfte von den Gesamtvertretungen entsandt.[862] Bedingung ist allerdings, dass die Mitarbeitervereinigungen mehr als 200 Mitglieder haben.[863] In Kurhessen-Waldeck erfolgt die Wahl nur dann ganz oder teilweise durch die Mitarbeitervertretungen, wenn eine Vereinigung im Sinne des Arbeitsrechtsregelungsgesetzes nicht mindestens 150 Mitglieder hat oder nicht alle Vertreter stellt.[864] Nach der Ordnung des Diakonischen Werkes können Gewerkschaften und / oder Gesamtausschüsse Arbeitnehmervertreter stellen, wenn die entsendungsberechtigten Sozialpartner dies bestimmen.[865]

---

859 10 Mitglieder: § 5 Abs. 1 ARRG-Bremen; 12 Mitglieder: § 5 Abs. 1 ARRG-Kurhessen-Waldeck, § 7 Abs. 1 LMG-Sachsen, 5 Abs. 1 ARRG-Thüringen; 16 Mitglieder: § 5 Abs. 1 ARRG-Bayern; 18 Mitglieder: § 16 Abs. 1 MG-Niedersächsische Konföderation, § 5 Abs. 1 ARRG-Rheinland / Westfalen / Lippe; 20 Mitglieder: § 6 Abs. 1 ARRG Baden, 24 Mitglieder: § 3 Abs. 1 ARRG-EKD-Diakonie

860 § 6 ARRG-Bremen; § 6 ARRG-Thüringen

861 § 6 Abs. 1-3 ARRG-Bayern; § 17 MG-Niedersächsische Konföderation, § 6 Abs. 1-3 ARRG-Rheinland-Westfalen-Lippe; § 7 LMG-Sachsen

862 § 7 Abs. 1 und 2 ARRG Baden

863 § 7 Abs. 1 ARRG-Baden

864 § 6 Abs. 2 und 3 ARRG-Kurhessen-Waldeck

865 § 4 Abs. 3 ARRG-EKD-Diakonie

Die Möglichkeit, die Arbeitnehmer zu vertreten, wird durch die Voraussetzungen an das passive Wahlrecht eingegrenzt. Grundsätzlich wird die Wählbarkeit zu kirchlichen Ämtern – teilweise die Mitgliedschaft in der evangelischen Kirche[866] oder die Zugehörigkeit zu einer christlichen Kirche[867] – verlangt.[868] Damit muss die zu wählende Person die spezifischen Wahlvoraussetzungen der jeweiligen Kirche erfüllen. In Kombination dazu wird teilweise vorausgesetzt, dass es sich bei allen[869] Vertretern oder nur einem Teil[870] der Mitlieder um haupt- oder nebenberufliche Mitarbeiter handelt. Ausnahmen werden bei bestimmten Ehrenamtsträgern gemacht.[871]

Jeder Arbeitsrechtlichen Kommission steht ein Vorsitzender vor. Dieser wird wie auch sein Stellvertreter aus der Mitte der Arbeitsrechtlichen Kommission gewählt. Der Vorsitzende und sein Stellvertreter müssen dabei einmal aus der Arbeitgeber- und einmal aus der Arbeitnehmerseite stammen. Sie wechseln sich in ihrer Aufgabe jährlich ab.

---

866 § 5 Abs. 3 ARRG-Kurhessen-Waldeck

867 § 3 Abs. 3 ARRG-EKD-Diakonie

868 § 6 Abs. 3 ARRG-Baden; § 5 Abs. 3 ARRG-Bayern; § 16 Abs. 2 MG-Niedersächsische Konföderation; § 5 Abs. 3 ARRG-Rheinland/Westfalen/Lippe; § 7 Abs. 3 LMG-Sachsen; § 5 Abs. 3 Thüringen; § 3 Abs. 3 Diakonisches Werk der EKD: nicht aufgeführt in: § 5 Abs. 3 ARRG-Bremen

869 § 6 Abs. 3 Hessen-Nassau; § 7 Abs. 3b Württemberg (seit mindestens einem Jahr hauptberuflich oder seit mindestens drei Jahren nebenberuflich oder ehrenamtlich im kirchlichen oder diakonischen Dienst); § 4 Abs. 2 Diakonisches Werk der EKD

870 müssen im kirchlichen Dienst stehen: § 5 Abs. 4 ARRG-Thüringen; mindestens zwei Drittel der Mitarbeitervertreter müssen mindestens seit drei Jahren hauptberuflich im kirchlichen oder diakonischen Dienst tätig sein: § 6 Abs. 2 ARRG-Bayern; § 8 Abs. 3 LMG-Sachsen; 7 Abs. 2 ARRG-Baden; § 5 Abs. 4 Kurhessen-Waldeck; mindestens zwei Drittel müssen im kirchlichen Dienst tätig sein: § 6 Abs. 2 ARRG-Rheinland/Westfalen/Lippe; § 4 Abs. 3 ARRG-EKD-Diakonie; mindestens die Hälfte der Mitarbeitervertreter muss seit zwei Jahren hauptberuflich im kirchlichen Dienst tätig sein: § 16 Abs. 2 MG-Niedersächsische Konföderation; hauptberufliche Tätigkeit oder Zugehörigkeit zu einer Kirche der Arbeitsgemeinschaft Christlicher Kirchen: §; § 5 Abs. 3 Bremen

871 § 7 Abs. 3b Württemberg

(b) Die Schlichtungsausschüsse

Die Schlichtungsausschüsse setzen sich jeweils aus einem Vorsitzenden und einer graden Zahl von Beisitzern zusammen. Die Anzahl der Beisitzer variiert von zwei bis 10 Personen.[872]

Die Wahl der Mitarbeitervertreter im Schlichtungsausschuss erfolgt durch die Dienstnehmervertreter in der Arbeitsrechtlichen Kommission[873] oder durch die Vereinigungen.[874] Beim passiven Wahlrecht gibt es mit den allgemeinen Voraussetzungen zur Mitgliedschaft in der Arbeitsrechtlichen Kommission im Wesentlichen vergleichbare Einschränkungen.[875] Die Wahl des Vorsitzenden erfolgt entweder durch die Arbeitsrechtliche Kommission mit entsprechenden Mehrheiten[876] oder durch übereinstimmende Beschlüsse der entsendenden Stellen.[877] Er muss die Befähigung zum Richteramt oder höheren Verwaltungsdienst[878] haben und darf nicht im kirchlichen Dienst stehen oder einem Leitungsorgan der Kirche angehören.[879]

---

[872] vier Beisitzer: § 16 Abs. 1 S. 1 ARRG-Bremen; § 16 Abs. 1 LMG-Sachsen; sechs Beisitzer: § 13 Abs. 1 S. 1 ARRG-Baden; § 13 Abs. 1 S. 1 ARRG-Bayern; acht Beisitzer: § 13 Abs. 1 S. 1 Kurhessen-Waldeck, § 28 Abs. 1 MG-Niedersächsische Konföderation, § 14 Abs. 1 S. 1 ARRG-Thüringen, 10 Beisitzer: 16 Abs. 1 S. 1 ARRG-Rheinland / Westfalen / Lippe

[873] § 13 Abs. 5 ARRG-Baden; § 16 Abs. 4 ARRG-Bremen (der Vorsitzende der Arbeitsrechtlichen Kommission und sein Stellvertreter gehören dem Schlichtungsausschuss kraft Gesetzes an); § 28 Abs. 1 MG-Niedersächsische Konföderation (mittelbar über den Rat)

[874] 16 Abs. 3 ARRG-Rheinland/Westfalen/Lippe

[875] vgl. § 16 Abs. 5 ARRG-Bremen; § 13 Abs. 1 ARRG-Kurhessen-Waldeck;

[876] mit Zweidrittelmehrheit: § 16 Abs. 2 ARRG-Bremen, § 13 Abs. 4 ARRG-Baden, § 16 Abs. 2 LMG-Sachsen; mit Dreiviertelmehrheit: § 13 Abs. 3 ARRG-Bayern, § 13 Abs. 4 ARRG-Kurhessen-Waldeck, § 14 Abs. 3 ARRG-Thüringen, einstimmig: § 12 Abs. 3 ARRG-Diakonie

[877] § 16 Abs. 5 ARRG-Rheinland / Westfalen / Lippe

[878] als Alternative zur Befähigung als Richter zu arbeiten: § 13 Abs. 4 ARRG-Bayern; § 16 Abs. 3 LMG-Sachsen; § 14 Abs. 3 ARRG-Thüringen

[879] § 13 Abs. 3 ARRG-Baden; § 16 Abs. 3 S. 1 ARRG-Bremen, § 13 Abs. 5 S. 1 ARRG-Kurhessen-Waldeck, § 16 Abs. 5 S. 3 ARRG-Rheinland / Westfalen / Lippe, § 14 Abs. 3 ARRG-EKD-Diakonie;

(3) Die Rechtsstellung der Mitglieder

Der besondere Schutz der Mitglieder war zunächst in der Richtlinie des Rates der EKD nicht vorgesehen und wurde erst später eingeführt. Nunmehr werden in den Regelungen insbesondere ihre Unabhängigkeit und ihre fehlende Weisungsgebundenheit betont.[880] Den Mitgliedern der Arbeitsrechtlichen Kommission wird von einigen Teilkirchen ein besonderer Schutz hinsichtlich möglicher Benachteiligungen vor allem im Kündigungsschutz gewährt. Dieser Schutz erinnert an Regelungen im Mitarbeitervertretungsgesetz beziehungsweise im Betriebsverfassungsgesetz für Betriebsratsmitglieder. Die Rechte sind in den Gliedkirchen unterschiedlich ausgestaltet[881] – teilweise ist der Schutz immer noch rudimentär geregelt.[882] Den Kommissionsmitgliedern werden Fortbildungen oder Beratungen angeboten und sie werden vom Dienst in gewissem Rahmen freigestellt. In ihren einzelnen Ausgestaltungen werden die Regelungen später aufgegriffen. Ihre Ausgestaltung stellt ein wesentlicher Faktor bei der Beurteilung der Parität dar.

bb) Das Verfahrensgerüst in der katholischen Kirche

Die katholische Kirche verfügt über drei unterschiedliche beziehungsweise überlappende Ausgestaltungen des „Dritten Weges“.[883] Zum einen wurden für den so genannten verfassten Bereich und die damit verbundenen privaten Einrichtungen Kommissionen zur Ordnung des diözesanen Arbeitsvertragsrechts (KODAen) erlassen. Abhängig von ihrem Geltungsbereich wird zwischen Regional- und Bistums-KODAen unterschieden. Zum anderen wurde eine Arbeitsrechtliche Kommission des Deutschen Caritasverbandes (AK) gebildet. Ihre Zuständigkeit erstreckt sich gem. § 2 Abs. 1 Arbeitsvertragsrichtlinien des Deutschen Caritasverbandes (AVR) auf alle Einrichtungen und Dienststellen, die dem Deutschen Caritasverband (DCV) angeschlossen sind. Damit unterfallen auch Einrichtungen in privater Rechtsform mit bundesweiter Geltung ihrem Anwendungsbereich, soweit sie die Arbeitsvertragsrichtlinien des Deutschen Caritasverbandes anwenden. Den

---

[880] § 9 Abs. 1 ARRG-Bayern; § 9 Abs. 1 ARRG-Kurhessen-Waldeck; § 9 Abs. 1 ARRG-Bremen (keine Benachteiligung); § 9 A bs. 1 ARRG-EKD-Diakonie; § 9 Abs. 1 ARRG-Rheinland/Westfalen/Lippe

[881] § 9 ARRG-Bayern; § 9 ARRG-Bremen (ausführlich); § 9 Kurhessen-Waldeck (mit Auskunfts- und Beratungsrechten); § 9 ARRG-EDK-Diakonie; § 9 ARRG-Rheinland/Westfalen/Lippe; § 9 ARRG-Thüringen

[882] § 17 Abs. 2 LMG-Sachsen; keine Regelung: ARRG-Baden

[883] *Eder*, ZTR 2000, 496 f.

beiden Ordnungen wurde eine Zentrale Arbeitsrechtliche Kommission zur Ordnung des Arbeitsvertragsrechts übergeordnet. Sie hat sowohl im Bereich der verfassten als auch im Caritas-Bereich in enumerativ aufgeführten Bereichen[884] eine Regelungskompetenz. Kirchliche Rechtsgrundlage der KODAen ist Art. 7 Abs. 1 Grundordnung der katholischen Kirche.

(1) Geltungsbereich der KODAen

Die drei Grundtypen von Kommissionen zur Ordnung des Arbeitsvertragsrechts führen zu Überschneidungen in ihren Anwendungsbereichen. Für die Regelungskompetenz der Regional- beziehungsweise Bistumskommissionen und der Arbeitsrechtlichen Kommissionen des Deutschen Caritasverbandes gilt gegenüber der Zentralen Kommission der Grundsatz der Subsidiarität. Nur soweit die Arbeitsrechtliche Kommission der Zentral-KODA von ihrer Regelungsbefugnis keinen Gebrauch macht, können die anderen Kommissionen tätig werden, § 3 Abs. 2 Zentral-KODA. Der Geltungsbereich der Regional- und Bistums-KODAen erstreckt sich auf alle Anstellungsträger in ihrem räumlichen Geltungsbereich. Dies sind die Diözese, die Kirchengemeinden und die sonstigen öffentlichen juristischen Personen des kanonischen Rechts sowie alle sonstigen kirchlichen Einrichtungen, die unter die Grundordnung fallen.[885] Dies gilt nicht, soweit die kirchlichen Anstellungsträger die Arbeitsvertragsrichtlinien des Deutschen Caritasverbandes (AVR) anwenden.[886] In diesem Fall ist die Arbeitsrechtliche Kommission des Deutschen Caritasverbandes zuständig.

(2) Die Ordnung für die Kommissionen zur Ordnung des Arbeitsvertragsrechts im kirchlichen Dienst

Bei der Darstellung des „Dritten Weges" in der katholischen Kirche fällt auf, dass die Verfahren wesentlich einheitlicher strukturiert sind. Dies ist eine Folge der hierarchischen Struktur der katholischen Kirche. Das Verfahrensgerüst ist im Grundsatz ähnlich wie in den evangelischen Kirchen ausgestaltet.

[884] § 3 Abs. 1 Zentral-KODA

[885] *Richardi*, AR-Blattei SD, 960.1 Rn. 122

[886] § 3 Abs. 2 BayRK; § 1 Abs. 3 KODA-Freiburg; § 1 Abs. 3 KODA-Limburg

(a) Der Entscheidungsprozess

Die Regelungskompetenz der Arbeitsrechtlichen Kommissionen entspricht der Vorschrift des § 1 Abs. 1 TVG. Die Kommissionen können über den Inhalt, den Abschluss und die Beendigung von Arbeitsverhältnissen entscheiden.[887] Die Kompetenz der Bistums- beziehungsweise Caritas-Kommissionen sind – wie bereits erwähnt – insoweit beschränkt, wie die Zentrale Kommission von ihrer Regelungsbefugnis Gebrauch gemacht hat.[888]

Die Kommissionen treten bei Bedarf zusammen und / oder wenn dies von einem Teil der Mitglieder schriftlich unter Angabe von Gründen verlangt wird.[889] Der Antrag kann beraten werden, wenn mindestens die Hälfte der Mitglieder einschließlich des/der Vorsitzenden oder seines/ihres Stellvertreters anwesend sind.[890] Beschlüsse bedürfen einer Mehrheit von mindestens zwei Drittel[891] beziehungsweise drei Vierteln[892] der Gesamtzahl der Kommissionsmitglieder. Erhält ein Beschluss nicht die erforderliche Mehrheit, wird der Beschluss dem Vermittlungsausschuss zugeleitet, wenn mindestens die Hälfte für den Beschluss gestimmt hat und der Antrag zusätzlich von der Hälfte der Mitglieder unterstützt wird.[893]

Findet ein Antrag in der Kommission nicht die erforderliche Mehrheit, so kann der Vermittlungsausschuss angerufen werden, wenn die Kommissionsmitglieder für den Antrag gestimmt haben.[894] Der Vermittlungsaus-

---

[887] § 1 Zentral-KODA; § 2 Abs. 1 BayRK; § 1 Abs. KODA-Freiburg; § 1 Abs. 1 KODA-Limburg; § 2 Abs. 1 KODA-Freiburg; § 1 Abs. 3 KODA-Caritas

[888] § 3 Abs. 2 Zentral-KODA

[889] ¼ der Mitglieder: § 9 Abs. 1 Zentral-KODA; § 13 Abs. 1 KODA-Freiburg; § 13 Abs. 1 KODA-Limburg; 1/3 der Mitglieder: § 11 Abs. 1 BayRK; ½ der Mitglieder: § 9 Abs. 1 KODA-Caritas

[890] § 9 Abs. 4 Zentral-KODA; § 11 Abs. 3 BayRK; § 13 Abs. 4 KODA-Freiburg;

[891] § 12 Abs. Abs. 1 BayRK

[892] § 9 Abs. 8 Zentral-KODA; § 13 Abs. 8 KODA-Freiburg; § 13 Abs. 8 KODA-Limburg

[893] § 15 Rahmen-KODA-Bistums-/Regional-Ordnung

[894] mindestens die Hälfte: § 14 Zentral-KODA; § 16 BayRK; mindestens ein Drittel: § 18 Abs. 2 KODA-Freiburg

schuss leitet sein Vermittlungsergebnis gegebenenfalls wieder der Kommission zu.[895]

Stimmt die Kommission dem Vorschlag nicht zu, kann sie regelmäßig mit der Hälfte ihrer Mitglieder den Vermittlungsausschuss in erweiterter Besetzung anrufen. Dieser unterbreitet der Kommission erneut einen Vorschlag. Wird dieser nicht angenommen, bleibt es bei der alten Rechtslage.[896] Nach der Bayerischen-Regional-KODA-Ordnung kann für den Fall, dass der Vermittlungsvorschlag nicht die Zustimmung der Kommission findet, mit der Gesamtzahl der Mitglieder der Mitarbeiter- oder der Arbeitgeberseite und der Begründung eines unabweisbaren Regelungsbedürfnisses das kirchliche KODA-Gericht angerufen werden. Dieses kann gegebenenfalls einen Termin festsetzen, bis zu dem eine Einigung erzielt sein muss.[897]

Die Beschlüsse der Kommission oder des Schlichtungsausschusses sind nicht verbindlich, sondern Empfehlungen für den Bischof. Sie werden ihm, dem alleinigen Gesetzgeber seiner Diözese gem. can. 391 § 1 und § 2 CIC, zugeleitet. Ihm steht die abschließende Entscheidungskompetenz zu. Sieht sich der Bischof nicht in der Lage, den Beschluss in Kraft zu setzen, unterrichtet er die Kommission. Diese berät dann erneut[898] und/oder kann den Schlichtungsausschuss anrufen.[899] Sieht sich der Bischof auch nach erneuter Beratung und nach gegebenenfalls geändertem Beschluss nicht in der Lage, die Entscheidung der Kommission umzusetzen, ist das Verfahren beendet. Der Bischof betrachtet den Beschluss als qualifizierte Empfehlung.[900] In Ausnahmefällen steht ihm die Kompetenz zu, auch ohne eine Entscheidung der Kommission eine Regelung zu erlassen. Erforderlich ist ein zwingendes Regelungsbedürfnis, das von ihm festgestellt wird.

---

[895] § 15 Abs. 2 Zentral-KODA; § 17 Abs. 3 BayRK; § 19 Abs. 2 KODA-Freiburg; § 19 Abs. 2 KODA-Limburg

[896] § 16 Zentral-KODA; § 20 KODA-Freiburg; § 20 KODA-Limburg

[897] § 17 Abs. 5 i.V.m. § 18 BayRK

[898] § 10 Abs. 4 Zentral-KODA; § 12 Abs. 7 BayRK; § 14 Abs. 3 KODA-Freiburg; § 14 Abs. 3 KODA-Limburg; § 14 Abs. 3 KODA-Rottenburg-Stuttgart

[899] § 18 Abs. 2 KODA-Freiburg; § 18 Abs. 2 KODA-Limburg; § 18 Abs. 2 KODA-Rottenburg-Stuttgart

[900] § 10 Abs. 2-4 Zentral-KODA; § 12 Abs. 4-8 BayRK; § 14 KODA-Freiburg; § 14 KODA-Limburg

Für die Arbeitsrechtliche Kommission des Deutschen Caritasverbandes gilt eine Besonderheit. Er ist der Ausschuss eines Vereinsorgans.[901] Die Bischöfe haben gleichwohl darauf bestanden, sich die Inkraftsetzung der Beschlüsse vorzubehalten.

(b) Die Zusammensetzung der Gremien

Die Arbeitsrechtlichen Kommissionen sind mit der gleichen Anzahl von Vertretern der Dienstgeber und Mitarbeiterseite besetzt.[902] Die Vertreter der Mitarbeiter werden durch diese direkt[903] oder indirekt über die Vertreter und Vertreterinnen der Mitarbeiterseite[904] gewählt. Teilweise können die Gewerkschaften Wahlvorschläge machen.[905] Die Wählbarkeit der Vertreter setzt grundsätzlich voraus, dass diese seit mindestens einem Jahr wenigstens halbtätig in einem kirchlichen Arbeitsverhältnis stehen.[906] Zusätzlich müssen sie regelmäßig katholischen Glaubens sein.[907] Ausnahmsweise können nach der nordrhein-westfälischen KODA-Ordnung zusätzlich fünf Mitglieder des Zentralverbandes katholischer Kirchenangestellter Deutschlands e.V. (ZKD) in die Kommission entsandt werden, wobei dann zur Wahrung der Parität zusätzlich fünf Personen auf der Gegenseite ernannt werden.[908] Weitere Voraussetzungen werden insbesondere durch Wahlordnungen geregelt, die Bestandteil der KODA-Ordnungen sind. Jeder Arbeitsrechtlichen Kommission steht ein Vorsitzender vor. Dieser kommt in regelmäßigem Wechsel mit seinem Stellvertreter aus den Reihen der Mitarbeiter beziehungsweise der Dienstgeber und wird in geheimer Wahl gewählt.

Der Vermittlungsausschuss besteht in einfacher Besetzung aus einem Vorsitzenden und einer graden Zahl von Beisitzern. In den Ordnungen mit Vermittlungsausschüssen in erweiterter Besetzung kommen weitere Beisit-

901 *Eder*, ZTR 2000, 496 (497)

902 § 4 Abs. 1 Zentral-KODA; § 4 Abs. 1 BayRK; § 4 KODA-Freiburg; § 4 KODA-Limburg; § 4 KODA-Rottenburg-Stuttgart; § 2 Abs. 1 KODA-Caritas

903 § 5b Abs. 6 BayRK

904 § 4 Abs. 2 Zentral-KODA; § 5 Abs. 5 KODA-Freiburg; § 5 Abs. 4 KODA-Limburg

905 § 5b BayRK

906 § 5b Abs. 5 BayRK

907 § 5 Abs. 3 KODA-Freiburg; § 5 Abs. 3 KODA-Limburg; § 5 Abs. 3 KODA-Rottenburg-Stuttgart

908 § 5 Abs. 5 Regional KODA NRW

zer hinzu. Jedes Mitglied des Vermittlungsausschusses hat einen Stellvertreter.[909] Die Beisitzer werden mit Dreiviertelmehrheit von der Mitarbeiter- und der Dienstgeberseite gewählt. Die Mitglieder des Vermittlungsausschusses in der erweiterten Fassung werden von der Kommission in geheimer Wahl mit Dreiviertelmehrheit gewählt. Entsprechendes gilt für den Vorsitzenden beziehungsweise seinen Stellvertreter.[910]

Die Wahlvoraussetzungen für ein Mitglied des Vermittlungsausschusses sind mit denen der Arbeitsrechtlichen Kommission gleich. Der Vorsitzende und sein Stellvertreter müssen katholischen Glaubens und in ihren jedermann zustehenden kirchlichen Rechten nicht beschränkt sein. Sie dürfen nicht im kirchlichen Dienst stehen noch dem vertretungsberechtigten Leistungsorgan angehören. Sie sollen über Kenntnisse im Arbeitsrecht verfügen und die Gewähr bieten, jederzeit für das kirchliche Gemeinwohl einzutreten.[911]

(c) Die Rechtsstellung der Mitglieder

Auch die Ordnungen der katholischen Kirche schützen die Mitglieder der Kommissionen vor Behinderungen oder Benachteiligungen. Insbesondere besteht für sie ein besonderer Kündigungsschutz. Um ihre Aufgaben ordnungsgemäß erfüllen zu können, steht ihnen ein Anspruch auf Freistellung zu. Daneben haben sie innerhalb ihrer regelmäßigen Amtszeit von vier Jahren einen Anspruch auf den Besuch von Schulungsveranstaltungen von bis zu zwei Wochen, wenn das Bistum dies zur Kenntnisvermittlung für erforderlich hält. Den Mitgliedern wird ferner eine rechtskundige Person zu Seite gestellt. Dritte können im Einvernehmen mit der Arbeitgeberseite beauftragt werden.[912]

4) Parität durch „Dritten Weg“?

Die kirchlichen Regelungssysteme versuchen die Leitidee der partnerschaftlichen Zusammenarbeit von Arbeitgebern und Arbeitnehmer zu verwirklichen, die es den kirchlichen Einrichtungen gleichzeitig erlauben soll,

---

[909] § 11 Zentral-KODA; § 17 KODA-Freiburg; § 17 KODA-Limburg; § 17 KODA-Rottenburg-Stuttgart

[910] § 13 Zentral-KODA; § 17 KODA-Freiburg; § 17 KODA-Limburg; § 17 KODA-Rottenburg-Stuttgart; § 15 BayRK (2/3 Mehrheit)

[911] § 12 Zentral-KODA; § 13 Abs. 5 i.V.m. 5a, 5b und 14 BayRK; § 16 KODA-Freiburg; § 16 KODA-Limburg; § 16 KODA-Rottenburg-Stuttgart

[912] §§ 8-102 BayRK; §§ 8-11 KODA-Freiburg; §§ 8-11 KODA-Limburg

ihren Auftrag zu erfüllen.[913] Trotz oder gerade aufgrund der kirchlichen Besonderheiten ist es den Kirchen durch ihr Selbstverständnis vorgegeben, den Arbeitnehmern ein System zur Verfügung zu stellen, das ihre Interessen berücksichtigt. Das entspricht auch den verfassungsrechtlichen Vorgaben. Von einem derartigen Ausgleich zwischen Koalitionsfreiheit und Selbstbestimmungsrecht der Kirchen kann gesprochen werden, wenn die Verhandlungsparität zwischen Arbeitnehmern und Arbeitgebern gewährleistet ist.[914] Ob dies beim Verfahren des „Dritten Weges" der Fall ist, ist umstritten.[915]

Auch das Bundesarbeitsgericht hat sich mit dem Problem der Parität in kirchlichen Arbeitsrechtsregelungsverfahren mehrfach bei der Prüfung beschäftigt, ob kirchliche Arbeitsvertragsordnungen einer Rechts- oder einer Billigkeitskontrolle zu unterziehen sind. Bei einer Rechtskontrolle wird lediglich untersucht, ob die Regelung gegen die Verfassung, gegen anderes höherrangiges zwingendes Recht oder gegen die guten Sitten verstößt,[916] während dem Gericht bei einer Billigkeitskontrolle zusätzlich die Möglichkeit gegeben wird, korrigierend einzugreifen, wenn der Inhalt der Vereinbarung zwar noch nicht sittenwidrig ist, aber unbillig oder unangemessen erscheint.[917] Tarifverträge unterliegen im Vergleich hierzu nur einer eingeschränkten Rechtskontrolle. Das Bundesarbeitsgericht sieht den Grund in ständiger Rechtsprechung in einem angemessenen Interessenausgleich zwischen Arbeitnehmern und Arbeitgebern,[918] weil die Tarifverträge durch gleichberechtigte Partner ausgehandelt werden.[919]

Fraglich ist nun, ob dies auch auf die Beschlüsse der Arbeitsrechtlichen Kommissionen zutrifft, die vom Bischof oder der Synode promulgiert werden. In der rechtlichen Beurteilung dieser Frage hat sich in der Rechtspre-

---

913 *Grethlein*, NZA Beil. 1/1986, 18

914 *Spengler*, NZA 1987, 833 (838); *Dütz*, EssG 18 (1984), 67 (92); *Hanau*, ZevKR 25 (1980), 61 (69); Dütz, RdA 1979, 79 (84); Pirson, RdA 1979, 65 (71)

915 zustimmend: *Richardi*, Arbeitsrecht in der Kirche, § 15 Rn. 23; *Thüsing*, RdA 1997, 163 (169); ablehnend: *Kühling*, AuR 2001, 241 ff.; *Vogt*, Der „dritte Weg", S. 139 f.; eingeschränkt: *Pahlke*, Kirche und Koalitionsrecht, S. 212 ff.; *ders.* NJW 1986, 350 (354)

916 BAG AP Nr. 1 zu § 10 AVR Caritasverband, Bl. 1732

917 *Preis*, Arbeitsrecht, § 152, S. 565

918 BAG AP Nr. 64 zu Art. 9 Arbeitskampf Bl. 913

919 BAG AP Nr. 1 zu § 10 AVR Caritasverband, Bl. 1732 R

chung des Bundesarbeitsgerichts ein Wandel vollzogen. In seiner Entscheidung vom 4. Februar 1970 hat es die kirchlichen Arbeitsvertragsregelungen zur Kompensation eines Übergewichts auf Seiten der kirchlichen Arbeitgeber einer allgemeinen Billigkeitskontrolle unterworfen.[920] Dem folgte die Einstufung der Arbeitsrechtlichen Kommission als gegenüber den Parteien unabhängiger Dritten und der Möglichkeit einer Billigkeitskontrolle entsprechend der Regelung des § 317 BGB.[921] Nunmehr vertritt es in Übereinstimmung mit einer Auffassung im Schrifttum[922] die Ansicht, dass die kirchlichen Arbeitsvertragsordnungen als Ergebnis des „Dritten Weges" vergleichbar mit dem Tarifvertrag nur einer Rechtskontrolle unterworfen werden; einschränkend soll dies jedenfalls für den Fall gelten, dass entsprechende „Tarifvertragsregelungen des öffentlichen Dienstes für gleichgelagerte Sachbereiche ganz oder mit im Wesentlichen gleichem Inhalt „übernommen" werden".[923] Seine Begründung stützt der 5. Senat des Bundesarbeitsgerichts auf drei Argumente. Die paritätische Besetzung und die Weisungsunabhängigkeit der Mitglieder der Arbeitsrechtlichen Kommissionen gewährleiste, dass kein Übergewicht entstehe. Darüber hinaus zeige der Gesetzgeber, soweit er dispositives Recht setze, dass er Tarifverträge und Arbeitsvertragsrichtlinien der Kirchen gleichsetze. Schließlich wird als drittes Argument die Übernahme tarifvertraglicher Regelungen angeführt. Das letzte Argument ist bedeutend, da der Senat ausdrücklich offen lässt, ob eine Billigkeitskontrolle gem. § 317 BGB zu erfolgen hat, wenn tarifvertragliche Regelungen nicht „übernommen" werden.[924] Der 10. Senat des Bundesarbeitsgerichts hat sich dieser Begründung angeschlossen und stellt ebenfalls auf die Übernahme tarifvertraglicher Bestimmungen ab.[925] Das Bundesarbeitsgericht hat damit die Grundsatzfrage, in der der „Dritte Weg" eine eigenständige Bedeutung erlangt und nicht lediglich bestehende Tarifverträge reproduziert, unbeantwortet gelassen. Die rechtliche „Bewährungsprobe", wenn es aus finanziellen oder anderen zwingenden Gründen

---

[920] BAGE 28, 14 (20 f.)

[921] BAG AP Nr. 24 zu § 611 BGB Kirchendienst, 1. LS

[922] *Thüsing*, ZTR 1999, 298 (300), ders., Anmerkung zu BAG, Urt. v.15.11.2001 – 6 AZR 88/01, EzA § 611 Nr. 48 Kirchliche Arbeitnehmer, S. 11 (13); *Richardi*, Arbeitsrecht in der Kirche, § 15 Rn. 48

[923] BAG AP Nr. 1 zu § 10 AVR Caritasverband, Bl. 1732 R; bestätigt durch BAG AP Nr. 11 zu § 12 AVR Caritasverband, Bl.

[924] BAG AP Nr. 1 zu § 10 AVR Caritasverband, Bl. 1733

[925] BAG AP Nr. 11 zu § 12 AVR Caritasverband, Bl. 1358 f.

zu einer Abkopplung vom Tarifrecht des öffentlichen Dienstes kommt, hat der „Dritte Weg“ noch nicht bestanden.[926]

Das Bundesarbeitsgericht hat in seinen Entscheidungen allerdings die Punkte aufgezeigt, an denen es die Verhandlungsparität des „Dritten Weges“ festmachen möchte. Das erste Argument des Bundesarbeitsgerichts, dass der einfache Gesetzgeber die Beschlüsse der Arbeitsrechtlichen Kommissionen anerkenne, kann jedoch nicht helfen. Die Anerkennung der Regelungen mag ein Indiz für ihre Richtigkeit sein, entscheidend ist aber das Verfassungsrecht. Anerkannt ist auch, dass die gleiche Anzahl von Arbeitnehmer- und Arbeitgebervertretern zwar ein Indiz für die Ausgeglichenheit des Kräfteverhältnisses ist, dass neben der formellen Parität jedoch noch weitere Voraussetzungen für die so genannte materielle Parität erforderlich sind.[927] Weiterführend ist der Verweis des Bundesarbeitsgerichts auf die Weisungsfreiheit und die Unabhängigkeit der Mitglieder der Arbeitsrechtlichen Kommission. Dies sind wesentliche Faktoren für die Gewährleistung einer materiellen Parität.[928] Zu untersuchen ist sowohl das Verfahren der Regelungsfindung als auch die Rechtsstellung der Arbeitnehmervertreter. In Anbetracht der Vielzahl unterschiedlicher Regelungen werden nachfolgend nur einzelne Kirchenregelungen herausgegriffen. Diese werden nicht in Gänze, sondern nur an den neuralgischen Punkten geprüft.

a) Das Verfahren

Die Verfahren des „Dritten Weges“ verlangen zu ihrem Abschluss einen Beschluss. Unterschiedlich ausgestaltet ist die Frage, ob das Verfahren neben dem Beschluss der Arbeitsrechtlichen Kommission auch mit einem Beschluss des Schlichtungsgremiums abgeschlossen werden kann. Die Richtlinie der EKD vom 8.10.1976 überlässt diese Frage den Landeskirchen.

---

926 *Dütz*, EssG 18 (1984) 67 (100)

927 *Richardi*, Arbeitsrecht in der Kirche, § 15 Rn. 21; *Vogt*, Der „Dritte Weg“ der evangelischen Kirchen und die Tarifautonomie, S. 138; *Dütz*, EssG 18 (1984), S. 67 (92); *Pahlke*, Kirche und Koalitionsrecht, S. 216 ff.; *Briza*, „Tarifvertrag“ und „Dritter Weg“, S. 226

928 *Dütz*, EssG 18 (1984) 66 (91 ff.)

aa) Die Schlichtung der Regelungsstreitigkeit

Unter einer Schlichtung wird die Hilfeleistung zur Beendigung einer Regelungsstreitigkeit verstanden.[929] Dies kann durch einen Schlichtungsvorschlag, der von den Parteien noch anzunehmen ist oder durch abschließende Entscheidung des Streits durch die Schlichtungsstelle geschehen. Hinsichtlich der Eröffnung des Verfahrens ist zwischen der freiwilligen Einleitung durch die Parteien und der so genannten Zwangsschlichtung zu unterscheiden. Im letzteren Fall wird kraft Vereinbarung oder gesetzlicher Anordnung die Einleitung eines Schlichtungsverfahrens verlangt, wenn eine Einigung der Parteien nicht erzielt werden konnte.

In der katholischen Kirche existiert ein solches Verfahren nicht, da der Beschluss zur Wirksamkeit immer der Promulgation durch den jeweiligen Bischof bedarf. Auch die Regelung in der Bayerischen-Regional-KODA stellt keine Schlichtung der Regelungsstreitigkeit dar. Gem. § 17 Abs. 5 kann das kirchliche KODA-Gericht, soweit im Einzelfall ein unabweisbarer Regelungsbedarf besteht, einen Termin festsetzen, zu dem in der Angelegenheit ein Beschluss im Vermittlungsausschuss herbeizuführen ist. Der Beschluss selbst bedarf aber weiterhin der Promulgation durch den Bischof und schließt das Verfahren daher nicht ab. Im Gegensatz dazu entscheiden in einigen evangelischen Landeskirchen die Schlichtungsausschüsse verbindlich über den Inhalt einer Regelung, wenn in den Arbeitsrechtlichen Kommissionen keine Einigung erzielt werden konnte.[930] Durch die verbindliche Anordnung der Schlichtung kann in den Regelungen aus zwei Gründen die Gefahr einer unzulässigen (Zwangs-)schlichtung gesehen werden. Zum einen wird darauf verwiesen, dass eine staatlich angeordnete Zwangsschlichtung unzulässig ist und dies daher erst Recht für kirchliche Zwangsschlichtungen gelten müsse.[931] Zum anderen wird für den Fall der Zwangsschlichtung (als auch für den Fall des Letztentscheidungs- beziehungsweise Vetorechts) von einer vorweggenommenen Beeinflussung der Kommissionsmitglieder ausgegangen.[932]

---

[961] Die Schlichtung bei einer Rechtsstreitigkeit wird regelmäßig von einer Schiedsstelle entschieden. Umfasst ist davon beispielsweise die Frage, ob ein Arbeitnehmer noch Anspruch auf Lohn hat.

[930] § 13 Abs. 9 ARRG-Bayern, § 29 Abs. 5 MG-Niedersächsische Konföderation, § 19 Abs. 5 ARRG-Rheinland

[931] *Kühling*, AuR 2001, 241 (245)

[932] *Kühling*, AuR 2001, 241 (245)

Das erste Argument der generellen Unzulässigkeit einer nicht vereinbarten Zwangsschlichtung beruht auf der nahezu einhelligen Ansicht, dass eine staatlich angeordnete Zwangsschlichtung grundsätzlich unzulässig ist.[933] Nur ausnahmsweise wird in Teilen der Literatur bei besonders dringenden Anliegen des Gemeinwohls eine Ausnahme gemacht.[934] Allerdings bestehen angesichts der so genannten „Notstandsklausel" gem. Art. 9 Abs. 3 S. 3 GG auch dagegen Bedenken.[935] Nach ihr dürfen sich staatliche Maßnahmen auch nicht zu Zwecken der Verteidigung, zur Aufrechterhaltung und Wiederherstellung der öffentlichen Ordnung gegen Arbeitskämpfe richten, die zur Förderung der Arbeits- und Wirtschaftsbedingungen von Gewerkschaften geführt werden. Angesichts dieser Kriterien ist kaum vorstellbar, welche gemeinwohlschädlichen Handlungen ein Streikverbot legitimieren könnten. Im Übrigen wird das Streikrecht bereits durch mögliche Schadensersatzansprüche faktisch begrenzt. In der Tat stellt sich daher die Frage, warum die Kirchen eine derartige Schlichtung anordnen dürfen, wenn dies dem Staat verwehrt ist.

Die staatlich angeordnete Verpflichtung zur Durchführung einer Schlichtung wird als unzulässiger Eingriff in die durch. Art. 9 Abs. 3 GG geschützte Tarifautonomie angesehen. Die mit der Koalitionsfreiheit einhergehende Tarifautonomie bezeichnet das Recht der Gewerkschaften und Arbeitgeber(verbände), durch Verhandlungen und notfalls Kampfmaßnahmen die Lohn- und Gehaltstarife in freier Selbstbestimmung zu entscheiden.[936] Auch wenn die Koalitionsfreiheit nicht schrankenlos gewährt ist, müssen staatliche Regelungen diese Eigenverantwortung sicherstellen und den Tarifvertragsparteien die Regelungskompetenz nicht entziehen.[937] Das Tarifvertragssystem muss in seiner Funktionsfähigkeit erhalten werden.[938] Dem widerspricht auch nicht die Einrichtung einer Einigungsstelle gem. § 76 BetrVG. Die Verfassungskonformität der Einigungsstelle wird durch das Bundesverfassungsgericht unter anderem damit begründet, dass Rückwir-

---

933 BVerfGE 18, 18 (30); *Brox*, in Brox/Rüthers, Arbeitskampfrecht, Rn. 706; *Däubler*, in: Däubler, Arbeitskampfrecht, 105z; *Gamillscheg*, Kollektives Arbeitsrecht Bd. 1, S. 1304; *Kissel*, Arbeitskampfrecht, § 70 Rn. 36; *Otto*, in: MünchArbR, § 296 Rn. 14; a.A. *Rasch*, ZRP 1976, 181 (185)

934 *Gamillscheg*, Kollektives Arbeitsrecht Bd. 1, S. 1304

935 *Kissel*, Arbeitskampfrecht, § 70 Rn. 33

936 *Kissel*, Arbeitskampfrecht § 10 Rn. 5; Seiter, Staatsneutralität, S. 108

937 Seiter, Staatsneutralität, S. 108

938 BVerfGE 50, 290 (373)

kungen der betriebsverfassungsrechtlichen Regelungskompetenz auf die Tarifvertragsautonomie durch den Vorrang des Tarifvertrags gem. §§ 77 Abs. 3, 87 Abs. 1 BetrVG vermieden werden.[939]

Die Schlichtung im kirchlichen Verfahren bezweckt im Gegensatz dazu gerade die Regelung von Bereichen, die von der Tarifautonomie umfasst werden. Allerdings basieren die Arbeitsrechtsregelungsverfahren der Kirchen nicht auf dem Tarifvertragssystem. Zweck der Einführung des Dritten Weges ist es, das System der gegenseitigen Druckausübung auszuschalten, indem ein selbständiges, das Verhandlungsgleichgewicht der abhängig beschäftigten Mitarbeiter bei Abschluss und Gestaltung der Arbeitsverträge berücksichtigendes Verfahren eingeführt wird. Damit entscheidet sich das Problem der Unzulässigkeit dieser Schlichtung nicht bei der Frage der Zulässigkeit einer Zwangsschlichtung, sondern bei der Frage der Zulässigkeit eines alternativen Regelungsverfahrens in Form des „Dritten Weges".[940]

Das zweite Argument erschließt sich aus den Erfahrungen mit dem Schlichtungsrecht der Weimarer Zeit. Dort bestand aufgrund der Zwangsschlichtung nicht mehr der Wille, eine Einigung zu erzielen. Aufgrund der letzten Instanz eines Schlichters wurde die Verantwortung auf diesen abgewälzt,[941] indem auf Maximalforderungen bestanden wurde. Daher besteht auch heute bei einer angeordneten Zwangsschlichtung die Befürchtung, dass der Verständigungswille gelähmt wird.[942] Dabei fallen Parallelen in den Regelungsverfahren der Kirchen und der Verordnung über das Schlichtungswesen von 1923 (SchliVO) besonders ins Gewicht. So wurden nach der SchliVO Schlichtungsgremien ebenfalls paritätisch besetzt. Allerdings wurde der unparteiische Vorsitzende von der obersten Landesbehörde bestellt beziehungsweise abberufen. Das Verfahren wurde ebenfalls durch ein Vorverfahren vor dem Schlichtungsausschuss eingeleitet. Blieb dieses erfolglos, wurde die Schlichtungskammer zuständig und erließ einen Schiedsspruch.

---

939 BVerfG NZA 1986, 199 (200); Kreutz, in: GK-BetrVG, § 76, Rn. 7

940 In diese Richtung argumentiert auch *Richardi* (Arbeitsrecht in der Kirche, § 10 Rn. 7), wenn er davon spricht, dass das Streikrecht nur im „Rahmen des Tarifvertragssystems" gewährleistet ist.

941 *Gamillscheg*, Kollektives Arbeitsrecht, § 31, S. 1303; *Kissel*, Arbeitskampfrecht, § 70 Rn. 4; differenzierend: *Rommelspacher*, Schlichtung und Tarifautonomie, S. 27 f

942 a.A. *Pusch*, Alternativen zum Arbeitskampf im öffentlichen Dienst, S. 272, der ein eigenes Regelungsverfahren vorschlägt.

Das Argument der Beeinflussung des Willensbildungsprozesses beziehungsweise der Lähmung der Verhandlungen muss sich aber auch an der Schlichtungspraxis in anderen Ländern messen lassen. So gibt es beispielsweise in Australien, Neuseeland und Amerika staatliche Zwangsschlichtungen.[943] Im Bundesstaat New York existiert das so genannte *Taylor Law*, das für Polizei und Feuerwehr eine von Arbeitgeber- und Arbeitnehmerseite erzwingbare Schiedsgerichtsbarkeit vorsieht. *Pusch* stellt fest, dass sich anhand empirischer Studien belegen lässt, dass die Parteien nicht auf ihren Extrempositionen verharren und nicht auf das „split-the-difference-principle" hoffen.[944] Somit ist die Einführung einer Zwangsschlichtung sicherlich bedenklich, die Möglichkeit, dass Verhandlungen nicht mehr stattfinden werden, als Argument jedoch nicht zwingend.

Im Übrigen lassen sich auch wesentliche Unterschiede im System der Verordnung über das Schlichtungswesen von 1923 und des kirchlichen Regelungsverfahrens feststellen. So sah die Verordnung in Art. I § 6 vor, das der Schiedsspruch auch dann für allgemein verbindlich erklärt werden konnte, wenn er nicht von den Parteien angenommen worden war. Das galt auch für den Fall, dass gem. § 23 der Zweiten Ausführungsverordnung i.V.m. Art. I § 6 Schlichtungsverordnung nur der unparteiische Schlichter entschied, weil eine Einigung im Schlichtungsausschuss nicht erzielt werden konnte. Eine vergleichbare Regelung, die der Hauptgrund für die Kritik an der Schlichtung ist,[945] ist in den kirchlichen Regelungsgesetzen nicht zu finden. Der Erlass der Schlichtungsstelle fordert immer einen Beschluss des gesamten Schlichtungsausschusses. Entsprechend sind die beiderseitigen Interessen im Ausspruch immer berücksichtigt. Die Regelung wirkt zudem zwar immer „allgemeinverbindlich" für alle Arbeitnehmer, es werden aber immer auch alle Arbeitnehmer durch die gewählten Kommissionsmitglieder vertreten. In die Wahl der Arbeitnehmervertreter sind immer alle – mit den problematischen Einschränkungen des aktiven Wahlrechts – involviert.

---

[943] vgl. *Gamillscheg*, Kollektives Arbeitsrecht I, § 31, S. 1304 ff. mit zahlreichen Beispielen

[944] vgl. *Pusch*, Alternativen zum Arbeitkampfrecht im öffentlichen Dienst, S. 125, 242 f.: Die Aussagen widersprechen sich allerdings teilweise.

[945] *v. Brauchitsch*, Staatliche Zwangsschlichtung, S. 95; *Rommelspacher*, Schlichtung und Tarifautonomie, S. 26

bb) Das Veto- bzw. Letztentscheidungsrecht

Wesentliche Kritikpunkte[946] an einigen Verfahrensordnungen in der katholischen Kirche und in modifizierter Form in einigen evangelischen Landeskirchen[947] sind das so genannte Veto- und das Letztentscheidungsrecht. Bereits in ihrer Existenz wird eine Paritätsstörung gesehen, da die Arbeitnehmer auf die Ausübung dieser Rechte keinen Einfluss haben.[948]

(1) Ausgestaltung des Letztentscheidungs- bzw. Vetorechts

In der katholischen Kirche obliegt es dem jeweiligen Bischof, den Beschluss der Arbeitsrechtlichen Kommission in Kraft zu setzen.[949] Sieht er sich dazu, nachdem die Kommission erneut beraten hat, nicht in der Lage, betrachtet er den Beschluss als qualifizierte Empfehlung.[950] Eine Verpflichtung zur Inkraftsetzung besteht für ihn nicht. Damit sind die Beschlussfassung durch die Kommission und die Inkraftsetzung durch den Diözesanbischof zwei eigenständige konstitutive Akte, die kumulativ erforderlich sind. Dem Diözesanbischof steht ein so genanntes Vetorecht zu. Er kann durch die Nichtumsetzung des Beschlusses das In-Kraft-Treten verhindern. Eine Besonderheit in der katholischen Kirche besteht bei den Beschlüssen der Arbeitsrechtlichen Kommission des Deutschen Caritasverbandes. Ihnen kommt prinzipiell eine echte Beschlusskompetenz zu;[951] insbesondere bedürfen die Beschlüsse nicht der Zustimmung des Zentralrates des Deutschen Caritasverbandes. Die Beschlüsse treten mit der Veröffentlichung in der „Caritas-Korrespondenz" in Kraft.[952] Sie bedürfen allerdings zuvor entsprechend der Richtlinie für die Inkraftsetzung der Beschlüsse der Arbeitsrechtlichen Kommission der Zustimmung der Arbeitsgemeinschaft der Bistümer in der Bundesrepublik Deutschland für die Arbeitsrechtliche Kom-

---

946 *Pahlke*, Kirche und Koalitionsrecht, S. 219; *ders.* NJW 1986, 350 (354); *Dütz*, EssG 19 (1984), 67, 95 ff.; *Kühling*, AuR 2001, 241 (245)

947 § 16 Abs. 2 S. 3 ARRG-Baden; § 14 Abs. 3 ARRG-Kurhessen-Waldeck; in anderer Ausgestaltung: § 18 ARRG-Bremen

948 *Kühling*, AuR 2001, 241 (245); *Pahlke*, Kirche und Koalitionsrecht, S. 219 ff.; *ders.*, NJW 1986, 350 (354); *Vogt*, Der „Dritte Weg", S. 141 f.; zunächst auch *Dütz*, EssG 18 (1984), 67 (95 ff.), aber nicht mehr aufrechterhalten in FS Listl, S. 573 (584 f.)

949 § 10 Zentral-KODA-Ordnung

950 § 12 Abs. 8 Bay.-Regional-KODA-Ordnung; § 20 Abs. 3 S. 2 KODA-Ordnung-Limburg; 20 Abs. 3 S. 2 KODA-Ordnung-Rottenburg-Stuttgart

951 *Dütz*, EssG 18 (1980), 67 (96)

952 § 15 KODA-Caritas

mission. Dieser Arbeitsgemeinschaft gehören insgesamt fünfzehn Vertreter der Bistümer an.[953]

In den Regelungsverfahren der katholischen Kirche ist zusätzlich regelmäßig festgelegt, dass der Diözesanbischof im Wege einer Letztentscheidung Normen unabhängig von der Kommission erlassen kann, wenn ein dringender Regelungsbedarf besteht.[954] Diesen stellt der Bischof selber fest. Die Bedeutung des Letztentscheidungsrechts zeigt sich nunmehr im Bistum Limburg. Dort hat der Bischof von Limburg, Dr. Franz Kamphaus, am 5. März 2003 erklärt, dass bei der Anpassung der Weihnachtszuwendung und der Eigenbeteiligung der Mitarbeiter bei Zusatzversicherten der „ZVK Wiesbaden" nach der Ausschöpfung des Vermittlungsweges ein unabweisbares Regelungsbedürfnis i.S.d. § 20 Abs. 3 S. 2 KODA-Ordnung-Limburg entstanden ist. In der Folge wurde die Weihnachtszuwendung mit Wirkung zum 1. Oktober 2003 einseitig gekürzt sowie bestimmt, dass die Zusatzversorgungsversicherten einen Beitrag zu Lasten des eigenen Netto-Einkommens in Höhe von 0,5% zu tragen haben.[955] Zuvor war es nicht gelungen, in der Arbeitsrechtlichen Kommission eine Einigung zu erzielen. Der angerufene Vermittlungsausschuss sah sich nicht in der Lage, einen Vermittlungsvorschlag vorzulegen.[956] Die Mitarbeiter haben zur Klärung der Zulässigkeit der Rechtsausübung durch den Bischof die Schlichtungsstelle angerufen.

Veto- und das Letztentscheidungsrecht betreffen die Frage, ob der katholische Bischof, nachdem die Arbeitsrechtliche Kommission tätig geworden ist, Rechte ausüben darf. Unklar ist, ob dem Bischof unabhängig vom Tätigwerden der Kommission die Kompetenz zum Erlass von Arbeitsvertragsrichtlinien zusteht. Dafür spricht die allumfassende Gesetzgebungskompetenz des Bischofs. Andererseits wurde das Verfahren des „Dritten Weges" gerade entwickelt, um den einseitigen Erlass von Arbeitsregelungen durch den Bischof im Sinne eines „Ersten Weges" zu verhindern. Die

---

953 http://www.caritas.de/2252.html (24.07.2003)

954 § 20 Abs. 3 S. 3 KODA-Diözese Rottenburg-Stuttgart; 20 Abs. 3 KODA-Limburg; § 20 Abs. 3 KODA-Freiburg; § 20 Abs. 3 Rahmen-KODA-Ordnung; Ausnahme zum Beispiel: BayRK

955 http://mav.bistumlimburg.de/inhalt/dokumente/informationen03030.doc (24.07.2003)

956 http://mav.bistumlimburg.de/inhalt/dokumente/koda-erklaerung_kurzfassung.doc (24.07.2003)

durch Verweisung[957] für Streitigkeiten im Bereich der KODA-Ordnung zuständige Schlichtungsstelle der Mitarbeitervertretungsordnung (MAVO) der Erzdiözese Köln hat die kirchenrechtliche Frage in einer Entscheidung vom 29.09.1994 differenziert ausgeurteilt. Danach verbleibt das Gesetzgebungsrecht beim Bischof, wenn es um zwingende arbeitsvertragliche Grundnormen geht. Soweit es sich allerdings um Regelungen handelt, die den Inhalt, den Abschluss und die Beendigung von Arbeitsverhältnissen entsprechend dem Regelungsbereich der Arbeitsrechtlichen Kommissionen betreffen, kann der Bischof erst tätig werden, wenn sie in dem vorgesehenen Verfahren ordnungsgemäß behandelt wurden.[958]

In den evangelischen Kirchen gibt es zwei Verfahrensarten, die ein Veto- beziehungsweise Letztentscheidungsrecht darstellen. Die Regelungen der Evangelischen Kirche in Kurhessen-Waldeck sowie der Evangelischen Kirche in Baden sind dabei mit dem in der katholischen Kirche bestehenden System im weitesten Sinne vergleichbar. In Kurhessen-Waldeck hat die Landessynode den Beschluss der Schlichtungsstelle aufzuheben, wenn nach ihrer Feststellung die Grundordnung verletzt wurde – insbesondere der Auftrag der Kirche gefährdet ist. Als Ersatz ist eine eigene kirchengesetzliche Regelung zu erlassen.[959] In Baden kann die Landessynode, nachdem ihr der Beschluss der Arbeitsrechtlichen Kommission über den Oberkirchenrat durch den Landeskirchenrat vorgelegt wurde, die Entscheidung aufheben und ebenfalls durch eine eigene ersetzen.[960] Der Kirchentag der Evangelischen Kirche in Bremen hat die Möglichkeit, ein Rahmengesetz zu erlassen, an das die Arbeitsrechtsregelung der Arbeitsrechtlichen Kommission gebunden ist. Voraussetzung ist, dass mit verfügbaren Geldmitteln die Wahrnehmung der kirchlichen Aufgaben nicht mehr gewährleistet ist.[961]

---

957 § 17a Regional-KODA-Ordnung-NW

958 http://www.diag-mav.org/arhilfen/schlicht/aufsatz.htm (16.06.2003); so nun auch Eder, in: Erläuterungen zur Bayerischen Regional-KODA-Ordnung (Stand: 19.9.2002),Nr. 83 zu § 12, http://www.kodakompass.de/abd/bayrko/index.html (16.6.2003)

959 § 14 Abs. 3 ARRG-Kurhessen-Waldeck

960 § 16 ARRG-Baden

961 § 18 Abs. 1 ARRG-Bremen

(2) Kirchenrechtliche Gründe für das Letztentscheidungs- bzw. Vetorecht

Theologisch ist das Letztentscheidungs- beziehungsweise das Vetorecht in der katholischen Kirche durch die Vorgaben des Codexes des Kanonischen Rechts (CIC) bedingt. Kirchenrechtlich bestimmt der Diözesanbischof alle Regelungen im diözesanen Bereich. Dies folgt aus seiner in can. 391 § 2 CIC garantierten Gesetzgebungsvollmacht und gilt auch für den arbeitsrechtlichen Bereich. Eine Delegation der legislativen Gewalt vom Bischof auf die Kommission scheidet gem. can. 391 § 2 i.V.m. 135 § 2 CIC aus. Die Beschlüsse der Arbeitsrechtlichen Kommissionen sind daher als Vorschläge zu qualifizieren. Dies erklärt aus kirchenrechtlicher Sicht auch, dass der Bischof zur Inkraftsetzung von Beschlüssen der Kommission nicht verpflichtet sein kann und die Promulgation durch den Bischof ein wesentlicher Teilakt ist. Dem „Beispruchrecht“[962] der Kommissionen steht ein „Vetorecht“ des Bischofs gegenüber.[963]

In den evangelischen Kirchen ist die Übertragung der Gesetzgebungskompetenz im Einzelfall möglich.[964] Ausgeschlossen ist es für die Synode aber, sich der Gesamtverantwortung für die Kirche zu entheben.[965] Den Grund eines partiellen Veto- / Letztentscheidungsrecht beziehungsweise eines Rahmengesetzes kann daher nicht mit der alleinigen Gesetzgebungskompetenz der Synode – vergleichbar mit der Rechtslage in der katholischen Kirche – begründet werden. Aufhänger muss vielmehr die Gesamtverantwortung der leitenden Gremien sein. Entsprechend begründen die evangelischen Kirchen, die besonderen Rechte der Synode[966] beziehungsweise des Kirchentages[967] mit der Verantwortung für den Haushalt[968] und der notwendigen Gewährleistung, dass kirchliche Aufgaben erfüllt werden.[969]

[962] Es handelt sich dabei um eine Art Beispruchrecht ohne Nichtigkeitssanktion, vgl. can. 127 CIC (Eder, Tarifpartnerin Katholische Kirche?, S. 75).

[963] *Eder*, Tarifpartnerin Katholische Kirche?, S. 75 f.

[964] *Mayer-Maly*, BB 1977 Beil 3, S. 4

[965] *Briza*, „Tarifvertrag“ und „Dritter Weg“, S. 231

[966] § 14 ARRG-Baden; § 14 ARRG-Kurhessen-Waldeck

[967] § 18 ARRG-Bremen

[968] § 16 Abs. 2 S. 3 ARRG-Baden; § 18 Abs. 1 ARRG-Bremen (Erlass einer Rahmenregelung)

[969] *Pahlke*, Kirche und Koalitionsrecht, S. 220; *Richardi*, Arbeitsrecht in der Kirche, § 14 Rn. 12

(3) Eigener Ansatz

Das Vetorecht stellt einen erheblichen Einschnitt im Verfahrensgang des „Dritten Weges" dar und erscheint zudem sachlich nicht erforderlich. In der Arbeitsrechtlichen Kommission sind Arbeitnehmer und Arbeitgeber zahlenmäßig gleich vertreten, so dass aufgrund des bestehenden Kräftegleichgewichts die Beschlüsse der Arbeitsrechtlichen Kommissionen inhaltlich gerecht sein sollen. Warum sollte der Bischof oder die Synode diese gerechten Regelungen noch einmal überprüfen? Probleme bereitet auch das so genannte Letztentscheidungsrecht. Der Eingriff in das Verfahren des „Dritten Weges" ist sogar noch schwerwiegender. Es erfolgt nicht nur eine Kassation einer Regelung wie im Fall des Vetorechts, sondern es wird eigenständiges Recht ohne Beteiligung der Arbeitnehmer gesetzt. Damit wird – wenn auch nur für den Ausnahmefall des besonderen Regelungsbedürfnisses – der „Erste Weg" verfolgt.

(a) Das Vetorecht

Grundsätzlich reicht die mögliche Ausübung eines Vetorechts nicht für die Annahme aus, dass sich die Kräfteverhältnisse zu einer Disparität im Arbeitnehmer-Arbeitgeber-Verhältnis verschoben haben. Fällt einer von Dienstgeber- und Dienstnehmerseite unabhängigen Kontrollinstanz das so genannte Vetorecht zu, so wird grundsätzlich keine der Seiten bevorzugt beziehungsweise benachteiligt, weil die Folgen beide Seiten gleichermaßen treffen können. Die Position ist in gewisser Weise mit der Stellung eines Schlichters vergleichbar, der als neutrale Person eine verbindliche Entscheidung fällt.

Erforderlich ist dazu, dass der Bischof beziehungsweise die Synode als neutrale Schlichter angesehen werden können. Formal betrachtet ist dies der Fall. Weder der Bischof noch die Synode sind Arbeitgeber der Arbeitnehmer der in Privatrechtsform organisierten kirchlichen Einrichtungen, da sie nicht selber, sondern die Einrichtungen die Arbeitnehmer beschäftigen. Ein Rückgriff auf das Argument, dass der Bischof aufgrund seiner Hirtenaufgabe nicht mit einem Arbeitgeber verglichen werden kann,[970] ist daher nicht notwendig. Der Rückzug auf die Hirtenposition des Bischofs durch die Befürworter eines „Dritten Weges" zeigt aber, dass der formale Ansatz trotz der naheliegenden Begründung dem Einfluss des Bischofs beziehungsweise der Synode nicht gerecht wird. Beide können durch ihr Veto das Ergebnis der Verhandlungen in der jeweiligen Arbeitsrechtlichen

---

[970] *Briza*, „Tarifvertrag" und „Dritter Weg", S. 230

Kommission zu Fall bringen. Daran scheitert auch der Vergleich mit einem Schiedsgericht. Im Gegensatz zum Schiedsgericht wird der Bischof oder die Synode nicht erst nach dem Scheitern der Verhandlungen zwischen den Tarifpartnern tätig, sondern gerade für den Fall, dass der Entscheidungsprozess durch eine Einigung abgeschlossen wurde.

Wird im Beschlussverfahren der Arbeitsrechtlichen Kommissionen ein ausgewogenes Verhältnis zwischen Arbeitgebern und –nehmern und in der Folge ein inhaltlich ausgewogenes Beschlussergebnis angenommen, so lässt sich das Erfordernis eines Vetorechts mit weltlichen Gerechtigkeitskriterien nicht mehr erklären. Der Nichterlass des Beschlusses hat gegebenenfalls zur Folge, dass die materiell richtige Regelung nicht umgesetzt wird. Dem Bedarf nach einer Regelung, der ein Grund für das Zusammentreten der Kommission ist,[971] würde nicht Rechnung getragen. Auch wenn der bloßen Kassation des Beschlusses der Regelungscharakter fehlt[972] und, weil die Aufhebung Arbeitgeber und Arbeitnehmer gleichermaßen trifft, die Parität nicht unmittelbar beeinflusst wird, wird dadurch der Zweck und die Legitimation der Arbeitsrechtlichen Kommission untergraben. Bedenken bestehen zudem hinsichtlich der materiellen Kriterien für die Ausübung des Vetorechts. Es fehlt ein Kriterienkatalog, der die offenen Begriffe inhaltlich eingrenzt.[973] Die Tarifverträge als Maßstab heranzuziehen, wäre sicherlich ein gangbarer Weg, für die Idee eines eigenen Verfahrens allerdings kontraproduktiv. Der „Dritte Weg“ bestünde in der Übernahme tarifvertraglicher Regelungen und würde seine Eigenständigkeit verlieren. Es würde sich die Frage stellen, warum die Tarifverträge nicht gleich durch den Bischof übernommen werden. Ein weiteres rechtliches und psychologisches Problem ist die Legitimation der bischöflichen Kompetenz. Der Bischof nimmt die Überprüfungen kraft seines kirchlichen Amtes wahr. Es fehlt an einer Wahl, die als demokratisches Element eine besondere Vertrauensposition schafft, die so nur schwer erreichbar ist. Dies zeigt sich nunmehr auch an den Reaktionen nach der Ausübung des Letztentscheidungsrechts im Bistum Limburg. Dort sehen die Mitarbeiter das Gefüge des „Dritten Weges“ durch ein solches Verhalten in Gefahr. Schlussendlich ist auf die Anwendbarkeit eines Vetorechts durch Führer von Weltanschauungsgemeinschaften hinzuweisen. Gegenüber den Leitungsgremien der christlichen Großkirchen besteht nach wie vor das Vertrauen, dass sie ihre

---

[971] § 9 Abs. 1 Zentral-KODA-Ordnung; § 11 Abs. 1 S. 1 Bay.-Regional-KODA-Ordnung

[972] *Richardi*, Arbeitsrecht in der Kirche, § 15 Rn. 26

[973] *Pahlke*, Kirche und Koalitionsrecht, S. 220

Position nicht ausnutzen werden. Hinsichtlich anderer religiöser Gruppierungen, die ihre Arbeitsverhältnisse vergleichbar ausgestalten würden, ist diese Sicherheit nicht gegeben. Sie dürften aufgrund der Regelung des Art. 137 Abs. 6 WRV gleichwohl nicht anders behandelt werden. Auch bei ihnen müsste das eigene Selbstverständnis berücksichtigt werden. Damit bestehen gegen ein Vetorecht bei einem ausgewogenen Verhältnis der Kräfte in der Arbeitsrechtlichen Kommission erhebliche Bedenken.

Dies ändert sich allerdings, wenn davon ausgegangen wird, dass erst die Kontrolle durch den Bischof oder die Synode die Parität zwischen den Lagern herstellt. Wiederum ist die Neutralität des Bischofs und der Synode gegenüber Arbeitnehmer- und Arbeitgeberinteressen von entscheidender Bedeutung. Für die Neutralität des katholischen Bischofs bei seinen Entscheidungen sprechen aus kirchenrechtlicher Sicht sein Auftrag und die Bindung an die Kirchengesetze. Der Bischof ist Hirte der gesamten (Teil-) Kirche. Seine Fürsorge erstreckt sich gem. can. 383 §§ 1, 3 und 4 CIC auch auf Andersgläubige und damit auf alle Arbeitnehmer, ungeachtet ihrer konfessionellen Zugehörigkeit. Dies umfasst gem. can. 231 § 2 CIC auch die Sicherstellung eines gerechten Lohns. Die kirchenrechtlichen Vorgaben schließen daher eine Parteinahme zu Gunsten der kirchlichen Einrichtungen, deren Wohl der Bischof ebenfalls zu berücksichtigen hat, aus.[974] Die Normkonformität des bischöflichen Verhaltens wird als gegeben vorausgesetzt. Obwohl auch das Bundesarbeitsgericht diese Neutralität annimmt,[975] bereitet aus weltlicher Sicht die gleichzeitige Kompetenz und Verantwortung des Bischofs für den Gesamthaushalt der Kirche Probleme.[976] Zudem könnten die gegenwärtigen Eingriffsmöglichkeiten des Bischofs oder der Synode ein bestehendes Ungleichgewicht nicht ausgleichen. Die Einwirkungsmöglichkeiten sind konzeptionell auf Ausnahmefälle beschränkt, so dass der kirchliche Gesetzgeber von der Ausgewogenheit der Arbeitsrechtlichen Kommissionen ausging. Während in der katholischen Kirche durch den Grundsatz der angemessenen Vergütung gem. can. 231 § 2 CIC wenigstens ein Anknüpfungspunkt an die individuelle Angemessenheit des Lohns besteht, fehlt dieser in den evangelischen Kirchen. Der Eingriff ist nicht für den Fall der Ungerechtigkeit des Arbeitslohns, sondern nur für den Fall der übermäßigen Belastung des Haushalts vorgesehen. Das Vetorecht lässt sich weder mit einer Ausgleichsfunktion noch mit der Neutralität

---

[974] BAG EzA Nr. 44 zu § 611 Kirchliche Arbeitnehmer, S. 10; *Briza*, „Tarifvertrag" und „Dritter Weg", S. 230; *Thüsing*, RdA 1979, 163 (169)

[975] BAG EzA Nr. 44 zu § 611 Kirchliche Arbeitnehmer, S. 10

[976] *G. Müller*, RdA 1979, 71 (79)

des Bischofs in einem disparitätischen Arbeitsrechtsregelungssystem erklären.

Es ist jedoch zu berücksichtigen, dass sich die kirchlichen Vorgaben nicht nur aus Paritäts- beziehungsweise Gerechtigkeitskriterien ergeben, sondern sich zudem auf Glaubensvorgaben gründen. Für die katholische Kirche ist die unveräußerliche Gesetzgebungskompetenz des Bischofs – wie bereits zuvor erläutert – in besonderer Weise vorgegeben. Dies gilt weniger ausgeprägt auch für die evangelischen Kirchen. Diese Kompetenzvergabe und –ausübung fällt unter den verfassungsrechtlichen Schutz des Selbstbestimmungsrechts gem. Art. 137 Abs. 3 WRV.[977] Der strukturelle Aufbau der Kirchen ist glaubensgeprägt und gehört damit zum Kern der gewährten Rechte – auch der Religionsfreiheit aus Art. 4 GG. Dieser Aspekt darf nicht durch alleiniges Festhalten am Paritätsgedanken und an weltlichen Vorbehalten gegenüber einem kirchlichen Letztentscheidungsträger unberücksichtigt bleiben. Aus kirchlicher Sicht kommt der kirchlichen Entscheidungsstruktur ein besonderes Gewicht zu.

Es ist ein Weg zu suchen, der den beiden gegenläufigen Interessen – kirchenrechtliche Vorgabe und Gedanke der Parität – entgegen kommt. Dabei stellt sich auch die Frage, ob das Vetorecht das Verhandlungsgleichgewicht in der Arbeitsrechtlichen Kommission erst beeinflusst, wenn von dem Entscheidungsrecht Gebrauch gemacht wird[978] oder ob bereits die geführten Verhandlungen unter dem Druck der möglichen Ausübung des Selbstbestimmungsrechts beeinflusst werden. Letzterem lässt sich entgegenhalten, dass die Ausübung dieses Rechts so selten ist, dass es in der einschlägigen Literatur nicht dokumentiert ist, so dass eine Beeinflussung unwahrscheinlich ist. Dies gilt jedenfalls insoweit, als im Übrigen die Voraussetzungen für die sachliche und personelle Unabhängigkeit gewahrt werden.[979] Für die übrigen Fälle ist es notwendig, das Vetorecht des Bischofs verfassungskonform auszulegen. Ein volles Vetorecht besteht bei einem Verstoß gegen die formellen Vorgaben der Arbeitsrechtsregelungsverfahren. Ein solcher Verstoß führt – die grundsätzliche Parität des „Dritten Weges" unterstellt – zu einer Disparität. Die Ausübung des Rechts aus materiellen – inhaltlichen – Gründen ist hingegen grundsätzlich unzulässig. Ausnahmen sind nur für die Fälle vorzusehen, in denen evident gegen Gerechtigkeitsprinzipien ver-

---

[977] *Richardi*, Arbeitskampf in der Kirche, § 15 Rn. 27

[978] *Richardi*, Arbeitsrecht in der Kirche, § 15 Rn. 26

[979] *Dütz*, EssG 18 (1980) 67 (98); *Grethlein/Spengler*, BB Beil. 10/1980, S. 12; bedenklich die Begründung von *Richardi*, Arbeitsrecht in der Kirche, § 15 Rn. 26

stoßen wird oder nachweisbar das kirchliche Selbstverständnis gröblich außer Acht gelassen wird. Mit dieser Lösung verbleibt die Gesetzgebungskompetenz beim Bischof. Sie ist auch nicht inhaltsleer, sondern lediglich beschränkt. Die Beschränkungen beeinträchtigen den kirchlichen Auftrag dabei nur unwesentlich, da dem Gedanken der Dienstgemeinschaft genüge getan wird. Eine einheitliche und gerechte Entlohnung ist sichergestellt. Die Rechte des Bischofs lassen sich insoweit mit der Verwerfungskompetenz des Bundespräsidenten bei der Ausfertigung von Gesetzen[980] in Art. 82 Abs. 1 GG vergleichen.

(b) Das Letztentscheidungsrecht

Bedenken bestehen auch gegen das Letztentscheidungsrecht der Bischöfe beziehungsweise der Synoden.[981] Die Arbeitsbedingungen werden nicht mehr durch ein Gremium unter Beteiligung der Arbeitnehmer, sondern einseitig von „oben" durch den kirchlichen Gesetzgeber festgelegt. Konzeptionell entspricht das Verfahren dem „Ersten Weg", in dem arbeitsvertragliche Regelungen einseitig oktroyiert wurden.[982] Das rechtliche Fundament dieser Vorschriften findet sich kirchenrechtlich in der Gesetzgebungskompetenz der entscheidenden Gremien und ist weltlich durch das Selbstbestimmungsrecht in Art. 137 Abs. 3 WRV und – da es aus der Struktur der Kirchen resultiert – auch durch Art. 4 Abs. 1 und 2 GG geschützt. Dieser Schutz kollidiert mit der Koalitionsfreiheit des Art. 9 Abs. 3 GG. Die Verfahrensregelungen, die ein Letztentscheidungsrecht zulassen, berücksichtigen nicht den Schutzzweck der Koalitionsfreiheit – das Aushandeln der Arbeitslöhne auf gleicher Augenhöhe beziehungsweise als Minimum die Beteiligung der Arbeitnehmer – für die in den Ordnungen benannten Fällen. Aus diesem Grund bestehen gegen das Letztentscheidungsrecht durchgreifende Bedenken.

Der erste Einwand richtet sich gegen die Ausgestaltung des Verfahrens. So sind Inhalt und Umfang der Einwirkungsmöglichkeit durch die Unschärfe der verwandten Begriffe nur schwer bestimmbar. Dem Bischof beziehungsweise der Synode steht das Letztentscheidungsrecht zu, wenn ein

---

980 vgl. Nierhaus, in: Sachs, Art. 54 Rn. 9 ff.

981 *Zeuner*, ZfA 1985, 127 (138); *Pahlke*, Kirche und Koalitionsrecht, S. 219 f.; *ders.*, NJW 1986, 350 (354); *Dütz*, EssG 18 (1980) 99f.; *G. Müller*, RdA 1979, 71 (79); a.A. *Richardi*, Arbeitsrecht in der Kirche, § 15 Rn. 24 ff.

982 *Baumann*, AuA 1997, 154 (156)

„unabweisbares Regelungsbedürfnis vorliegt"[983] beziehungsweise wenn der kirchliche Auftrag[984] – insbesondere durch die Haushaltslage – gefährdet ist. Damit werden inhaltlich ausfüllungsbedürftige Begriffe verwandt, denen die Transparenz fehlt. Weder dem Bischof noch den Arbeitnehmern oder Arbeitgebern wird ein Kriterienkatalog an die Hand gegeben. Dabei sind haushaltsrechtliche Belange bei der Frage des Inhalts, Abschlusses und der Beendigung von Arbeitsverhältnissen immer berührt, so dass als Mindestanforderung eine klare Definition einer finanziellen Notlage erforderlich ist.[985] Daneben ist zu berücksichtigen, dass es dem katholischen Bischof alleine ohne ein festgelegtes Verfahren überlassen ist, das Bedürfnis seines Eingreifens rechtlich zu würdigen, während in den evangelischen Kirchen wenigstens teilweise andere prüfende Stellen einem Letztentscheid vorgeschaltet sind.[986]

Das Verfahren als solches lässt unbeachtet, dass der Aspekt der Finanzen grundsätzlich jedes Unternehmen – sei es weltlich oder kirchlich – in gleicher Weise betrifft. Die Handlungsfreiheit eines Unternehmens wird gleichermaßen beeinträchtigt. Erst durch die mittelbare Verknüpfung der finanziellen Einschränkung mit der einhergehenden Beschränkung bei der Erfüllung des kirchlichen Auftrags ergibt sich ein kirchenspezifisches Schutzgut. Diese mittelbare Beeinträchtigung als durchschlagendes Argument zuzulassen, würde bedeuten, den kirchlichen Einrichtungen jeglichen Freiraum zu gewähren. Das Finanzmanagement ist die Folge der Rechtswahl der Kirchen hin zu privatrechtlichen Unternehmen. In diesen können finanzielle Engpässe zum einen Folge einer schlechten Wirtschaftslage und zum anderen einer verfehlten Finanzpolitik im Unternehmen selbst sein. In beiden Fällen liegt das Risiko beim Unternehmer und Arbeitgeber. Nur ihm obliegt die Führung des Unternehmens durch vorausschauendes Handeln. Dies gilt auch für die Kirchen, die bereits durch den Ausschluss des Betriebsverfassungsrechts eine Beeinflussung der Unternehmensführung durch die Arbeitnehmer zwar nicht ausgeschlossen, so doch kanalisiert haben.

---

[983] § 20 Abs. 3 S. 3 KODA-Rottenburg-Stuttgart; § 20 Abs. 3 KODA-Limburg; § 20 Abs. 3 KODA-Freiburg;

[984] § 16 Abs. 3 ARRG-Baden; § 14 Abs. 3 ARRG-Kurhessen-Waldeck;

[985] vgl. auch *Pahlke*, Kirche und Koalitionsrecht, S. 220

[986] In der Evangelischen Landeskirche Baden legt der Evangelische Oberkirchenrat nach seiner Prüfung die Regelung der Arbeitsrechtlichen Kommission dem Landeskirchenrat vor. Dieser gibt sie nach eigener Überprüfung gegebenenfalls an die Landessynode weiter, die dann entscheidet (vgl. § 16 ARRG-Baden).

Zudem bietet bereits das gegenwärtige Verfahren ausreichende Handlungsmöglichkeiten in Notlagen. Auch die Arbeitnehmervertreter können sich einem Antrag zur Senkung der Gehälter in der Arbeitsrechtlichen Kommission nicht verschließen. Der Verhandlungsanspruch[987] in der Arbeitsrechtlichen Kommission steht auch der Arbeitgeberseite zu. Ressentiments hinsichtlich der Effizienz des Verhandlungsanspruches sind von Seiten der Kirche nicht zu erwarten. Insoweit ist nicht ersichtlich, warum die Arbeitnehmer bei einer Verschlechterung ihrer Arbeitsbedingungen ungehört bleiben sollen. Hinzu kommt, dass die Verantwortung des Bischofs für den Gesamthaushalt in Verbindung mit einem alleinigen Entscheidungsrecht Zweifel an seiner Neutralität wecken. Insoweit ist auch die Einräumung eines Widerspruchsrechts als Zusatz zum auf das verfassungsrechtlich gebotene Maß reduzierten Vetorecht nicht notwendig.[988]

Trotz der offensichtlichen Konzeption der Vorschrift als Ausnahme, wird daher das Letztentscheidungsrecht den verfassungsrechtlichen Anforderungen an ein alternatives Verfahren zur Förderung der Arbeits- und Wirtschaftsbedingungen i.S.d. Art. 9 Abs. 3 GG nicht gerecht.[989] Unbestreitbar liegt der Grund für das Letztentscheidungsrecht in den religiösen Vorgaben. Diese interne Verfassungsstruktur ist durch die Religionsfreiheit aus Art. 4 GG und den Schutz des Selbstbestimmungsrechts in Art. 137 Abs. 3 WRV geschützt.[990] Gleichwohl vermag in einer Abwägung diese Art der Regelung nicht zu überzeugen. Es handelt sich um die radikalste Lösung. Sie führt zu einer Disparität, da der Arbeitsrechtlichen Kommissionen ihr Regelungsbereich entzogen wird.

cc) Stellungnahme

Die Einführung einer so genannten Zwangsschlichtung verstößt nicht gegen das Prinzip eines Verhandlungsgleichgewichts. Ein Verstoß gegen die Tarifautonomie kommt nicht in Betracht, weil es sich gerade um eine neues, auf anderen Prinzipien aufbauendes System handelt. Bedenken gegen die Praktikabilität einer Zwangsschlichtung lassen sich durch einen Vergleich mit anderen Ländern ausräumen, die diese Form der Streitbeilegung

---

[987] Der Verhandlungsanspruch wird als Besonderheit des „Dritten Weges" gegenüber dem Tarifvertragssystem zu Gunsten der Arbeitnehmer betont (*Richardi*, Arbeitsrecht in der Kirche, § 15 Rn. 25)

[988] so aber *Pahlke*, Kirche und Koalitionsrecht, S. 222: *ders.*, NJW 1986, 350 (354

[989] *Pahlke*, Kirche und Koalitionsrecht, S. 220 f., *ders.*, NJW 1986, 350 (354)

[990] *Pahlke*, Kirche und Koalitionsrecht, S. 221

praktizieren. Im Gegensatz dazu verstoßen das Veto- beziehungsweise Letztentscheidungsrecht – jedenfalls nach der bisherigen Auslegung – gegen den Paritätsgrundsatz. Beide Verfahren stellen erhebliche Einschnitte im Verfahren des „Dritten Weges" dar, die dem Prinzip der Arbeitnehmerbeteiligung zuwiderlaufen. Während das Vetorecht noch verfassungskonform ausgelegt werden kann, ist dies beim Letztentscheidungsrecht unmöglich. Ordnungen mit einem Letztentscheidungsrecht verstoßen gegen den Paritätsgrundsatz.

b) Die Wahl der Mitglieder

Das Wahlsystem in den Arbeitsrechtsordnungen spiegelt das gespaltene Verhältnis von Gewerkschaften und Kirchen wieder. Ihr gesellschaftspolitisches und rechtliches Verhältnis ist eine von Argwohn geprägte Beziehung. Die ablehnende Haltung der Kirchen gegenüber den Gewerkschaften hat ihren Ursprung bereits in den Anfängen der kommunistisch gesteuerten gewerkschaftlichen Bewegungen und deren tendenziell kirchenfeindlichen Politik.

Der grundsätzliche Wille der Kirchen, ihre Einrichtungen von gewerkschaftlichen Betätigungen frei zu halten, wird mit dem Gedanken der Dienstgemeinschaft begründet. Im Vordergrund des kirchlichen Dienstes steht der Heilsauftrag. Diesem Ziel sind nach Vorstellung der Kirchen Arbeitnehmer und Arbeitgeber, aber eben nicht die Gewerkschaften verpflichtet. Daher wird durch die Beteiligung der Gewerkschaften im Verfahren des „Dritten Weges" eine negative Einflussnahme befürchtet. Dem Gedanken der Dienstgemeinschaft wird weiterhin entnommen, dass alle Arbeitnehmer am Prozess der Regelung ihrer Arbeit wenigstens mittelbar durch die Wahl ihrer Vertreter beteiligt werden sollen.[991] Mit einer Auswahl der Arbeitnehmervertreter durch die Gewerkschaften würde diesem „demokratischen" Element nicht hinreichend Rechnung getragen, da die Gewerkschaften mit einem Organisationsgrad von circa 3 % bis höchstens 6 %[992] nur einen Bruchteil der Arbeitnehmer repräsentieren.

Aus diesem Grund haben einige Kirchen das Verfahren des „Dritten Weges" so ausgestaltet, dass der Einfluss der Gewerkschaften minimiert wird. Dazu wird ihnen beispielsweise die Möglichkeit verwehrt, eigene beziehungsweise kirchliche Mitarbeiter zu entsenden. Erreicht wird dies einerseits durch die Konzeption des Wahlverfahrens und andererseits durch die

---

991 *Richardi*, Arbeitsrecht in der Kirche, § 14 Rn. 10

992 *Hammer*, Kirchliches Arbeitsrecht, S. 274

Voraussetzungen an das passive Wahlrecht. So werden die Vertreter der Arbeitnehmer in der Kommission teilweise nur durch die Mitarbeiterversammlungen gewählt,[993] während in der Evangelischen Landeskirche in Baden ein Mischkonzept verfolgt wird, in dem auf die Gewerkschaften und den Gesamtausschuss der Mitarbeitervertreter jeweils die Hälfte der zu entsendenden Vertreter entfallen.[994] Von einigen Kirchen wird zudem gefordert, dass die Vertreter wenigstens halbtags im kirchlichen Dienst stehen,[995] so dass die Entsendung von hauptberuflichen Gewerkschaftlern ausscheidet.

Diese Vorschriften greifen in die Betätigungsfreiheit der Gewerkschaften ein, die auf die verfassungsrechtliche Gewährleistung der Koalitionsfreiheit in Art. 9 Abs. 3 GG zurückgeht.[996] Die individualrechtliche Gewährleistung der Bildung und des Beitritts zu einer Koalition setzt sich in ständiger Rechtsprechung in einem Freiheitsrecht der Koalitionen fort. Dieses Freiheitsrecht umfasst neben der eigenständigen Organisation auch die koalitionsspezifischen Betätigungen zur Förderung der Arbeits- und Wirtschaftsbedingungen.[997] Dazu zählen auch bestandssichernde Maßnahmen wie beispielsweise die Werbung neuer Mitglieder[998] oder das Aushandeln von Verträgen mit den Arbeitgebern in Form von Tarifverträgen als wesentlichem Zweck der Gewerkschaften.[999] Entfällt diese Aufgabe aufgrund eines kirchlichen „Dritten Weges", so bedeutet dies nicht ohne weiteres, dass die Gewerkschaften generell von einer Beteiligung an Verhandlungen ausgeschlossen werden können. Dies würde den Sinn gewerkschaftlicher Betätigung als solches in Zweifel ziehen. Wer würde einer Gewerkschaft im kirchlichen Dienst beitreten, die im kirchlichen Verfahren ohne Rechte und gänzlich ohne Machtposition ist? Die Beeinträchtigung der grundrechtlich geschützten Koalitionsfreiheit muss verhältnismäßig sein. Dies setzt vor-

---

[993] § 4 Abs. 3 Zentral-KODA; § 5 KODA-Freiburg; § 5 KODA-Limburg; § 5 KODA-Rottenburg-Stuttgart; § 4 KODA-Caritas; andererseits: § 5b Abs. 4 BayRK enthält ein Vorschlagsrecht der Koalitionen; § 6 ARRG-Bremen; § 6 ARRG-Thüringen

[994] § 7 Abs. 1 und 3 ARRG-Baden

[995] § 7 Abs. 2 S. 1 ARRG-Baden; § 6 ARRG-Thüringen; mind. 2/3 der Vertreter müssen hauptberuflich im kirchlichen oder diakonischen Dienst stehen: § 6 Abs. 2 ARRG-Bayern; § 6 Abs. 2 ARRG-Rheinland

[996] a.A. *Richardi*, Arbeitsrecht in der Kirche, § 14 Rn. 10 und § 10 Rn. 33 ff.

[997] BVerfG AP Nr. 2 zu § 57a HRG

[998] BVerfG AP Nr. 16 zu Art. 9 GG

[999] BVerfG AP Nr. 2 zu § 57a HRG

aus, dass sie geeignet, erforderlich und proportional ist, um das bezweckte Ziel zu erreichen. Die Verhältnismäßigkeit der Beeinträchtigung ist damit an ihrem Zweck zu messen.

Die Kirchen wollen eine Einflussnahme der Gewerkschaften auf die „unternehmerischen" Entscheidungen ausschließen. Aus diesem Grund wollen sie eine gewerkschaftliche Betätigung in ihren Einrichtungen weitestgehend verhindern. Dieses Ziel ist jedoch grundsätzlich nicht in besonderer Weise kirchenspezifisch. Es ist grundsätzlich jedem Arbeitgeber daran gelegen, gewerkschaftliche Einflüsse in seinem Unternehmen möglichst gering zu halten, da ihre Betätigung seine organisatorische und finanzielle Freiheit einschränkt. Derartige Beeinträchtigungen entsprechen dem verfassungsrechtlichen Zweck einer Gewerkschaft, zu Gunsten der Arbeitnehmer ein Gegengewicht zu den Arbeitgebern zu bilden. Bei den Kirchen ist als Besonderheit allerdings der glaubensgeprägte Auftrag zu beachten. Er soll nicht durch den Einfluss Dritter beeinträchtigt werden. Dieses Ziel der Kirchen ist legitim und findet in der Religionsfreiheit seine verfassungsrechtliche Grundlage. Fraglich ist allerdings, ob die gewerkschaftlichen Betätigungsmöglichkeiten im Regelungsverfahren des „Dritten Weges" eine derartige Beschränkung der Gewerkschaften rechtfertigen. Der Einfluss der Gewerkschaften ist mit der Einführung des „Dritten Weges" kanalisiert worden. Die Kompetenzen der Arbeitsrechtlichen Kommission und die Druckmittel gegenüber den Arbeitgebervertretern sind durch das Verfahren vorgegeben. Das Streikrecht ist ausgeschlossen. Gewerkschaftsmitglieder beziehungsweise kirchliche Arbeitnehmer, die von den Gewerkschaften ausgewählt wurden, können dieses Gefüge nicht verändern. Beschlüsse innerhalb der Kommission, die zu übermäßigen Ausgaben führen oder sich nicht an religiöse Vorgaben halten, sind nicht zu befürchten. Das Verfahren setzt wenigstens die Stimmenmehrheit innerhalb der Kommission voraus, so dass die aktive Beteiligung der Arbeitgeber erforderlich ist. Problematischer ist die Möglichkeit der Arbeitnehmervertreter, sich gegenüber Regelungsvorschlägen der Arbeitgeberseite zu verschließen. Insoweit bieten gegenwärtig die (problematische) Abhängigkeit der Arbeitnehmervertreterwahl von der konfessionellen Zugehörigkeit und der Status eines Mitarbeiters in einer kirchlichen Einrichtung ausreichende Gewähr, dass das Grundverständnis für den Auftrag der Kirchen gewährleistet ist. Der Ausschluss der Gewerkschaften ist daher zur Abwehr von gewerkschaftlichen Einflüssen nicht erforderlich. Bereits das Verfahren des „Dritten Weges" bietet den Kirchen eine ausreichende Sicherheit, da jedenfalls die Durchsetzung von kirchenfeindlichen oder den kirchlichen Auftrag beeinträchtigenden Beschlüssen nicht möglich ist.

Aus dem Leitbild der Dienstgemeinschaft wird weiterhin gefolgert, dass alle Arbeitnehmer durch ihre Vertreter in der Arbeitsrechtlichen Kommission vertreten werden sollen. Kennzeichnend für diese Idee ist das Repräsentationsmodell, nach dem die Arbeitnehmervertreter in der Arbeitsrechtlichen Kommission von den Mitarbeitervertretungen gewählt werden. In Abgrenzung dazu steht das Verbandsmodell, in dem die Gewerkschaften die Vertreter stellen und als Mittelweg das von der Evangelischen Landeskirche in Baden verwandte Mischmodell.[1000] Im Verbandsmodell werden die Arbeitnehmer durch Arbeitnehmer vertreten, die von der Gewerkschaft aufgestellt wurden. Darin liegt der Nachteil, dass die Gewerkschaften aufgrund des relativ geringen Organisationsgrades nur einen Bruchteil der Arbeitnehmer tatsächlich repräsentieren. Insoweit fehlt den Vertretern die demokratische Legitimation zur Vertretung der Arbeitnehmerschaft,[1001] was dem Leitbild der Dienstgemeinschaft widerspricht.

Die Gewerkschaften im Sinne des Repräsentationsmodells gänzlich von der Lohnfindung im Verfahren des „Dritten Weges" auszuschließen, hat einen weitgehenden Ausschluss der koalitionsspezifischen Betätigung und damit ein erhebliches Eindringen in den Schutzbereich der Koalitionsfreiheit des Art. 9 Abs. 3 GG zur Folge. Auch wenn die Koalitionsfreiheit nicht gänzlich verdrängt wird und das Recht, eine Vereinigung zu bilden und für diese Werbung zu betreiben, erhalten bleibt, wird der Vereinigung ein wesentlicher Daseinszweck entzogen. Die Bedeutung der Gewerkschaften beruht auf dem Aushandeln der Verträge mit den Arbeitgebern. Daneben bleiben nach dem Ausschluss des Betriebsverfassungsrechts nur noch die Rechtsberatung ihrer Mitglieder und die Lobbyarbeit in der Politik. Die kollektivrechtliche Seite fällt weg. Dies raubt den Gewerkschaften den Lebensnerv, weil die Mitgliedschaft für Arbeitnehmer uninteressant wird. Das drückt sich auch in den geringen Mitgliedszahlen kirchlicher Mitarbeiter aus. Die Gewerkschaften können ihren Zweck – ihre Funktion – nicht mehr wahrnehmen. Dies ist eine erhebliche Beeinträchtigung der Koalitionsfreiheit aus Art. 9 Abs. 3 GG, die zur demokratischen Legitimation aller Arbeitnehmer ins Verhältnis gerückt werden muss.

Zu berücksichtigen ist dabei, dass mit dem „Dritten Weg" ein völlig neues Verfahren eingeführt wurde, das die Gewerkschaften als Verhandlungspartner entbehrlich machen könnte, wenn ihr Daseinszweck für den kirchli-

---

1000 § 7 Abs. 1 und 3 ARRG-Baden

1001 *Pirson*, RdA 1979, 65 (71); *Schlaich*, JZ 1980, 209 (210); *Dütz* EssG (1984), 67 (87); *Richardi*, Streikrecht im kirchlichen Dienst, § 14 Rn. 10

chen Bereich entfallen ist. Die Koalitionsfreiheit ist ein soziales Schutzrecht, das seinen Ursprung in der sozialen Auseinandersetzung von Kapital und Arbeit hat.[1002] Durch die geschützte koalitionsspezifische Tätigkeit im Außenverhältnis soll den Arbeitnehmern ein Mittel an die Hand gegeben werden, das es ihnen ermöglicht, auf gleicher Augenhöhe mit den Arbeitgebern zu verhandeln. Dafür wird im Tarifvertragssystem von den Koalitionen zusätzlich[1003] eine „soziale Mächtigkeit" verlangt. Dadurch soll der Arbeitgeber zu Verhandlungen und zum Abschluss eines Tarifvertrages bewegt werden können,[1004] da das Tarifvertragssystem auf dem Prinzip der gegenseitigen Druckausübung aufbaut. Diese „soziale Mächtigkeit" soll nach dem Konzept des „Dritten Weges" nicht mehr erforderlich sein. An die Stelle des Drucks durch Drohungen tritt der Verhandlungsanspruch der Arbeitnehmer. Ein von der Arbeitnehmerseite eingereichter Antrag ist in der Arbeitsrechtlichen Kommission zu diskutieren. Der Druckausübung mittels Streik durch die Gewerkschaften, um die Arbeitgeber zu Verhandlungen zu bewegen, ist nicht mehr notwendig. Konzeptionell ist damit einer der wesentlichen Faktoren für die Beteiligung der Gewerkschaften entfallen. Allerdings fehlt weiterhin die Möglichkeit, durch Druckausübung ein bestimmtes Ergebnis durchzusetzen. Wird angenommen, dass regelmäßig die Arbeitnehmer Forderungen durchsetzen müssen, so kann dies als Indiz für eine schlechtere Ausgangsposition der Arbeitnehmer angesehen werden. Grundvoraussetzung ist damit in jedem Fall, dass auf Verhandlungsebene gleiche Kompetenzen vorhanden sein müssen. Für die Verhandlungen muss die Fachkompetenz der Arbeitnehmervertreter in der Arbeitsrechtlichen Kommission gesichert sein, die im Tarifvertragssystem durch die Beteiligung hauptberuflicher Gewerkschafter gewährleistet wird. Das regelmäßig auftretende fachliche Defizit bei den Arbeitnehmervertretern in der Arbeitsrechtlichen Kommission muss durch Fortbildungen und / oder die Beiziehung von fachlichen Beratern sowie durch einen ausreichenden Rechtsschutz ausgeglichen werden, da es ansonsten am Verhandlungsgleichgewicht fehlt. Nur unter diesen Bedingungen kann der soziale Schutzzweck der Koalitionsfreiheit an Bedeutung verlieren. Voraussetzung ist ein funktionierendes kirchliches Regelungsmodell, in dem die Belange der Arbeitnehmer Berücksichtigung finden.

1002 *Scholz*, in: Maunz/Dürig, GG, Art. 9 Rn. 155

1003 Es ist umstritten, ob die soziale Mächtigkeit bereits eine Voraussetzung der Koalitionsfreiheit ist (vgl. *Bauer*, in: Dreier, GG, Art. 9 Rn. 75).

1004 BVerfG AP Nr. 31 zu § 2 TVG; BAG AP Nr. 24 zu Art. 9 GG; BAG AP Nr. 34 zu § 2 TVG, BAG AP Nr. 36 zu § 2 TVG, BAG AP Nr. 55 zu § 2 TVG; kritisch: *Zöllner/Loritz*, § 34 I, S. 380

c) Die Rechtsstellung der Mitglieder

Als gravierender Mangel wurde empfunden, dass die Ordnungen des „Dritten Weges" nur unzureichende Regelungen zum Schutz der Arbeitnehmervertreter vorsahen. So kam *Dietz* zu dem Schluss, dass die Arbeitnehmervertreter im Gegensatz zu den Gewerkschaftsvertretern im Tarifvertragssystem gegenüber den Arbeitgebern nicht rechtlich und tatsächlich unabhängig sind.[1005] Seine Ausführungen bezogen sich 1979 auf den Musterentwurf der EKD. Die Kirchen haben darauf reagiert, so dass sich heute in den kirchlichen Ordnungen Regelungen zur Sicherung der Rechtsstellung der Mitglieder finden lassen. Die Frage bleibt, ob diese Schutzbestimmungen ausreichend sind.

Die Schutzbestimmungen müssen insbesondere die Unabhängigkeit der Arbeitnehmervertreter sichern. Dies ist angesichts der Zielsetzung der kirchlichen Regelungen, die Arbeitnehmerinteressen im Verfahren des „Dritten Weges" sicherzustellen und diese Aufgabe durch Arbeitnehmervertreter wahrnehmen zu lassen, von entscheidender Bedeutung.[1006] Trotz einer vertrauensvollen Zusammenarbeit von Arbeitgebern und Arbeitnehmern im kirchlichen Dienst muss jede Einflussnahme auf den Willensbildungsprozess ausgeschlossen sein, so dass nicht eine Partei der anderen von vornherein ihren Willen aufzwingen kann, sondern möglichst gleiche Verhandlungschancen bestehen.[1007] Dies erfordert einen umfassenden Schutz der persönlichen Rechtsstellung.

Als Maßstab für die Beurteilung der Unabhängigkeit kann zunächst das Tarifvertragssystem als weltliches Äquivalent zum kirchlichen Regelungswerk des „Dritten Weges" dienen.[1008] Dort ist die Gegnerunabhängigkeit der Arbeitnehmervereinigungen Voraussetzung für die Tarif- und damit Repräsentationsfähigkeit der Koalition.[1009] Dabei ist das Erfordernis der Unabhängigkeit nicht formal, sondern im materiellen Sinne zu verstehen.[1010] Die Vereinigung muss gegenüber dem tariflichen Gegenspieler so

---

1005 *Dietz*, RdA 1979, 79 (84)

1006 *Dütz*, EssG 18 (1984) 67 (92 f.); *Vogt*, Der „Dritte Weg" der evangelischen Kirchen und die Tarifautonomie, S. 136 ff.; *Briza*, „Tarifvertrag" und „Dritter Weg", S. 226 ff.; *Richardi*, Arbeitsrecht in der Kirche, § 15 Rn. 22

1007 BAGE 23, 292 (308) = AP Nr. 43 zu Art. 9 GG Arbeitskampf

1008 so schon *Briza*, „Tarifvertrag" und „Dritter Weg", S. 222

1009 BAG AP Nr. 87 zu Art. 9 GG, S. 1504

1010 *Scholz* in Maunz/Dürig, GG, Art. 9 Rn. 208

unabhängig sein, dass sie die Interessen ihrer Mitglieder wirksam vertreten kann. Der Willensbildungsprozess darf nicht durch organisatorische oder verfahrensrechtliche Vorgaben beeinflusst werden. Andernfalls bieten der Tarifvertragsabschluss und die Beschlüsse in der Arbeitsrechtlichen Kommission nicht mehr die Gewähr für ihre Richtigkeit.[1011] Allerdings gelangt der Vergleich zum Modell des Tarifwesens beim Schutz der persönlichen Rechtsstellung der Mitarbeitervertreter an seine systematische Grenze, da die Konzeptionen des Tarifvertrages und des „Dritten Weges" wesensverschieden sind. Im Tarifvertragssystem stehen sich Arbeitgeber und Gewerkschaften gegenüber. Die Verhandlungsführer der Gewerkschaften sind anders als regelmäßig im Verfahren des „Dritten Weges" nicht bei den Arbeitgebern angestellt. Die Konzeption des „Dritten Weges" ist vielmehr mit dem Beteiligungsverfahren im Betriebsverfassungsgesetz vergleichbar. In beiden Fällen handelt es sich um gremienbezogene Beteiligungsverfahren, welche die Mitwirkung der Arbeitnehmer vorsehen.[1012] Ziel ist es, die Mitwirkungsbefugnisse so auszubauen, dass ein Alleinbestimmungsrecht des Arbeitgebers ausgeschlossen ist.[1013] Die Mitwirkungsbefugnisse stehen jeweils unter dem Gebot einer vertrauensvollen Zusammenarbeit zwischen Arbeitnehmern und Arbeitgebern zum beiderseitigen Wohl.[1014] Dass auch das Betriebsverfassungsgesetz die Kompetenz zur Regelungen kennt, zeigt sich an § 77 BetrVG, der die Möglichkeit einer Betriebsvereinbarung vorsieht. Der Betriebsrat als Arbeitnehmervertreter auf der einen und die Arbeitgeber auf der anderen Seite können damit durch Vereinbarungen Arbeitsbedingungen gestalten. Das Regelungsfeld entspricht nach ständiger Rechtsprechung dem der Tarifvertragsparteien.[1015] Damit existiert auch auf betrieblicher Ebene die Kompetenz zur Rechtssetzung, die in der Konzeption – Arbeitnehmer wirken als Vertreter der Arbeitnehmerschaft bei der Arbeitsplanung mit – jedenfalls im Ansatz dem Arbeitnehmer-Arbeitgeber-Verhältnis in der Arbeitsrechtlichen Kommission entspricht. Konzeptionell kann dies jedenfalls für die Schutzvorschriften der Arbeitnehmervertreter gegenüber dem Arbeitgeber vor einer unzulässigen Druckausübung angenommen werden. Insoweit liegt der Gedanke nahe, die Schutzvorschriften der Arbeitsrechtsordnungen an die des Betriebsverfassungsgesetzes an-

---

[1011] *Gamillscheg*, Kollektives Arbeitsrecht Bd. 1, § 9, S. 415 m.w.N.

[1012] *Briza*, „Tarifvertrag" und „Dritter Weg", S. 222

[1013] *Zöllner/Loritz*, Arbeitsrecht, § 44, S. 490

[1014] vgl. § 2 Abs. 1 BetrVG und die jeweiligen Präambeln der ARRGs oder KODAen

[1015] BAGE 56, 18 (25 f.); 63, 211 (216 f.); *Fitting* § 77 Rn. 45

zugleichen beziehungsweise sie mit den entsprechenden Vorschriften zu vergleichen.[1016]

Die Sicherung der äußeren und inneren Unabhängigkeit der Betriebsratsmitglieder ist Gegenstand zahlreicher Regelungen im Betriebsverfassungsgesetz. Sie lassen sich identisch oder mit Modifikationen in den Ordnungen des „Dritten Weges" wiederfinden. Dies gilt auch für die Vorschriften, die das Verhandlungsgleichgewicht im Sinne eines fachlich qualifizierten Gegengewichts zu den Arbeitgebervertretern gewährleisten sollen. Trotzdem ist auch der Vergleich mit den Vorschriften im Betriebsverfassungsgesetz nur bedingt tauglich, ein abschließendes Urteil zu fällen. Dem von *Grethlein*[1017] gezogenen Schluss der Unabhängigkeit der Arbeitsrechtlichen Kommission aufgrund der Unabhängigkeit der Betriebsräte steht die Rechtsprechung des Bundesarbeitsgerichts zur Ablösung von betrieblichen Ruhegeldordnungen durch spätere Betriebsvereinbarungen entgegen.[1018] Darin vertritt das Bundesarbeitsgericht die Auffassung, dass Betriebsvereinbarungen einer gerichtlichen Billigkeitskontrolle unterliegen.[1019] Begründet wird die Billigkeitskontrolle mit der Abhängigkeit der Betriebsratsmitglieder als Arbeitnehmer vom Arbeitgeber. Der Betriebsrat habe nicht die Machtmittel, die den Gewerkschaften zur Verfügung stehen. Dies gelte insbesondere mit Blick auf die absolute Friedenspflicht im Betrieb. Die Inhaltskontrolle durch das Bundesarbeitsgericht ist im Schrifttum vielfach auf Ablehnung gestoßen.[1020] Im Hinblick auf die rechtliche Absicherung der Betriebsratsmitglieder wird eine Disparität abgelehnt.[1021] Ohne den Streit abschließend zu entscheiden, lässt sich festhalten, dass mit der Rechtsprechung des Bundesarbeitsgerichts eine gewichtige Stimme gegen die Schlussfolgerung einer paritätischen Ausgestaltung durch die betriebsverfassungsrechtlichen Schutzvorschriften spricht. Die in der Praxis fehlende Durchführung derartiger Billigkeitsentscheidungen zeigt aber auch, dass das System im Wesentlichen funktioniert. Vergleichbare Regelungen beziehungsweise eine vergleichbare Systematik zum Schutz der Arbeitnehmervertreter können daher als Indiz für eine paritätische Ausgestaltung herangezogen werden.

1016 *Grethlein*, NZA Beil. 1/1986, S. 18 (22)

1017 *Grethlein*, NZA Beil. 1/1986, 18 (22)

1018 BAGE 22, 252 ff.

1019 BAGE 22, 252 (2. LS)

1020 *Fitting* § 77 Rn. 230 ff.; *Matthes*, in: MünchArbR, § 328 Rn. 85; *Kreutz*, in: GK-BetrVG, § 77 Rn. 301 m.w.N in Rn. 300

1021 *Matthes*, in: MünchArbR, § 328 Rn. 86

aa) Allgemeine Schutzbestimmung

Die Unabhängigkeit der Kommissionsmitglieder drückt sich insbesondere darin aus, Entscheidungen frei von Einflussnahmen treffen zu können. Dies setzt voraus, dass die Mitglieder der Arbeitsrechtlichen Kommission in ihren Aktivitäten weder gestört noch behindert werden und eine Benachteiligung oder Bevorteilung aufgrund ihrer Tätigkeit ausgeschlossen ist. Dieser Grundgedanke ist in den meisten Arbeitsrechtsordnungen der Kirchen normiert[1022] und zudem als allgemeiner Grundgedanke des Mitarbeitervertretungsrechts anerkannt.[1023] Damit wird in einer Generalklausel sichergestellt, dass die Mitglieder in den Arbeitsrechtlichen Kommissionen sowohl während als auch nach ihrer Tätigkeit keine Schlechterstellung gegenüber anderen Arbeitnehmern befürchten müssen. Dies räumt die Bedenken aus, dass nach Beendigung der Arbeit in der Arbeitsrechtlichen Kommission Repressalien einsetzen. Der nachwirkende Schutz drückt sich nach Beendigung der Amtszeit vor allem in der Gleichstellung mit vergleichbaren anderen Arbeitnehmern hinsichtlich der Entlohnung und der Art der Tätigkeit aus. Das Betriebsverfassungsgesetz hat die wirtschaftliche und berufliche Absicherung positivrechtlich in § 37 Abs. 4 und 5 als Konkretisierung des allgemeinen Benachteiligungsverbots in § 78 S. 2 BetrVG normiert.[1024]

Abweichend von den anderen Ordnungen hat das Diakonische Werk der EKD seine Generalklausel in den Arbeitsrechtsregelungsgesetzen formuliert. Danach sind die Mitglieder der Arbeitsrechtlichen Kommission unabhängig und an Weisungen nicht gebunden. Durch die Weisungsfreiheit soll erreicht werden, dass das Kommissionsmitglied nach der Wahl nicht an Vorgaben des Arbeitgebers (und auch nicht der Arbeitnehmer) gebunden ist. Eine Besonderheit ist, dass das Kommissionsmitglied nach der Wahl nur noch seinem Gewissen unterworfen ist. Die Selbständigkeit gegenüber Arbeitnehmer- und Arbeitgeberseite drückt sich auch in der zur Abberufung erforderlichen Zweidrittel-Mehrheit der anwesenden Kommissionsmitglieder aus, die zur Abwahl die Stimmen von Arbeitnehmerseite und Arbeitgeberseite erforderlich macht.[1025] Die ebenfalls geschützte Unabhängigkeit sichert, dass der Mitarbeitervertreter seine Entscheidungen selb-

---

1022 § 6 Abs. 4 ARRG-Baden i.V.m. § 19 Abs. 1 MAV Baden; § 9 Abs. 1 S. 2 ARRG-Bremen; § 9 Abs. 1 ARRG-Kurhessen-Waldeck; § 8 Abs. 2 KODA-Freiburg; § 8 BayRK; § 8 Abs. 2 KODA-Caritas, § 8 KODA-Limburg

1023 § 78 BetrVG; § 8 BPersVG; § 2 Abs. 3 SprAuG; § 40 EBRG

1024 *Fitting* § 37 Rn. 114

1025 § 8 Abs. 3 EKD-Diakonie

ständig und frei von Einflüssen Dritter treffen kann. Dies schützt ihn beispielsweise vor einer Kündigung, aber auch einer räumlichen Umsetzung oder Versetzungen auf geringer bezahlte Positionen. Damit besteht ein Schutz vor unmittelbaren Anweisungen während der jeweiligen Amtszeit in der Arbeitsrechtlichen Kommission. Problematisch ist allerdings, ob der Schutz auch vor Einflussnahmen des Arbeitgebers nach der Amtzeit schützt. Für die Gewährleistung des Schutzes spricht, dass die Unabhängigkeit während der Amtszeit nicht gewahrt ist, wenn nachfolgend Nachteile zu befürchten sind. Dagegen spricht, dass sich der Begriff der Unabhängigkeit grundsätzlich auf die Zeit der Mitgliedschaft bezieht. Eine entsprechende Heranziehung der Schutzvorschriften des Mitarbeitervertretungsgesetzes (MVG) in § 19 Abs. 1 S. 2 MVG ist angesichts des Wortlautes und in Anbetracht der Kenntnis von anderen Formulierungsmöglichkeiten schwierig. Allerdings entsteht dadurch ein Wertungswiderspruch zwischen dem MVG und dem ARRG, der angesichts kirchlicher Vorgaben durch das Leitbild der Dienstgemeinschaft nicht gewollt sein kann. In Anbetracht dessen ist der Begriff der Unabhängigkeit unter Berücksichtigung vergleichbarer Regelungen in kirchlichen Ordnungen dahingehend auszulegen, dass er auch die Nachwirkungen umfasst. Dies entspricht den beiderseitigen Interessen.

Zusammenfassend gewährleisten die Vorschriften inhaltlich einen umfassenden Schutz vor Beeinflussungen durch den Arbeitgeber.[1026] Dieser Schutz entspricht auch den Vorschriften des Betriebsverfassungsgesetzes. Die fehlende Konkretisierung des Gleichbehandlungsgebots i.S.d. § 37 Abs. 3 und 4 BetrVG lässt sich durch die Generalklausel füllen. Im Bereich der Diakonie gilt die Unabhängigkeit zusätzlich gegenüber den Arbeitnehmern.

b) Bestandsschutz

Von besonderer Bedeutung für die Unabhängigkeit der Arbeitnehmervertreter ist ein Kündigungsschutz.[1027] Sein Fehlen war einer der wesentlichen Kritikpunkte bei der Sicherstellung einer materiellen Parität in den Arbeitsrechtlichen Kommissionen.[1028] Der Kündigungsschutz gewährleistet, dass

---

[1026] *Vogt*, Der „Dritte Weg“ der evangelischen Kirchen und die Tarifautonomie, S. 141

[1027] *Richardi*, Arbeitsrecht in der Kirche, § 15 Rn. 22; *Pahlke*, Kirche und Koalitionsrecht, S. 216 ff.; vgl. zu § 15 KSchG *Böck*, in: APS, § 15 Rn. 1

[1028] *Dietz*, RdA 1979, 79 (84); *Pahlke*, Kirche und Koalitionsrecht, S. 216 f.; *Dütz*, EzA Nr. 44 zu § 611 Kirchliche Arbeitnehmer, S. 18

die Mitarbeitervertreter ihre Arbeit ohne Furcht vor Entlassungen wahrnehmen können und so die Arbeitnehmerinteressen auch im Konfliktfall nachhaltig vertreten können. Darüber hinaus wird die Kontinuität der Arbeitsrechtlichen Kommission auf Seiten der Arbeitnehmer sichergestellt und dem Arbeitgeber ein mittelbarer Einfluss auf die Besetzung der Arbeitnehmervertreter verwehrt. Das in die gegenteilige Richtung weisende Urteil des Bundesarbeitsgerichts vom 15. November 2001 – 6 AZR 88/01 – [1029] ist in seiner Begründung nicht nachvollziehbar und wird im Grundsatz auch von den Kirchen nicht geteilt. Zur Entscheidung stand die Frage, ob die Einführung der so genannten W-Gruppen-Vergütung im Bereich des Diakonischen Werkes der Evangelischen Kirche in Deutschland zulässig ist. Im Rahmen seiner Prüfung führte das Bundesarbeitsgericht aus, dass die Unabhängigkeit der Arbeitsrechtlichen Kommission nicht berührt ist, wenn den Mitgliedern nach der (alten) Ordnung kein besonderer Kündigungsschutz eingeräumt wird. Durch den besonderen Kündigungsschutz werde die materielle Parität der Arbeitnehmerseite lediglich gestärkt, ohne dass die Unabhängigkeit der Dienstnehmervertreter ohne eine solche Regelung in Frage gestellt wäre.[1030] Eine weitergehende Begründung blieb das Bundesarbeitsgericht schuldig. Die von *Pahlke* vorgeschlagene Möglichkeit, die Schutzvorschriften des Mitarbeitervertretungsrechts analog anzuwenden, erwägt es nicht. Die Unzulänglichkeit der Begründung zeigt sich bei einem Vergleich mit der Bedeutung des Kündigungsschutzes im Betriebsverfassungsrecht. Entsprechend wurden von den Kirchen zum Schutz vor Kündigungen in den Ordnungen der Arbeitsrechtlichen Kommissionen besondere Vorschriften erlassen.[1031] Sie sehen grundsätzlich vor, dass die Arbeitnehmervertreter nicht ordentlich kündbar sind.

Ausnahmen sind regelmäßig für den Fall einer Betriebsstillegung vorgesehen,[1032] da eine Interessenvertretung nicht mehr erforderlich ist, wenn der

---

[1029] BAG EzA Nr. 48 zu § 611 Kirchliche Arbeitnehmer

[1030] BAG EzA Nr. 48 zu § 611 Kirchliche Arbeitnehmer, S. 8

[1031] vgl. Beispielsweise: § 6 Abs. 4 ARRG-Baden i.V.m. § 9 MAV-Baden; § 9 Abs. 6 ARRG-Kurhessen-Waldeck i.V.m. § 11 MAV-Kurhessen-Waldeck; § 9 Abs. 2 EKD-Diakonie; § 11 KODA-Freiburg; § 10 BayRK; § 11 KODA-Limburg; § 11 KODA-Rothenburg-Stuttgart; § 8 Abs. 5 KODA-Caritas i.V.m. 19 MAVO

[1032] Anders jedoch die Bayerische Regional-KODA-Ordnung, die die Möglichkeit der Kündigung wegen Betriebsstillegung gestrichen hat, § 10 Regional-KODA-Ordnung. *Eder* (Erläuterung zur Bayerischen Regional-KODA-Ordnung, Stand: 19.9.2002) sieht dies als Erweiterung gegenüber dem allgemeinen Kündigungsschutzrecht an. Fraglich ist, wie die Mitarbeitervertreter in diesem Fall weiterbeschäftigt werden sollen, wenn das Unternehmen beispielsweise nur aus einem Betrieb besteht.

Betrieb stillgelegt wird und die zu vertretenden Arbeitnehmer entlassen werden.[1033] Die Regelungen entsprechen damit weitestgehend dem Kündigungsschutz im Betriebsverfassungs- und Personalvertretungsrecht gem. § 15 Abs. 1 und 2 KSchG. Bedenklich ist allerdings, wenn beispielsweise § 9 Abs. 2 S. 2 KODA-Bremen die Ausnahme auch auf die Auflösung einer Dienststelle „zu einem wesentlichen Teil" ausweitet. In einem solchen Fall besteht weiterhin der Bedarf nach einer Interessenvertretung der Arbeitnehmer durch die Mitglieder der Arbeitsrechtlichen Kommission. Eine Beeinflussung des Verhandlungsgleichgewichts ist allerdings nicht zu erwarten.

Eine weitere Ausnahme wurde in den Ordnungen der katholischen Kirche normiert. Dort wurde die Möglichkeit der ordentlichen Kündigung wegen Verstoßes gegen wesentliche Loyalitätspflichten gem. Art. 5 Grundordnung aufrechterhalten.[1034] Zu diesen zählen unter anderem der Kirchenaustritt sowie der Abschluss einer nach dem Glaubensverständnis ungültigen Ehe. Auch in der Beibehaltung dieser Kündigungsgründe kann regelmäßig keine unzulässige Beeinträchtigung der Unabhängigkeit der Arbeitnehmervertreter gesehen werden.[1035] Die kirchenspezifischen Loyalitätspflichten sind während der gesamten Dienstzeit eines Arbeitnehmers zu beachten. Die besonderen kirchenspezifischen Kündigungsgründe stehen damit in keinem Zusammenhang mit der Arbeit in der Arbeitsrechtlichen Kommission. Es sind Gründe, die ihre Grundlage in der glaubensgeprägten Art der Tätigkeit haben. Eine andere Beurteilung ist allerdings in zwei Fällen möglich. Zum einen kommt eine Fallkonstellation in Betracht, in der beispielsweise eine zweite staatliche Eheschließung als „Fehlverhalten" des Arbeitnehmers zunächst geduldet wird und ihm erst nach Eintritt in die Arbeitsrechtliche Kommission gekündigt wird. Zum anderen ist eine ordentliche Kündigung in den Fällen problematisch, in denen unter die allgemein gehaltenen Loyalitätsobliegenheiten des Art. 5 GrOkathK Verhaltensweisen subsumiert werden, die der Durchsetzung von Arbeitnehmerinteressen dienen und die sich aus diesem Grund – insbesondere intern – im Randbereich des nach kirchlicher Vorstellung Zulässigen bewegen. Beide Konstellationen können allerdings entsprechend dem Normzweck der Ausnahmen vom Kündigungsschutz sachgerecht ausgelegt werden. Durch den Verweis auf die

---

[1033] *Böck*, in: APS § 15 KSchG Rn. 157

[1034] § 10 Abs. 1 BayRK; § 11 Abs. 1 KODA-Freiburg; § 11 Abs. 1 KODA-Limburg; § 11 Abs. 1 KODA-Rottenburg-Stuttgart

[1035] Die Urteile in der Arbeitsgerichtsbarkeit lassen jedoch zweifeln, ob die den kirchlichen Belangen entgegenstehenden Grundrechte ausreichend gewürdigt werden.

Grundordnung soll sichergestellt werden, dass die Glaubwürdigkeit der Kirche nach außen gewahrt wird. Daraus kann für die erste Fallkonstellation schon grundsätzlich geschlossen werden, dass die Kündigung unzulässig ist, da das Verhalten zunächst geduldet wurde. Eine derartige Kündigung, dessen Grund bereits vor der Mitgliedschaft im Betriebsrat lag und die erst nach der Mitgliedschaft ausgeübt wird, trägt die Vermutung einer unzulässigen Rechtsausübung in sich. Wird ein „Fehlverhalten" über einen längeren Zeitraum geduldet, so ist davon auszugehen, dass ihm kein besonderes Gewicht beigemessen wird. Der Schutzzweck der Kündigungsschutzvorschriften ist auch in der zweiten Fallkonstellation zu beachten. Es ist zwischen der Kündigung wegen einem allgemeinen Fehlverhalten des Arbeitnehmers und dem Kündigungsgrund, der seine Grundlage in der Mitgliedschaft in der Arbeitsrechtlichen Kommission hat, zu unterscheiden. Insbesondere an die letzte Konstellation sind besonders strenge Maßstäbe anzulegen. Ein Verhalten, das der Durchsetzung der Arbeitnehmerinteressen dient, kann grundsätzlich kein Fehlverhalten darstellen. Bei einer derartigen Auslegung wird das Verhandlungsgewicht ebenfalls nicht beeinträchtigt.

Die Möglichkeit der außerordentlichen Kündigung der Arbeitnehmervertreter ist dagegen grundsätzlich nicht beschränkt. Dem Arbeitgeber bleibt es unbenommen, eine außerordentliche Kündigung gem. § 626 BGB zu erklären. Dadurch besteht allerdings die Gefahr, dass anstelle einer ordentlichen willkürlich eine unzulässige außerordentliche Kündigung erklärt wird. Damit verlöre der Arbeitnehmer grundsätzlich die Arbeitnehmereigenschaft, die für die Mitgliedschaft in der Arbeitsrechtlichen Kommission je nach Arbeitsrechtlicher Ordnung entscheidend sein kann, weil die arbeitsvertraglichen Beziehungen grundsätzlich mit Zugang der außerordentlichen Kündigung beendet sind.[1036] Der Stellvertreter des gekündigten Mitglieds würde an seine Stelle treten, so dass der Arbeitgeber damit grundsätzlich die Möglichkeit hätte, durch den Ausspruch unberechtigter Kündigungen gegenüber unliebsamen Mitgliedern Einfluss auf die Zusammensetzung der Arbeitsrechtlichen Kommission zu nehmen. Das widerspricht dem Sinn und Zweck einer von der Arbeitgeberseite unbeeinflussten Repräsentation der Arbeitnehmer in der Arbeitsrechtlichen Kommission.

Allerdings ist einschränkend festzuhalten, dass die Arbeitnehmereigenschaft nicht immer zwingende Voraussetzung für die Mitgliedschaft in der Arbeitsrechtlichen Kommission ist. Dies gilt beispielsweise gem. § 6 Abs.

1036 BAG AP Nr. 6 zu § 8 BetrVG 1972; *Fitting* § 7 Rn. 35

2[1037] des Arbeitsrechtsregelungsgesetzes für die Kommissionsmitglieder im Bereich der Evangelisch-Lutherischen Kirche in Bayern. Die Tätigkeit im kirchlichen oder diakonischen Dienst ist dort keine zwingende Voraussetzung für die Mitgliedschaft. Entsprechend kann der Mitarbeitervertreter auch nach seiner Kündigung in der Kommission tätig sein, wenn der normativ vorgesehene Anteil an Mitarbeitern erfüllt ist. Die außerordentliche Kündigung hat dann grundsätzlich keine Folgen für die Besetzung der Kommission und einer möglichen Einflussnahme auf die Mitglieder. Allerdings sehen die kirchlichen Ordnungen die Möglichkeit vor, die Mitgliedschaft überprüfen zu lassen.[1038] Bei einer außerordentlichen Kündigung könnte dann angenommen werden, dass die Person nicht mehr die Gewähr für die Erfüllung der Aufgaben nach kirchlichen Grundvorstellungen bietet, so dass eine Mitgliedschaftsvoraussetzung fehlen würde. Außerdem besteht die Möglichkeit, dass die zulässige Anzahl an Arbeitnehmervertretern ohne Arbeitnehmerstatus bereits erreicht wurde, so dass die Person ebenfalls als Kommissionsmitglied ausscheiden müsste. Das bedeutet, dass der Arbeitgeber auch in dieser Konstellation auf die Besetzung der Arbeitsrechtlichen Kommission Einfluss nehmen könnte.

Aus diesem Grund sehen die kirchlichen Ordnungen teilweise das Zustimmungserfordernis der Arbeitsrechtlichen Kommission zu einer außerordentlichen Kündigung vor.[1039] Dies entspricht seinem Wesen nach § 103 Abs. 1 BetrVG, der vergleichbar die Zustimmung des Betriebsrats fordert. Damit wird ein doppelter Schutz erreicht.[1040] Zum einen wird der Amtsträger selbst vor Repressalien geschützt und zum anderen die Kontinuität der Arbeitsrechtlichen Kommission beziehungsweise des Betriebsrats gewährleistet.[1041] Durch das Erfordernis der Zustimmung wird verhindert, dass der Arbeitnehmervertreter durch eine mit dem Ziel der Beeinträchtigung des Betriebsrates ausgesprochene rechtswidrige Kündigung seine Aufgabe

---

1037 vgl. auch § 5 Abs. 3 ARRG-Bremen; § 6 Abs. 2 ARRG-Rheinland; § 4 Abs. 2 ARRG-Diakonie

1038 § 15 ARRG-Kurhessen-Waldeck; § 14 Abs. 3 ARRG-Thüringen, § 13 Abs. 1 ARRG-Sachsen; Bei Streitigkeiten über die Mitgliedschaft kann nach der Bayerischen-Regional-KODA das Kirchengericht anrufen werden.

1039 § 6 Abs. 4 ARRG-Baden i.V.m. § 21 Abs. 2 S. 2 MVG; § 11 Abs. 4 KODA-Freiburg sieht lediglich ein Beteiligungsrecht vor; ohne derartige Vorschrift: § 9 ARRG-Bremen; § 9 ARRG-EKD-Diakonie; § 10 Abs. 1 BayRK; § 11 KODA-Limburg; § 11 Abs. 1 KODA-Rottenburg-Stuttgart

1040 für das BetrVG vgl. *Belling*, NZA 1985, 481 (483)

1041 für das BetrVG vgl. *Belling*, NZA 1985, 481 (483)

nicht mehr wahrnehmen kann. Vor allem wird der Zeitraum eines Kündigungsschutzprozesses überbrückt. Stimmt hingegen der Betriebsrat der Kündigung zu und wird durch den Gekündigten eine Feststellungsklage auf Fortbestehen des Arbeitsverhältnisses bei Gericht eingelegt, so greift § 25 Abs. 1 S. 2 BetrVG analog. Während dieses Zeitraums ist der Gekündigte an der Ausübung seiner Ämter verhindert. Dies hat sinngemäß auch für die kirchlichen Ordnungen zu gelten.

Problematisch sind die Ordnungen, denen eine Vorschrift entsprechend § 6 Abs. 4 ARRG-Baden i.V.m. § 21 Abs. 2 S. 2 MVG beziehungsweise § 103 Abs. 1 BetrVG fehlt. Der Arbeitgeber kann eine willkürliche außerordentliche Kündigung aussprechen. Auch wenn die Wirksamkeit des Gestaltungsrechts „Kündigung" von dessen Rechtmäßigkeit abhängt, so ist davon auszugehen, dass das Mitglied regelmäßig an der Vertretung der Mitarbeiter gehindert ist. Insoweit hat der Arbeitgeber die Möglichkeit, auf die Besetzung der Arbeitsrechtlichen Kommission Einfluss zu nehmen. Dadurch kann die Parität in der Kommission beeinträchtigt werden. Die entsprechenden Ordnungen bieten nicht die Gewähr für ein Verhandlungsgleichgewicht zwischen Arbeitnehmern und Arbeitgebern.

cc) Die Vermittlung der erforderlichen Fachkompetenz

Die Arbeitsrechtliche Kommission entscheidet im Rahmen ihrer Tätigkeit über komplexe überbetriebliche Regelungsfragen. Die Beschlüsse umfassen nicht nur das Aushandeln der Löhne, sondern unter anderem Fragen der Einstellung, ärztlichen Betreuung, Versetzung, Abordnung, Probezeit, Arbeitszeit einschließlich der Vereinbarung von Sonderregelungen, Eingruppierungen nach Vergütungsgruppen, Sozialbezüge, zusätzlichen Alters- und Hinterbliebenenversorgung, Urlaubsansprüche und die Festlegung von Übergangsgeldern. Dies erfordert, dass die Arbeitnehmervertreter über die zum Verhandeln notwendigen Kenntnisse der Materie verfügen.[1042] Die im eigenen Betrieb erworbenen Erfahrungen werden aufgrund des überbetrieblichen Charakters der Regelungsmaterie regelmäßig nicht ausreichen. Es ist ein Verständnis des allgemeinen und des kirchlichen Arbeitsrechts sowie der Regelungen der kirchlichen Arbeitsrechtsordnungen unter Berücksichtigung des verfassungsrechtlichen Hintergrundes notwendig. Dies macht je nach Vorwissen des einzelnen Amtsträgers dessen Fortbildung erforderlich. Sie stellt sicher, dass dem Sachverstand der Dienstgeber eine entsprechende Fachkompetenz auf Arbeitnehmerseite entgegengesetzt werden kann.[1043]

1042 *Schlaich*, JZ 1980, 209 (211)

1043 *Dütz*, EssG 18 (1984) 67 (93); *Richardi*, Arbeitsrecht in der Kirche, § 15 Rn. 22;

Eine großzügige Freistellung vermag dieses Erfordernis zu unterstützen; sicherstellen kann es die Weiterbildung nicht.[1044] Bei der Intensität der Fortbildung ist zu berücksichtigten, dass die Arbeitsrechtlichen Kommissionen zum Teil nach dem Repräsentationsprinzip besetzt werden. Damit sind hauptberuflich in der Gewerkschaft Tätige nicht Mitglieder der Kommission. Dies hat grundsätzlich ein Defizit in der arbeitsrechtlichen Fachkenntnis als auch in der Verhandlungsführung zur Folge.[1045] Das macht es umso mehr notwendig, den Arbeitnehmervertretern Fachkenntnis zu vermitteln oder einen anderweitigen Ausgleich zu schaffen.[1046]

(1) Fortbildungsverpflichtung durch die Gewerkschaften

Der in der Literatur vertretenen Auffassung, dass die erforderlichen Kenntnisse der Mitarbeiter dadurch gesichert seien, dass sich die Mitarbeitervertreter durch die Gewerkschaften unterstützen lassen können,[1047] ist nicht zu folgen. Die Gewerkschaften werden jedenfalls beim Repräsentationsprinzip bewusst vom Regelungsverfahren des „Dritten Weges" ausgenommen, weil die Kirchen eine kirchenfeindliche Einflussnahme befürchten. Es ist den Gewerkschaften nach diesem Regelungsmodell nicht möglich, Arbeitnehmervertreter in die Arbeitsrechtlichen Kommissionen zu entsenden oder an deren Auswahl mitzuwirken. Der Gedanke, ihnen nunmehr die Fortbildung und deren Kosten für die Arbeitnehmervertreter aufzuerlegen, ist widersprüchlich und aufgrund der Bedeutung der Fortbildung für die Parität in der Arbeitsrechtlichen Kommission nicht nachvollziehbar. Die Herstellung der Parität durch Sicherstellung der Fachkompetenz würde einem unbeteiligten Dritten auferlegt, ohne dass dieser zum Handeln verpflichtet wäre. Die Perplexität der Überlegung zeigt sich daran, dass die Gewerkschaften ein System mit ihrem Know-how und ihrem Geld unterstützen sollen, das sie als unzulässig ablehnen. Die Fortbildungsmaßnahmen müssen durch die kirchlichen Einrichtungen angeboten oder gefördert werden. Dies umfasst sowohl die finanzielle Unterstützung als auch eine entsprechende Freistellung. Abweichungen sind gegebenenfalls möglich, wenn sich die Gewerkschaften aktiv beteiligen und Arbeitnehmervertreter entsenden können. Insoweit kann ihnen bei ihren eigenen Mitarbeitern auch die Fortbildung auf-

1044 *Schlaich*, JZ 1980, 209 (211); *Dütz*, EssG 18 (1984) 67 (93)

1045 so auch *Grethlein*, NZA/Beil. 1/1986, 18 (22); *Dietz*, RdA 1979, 79 (84)

1046 a.A. *Vogt* (Der „Dritte Weg" der evangelischen Kirchen und die Tarifautonomie, S. 138): Er ist der Auffassung, dass die Verhandlungsparität auch durch fachliche Beratung und Schulungsmaßnahmen nicht ausgeglichen wird.

1047 *Richardi*, Arbeitsrecht in der Kirche, § 15 Rn. 22

erlegt werden; handelt es sich um wenigstens halbtätig bei ihnen Beschäftigte, kann ihnen die Fortbildung wenigstens anteilig auferlegt werden. Erforderlich ist allerdings eine ausreichende Freistellung der Mitarbeitervertreter von ihren arbeitsvertraglichen Pflichten.

(2) Schulungsmöglichkeiten in den kirchlichen Ordnungen

Die Möglichkeit an Schulungs- und Bildungsveranstaltungen teilzunehmen, ist in den kirchlichen Ordnungen unterschiedlich ausgestaltet. So werden diese teilweise überhaupt nicht und oder in sehr unterschiedlichen zeitlichen Ausprägungen angeboten.[1048]

Sind in den Ordnungen für die Arbeitsrechtlichen Kommissionen keine Schulungen vorgesehen,[1049] so ist das gleichgewichtige Aushandeln dem Zufall überlassen. Die jeweilige kirchliche Ordnung gewährleistet die Verhandlungsparität nicht. Ob hinreichend qualifizierte Vertreter in die Kommission entsandt werden, hängt vom „Wahlglück" der Arbeitnehmer ab. Dies widerspricht sowohl der kirchlichen Intention des „Dritten Weges" als auch der verfassungsrechtlichen Vorgabe des Verhandlungsgleichgewichts. Insbesondere die Kirchen, die das Repräsentationsmodell anwenden, wollen alle Arbeitnehmer an der Arbeitsrechtlichen Kommission beteiligen. Dies umfasst sowohl die Möglichkeit zu wählen, als auch – soweit kirchenspezifische Gründe dem nicht entgegenstehen – die Möglichkeit, gewählt zu werden. Dem „normalen" Arbeitnehmer fehlt für letzteres jedoch das erforderliche Fachwissen, um sachgerechte Anträge stellen zu können. Von seinem Vorliegen kann nicht ohne weiteres ausgegangen werden, so dass das Fehlen von Fortbildungsmöglichkeiten dem Gebot eines ausgewogenen Verhältnisses zwischen Arbeitgebern und Arbeitnehmern nicht ausreichend Rechnung trägt.

Mindestvoraussetzung zur Sicherung der Verhandlungsparität ist, dass Fortbildungsmaßnahmen angeboten und finanziert werden. Der (zeitliche) Umfang der Weiterbildungsmöglichkeiten muss sich als Grundsatz am zur Fortbildung Erforderlichen orientieren. Dieses ist immer abhängig von der

---

[1048] § 6 Abs. 4 ARRG- Baden i.V.m. § 19 Abs. 3 MVG Baden (4 Wochen in 4 Jahre); § 9 Abs. 1 BayRK (1 Woche / Jahr); § 10 KODA-Freiburg (2 Wochen in 4 Jahren); 10 KODA-Limburg (2 Wochen in 4 Jahren); 10 KODA-Rottenburg-Stuttgart (2 Wochen in 4 Jahren); § 8 Abs. 4 Caritas; keine Regelung: ARRG-Bremen; ARRG-EKD-Diakonie; ARRG-Konföderation-Niedersachsen

[1049] ARRG-Bremen; ARRG-Kurhessen-Waldeck (§ 9 Abs. 3 b sieht allerdings arbeitsrechtliche Beratungen der Kommissionsmitglieder vor); ARRG-Rheinland

Vorbildung des Arbeitnehmers. Grundsätzlich wird aber eine Fortbildung von zwei Wochen in vier Jahren das Ziel einer Verhandlungsparität nicht erreichen können.[1050] Das Manko wird deutlich, wenn zum Vergleich die Fortbildungsmöglichkeiten im Betriebsverfassungsgesetz herangezogen werden. Jedes Betriebsratsmitglied hat gem. § 37 Abs. 7 BetrVG zunächst einen den kirchlichen Ordnungen vergleichbaren Anspruch auf bezahlte Freistellung von drei Wochen (bei 9 Mitgliedern von vier Wochen) während seiner regelmäßigen Amtszeit von vier Jahren. Voraussetzung ist, dass die Bildungsveranstaltung von der obersten Arbeitsbehörde des Landes als geeignet eingestuft wurde. Daneben besteht für Betriebsratsmitglieder nach § 37 Abs. 6 BetrVG ein zeitlich unbefristeter Anspruch auf Befreiung von ihrer Leistungspflicht, soweit die Schulung erforderlich ist. Nach der Rechtsprechung des Bundesarbeitsgerichts ist die Vermittlung von Kenntnissen und Fähigkeiten für die Arbeitnehmervertreter erforderlich, wenn sie unter Berücksichtigung der konkreten Situation benötigt wird, um die Arbeiten sachgerecht wahrnehmen zu können.[1051] Die Diskrepanz zwischen einem zweiwöchigen und einem zeitlich unbefristeten Fortbildungsanspruch liegt auf der Hand. Dabei zielen die Fortbildungsmöglichkeiten nach dem Betriebsverfassungsgesetz – nach allerdings umstrittener Auffassung – nicht einmal auf die Herstellung einer „intellektuellen Parität" ab.[1052] Für ein derartiges Manko sind auch keine kirchenspezifischen Gründe ersichtlich. Was spricht gegen die Vermittlung von Kenntnissen, die für die sachgerechte Ausübung der Arbeitnehmervertretung benötigt werden? Finanzielle Belastungen sind nicht kirchenspezifisch, sondern treffen jedes Unternehmen.

In gewissem Umfang kann die fehlende Weiterbildung allerdings durch die Beratung der Arbeitnehmervertreter durch unabhängige und sachkundige Dritte kompensiert werden.[1053] Die Mitarbeitervertretungsordnungen[1054] und das Betriebsverfassungsgesetz[1055] kennen vergleichbare Vorschrif-

---

1050 § 10 KODA-Ordnung-Freiburg; § 10 KODA-Ordnung-Limburg; § 10 KODA-Ordnung-Rottenburg-Stuttgart; § 9 BayRK (1 Woche pro Jahr)

1051 BAG AP Nr. 110 zu § 37 BetrVG Bl. 321

1052 BAG AP Nr. 23 zu § 37 BetrVG Bl. 202; *Richardi*, Betriebsverfassungsgesetz, § 37 Rn. 81; a.A. *Wedde*, in Däubler/Kittner/Klebe, Betriebsverfassungsgesetz, § 37 Rn. 141

1053 *Dütz*, EssG (1984) 67 (93 f.); § 9 Abs. 3 b ARRG-Kurhessen-Waldeck

1054 §§ 25 Abs. 1 S. 2 i.V.m. 30 Abs. 2 S. 2 MVG Baden (Dienststellenleitung)

1055 § 80 BetrVG

ten.[1056] Insgesamt reichen die getroffenen Regelungen nicht aus, um die Verhandlungsparität zu sichern.

(3) Die Freistellung von der Arbeitspflicht und entsprechender Ausgleich

Ein weiterer Gesichtspunkt, der für die Parität in der Arbeitsrechtlichen Kommission von Bedeutung ist, ist der Umfang der Arbeitsbefreiung, um an Sitzungen oder deren Vorbereitung teilnehmen zu können. Die Mitglieder der Arbeitsrechtlichen Kommissionen werden regelmäßig im erforderlichen Umfang ohne Minderung der Bezüge und des Erholungsurlaubs vom Dienst freigestellt.[1057] Diese Regelung entspricht § 37 Abs. 2 BetrVG. Allerdings werden teilweise wiederum Beschränkungen vorgenommen, deren Zweck nicht nachvollziehbar ist. So sieht beispielsweise die Ordnung für die Arbeitsrechtliche Kommission des Diakonischen Werkes der EKD in § 6 Abs. 3 vor, dass nur eine Freistellung von bis zu 33 Prozent der regelmäßigen Arbeitszeit eines Vollbeschäftigten möglich ist. Wiederum orientiert sich die Regelung nicht am Bedarf. Auffallend ist auch, dass vielfach keine Regelung für einen Freizeitausgleich geschaffen wurde, wenn die Arbeiten für die Arbeitsrechtliche Kommission beispielsweise aufgrund einer Einteilung in einer Nachtschicht im Pflegedienst nicht in der Arbeitzeit stattfinden konnten.[1058] Dies kann zu einer erheblichen zeitlichen Mehrbelastung führen. Damit werden Mitglieder der Arbeitsrechtlichen Kommission gegenüber anderen Arbeitnehmern schlechter behandelt. Das widerspricht der Regelung, dass niemand aufgrund seiner Tätigkeit in der Kommission benachteiligt werden darf.

(4) Stellungnahme

Die Ordnungen für die Arbeitsrechtlichen Kommissionen weisen erhebliche Defizite bei der Vermittlung der erforderlichen Fachkompetenz auf, die zu einer Disparität führen. Die Fortbildungsmaßnahmen sind ungenügend,

---

[1056] Im Falle einer Betriebsänderung sieht § 111 S. 2 BetrVG die Hinzuziehung eines Beraters vor.

[1057] § 6 Abs. 3 ARRG-Baden i.V.m. § 19 Abs. 2 MVG Baden; § 9 Abs. 1 S. 1 ARRG-Bremen; § 9 Abs. 4 S. 1 ARRG-Kurhessen-Waldeck; § 9 Abs. 3 und 4 ARRG-Rheinland; § 8 Abs. 2 BayRK; § 10 KODA-Freiburg

[1058] § 9 ARRG-Bremen; § 8 Abs. 2 BayRK (Allerdings mit dem Hinweis von *Eder*, dass der Freistellungsanspruch bei entsprechendem Nachweis über die Bestimmung hinausgehen kann.); § 9 Abs. 2 KODA-Freiburg; § 9 KODA-Limburg; § 6 Abs. 4 ARRG-Baden verweist beispielsweise nur auf die §§ 19, 21 und 22 MVG. § 20 MVG regelt die Freistellung so dass die fachliche Kompetenz der Mitarbeitervertreter nicht sichergestellt ist. Dies gilt insbesondere im Hinblick darauf, dass die Arbeitnehmervertreter die Position der hauptberuflichen Gewerkschaftsvertreter ausfüllen müssen, die durch ihre Tätigkeit in arbeitsrechtlichen Fragen geschult sind. Die Freistellungszeiträume, die gewährt werden, sind zu restriktiv. Sie orientieren sich nicht am Bedürfnis des einzelnen Amtsträgers, sondern geben starre Grenzen vor. Diese werden nicht durch empirische Studien belegt, die den durchschnittlichen Zeitaufwand dokumentieren. Hinsichtlich der bei den Gewerkschaften beschäftigten Angestellten ist dieses Problem allerdings weniger auffällig. Die Fortbildung allerdings gänzlich auf die Arbeitszeit in der Gewerkschaft zu verlagern, ist nicht zulässig.

d) Der gerichtliche Rechtsschutz

Bereits früh wurde bei den kirchlichen Regelungen ein Defizit im Rechtsschutz beklagt.[1059] Dahinter steht die Überlegung, dass Schutzvorschriften, deren Regelungsfolgen nicht durchsetzbar sind, lediglich inhaltsleere Hülsen darstellen. So muss beispielsweise sichergestellt sein, dass die finanzielle Unterstützung der Kommission nicht nur auf dem Papier besteht, sondern dass der Arbeitgeber gegebenenfalls zur Zahlung gezwungen werden kann. Als Möglichkeit zur Durchsetzung des Regelungsziels können Strafen angedroht und Gerichte mit der Kompetenz zur Rechtsdurchsetzung beauftragt werden.

aa) Pönalisierung von Verstößen gegen Schutzvorschriften

Der Gesetzgeber hat zur Sicherstellung der Rechte der Betriebsratsmitglieder im sechsten Teil des Betriebsverfassungsgesetzes Straf- und Bußgeldvorschriften normiert. So sieht § 119 Abs. 1 Nr. 3 BetrVG vor, dass derjenige, der ein Mitglied des Betriebsrats um seiner Tätigkeit willen benachteiligt oder begünstigt, mit einer Freiheitsstrafe bis zu einem Jahr oder Geldstrafe bestraft wird. Kirchenrechtlich fehlt eine solche Entsprechung. Damit fehlt ein Schutzmechanismus, der die Tätigkeit der in der arbeitsrechtlichen Kommission Tätigen sicherstellen soll.[1060] Sein Fehlen führt gleichwohl nicht zu einem den Kirchen zurechenbaren Defizit, da diesen eine solche Rechtssetzung nicht möglich ist. Sie können staatliche Stellen

---

[1059] *Naendrup*, BlStSozArbR 1979, 353 (363)

[1060] zum BetrVG: *Richardi*, BetrVG, Vor § 119 Rn. 1,

nicht durch innerkirchliches Recht zu einem weltlichen Strafausspruch verpflichten. Ein „Mehr" an Schutz ist den Kirchen nicht möglich.[1061]

bb) Gerichtlicher Rechtsschutz

Nachdem die (weltliche) Strafandrohung als Mittel zur Rechtsbeachtung und -durchsetzung ausscheidet, muss diese Aufgabe von den Gerichten wahrgenommen werden. Sie müssen die Unabhängigkeit der Mitarbeitervertreter sicherstellen. Ihre Störung, Behinderung, Benachteiligung oder Begünstigung muss ausgeschlossen sein. Dies entspricht der Rechtslage für die Mitglieder des Betriebsrates. Durch die offene Formulierung in § 2a Abs. 1 Nr. 1 ArbGG wurde für Rechtsstreitigkeiten aus dem Betriebsverfassungsgesetz eine umfassende[1062] Zuständigkeit der Arbeitsgerichte geschaffen,[1063] welche die Unabhängigkeit des Betriebsrats sichert. Das Fehlen eines entsprechenden Äquivalents im Arbeitsgerichtsgesetz für die Regelungen der Mitarbeitervertretungen und der Ordnungen der Arbeitsrechtlichen Kommissionen steht dem staatlichen Gerichtsschutz jedoch nicht entgegen. Bei den Zuständigkeitsbestimmungen in § 2a ArbGG handelt es sich lediglich um Spezialvorschriften zu den Generalklauseln der §§ 13 GVG und 40 VwGO,[1064] so dass gegebenenfalls andere staatliche Gerichte zuständig sind.

(1) Rechtsschutz durch staatliche Gerichte

Trotzdem gehört der Rechtsschutz durch staatliche Gerichte im kirchlichen Bereich zu den umstrittensten Problemen im Staatskirchenrecht. Die Rechtsprechung hat – wenigstens bislang – ihre Prüfungskompetenz sehr restriktiv beurteilt und nur im begrenzten Maß den Rechtsweg zu den Gerichten für eröffnet erachtet.[1065]

[1061] vgl. OVG Schleswig, AP Nr. 47 zu Art. 140 GG; *Richardi*, NZA 2000, 1305 (1308) zur Frage, ob die Kirchen den Rechtsweg zu den staatlichen Kirchen eröffnen können.

[1062] Nach der Rechtsprechung des Bundesarbeitsgerichts sind Lohnansprüche des Betriebsratsmitglieds für die durch Amtstätigkeit versäumten Arbeitszeit im Urteilsverfahren geltend zu machen (BAG AP Nr. 16 zu § 37 BetrVG 1972).

[1063] *Matthes*, in: Germelmann/Matthes/Prütting/Müller-Glöge, Arbeitsgerichtsgesetz, § 2a Rn. 7; *Grunsky*, Arbeitsgerichtsgesetz, § 2a Rn. 3

[1064] BAG AP Nr. 34 zu Art. 140 GG, Bl. 132 R; *Dütz*, EssG 18 (1984) 67 (102 f.); *Richardi*, Arbeitsrechtsrecht in der Kirche, § 22 Rn. 3

[1065] vgl. *Weber*, NJW 1989, 2217 ff.; *ders.*, NJW 2003, 2067 ff.

Nach der bisherigen Rechtsprechung des Bundesarbeitsgerichts entscheiden die staatlichen Gerichte grundsätzlich über Rechtsstreitigkeiten zwischen Bürgern und Kirchen.[1066] Dies gilt auch für Rechtsstreitigkeiten von Arbeitnehmern, die Ansprüche aus ihrem Arbeitsverhältnis mit Kirchen geltend machen.[1067] Entscheidend ist, dass staatliches Arbeitsrecht Anwendung findet.[1068] Im Umkehrschluss hält es innerkirchliche Maßnahmen, die im staatlichen Zuständigkeitsbereich keine unmittelbaren Rechtswirkungen entfalten, der staatlichen Gerichtsbarkeit für entzogen.[1069] Darunter fallen geistlich-seelsorgerische Angelegenheiten, Maßnahmen der Kirchenverfassung und -organisation.[1070] Bei kirchlichen Regelungen sieht sich das Gericht nicht in der Lage, über die Rechtmäßigkeit zu entscheiden, weil es sich nicht um für alle geltende Gesetze im Sinne des Art. 137 Abs. 3 WRV handelt.[1071] Das gilt auch für „betriebsverfassungsrechtliche Streitigkeiten".[1072] So verneinte das Bundesarbeitsgericht die Zuständigkeit der staatlichen Gerichte bei der Frage, ob die Mitarbeitervertreter bei der Einstellung einer Person mitzubestimmen haben[1073] und entschied ebenso bei der Frage, ob einem Arbeitnehmervertreter Kosten aufgrund einer Regelung in der Mitabeitervertretungsordnung zu ersetzen sind[1074]. Eine subsidiäre Zuständigkeit staatlicher Gerichte lehnte es ab, da es in den kirchlichen Schlichtungsstellen (in den Mitarbeitervertretungsordnungen) Gremien sieht, die der Rechtsweggarantie genügen. Die Schlichtungsstelle entspricht nach Auffassung des Bundesarbeitsgerichts den Mindestanforderungen an

---

1066 BAG AP Nr. 25 zu Art. 140 GG Bl. 688 R; so auch *Kissel*, GVG, § 13 Rn. 186; *Weber*, NJW 1989, 2217 (2221)

1067 BAG AP Nr. 25 zu Art. 140 GG Bl. 688 R; zustimmend: *v. Campenhausen*, Staatskirchenrecht, S. 381; *Dütz*, Anmerkung zu BAG, Urt. v. 11. 3.1986 – 1 ABR 26/84, in: AP Nr. 25 zu Art. 140 GG, Bl. 345; *ders.*, AuR 1979, Sonderheft, S. 2 (6 f.); *Jurina*, Das Dienst- und Arbeitsrecht im Bereich der Kirchen in der BR Deutschland, S. 167 ff.; *Pahlke*, Kirche und Koalitionsrecht, S. 255 f.

1068 BAG AP Nr. 25 zu Art. 140 GG Bl. 688 R; vgl. in Kündigungsschutzprozessen: BAG AP Nr. 14 und Nr. 16 zu Art. 140 GG

1069 BAG AP Nr. 25 zu Art. 140 GG Bl. 689

1070 vgl. Beispiele bei *Kissel*, GVG, § 13 Rn. 183

1071 BAG AP Nr. 34 zu Art. 140 GG

1072 BAG AP Nr. 34 zu Art. 140 GG Bl. 132; so auch *Richardi*, Arbeitsrecht in der Kirche, § 22 Rn. 2; *Bietmann*, Betriebliche Mitbestimmung im kirchlichen Dienst, S. 91 ff.; *Fitting* § 118 Rn. 60; *Kissel*, GVG, § 13 Rn. 186; vgl. auch *Neumann*, ZTR 1997, 241 (243)

1073 BAG AP Nr. 34 zu Art. 140 GG, Bl. 132

1074 BAG AP Nr. 40 zu Art. 140 GG

unabhängige Gerichte.[1075] Die Einrichtung der kirchlichen Gerichte erfolgt aufgrund von Art. 10 Abs. 2 GrOkathK, der für den Bereich der Mitarbeitervertretung und den Ordnungen des Arbeitsvertragsrechts (Koda-Ordnungen)[1076] die Errichtung eigener Gerichte vorsieht. Die Kompetenz folgert das Bundesarbeitsgericht unter anderem aus dem Selbstbestimmungsrecht der Kirchen gem. Art. 137 Abs. 3 WRV, das ihnen neben der eigenständigen Normsetzung und Verwaltung auch gewährleistet, kirchliche Gerichte zur Nachprüfung des eigenständigen Rechts einzusetzen.[1077] Kollektivrechtliche Regelungen der Kirchen werden durch das Bundesarbeitsgericht nur dann hinzugezogen, wenn sie auf das Arbeitsverhältnis des einzelnen Einfluss haben. Dies ist beispielsweise der Fall, wenn ein Mitarbeitervertreter gekündigt wird. In diesem Fall wird auch untersucht, ob ein Verstoß gegen kündigungsrechtliche Schutzvorschriften des Mitarbeitervertretungsgesetzes vorliegt.[1078] Die Zuständigkeit der weltlichen Gerichte für derartige Streitigkeiten ist kirchenrechtlich für die katholische Kirche in Art. 10 Abs. 1 GrOkathK normiert.[1079]

Zusammenfassend lässt sich festhalten, dass die weltlichen Gerichte nach der Rechtsprechung des Bundesarbeitsgerichts zur Entscheidung befugt sind, wenn das weltliche Arbeitsverhältnis berührt ist. Dies ist beispielsweise der Fall, wenn ein Mitarbeitervertreter gekündigt wird und die kündigungsrechtlichen Schutzvorschriften des Mitarbeitervertretungsgesetzes oder der Ordnungen für die Arbeitsrechtliche Kommission nicht beachtet wurden. Im Umkehrschluss gilt, dass die kollektivrechtlichen Regelungen, die beispielsweise die Freistellung oder finanzielle Unterstützung der Arbeitsrechtlichen Kommission regeln, nicht der Rechtskontrolle durch weltliche Gerichte unterstehen. Einschränkend ist es erforderlich, dass ein kirchliches Gericht existiert.

1075 BAG AP Nr. 34 zu Art. 140 GG, Bl. 133 f; bestätigt durch BAG AP Nr. 40 zu Art. 140 GG

1076 *Richardi*, HdbStKirchR Bd. 2, § 67, S. 956

1077 BAG AP Nr. 34 zu Art. 140 GG, Bl. 132 R; so auch *Dütz*, Anmerkung zu BAG, Beschluss vom 11.3.1986 – 1 ABR 26/86, in: AP Nr. 25 zu Art. 140 GG; *Schliemann*, NZA 2000, 1311; *Kienitz*, NZA 1996, 963 (964)

1078 BAG AP Nr. 25 zu Art. 140 GG, Bl. 688 R; AP Nr. 41 zu Art. 140 GG, Bl. 1053 R

1079 vgl. *Dütz*, NJW 1994, 1369 (1373)

In jüngerer Zeit haben Entscheidungen des Bundesgerichtshofs[1080] sowie eine Entscheidung des Bundesverwaltungsgerichts[1081] für Aufsehen gesorgt und die Frage aufgeworfen, ob eine Rechtsprechungsänderung stattgefunden hat, die eine umfassende Prüfungskompetenz der Gerichte zur Folge hat.[1082] Der Bundesgerichtshof hatte über einen zivilrechtlichen Unterlassungsanspruch einer jüdischen Religionsgemeinschaft zu entscheiden. Hintergrund des Urteils ist, dass der Beklagte die Entscheidung der jüdischen Schlichtungsstelle nicht akzeptierte, nach der seine Wahl zum Vorsitzenden ungültig war und er sich unter anderem weiter als Vorstandsvorsitzender bezeichnete. In seiner Entscheidungsbegründung führt der Bundesgerichtshof aus, dass die Klage nicht bereits deshalb unzulässig sei, weil es sich um eine rein innergemeinschaftliche Angelegenheit handele, die keiner Rechtskontrolle durch staatliche Gerichte unterliege. Vielmehr betont er – wie bereits zuvor das Bundesverfassungsgericht[1083] – die dem Staat obliegende Justizgewährungspflicht aus Art. 20 Abs. 3 i.V.m. 92 GG. Daraus folge ein genereller Anspruch auf gerichtliche Kontrolle. Dem staatlichen Rechtsschutz sind nach Auffassung des Bundesgerichtshofs durch das Selbstbestimmungsrecht der Kirchen aus Art. 137 Abs. 3 WRV Grenzen gesetzt.[1084] Wo diese Grenze liegt, ist im Rahmen einer Güterabwägung festzustellen.[1085] Für rein „innerkirchliche" Maßnahmen nimmt der Bundesgerichtshof an, dass die Überprüfung durch staatliche Gerichte ausgeschlossen ist, da der bürgerliche Rechtskreis durch solche Regelungen nicht berührt wird.[1086] Dies trifft beispielsweise für Klagen auf kirchliche Amtshandlungen wie Taufen, kirchliche Beerdigungen oder Eheschließungen zu.[1087] Bei mittelbaren Rechtswirkungen in das öffentliche Recht sieht es keinen Handlungsbedarf, soweit keine willkürliche oder gegen fundamentale Rechtsprinzipien verstoßende Entscheidung vorliegt.[1088] Dies setzt aber

[1080] BGH JZ 2000, 1111 ff.; BGH NJW 2003, 2097

[1081] BVerwG NVwZ 2002, 987 f.

[1082] zustimmend: *v. Campenhausen*, ZevKR 45 (2000), S. 622 ff.; *Nolte*, NJW 2000, 1844 ff.; *Weber*, NJW 2003, 2067 ff.; *Kästner*, NVwZ 2000, 889 ff.

[1083] BVerfG NJW 1999, 349; vgl. *Weber*, NJW 1989, 2217 (2219)

[1084] BGH JZ 2000, 1111 (1112); BVerfG NJW 1999, 349 f.; vgl. auch *v. Campenhausen*, Staatskirchenrecht, S. 365 f.; *Kästner*, Staatliche Justizhoheit und religiöse Freiheit, S. 111

[1085] BGH JZ 2000, 1111 (1112); BVerfG NJW 1999, 349 (350)

[1086] BGH JZ 2000, 1111 (1112); BVerfG NJW 1999, 349 (350)

[1087] vgl. *Weber*, NJW 2003, 2067 (2069)

[1088] BGH JZ 2000, 1111 (1112)

immer auch voraus, dass überhaupt ein kirchliches Gericht vorhanden ist.[1089]

In einer neuen Entscheidung hat der Bundesgerichtshof seine Rechtsprechung bestätigt. Er nimmt an, dass die Justizgewährungspflicht die staatlichen Gerichte auch zur Überprüfung von Ansprüchen aus Dienstverhältnisse von Offizieren der Heilsarmee und mit ihnen rechtlich vergleichbar von Geistlichen umfasst, soweit aus staatlichem Recht ableitbare Rechte geltend gemacht werden.[1090] Dies hat das Gericht beispielsweise für Zahlungsansprüche aus dem Dienstverhältnis angenommen, die auf dem „Rechtselement abhängiger Dienstverhältnisse" fußen. Damit werden wiederum innerkirchliche Teilbereiche der gerichtlichen Kontrolle unterworfen. Nach Auffassung des Bundesgerichtshofs schränkt die Verfassung nicht die Justiziabilität als solche, wohl aber das Maß der Justiziabilität ein.[1091] Die Prüfung des „Ob" und „Wie" der gerichtlichen Kontrolle erfolgt in der Begründetheit des Anspruchs und ergibt sich aus einer Abwägung mit dem Selbstverwaltungsrecht der Religionsgesellschaften mit den allgemeinen Rechten des Einzelnen.[1092] Führt die Abwägung dazu, dass es sich um eine von der geistlichen Grundordnung und einem darauf gegründeten Selbstverständnis der Kirche oder Glaubensgemeinschaft getragene Maßnahme nach autonomen Kirchen- oder Gemeinschaftsrecht handelt, so kann die Entscheidung durch staatliche Gerichte nicht auf ihre Rechtmäßigkeit, sondern nur auf ihre Wirksamkeit überprüft werden. Das heißt, die Entscheidung wird nur dahingehend untersucht, ob sie gegen Grundprinzipien der Rechtsordnung verstößt, wie sie in dem allgemeinen Willkürverbot sowie in dem Begriff der guten Sitten und dem ordré public ihren Niederschlag gefunden haben.[1093] Die Entscheidung, ob ein Verstoß gegen das kirchliche Disziplinarrecht vorliegt, wird daher nicht auf seine Rechtmäßigkeit kontrolliert.[1094]

1089 BVerfG NJW 1999, 349 (350)

1090 BGH NJW 2003, 2097 (2098)

1091 BGH NJW 2003, 2097 (2099)

1092 BGH NJW 2003, 2097 (2099)

1093 BGH NJW 2003, 2097 (2098 f.); anders hingegen das Bundesverwaltungsgericht: Das Bundesverwaltungsgericht verfolgt in einer neueren Entscheidung – Urt. v. 30.10.2002 – 2 C 23/01 = NJW 2003, 2112 – wieder seine alte Rechtsprechung. Darin vertritt es die Auffassung, dass der innerkirchliche Bereich von der Justizgewährungspflicht nicht erfasst wird.

1094 BGH NJW 2003, 2097 (2100)

Entscheidender und neuer Anhaltspunkt für den Umfang staatlichen Gerichtsschutzes ist damit nach Auffassung des Bundesgerichtshofs, der sich das Bundesverwaltungsgericht in einem Urteil vom 28. 2. 2002 – 7 C/01 zunächst angeschlossen hat,[1095] das materielle Recht.[1096] Der Rechtsweg zu den staatlichen Gerichten ist für alle Rechtsfragen eröffnet, deren Beurteilung sich nach staatlichem Recht richtet.[1097] Dabei ist ausreichend, dass sich das kirchliche Recht aus staatlichem Recht ableiten lässt. Zu unterscheiden ist zwischen dem „Ob" und dem „Wie" staatlichen Gerichtsschutzes. Grundsätzlich besteht ein staatlicher Gerichtsschutz („Ob"). Es wird allerdings angenommen, dass das Rechtsschutzbedürfnis im Sinne einer Subsidiarität staatlichen Rechtsschutzes fehlt, wenn die Klage nicht zuvor vor den kirchlichen Gerichten erhoben wurde. Der Prüfungsumfang – das „Wie" – richtet sich nach einer Güterabwägung. Dabei sind das Selbstbestimmungsrecht der Kirchen auf der einen Seite und die Justizgewährungspflicht beziehungsweise das Freiheitsrecht der Gegenseite miteinander abzuwägen. Konkret bedeutet dies, dass disziplinarrechtliche Maßnahmen, die auf autonomen Recht beruhen und sich religiös begründen lassen, nur justiziabel sind, soweit eine willkürliche Maßnahme vorliegt oder diese sittenwidrig ist beziehungsweise gegen das ordré public verstößt. Innerkirchliche Maßnahmen sind komplett von einer Überprüfung ausgeschlossen.

Damit stellt sich die Frage, ob die so genannte Rechtsprechungsänderung für die „betriebsverfassungsrechtlichen Rechtsstreitigkeiten" und denen vergleichbar für Regelungen im Bereich des „Dritten Weges" zu einer Änderung geführt hat. Als Beispiel soll die Entscheidung des Bundesarbeitsgerichts vom 9. September 1992 – 5 AZR 456/91 – dienen.[1098] Das Gericht hatte in der Entscheidung seine Zuständigkeit für die Streitigkeit zwischen dem Mitglied einer Mitarbeitervertretung nach dem kirchlichen Mitarbeitervertretungsgesetz und dem Dienstgeber über die Erstattung von Kosten, die dem Mitglied beim Handeln für die Mitarbeitervertretung entstanden sind, verneint.

Im Gegensatz zur Entscheidung des Bundesarbeitsgerichts ist der Rechtsweg zu den staatlichen Gerichten nach der Rechtsprechung des Bundesgerichtshofs eröffnet. Die Beurteilung der Rechtsfrage richtet sich nach staat-

---

1095 anders jedoch BVerwG NJW 2003, 2112 ff.

1096 so auch *Maurer*, Anmerkung zu BGH, Urt. v. 11.2.2000 – V ZR 271/99, JZ 2000, 1113

1097 so auch *Steiner*, NVwZ 1989, 410 (414)

1098 BAG, AP Nr. 40 zu Art. 140 GG

lichem Recht, da es sich um ein Grundelement abhängiger Arbeitsverhältnisse handelt. Dies ist nicht so offensichtlich, wie in der Entscheidung über Gehaltsansprüche eines Offiziers der Heilsarmee. Es wird aber deutlich, wenn die Grundlage des kirchlichen „Betriebsverfassungsrechts“ nicht ausschließlich im kirchlichen Selbstbestimmungsrecht, sondern darüber hinaus im § 118 Abs. 2 BetrVG gesehen wird. Wie bereits herausgearbeitet wurde, umfasst die Norm nicht nur die Freistellung vom Betriebsverfassungsgesetz, sondern ist von seiner Intention gleichzeitig als Verpflichtung der Kirchen zu sehen, ein eigenes Regelungssystem zu schaffen. Die Mitarbeitervertretungsordnungen ersetzen das staatliche Recht und sind durch den Staat anerkannt.[1099] Dies wird noch deutlicher, wenn es sich um Regelungen des „Dritten Weges“ handelt. Die Ergebnisse dieses Verfahrens werden in den §§ 21a Abs. 3 JArbSchG, 7 Abs. 4 ArbZG und 3 Abs. 1 S. 1 AltersteilzeitG einfachgesetzlich den Tarifverträgen gleichgestellt und damit Rechtsgeltung zuerkannt. Dieses Ergebnis liegt entgegen anderer Ausführungen bereits aufgrund der Anwendung staatlichen Arbeitsrechts im Individualverhältnis nahe. Es ist nicht nachvollziehbar, warum zwar ein Gerichtsschutz besteht, wenn individualrechtliche Fragen mit kollektivrechtlichen kirchlichen Normen beantwortet werden – Kündigung eines Arbeitnehmervertreters der Mitarbeitervertretung entgegen den besonderen Kündigungsschutzvorschriften –, der Gerichtsschutz jedoch nicht gelten soll, wenn dasselbe „Gesetz“ bei rein kollektivrechtlichen Fragen zur Beurteilung der Rechtmäßigkeit herangezogen werden muss.[1100] Ob mangels Spezialzuweisung zu den Arbeitsgerichten in den §§ 2, 2a ArbGG die allgemeinen Zivilgerichte zuständig sind oder ob aufgrund der Sachnähe der Materie zum Betriebsverfassungsrecht trotzdem die Zuständigkeit der Arbeitsgerichte angenommen wird, ist eine andere Frage. Tendenziell ist die letzte Auffassung zu bevorzugen,[1101] da das Mitarbeitervertretungsrecht die Ausfüllung der Lücke des Betriebsverfassungsgesetzes durch § 118 Abs. 2 BetrVG ist und wie bereits dargelegt, eine Pflicht der Kirchen darstellt. Der Zulässigkeit könnte lediglich ein fehlendes Rechtsschutzbedürfnis entgegenstehen, wenn der Kläger einen kircheneigenen Rechtsweg nicht wahr-

---

1099 Der Aspekt der Freistellung wird von *Bietmann* (Betriebliche Mitbestimmung im kirchlichen Dienst, S. 93) genau entgegengesetzt interpretiert. Er ist der Auffassung, dass der Freiheitsraum der Kirchen akzeptiert werden muss.

1100 so aber *Richardi*, NZA 2000, 1303 (1307)

1101 so auch *Schillberg*, Rechtsschutz und Arbeitsrecht in der evangelischen Kirche, S. 212; *Pahlke*, Kirche und Koalitionsrecht, S. 260 f.

genommen hat, der einen effektiven Rechtsschutz sichert. Insoweit sind die weltlichen Gerichte – zunächst – subsidiär.[1102]

In der Begründetheit stellt sich nunmehr die Frage nach dem Umfang des Prüfungsrechts der staatlichen Gerichte. Dieser ist durch eine Abwägung der Rechtsgüter zu ermitteln. Dabei sind, der Entscheidung des Bundesgerichtshofs vom 13. März 2003 folgend, das Selbstbestimmungsrecht der Kirchen aus Art. 137 Abs. 3 WRV und das Freiheitsrecht der rechtssuchenden Partei miteinander abzuwägen. Dabei lässt sich festhalten: Je weiter kirchenspezifische Belange betroffen sind, desto geringer ist der Prüfungsumfang. Dies zeigt auch die Entscheidung des Bundesgerichtshofs. Das Disziplinarrecht betrifft regelmäßig einen religiösen Aspekt und behandelt damit eine besondere kirchenspezifische Frage. Dies ist in der Abwägung zu berücksichtigen, so dass Entscheidungen nur insoweit kontrolliert werden, wie eine Verletzung des ordré public vorliegt beziehungsweise die Entscheidung sittenwidrig oder willkürlich ist. Auch das Mitarbeitervertretungsrecht ist aufgrund der besonderen Belange der Kirchen und ihrer Einrichtungen entstanden. Das macht es erforderlich, auch in diesem Fall kirchliche Belange zu berücksichtigen. Festzuhalten ist aber auch, dass das Disziplinarrecht enger an kirchenspezifische Belange anknüpft als dies beim Mitarbeitervertretungsrecht der Fall ist. Damit steht den Gerichten als Minimum die Kompetenz zur Überprüfung der Entscheidung entsprechend dem oben genannten Maßstab zu. Dies bedeutet, dass die Entscheidung dann verworfen werden kann, wenn sie mit dem Wortlaut nicht im Einklang steht. Lässt sich der Zahlungsanspruch in dem oben genannten Fall unter den Wortlaut der kirchenrechtlichen Vorschrift subsumieren, so hat das Gericht diesen Anspruch zu gewähren. Diese Feststellung stellt angesichts der bisherigen Rechtsprechung einen „Paukenschlag" dar.[1103] Gleichwohl ist damit der Umfang der Entscheidungskompetenz noch nicht ausgereizt. Kommt das kirchliche Gericht oder unmittelbar der Arbeitgeber zu dem Schluss, dass eine Fortbildungsmaßnahme vergleichbar mit § 37 BetrVG nicht erforderlich ist, so steht dem staatlichen Gericht das volle Prüfungsspektrum zur Verfügung. Eine Einschränkung, die nur eine Willkürkontrolle zulassen würde, ist zu eng. Es fehlt in dieser Regelung der kirchenspezifische Aspekt, der zur Ausfüllung offener Begriffe im Disziplinarrecht gegebenenfalls notwendig sein kann. In diesem Fall geht es aus-

1102 BGH NJW 2003, 2097 (2099); BVerfG NJW 1999, 349 (350); Kirchberg, NVwZ 1999, 734 ff.

1103 so bereits *Weber*, NJW 2003, 2067 (2069) zur neuen Entscheidung des Bundesgerichtshof im selben Heft schließlich um einen Anspruch, der kirchenrechtlich normiert wurde und bereits dadurch deren Belange ausreichend berücksichtigt. In der Abwägung überwiegen die subjektiven Rechte der Person beziehungsweise des die Arbeitnehmer vertretenden Gremiums.

Die Zulässigkeit der Klage gegebenenfalls an der fehlenden Anrufung eines kircheneigenen Gerichts scheitern zu lassen, ist bereits ein Zugeständnis an den Schutz des kirchlichen Selbstbestimmungsrechts.[1104] „Kircheninterna" sollen soweit möglich und vorgesehen zunächst von kircheneigenen Gremien untersucht und bearbeitet werden. Dies dient unter anderem dazu, nach außen den Eindruck der Geschlossenheit zu vermitteln, wie es das Selbstverständnis der Kirchen verlangt. Damit zieht der Bundesgerichtshof mit seiner Rechtsprechung zum Vereinsrecht gleich. Auch hier sind die Entscheidungen gerichtlich überprüfbar. Gegebenenfalls kann jedoch ein Vorrang der vereinsgerichtlichen Rechtskontrolle vorliegen. Dies darf jedoch nicht dazu führen, dass der Rechtsschutz durch lange Verfahrenszeiten im kirchlichen Verfahren unzumutbar verzögert wird. Problematisch bei der Anlehnung an den Rechtsschutz im Vereinsrecht ist allerdings, dass der Arbeitnehmer dem Arbeitgeber nicht als gleichgewichtiges Mitglied einer Vereinigung mit den gleichen Rechten und Pflichten beitritt, sondern ein strukturelles Ungleichgewicht vorliegt.

Im Grundsatz ist die Prüfungskompetenz der Gerichte mit der neuen Rechtsprechung des Bundesgerichtshofs im Bereich des Mitarbeitervertretungsrechts und der Arbeitsrechtsregelungsgesetze des „Dritten Weges" erweitert worden.[1105] Problematisch ist die Qualifikation des von kirchlicher Seite erlassenen Rechts als staatlichem Recht. Der Bundesgerichtshof sieht den Rechtsweg zu den staatlichen Gerichten nur als eröffnet an, wenn sich der Streit nach staatlichem Recht richtet. Innergemeinschaftliche Streitigkeiten sollen als Streitgegenstand unzulässig sein.[1106] Bei der Beurteilung hilft der vom Bundesgerichtshof gewählte Weg, nach einem grundlegenden „Rechtselement abhängiger Dienstverhältnisse" zu suchen. Damit wird allerdings nicht nur die Frage Lohn gegen Entgelt, sondern auch das dem deutschen Recht inne wohnende System des Tarifvertragswesens und des Betriebsverfassungsrechts in seinen grundlegenden Zügen mitumfasst. Die kollektivrechtlichen Regelungen bilden deren kirchliches Äquivalent und

---

1104 BVerfG NJW 1999, 349 (350), zustimmend *Steiner*, NVwZ 1989, 410 (415)

1105 kritisch gegenüber dieser Einschätzung *Maurer*, Anm. zu BGH, JZ 2000, 1113 (1115)

1106 *Magen*, NVwZ 2002, 897 (898)

sind staatlich anerkannt. Darin ist der erforderliche Bezug zum weltlichen Recht zu sehen. Ein gerichtlicher Rechtsschutz ist in jedem Fall erforderlich, wenn ein Rechtsschutz durch kirchliche Gerichte nicht gewährleistet ist. Es widerspricht jedem rechtsstaatlichen Grundsatz und auch dem vertraglich begründeten gegenseitigen Treueverhältnis, wenn der Arbeitgeber ohne Kontrolle durch unabhängige Dritte – und damit gegebenenfalls auch ohne Kontrolle durch kirchliche Schiedsgerichte – entscheiden könnte.

(2) Rechtsschutz durch kirchliche Gerichte

Wenn der oben begründeten Auffassung gefolgt wird, besteht grundsätzlich ein Rechtsschutz durch staatliche Gerichte. Wird dieser Schritt jedoch nicht nachvollzogen,[1107] so ist ein Rechtsschutz durch kirchliche Gerichte unerlässlich.

(a) Rechtsschutz in der katholischen Kirche

Das Bestreben der katholischen Kirche nach einem internen Rechtsschutz wird bereits in der Grundordnung im Art. 10 deutlich. Der kirchliche Rechtsschutz befindet sich im Aufbau.[1108] Die Kompetenz zur Rechtskontrolle wurde durch diözesane Übergangsregelungen grundsätzlich den mitarbeitervertretungsrechtlichen Schlichtungsstellen zugewiesen.[1109] Die mitarbeitervertretungsrechtlichen Schlichtungsstellen genügen nach der Rechtsprechung des Bundesarbeitsgerichts dabei den Mindestanforderungen, die nach rechtstaatlichen Grundsätzen an ein Gericht zu stellen sind.[1110] Dies folgert es aus der Weisungsungebundenheit der Richter und deren Befähigung zum Richteramt oder zum höheren Verwaltungsdienst sowie der Tatsache, dass sie hauptberuflich nicht bei den Anstellungsträgern angestellt sind.[1111]

1107 so beispielsweise das BVerwG, NJW 2003, 2112

1108 Der Entwurf einer Ordnung zur Errichtung einer Kirchlichen Arbeitsgerichtsbarkeit ist dem Apostolischen Stuhl vorgelegt (*Richardi*, AR-Blattei SD, 960.1 Rn. 161). Ein Votum der Versammlung des Obersten Gerichtshofes der zuständigen Apostolischen Signatur vom 18. Februar 2003 liegt vor (vgl. ausführlich *Richardi*, Arbeitsrecht in der Kirche, § 22 Rn. 16)

1109 17a Regional-KODA-Ordnung; § 23a KODA-Rottenburg-Stuttgart; § 23a Bistums-KODA-Ordnung Limburg; § 23a Bistums-KODA-Ordnung Freiburg

1110 BAG AP Nr. 34 zu Art. 140 GG, Bl. 133 R

1111 BAG AP Nr. 34 zu Art. 140 GG, Bl. 133 R

Einen anderen Weg ist – als Übergangsregelung – nunmehr die Bayerische-Regional-KODA-Ordnung in § 18 gegangen. Für Rechtsstreitigkeiten ist der Vermittlungsausschuss zuständig. Dem Gericht sitzt ein katholischer Vorsitzender vor, der weder im kirchlichen Dienst steht noch dem Vertretungsorgan einer kirchlichen Körperschaft oder eines anderen Trägers einer kirchlichen Einrichtung angehört. Er muss die Befähigung zum staatlichen[1112] Richteramt haben. Als Beisitzer fungieren zwei Personen – einer von Seiten der Arbeitgeber und einer von Seiten der Arbeitnehmer. Im Ergebnis wird bei der Besetzung der Rechtsschutz hergestellt, der auch bei den Schlichtungsstellen der Mitarbeitervertretungsordnung besteht. Für das Verfahren vor dem kirchlichen KODA-Gericht gilt gem. § 18 Abs. 11 Bayerische-KODA-Ordnung die Ordnung für das Schlichtungsverfahren gem. §§ 40 ff. der Mitarbeitervertretungsordnung der Diözese Augsburg sinngemäß.

(b) Rechtsschutz in der evangelischen Kirche

Anders verhält sich der Fall hingegen bei den evangelischen Anstellungsträgern. Für Streitigkeiten im Bereich der Arbeitsrechtsregelungsgesetze fehlt eine ausdrückliche Zuweisung zu einem kirchlichen Gericht.[1113] Eine Überprüfung durch die Schlichtungskommission als möglichem Gericht kommt nur dann in Betracht, wenn die Kommission darüber einen Beschluss gefasst hat.

Dies ist unter Rechtsschutzgesichtspunkten zu wenig. Die Hoffnung, dass sich die Anstellungsträger aufgrund ihrer christlichen Verpflichtung normkonform verhalten werden, vermag nicht zu überzeugen. Auch wenn die kirchliche Vorstellung von einer Dienstgemeinschaft besteht, vermag sie den Interessenkonflikt zwischen Arbeitgebern und Arbeitnehmern nicht zu beseitigen. Dies war der Grund, der zur Einführung der Schutzvorschriften für die Arbeitnehmervertreter geführt hat. Ihre Einführung ohne kirchliche Rechtskontrolle wäre sinnlos, da nur eine unabhängige Instanz ihre Durchsetzung sichern kann. Die evangelischen Landeskirchen haben es mithin unterlassen, eine adäquate ausdrückliche kircheninterne Lösung auszuarbeiten.

Zur Lösung dieses Regelungsdefizits bieten sich zwei Möglichkeiten an. Angesichts einer fehlenden Rechtskontrolle durch Kirchengerichte liegt nach der Rechtsprechung des Bundesarbeitsgerichts die Überprüfung durch

---

[1112] *Eder*, Komm. zur Bay.-Regional-KODA-Ordnung, § 14, Nr. 97

[1113] *Richardi*, Arbeitsrecht in der Kirche, § 22 Rn. 19

staatliche Gerichte nahe. Daneben bietet es sich vergleichbar mit Regelungen in der katholischen Kirche an, die jeweilige mitarbeitervertretungsrechtliche Schlichtungsstelle anzurufen. Trotz des eindeutigen Bezugs im Wortlaut auf Streitigkeiten aus „diesem" Mitarbeitervertretungsgesetz in den §§ 60 und 63 Abs. 3 MVG.EKD liegt die analoge Anwendung nahe. Es handelt sich bei den jeweiligen Schutzvorschriften in den Arbeitsrechtsregelungsgesetzen um Regelungen, die aus dem Mitarbeitervertretungsgesetz übernommen wurden. Die Schlichtungsstellen würden über sachlich vergleichbare Regelungen entscheiden. Des Weiteren ist inhaltlich eine Differenzierung im Rechtsschutz zwischen dem Mitarbeitervertretungsgesetz und dem Arbeitsrechtsregelungsgesetz nicht nachvollziehbar. Sie kann von den Kirchen nicht gewollt sein, wenn gleichzeitig ein autonomer Regelungsbereich angenommen und gefordert wird.

cc) Schlussfolgerung

Die Frage des Rechtsschutzes in Rechtsstreitigkeiten bei kollektivrechtlichen Regelungen ist hoch umstritten. Mit den neuen Entscheidungen des Bundesgerichtshofes ist allerdings ein von der Literatur lange geforderter Weg eingeschlagen worden, der den Rechtsschutz angemessen erweitert. Nach der hier vertretenen Auffassung führt diese Rechtssprechungsänderung zu einer umfassenderen Prüfungskompetenz. Es bleibt abzuwarten, ob die Gerichte dem folgen. Der Rechtsschutz durch die kircheneigenen Gerichte ist nur in seinen Grundzügen geregelt. Während in der katholischen Kirche wenigstens eine Verweisung auf die Schlichtungsstellen besteht, wird dies in den evangelischen Kirchen vermisst. Eine adäquate Lösung ist nur möglich, wenn eine analoge Anwendung des Mitarbeitervertretungsgesetzes erfolgt. Insgesamt wäre dann ein minimaler Rechtsschutz gegeben, der nach Auffassung des Bundesarbeitsgerichts den Mindestanforderungen genügt – mehr jedoch nicht.

e) Stellungnahme

Der „Dritte Weg" ist in seiner gegenwärtigen Ausgestaltung nicht geeignet, ein Verhandlungsgleichgewicht in der Arbeitsrechtlichen Kommission herzustellen. Während sich einige Besonderheiten in den kirchlichen Regelungsverfahren verfassungskonform auslegen lassen, ist die Grenze des Zulässigen jedenfalls beim Letztentscheidungsrecht überschritten. Die einseitige Festlegung von Arbeitsbedingungen ist mit der Verfassung nicht zu vereinbaren. Hinzu kommt, dass sich die Fortbildungsmaßnahmen und die Freistellungsmöglichkeiten nicht am Bedarf orientieren, sondern starre Grenzen vorgeben, die eine ausreichende Fortbildung der Arbeitnehmervertreter nicht sicherstellen können. Darüber hinaus bestehen in einigen Ordnungen keine Vorschriften, die einen Einfluss des Arbeitgebers auf die Besetzung der Arbeitsrechtlichen Kommission durch willkürliche außerordentliche Kündigungen sicherstellen. Schlussendlich ist zu berücksichtigen, dass der gerichtliche Rechtsschutz durch staatliche und kirchliche Gerichte nur dann ausreichend gewährleistet ist, wenn der hier vertretenen weiten Auslegung gefolgt wird.

DIE ZUSAMMENFASSUNG

Kapitel 1: Das Streikrecht

Der Streik gehört zu den klassischen Arbeitskampfmitteln der Arbeitnehmerseite. Unter ihm wird eine von der Mehrzahl der Arbeitnehmer planmäßig und gemeinsam durchgeführte Arbeitseinstellung zur Erreichung eines Ziels gegenüber einem oder mehreren Arbeitgebern verstanden. Die historischen Wurzeln des Arbeitskampfrechts liegen vor allem im 18. Jahrhundert – dem Beginn des Industriezeitalters. So lassen sich bereits in der Gewerbeordnung des Norddeutschen Bundes von 1869 und in der Weimarer Reichsverfassung Regelungen zur Koalitionsfreiheit finden.

Heute wird das Streikrecht durch die Verfassung in Art. 9 Abs. 3 GG gewährleistet. Es ist gegenwärtig die verfassungsrechtlich geschützte Folge des Tarifvertragssystems. Dies ergibt sich zwar nicht aus der Genese der Vorschrift, weil eine für Art. 9 Abs. 4 GG vorgesehene ausdrückliche Anerkennung eines Streikrechts nicht aufgenommen wurde, wohl aber aus einer zweckorientierten Auslegung der Verfassungsnorm. Die unmittelbare Drittwirkung der Koalitionsfreiheit und die antagonistischen Positionen von Arbeitgebern und Arbeitnehmern erfordern ein Verfahren, dass die spezifische koalitionsmäßige Betätigung gewährleistet und den sozialen Ordnungsaufgaben der Koalitionen gewachsen ist. Dem dient das Tarifvertragssystem. Um hier Arbeitnehmerforderungen durchsetzen zu können, ist ein Streikrecht unabdingbar. Die Alternativen wären ein „kollektives Betteln" der Arbeitnehmer oder die Zwangsschlichtung durch den Staat. Für den verfassungsrechtlichen Schutz des Streikrechts spricht zudem die Einfügung der so genannten Notstandsklausel in Art. 9 Abs. 3 S. 3 GG. Wenn der Arbeitskampf im Falle eines Notstandes geschützt ist, so muss dies erst Recht für den Normalfall gelten.

Das Streikrecht kann und darf gleichzeitig nicht schrankenlos ausgeübt werden. Neben der tatbestandlichen Eingrenzung durch den Zweck der Förderung der Arbeits- und Wirtschaftsbedingungen findet das Streikrecht seine Grenze in der Kollision mit anderen Verfassungsgütern. Dies sind insbesondere die Grundrechte der vom Streik Betroffenen. Die gegenläufigen Verfassungspositionen sind in einen beiden Interessen gerecht werdenden Ausgleich zu bringen. Das bedeutet für das Streikrecht, dass seine Ausübung nicht außer Verhältnis zum angestrebten Ziel stehen darf. Dieses liegt im Erreichen einer Verhandlungsparität, die es Arbeitnehmern und Arbeitgebern ermöglicht, auf gleicher Augenhöhe zu verhandeln. Der Zweck des Streiks besteht daher in der Ausübung wirtschaftlichen Drucks, um den Arbeitgeber durch Zufügung entsprechender Schäden zu Verhandlungen und letztendlich zu einem Vertragsabschluss zu bewegen.

Kapitel 2: Das Streikrecht in weltlichen karitativen Einrichtungen

Weltliche karitative Einrichtungen sind vor allem im Bereich der Gesundheitsfürsorge bei der Betreuung und Versorgung von Kranken, Alten und Hilflosen tätig. Trotz der Sensibilität dieses Bereichs ist die Ausübung des verfassungsrechtlich gewährleisteten Streikrechts auch dort grundsätzlich zulässig. Mit dem Bundesarbeitsgericht ist aber zu konstatieren, dass die Durchführung von Arbeitskämpfen nur erfolgen kann, wenn nicht höherwertige Interessen entgegenstehen.

Die Einschränkbarkeit des Streikrechts durch höherwertige Interessen wird vielfach mit dem plakativen, aber unklaren Begriff der „Gemeinwohlbindung" begründet. Rechtlich kann es sich bei diesen Interessen, die das Gemeinwohl ausfüllen, nur um solche Rechte handeln, denen ein verfassungsrechtlicher Rang zukommt. Nur sie können für das vorbehaltlos gewährte Grundrecht der Koalitionsfreiheit eine Schranke darstellen. Für die rechtmäßige Ausübung des Streikrechts in karitativen Einrichtungen sind dabei neben der Berufsfreiheit und dem Eigentumsschutz des Unternehmers insbesondere das Recht auf Leben und körperliche Unversehrtheit aus Art. 2 Abs. 2 GG sowie das in Art. 20 GG verankerte Sozialstaatsprinzip bei der Ausübung des Streikrechts von Bedeutung.

Das Aufeinandertreffen von Koalitionsfreiheit und den mit Verfassungsrang ausgestatten Rechtsgütern Dritter ist schließlich im Wege der praktischen Konkordanz aufzulösen. Die Interessen Dritter beziehungsweise der Allgemeinheit sind soweit wie möglich zu bewahren und mit den Interessen der Tarifvertragsparteien in Einklang zu bringen. Das bedeutet auch, dass die Beeinträchtigung Dritter grundsätzlich zulässig ist. Andernfalls bliebe das Streikrecht, das aufgrund der wirtschaftlichen und sozialen Verflechtungen immer auch einen Drittbezug aufweist, inhaltsleer. Die Zulässigkeit einer Drittbeeinflussung gilt auch für medizinische Berufsgruppen wie beispielsweise Ärzte, die im Bereich der Krankenversorgung tätig sind. Der Grundsatz des Ausgleichs der verfassungsrechtlichen Positionen verbietet es, jedem Arbeitskampf von Ärzten im Bereich der Krankenpflege wegen der besonderen Tätigkeit und aufgrund der möglichen Auswirkungen automatisch den Stempel der Inadäquanz aufzudrücken. Die Grenze des Zulässigen ist nur dann erreicht, wenn die Ausübung des Streikrechts zu einer Unterbrechung zwingend notwendiger und unaufschiebbarer Versorgungen führt. Dabei kann bereits die Gefahr irreversibler Schäden eine

Grundrechtsbeeinträchtigung darstellen, die das Streikrecht begrenzt. Dies bedeutet gleichsam, dass die Grundversorgung der Bevölkerung durch existenziell wichtige Betriebe im Bereich der Kranken-, Alten- und Hilflosenversorgung gewährleistet bleiben muss. Gegebenenfalls sind dazu so genannte Notdienste einzurichten, welche die Mindestversorgung mit minimalem Personalaufwand sichern. Dieses Abwägungsergebnis entspricht auch der Wertung in Art. 32 Abs. 1 der Europäischen Sozialcharta, in der die „Volksgesundheit" ausdrücklich als die Arbeitskampffreiheit begrenzendes Schutzgut genannt ist. Damit ist gewährleistet, dass der Streik niemals die gesamte Infrastruktur der medizinischen Vorsorge aufhebt.

Kapitel 3: Das Streikrecht in kirchlichen karitativen Einrichtungen

Dem Streikrecht in kirchlichen karitativen Einrichtungen wird neben den allgemeinen Grenzen zusätzlich die „Verfassungsgarantie des kirchlichen Selbstbestimmungsrechts" entgegengehalten. Sie wird als Grundlage für einen generellen Ausschluss des Streikrechts herangezogen.

§ 1 Das Selbstbestimmungsrecht der Kirchen

Das Selbstbestimmungsrecht ist ein Kernbegriff im Streit um die Zulässigkeit des Streikverbots in kirchlichen Einrichtungen. Es steht als Synonym für die kirchliche Regelungsmacht und bildet nach überwiegender Auffassung die Grundlage für den von kirchlicher Seite bestimmten Ausschluss des Streikrechts.

A Die verfassungsrechtliche Grundnorm des kirchlichen Selbstbestimmungsrechts, Art. 140 GG i.V.m. Art. 137 WRV

Art. 137 Abs. 3 WRV, der durch Art. 140 GG in die Verfassung inkorporiert wurde, ist die grundlegende Verfassungsnorm für das Selbstbestimmungsrecht der Religionsgemeinschaften. Sie erlaubt es den Religionsgesellschaften, ihre Angelegenheiten selbständig zu ordnen und zu verwalten.

Rechtsträger des Selbstbestimmungsrechts sind dabei nur die Kirchen und nicht auch kirchliche Einrichtungen. Der Begriff der Religionsgesellschaft in Sinne des Art. 137 Abs. 3 WRV setzt einen Verband von Angehörigen ein und desselben Glaubensbekenntnisses zur allseitigen Erfüllung der durch das Bekenntnis gestellten Aufgaben voraus. Das folgt aus der begrifflichen Vorprägung der Norm aus der Zeit der Weimarer Reichsverfassung und wird systematisch durch einen Vergleich mit Art. 138 Abs. 2 WRV, der ebenfalls in das Grundgesetz inkorporiert wurde, bestätigt. Er trennt ausdrücklich zwischen Religionsgesellschaften und kirchlichen Einrichtungen. Beiden Normen kann aber kein unterschiedlicher Begriff der Religionsgesellschaft zu Grunde liegen. Dagegen lässt sich auch nicht anführen, dass Art. 137 Abs. 3 WRV wie Art. 4 GG weit auszulegen ist. Der Begriff der Religionsgesellschaft ist enger als der „Jedermann-Begriff" des Art. 4 GG. Dem Schutz kirchlicher Einrichtungen dient vielmehr die Religionsfreiheit in Art. 4 GG, die eine mittelbare Berufung auf Art. 137 Abs. 3 WRV zulässt. Alternativ ist es denkbar, bei Verfassungsbeschwerden kirchlicher Einrichtungen eine Prozessstandschaft zuzulassen.

Der Begriff der eigenen Angelegenheiten i.S.d. Art. 137 Abs. 3 WRV ist im Gegensatz zur Auslegung in der Zeit der Weimarer Reichsverfassung weit zu verstehen. Damit erstreckt sich die Regelungsbefugnis der Kirchen auch auf kirchliche Einrichtungen. Voraussetzung ist, dass zwischen Kirche und Einrichtung eine hinreichende satzungsmäßig abgesicherte Verbundenheit besteht. Die Erstreckung folgt einerseits aus der verfassungsrechtlichen Wertung des Art. 138 Abs. 2 WRV. Er dokumentiert die unmittelbare Verbundenheit der Religionsgesellschaften mit ihren kirchlichen Einrichtungen, so dass ihre Einflussmöglichkeit ein zwingendes Gebot ist. Andererseits ergibt sich dies aus dem Zusammenhang mit der Religionsfreiheit in Art. 4 GG. In Analogie zur Religionsfreiheit in Art. 4 GG ist auch für das Selbstbestimmungsrecht das Selbstverständnis der Religionsgesellschaften zur Inhaltsbestimmung heranzuziehen. Das verhindert religiöse Wertungen des Staates, die das grundrechtliche Freiheitsrecht eingrenzen und die religiöse Neutralität des Staates gefährden könnten. Das bedeutet gleichzeitig nicht, dass das Selbstbestimmungsrecht uferlos ausdehnt werden darf. Zum einen muss die Kompetenz-Kompetenz des Staates gewahrt bleiben und zum anderen sind Art. 4 GG beziehungsweise Art. 137 Abs. 3 WRV keine Rechte im Sinne einer allgemeinen Handlungsfreiheit. Es obliegt daher den Religionsgesellschaften beziehungsweise ihren Einrichtungen, den religiösen Bezug darzulegen. Weiterhin ist festzuhalten, dass die weite Auslegung nur für den Schutzbereich und nicht für die Schranken des Art. 137 Abs. 3 WRV gilt. Als Konsequenz aus der Einbeziehung von privaten kirchlichen Einrichtungen in den Bereich der eigenen Angelegenheiten gehören auch die Arbeitsverhältnisse der dort Beschäftigten zu den eigenen Angelegenheiten. Da sie das religiöse Wirken der Einrichtung sicherstellen sollen, ist es notwendig, religionsspezifische arbeitsrechtliche Vorgaben treffen zu können. In der Folge wird das staatliche Recht durch spezifische kirchliche Vorgaben ergänzt. Dabei sind die grundrechtlich geschützten Freiheiten der Angestellten zu berücksichtigen. Es handelt sich um weltliches Recht mit kirchenspezifischen Besonderheiten und nicht um Kirchenrecht.

Der kirchlichen Befugnis zum Ordnen und Verwalten ihrer Angelegenheiten sind Grenzen gesetzt. Sie ergeben sich aus einem „für alle geltenden Gesetz“ und aus kollidierenden Rechtspositionen mit Verfassungsrang. Das gilt aufgrund ihrer unmittelbaren Drittwirkung jedenfalls für die Koalitionsfreiheit aus Art. 9 Abs. 3 GG, die die Grundlage des Streikrechts bildet.

B Konkurrierende Gewährleistungen des kirchlichen Selbstbestimmungsrechts

Als rechtliche Grundlage eines vergleichbaren kirchlichen Selbstbestimmungsrechts kommen neben der lex regia des Staatskirchenrechts weder die Religionsfreiheit aus Art. 4 GG noch europäische Rechtsnormen in Betracht.

Der grundrechtlichen Gewährleistung der Religionsfreiheit in Art. 4 GG kann kein mit Art. 137 Abs. 3 WRV vergleichbares Selbstbestimmungsrecht entnommen werden. Die Genese der religiösen Freiheiten im Grundgesetz zeigt, dass Art. 140 GG eine eigenständige, neben Art. 4 GG existierende Norm sein soll. Erkannte Überschneidungen in den Schutzbereichen der Normen wurden daher bei der Frage der religiösen Vereinigungsfreiheit entfernt. Allerdings wurde damals keine derartig extensive Schutzbereichsauslegung betrieben, die heute zu weiteren Überschneidungen führen kann. Gegen eine vollständige Überschneidung der Schutzbereiche spricht aber die Schrankensystematik des Art. 137 Abs. 3 WRV, die aufgrund der vorbehaltlos gewährten Religionsfreiheit gegenstandslos würde. Der umfassenden Kompetenzvergabe würde nicht die notwendige staatliche Einschränkbarkeit entgegengestellt. Dagegen spricht zudem, dass nicht nur den Religionsgesellschaften, sondern jeder Einrichtung die Kompetenz zur eigenständigen Regelung zukommen würde. Eine derartige Regelungsvielfalt war nicht gewollt.

Das verfassungsrechtlich determinierte Selbstbestimmungsrecht der Kirchen wurde durch so genannte Kirchenverträge auch nicht neu geregelt oder einem Bedeutungswandel unterworfen. Vielmehr wurde in den Verträgen aus Rücksicht gegenüber der verfassungsrechtlichen Stellung der Norm die Formulierung aus Art. 137 Abs. 3 WRV übernommen. Die Vertragspartner wollten mit ihren Verträgen gerade keinen Verfassungskonflikt heraufbeschwören, sondern den status quo sichern, um die kirchliche Position zu festigen. Damit kann dem wortgleichen Text aber keine inhaltliche Verfassungsänderung entnommen werden. Zudem widerspräche dies der Stellung der Verträge als einfachen Gesetzen. Einfaches Recht vermag Verfassungsrecht nicht zu verändern.

Ein Selbstbestimmungsrecht deutscher Prägung ist auf europäischer Ebene nicht gewährleistet. Der Gewährleistung der religiösen Freiheit in Art. 9 EMRK sowie den gemeinsamen Verfassungsüberlieferungen lässt sich nur ein Selbstbestimmungsrecht der Kirchen für den so genannten Kernbereich der religiösen Angelegenheiten – beispielsweise der Feier der Liturgie – entnehmen. Für einen weitergehenden Schutz sind die Vorgaben in den europäischen Staaten zu unterschiedlich. Dem steht auch nicht die Entscheidung der Europäischen Kommission für Menschenrechte im Fall *Rommelfanger* entgegen. Sie gewährte kirchlichen Einrichtungen lediglich einen Tendenzschutz und dies unter Heranziehung der Meinungs- und nicht der Religionsfreiheit.

§ 2 Die rechtliche Grundlage des Streikverbots

Bei der rechtlichen Grundlage eines Streikverbotes ist zwischen der Nordelbischen Ev.-Luth. Kirche sowie der Landeskirche in Berlin-Brandenburg, die dem „Zweiten Weg“ folgen, und den übrigen Kirchen, die das Modell des „Dritten Weges“ anwenden, zu unterscheiden.

Das Streikverbot beim Verfahren des „Zweiten Weges“ beruht auf der tarifvertraglich vereinbarten absoluten Friedenspflicht. Der Verband kirchlicher und diakonischer Anstellungsträger Nordelbien (VKDA-NEK) sowie die Landeskirche in Berlin-Brandenburg und ihre Einrichtungen haben mit den Gewerkschaften Tarifverträge mit entsprechenden Vereinbarungen geschlossen. Sie sind tariffähig im Sinne des Tarifvertragsgesetzes. Die Abhängigkeit und die teilweise bestehende Weisungsgebundenheit des VKDA-NEK gegenüber der Landeskirche stehen der Tariffähigkeit aufgrund einer verfassungsrechtlich gebotenen Modifikation nicht entgegen. Zu beachten ist, dass die kirchlichen Einrichtungen, die nicht Mitglied des VKDA-NEK sind, nicht von der Friedenspflicht umfasst werden und entsprechend bestreikt werden können. Die Evangelische Kirche in Berlin-Brandenburg wählte daher einen anderen Weg. Hier vertritt die Kirchenleitung bei Tarifvertragsabschlüssen sowohl die Kirche als auch ihre Einrichtungen. Die Einrichtungen selbst sind Tarifvertragsparteien.

Die rechtliche Grundlage des Streikverbots in den Kirchen, die dem „Dritten Weg“ folgen, ergibt sich für die katholische Kirche aus Art. 7 Abs. 2 GrOkathK. Bei den evangelischen Kirchen wird es aus allgemeinen Grundsätzen gefolgert. Die Verbote unterfallen dem Schutzbereich des Selbstbestimmungsrechts aus Art. 137 Abs. 3 WRV i.V.m. Art. 140 GG und der Religionsfreiheit aus Art. 4 GG.

§ 3 Die Rechtmäßigkeit des Streikverbots

Der Ausschluss des Streikrechts für die tarifgebundene Gewerkschaft ist allgemein anerkannt. Insoweit ist ein für die Tarifparteien angenommenes „Streikverbot" rechtmäßig. Demgegenüber ist der Ausschluss des Streikrechts gegenüber den kirchlichen Einrichtungen, die nicht tarifgebunden sind oder das Verfahren des „Dritten Weges" anwenden, gegenwärtig rechtswidrig.

A Kein Streikausschluss aus allgemeinen Erwägungen

Es gibt keine gewohnheitsrechtliche Anerkennung eines Streikverbots in kirchlichen Einrichtungen. Es existiert keine lange praktische Übung, die in der Überzeugung ausgeübt wird, dass die Ausübung des Streikrechts unzulässig ist. Es fehlt vor allem an einer entsprechenden höchstrichterlichen Rechtsprechung, die als Fundament dienen könnte. Ein entsprechender Grundrechtsverzicht hinsichtlich des Streikrechts durch den Vertragsschluss ist abzulehnen, weil der Grundsatz der Vertragsfreiheit nur begrenzt anwendbar ist und ein Verzicht zudem an Art. 9 Abs. 3 S. 2 GG scheitert. Ein Vergleich zum auf Art 33 Abs. 5 GG beruhenden Streikausschluss im Öffentlichen Dienst führt ebenfalls nicht weiter. Die Vergleichsgruppen Staatsbeamte / Kirchenbeamte und staatlich Angestellte / kirchlich Angestellte legen lediglich den Schluss nahe, dass ein Ausschluss des Streikrechts für Kirchenbeamte möglich ist.

B Kein Streikausschluss als Folge eines verfassungskonformen Ausgleichs der Rechtspositionen

Die Zulässigkeit eines Streikrechtsausschlusses ergibt sich auch nicht aus einem Interessenausgleich der betroffenen Verfassungsgüter. Ein die allgemeinen Grundsätze des Arbeitskampfes beachtender Streik würde gegenwärtig das Gebot der Verhältnismäßigkeit nicht verletzen, weil er zur Durchsetzung von Forderungen geeignet, erforderlich und angemessen wäre.

So lässt sich dem Streikrecht nicht das Wesen des kirchlichen Dienstes entgegenhalten. Auch wenn die Suspendierung des Heilsauftrages dem Wesen widerspricht, ist zu berücksichtigen, dass das Streikrecht bei karitativ tätigen Organisationen bereits aufgrund der allgemeinen Grundsätze eingeschränkt und die sich aus der Arbeitsniederlegung ergebende Beeinträchtigung abgemildert wird. Zudem ist abwägungsrelevant, dass die Kirchen dem Streikrecht durch Ernennung von Kirchenbeamten entgehen können. Auch wenn es dadurch erforderlich werden sollte, die Strukturen religiösen

Wirkens neu zu formieren, wird deutlich, dass den Kirchen der Ausschluss des Streikrechts auch ohne Privilegien nach gegenwärtigem Recht möglich ist. Der Streikausschluss liegt – wie bei öffentlich-rechtlichen Arbeitgebern – in der Hand der Kirchen. Sein Ausschluss ist parallel zu den Wertungen im öffentlichen Dienstrecht Folge einer freien Rechtswahl. Dem Streikrecht lässt sich auch nicht entgegenhalten, dass die kirchlichen Einrichtungen aufgrund des kirchlichen Wesens der Einrichtung nicht die Möglichkeit haben, dem Streik durch Aussperrung von Arbeitnehmern entgegenzutreten, um eine mögliche Disparität auszugleichen. Im Rahmen eines Interessenausgleichs der gegenläufigen Verfassungsgüter ist vielmehr das Streikrecht auf Aktionen zu beschränken, die einen Gegenangriff der Arbeitgeberseite nicht erforderlich machen. Damit wird beiden Rechtspositionen Rechnung getragen.

Dem Streikrecht lässt sich auch nicht ein fehlender Gegensatz von Arbeitnehmern und Arbeitgebern, der sich aus der „Dienstgemeinschaft“ ergeben soll, entgegenhalten. Die Überlegungen des Bundesverfassungsgerichts, das mit dem Gedanken der Dienstgemeinschaft die Verfassungsmäßigkeit des § 118 Abs. 2 BetrVG begründete, führen zu keinem anderen Ergebnis. Zum einen ist angesichts der Genese des § 118 Abs. 2 BetrVG zu konstatieren, dass die Kirchen nicht ersatzlos von einer Beteiligung der Arbeitnehmer freigestellt werden sollten. Aufgrund der Wertentscheidung des Gesetzgebers, die Arbeitnehmer im Betrieb bei arbeitsrechtlichen Fragestellungen zu beteiligen, muss auch von den Kirchen wenigstens eine annähernd vergleichbare Beteiligung gesichert werden. Übertragen auf das Tarifvertragssystem bedeutet dies, dass eine völlige Freistellung nicht in Betracht kommt, sondern anstelle des Tarifvertragssystems ein alternatives Regelungsverfahren angeboten werden muss. Zum anderen ist die Schlussfolgerung des Bundesarbeitsgerichts fraglich, da das Betriebsverfassungsrecht und das Mitarbeitervertretungsrecht in wesentlichen Teilen identisch sind, so dass ein Gebot zur Freistellung i.S.d. § 118 Abs. 2 BetrVG aufgrund kirchenspezifischer Belange nicht erkennbar ist. Gegen die Notwendigkeit eines alternativen – die Bedürfnisse der Arbeitnehmer berücksichtigenden – Verfahrens lässt sich auch nicht anführen, dass in kirchlichen Einrichtungen das „Gebot der Lohngerechtigkeit“ bestehe und dies eine Benachteiligung der Arbeitnehmer verhindere. Ein derartiger „Anspruch“ ist – vor weltlichen Gerichten – nicht justiziabel und angesichts seiner Unbestimmtheit auch vor kirchlichen Gremien kaum durchsetzbar.

Schlussendlich vermag auch die Einführung des so genannten „Dritten Weges“ keinen Ausschluss des Streikrechts zu rechtfertigen. Der so ge-

nannte „Dritte Weg“ – der zahlreiche Unterschiede in der rechtlichen Gestaltung der Arbeitnehmerbeteiligungen aufweist – erfüllt die ihm angetragene Schutzfunktion zu Gunsten der Arbeitnehmer nicht. Die strukturelle Unterlegenheit der Arbeitnehmer gegenüber den Arbeitgebern wird im Gegensatz zum Tarifvertragssystem durch das Verfahren des „Dritten Weges“ nicht ausgeglichen. Die verfahrensmäßig gesicherte formelle Parität durch die Besetzung der Kommissionen mit einer gleichen Anzahl von Arbeitnehmer- wie Arbeitgebervertretern ist nicht ausreichend. Dem „Dritten Weg“ fehlt die materielle Parität, welche die Weisungsfreiheit und die Unabhängigkeit der Mitglieder der Arbeitsrechtlichen Kommission von Einflüssen der anderen Seite erfordert. Die Verfahrensordnungen tragen dem in einigen entscheidenden Punkten nicht ausreichend Rechnung.
Insoweit bestehen gegen die Einführung einer so genannten (Zwangs-) Schlichtung und den teilweisen Ausschluss der Gewerkschaften keine Bedenken. Es wird eben nicht das die Zwangsschlichtung ausschließende Tarifvertragssystem, sondern ein anderes Verfahren bewertet. Dabei zeigen Beispiele im Ausland, dass verordnete Schlichtungen funktionieren können, so dass keine grundsätzlichen Bedenken bestehen. Zudem sind Regelungen, die das Schlichtungssystem in der Weimarer Zeit belasteten, nicht vorhanden. Der Ausschluss der Gewerkschaften von den Wahlen zu den Mitarbeitervertretungen lässt sich mit dem Ziel der Beteiligung aller Arbeitnehmer begründen. Voraussetzung ist allerdings, dass das entstehende Durchsetzungs- und Wissensdefizit der Arbeitnehmervertreter ausgeglichen wird. Dies erhöht die Anforderungen an Fortbildung und Unabhängigkeit.
Problematisch ist aber das so genannte Letztentscheidungsrecht, das im Gegensatz zum so genannten Vetorecht auch nicht verfassungskonform ausgelegt werden kann. Das Letztentscheidungsrecht existiert vor allem in der katholischen Kirche, aber auch in einigen evangelischen Landeskirchen. Darin wird einem Bischof oder einem kirchlichen Gremium die alleinige finale Entscheidungskompetenz zugebilligt. Damit wird den Arbeitnehmern jede Möglichkeit der Beteiligung und Einflussnahme verwehrt. Auch der Charakter der Vorschrift als Ausnahmetatbestand vermag diese Benachteiligung nicht aufzuwiegen. Dabei kommt erschwerend hinzu, dass Inhalt und Umfang der Einwirkungsmöglichkeiten durch die Unschärfe des Eingriffstatbestandes nur schwer bestimmbar sind. Die Notwendigkeit einer derartigen Regelung lässt sich auch nicht mit finanziellen Erwägungen begründen, da diese nicht kirchenspezifisch sind, sondern jedes Unternehmen betreffen. Die kirchlichen Einrichtungen sind daher bei Veränderungswünschen ebenfalls gehalten, den Weg über die Arbeitsrechtlichen Kommissionen zu beschreiten. Das Vetorecht – mit dem die Umsetzung

eines Beschlusses der Arbeitsrechtlichen Kommission verhindert wird – kann demgegenüber im Wege eines Interessenausgleichs zwischen Kirchen und Arbeitnehmern verfassungskonform auf eine Überprüfung von Verfahrensfehlern und evidenten materiellen Fehlern von Beschlüssen reduziert werden. Es ist ansonsten nicht begründbar, warum bei einem angenommen Kräftegleichgewicht zwischen Arbeitnehmern und Arbeitgebern eine vollständige formelle und insbesondere auch materielle Überprüfung der Entscheidung der Arbeitsrechtlichen Kommission erfolgen soll. Wird andererseits eine Korrektur eines Verhandlungsungleichgewichts angestrebt, so ist dies gegenwärtig aufgrund der vorgegebenen Mittel nicht möglich.
Auch die Rechtsstellung der Arbeitnehmervertreter in den Arbeitsrechtlichen Kommissionen ist – jedenfalls teilweise – nicht hinreichend sichergestellt. Die Gegnerunabhängigkeit wird im Hinblick auf Kündigungsschutz sowie Fortbildung beziehungsweise Freistellung nicht gewährleistet. Trotz generalklauselartiger Schutzvorschriften vor Beeinflussungen durch den Arbeitgeber ist der konkrete Kündigungsschutz noch unzureichend geregelt. Durch das Fehlen einer mit § 103 Abs. 1 BetrVG vergleichbaren Vorschrift kann der Arbeitgeber in einigen Verfahrensordnungen auf die Besetzung der Arbeitsrechtlichen Kommission Einfluss nehmen. Noch entscheidender ist aber die fehlende Vermittlung der Fachkompetenz, die zur Wahrnehmung der Arbeitnehmerinteressen erforderlich ist. Diese Aufgabe kann nicht an die Gewerkschaften delegiert werden, die dem System mit wenigen Ausnahmen ablehnend gegenüberstehen. Das Angebot einer zwei- oder dreiwöchigen Fortbildung in einer vierjährigen Amtszeit ist nicht geeignet, das regelmäßige Wissensdefizit der Arbeitnehmervertreter auszugleichen. Problematisch ist zudem, dass die kirchlichen Ordnungen regelmäßig keine ausreichenden zeitlichen Freistellungen für Schulungen vorsehen. Die Zeiten richten sich nicht nach dem Bedarf des Vertreters, sondern sind starr vorgegeben.
Beim Rechtsschutz für die Mitglieder der Arbeitsrechtlichen Kommissionen ist aufgrund einer Rechtsprechungsänderung zur Justiziabilität kirchlicher Rechtsakte ein positiver Wandel zu erwarten. Nach der bisherigen Rechtsauffassung konnten „betriebsverfassungsrechtliche“ Fragen vor weltlichen Gerichten nicht verhandelt werden, so dass beim Fehlen eines rechtsstaatlichen Anforderungen genügenden kirchlichen Gerichts eine Rechtsschutzlücke bestand. Nach der hier vertretenen Auffassung führt die Rechtsprechungsänderung zur Möglichkeit, diese Fragen durch weltliche Gerichte überprüfen zu lassen. Somit besteht keine Rechtsschutzlücke. Im Übrigen sind vielfach Kirchengerichte eingerichtet worden, die – wenigstens in analoger Anwendung der einschlägigen Vorschriften – angerufen werden können.

LITERATURVERZEICHNIS

A

Adomeit, Klaus, Rechtsquellenfragen im Arbeitsrecht, München, 1969

Anschütz, Gerhard, Die Verfassungsurkunde für den Preußischen Staat vom 31. Januar 1850: ein Kommentar für Wissenschaft und Praxis, Neudruck der Ausgabe Berlin 1912, Aalen, 1974

Die Verfassung des Deutschen Reichs vom 11. August 1919, Neudruck der 14. Auflage Berlin 1933, Aalen, 1987

Arras, Gerth, Streikrecht und Arbeitsvertrag, NJW 1953, 241 ff.

Auffermann, Peter, Der Grundsatz der Verhältnismäßigkeit im Arbeits- und Sozialversicherungsrecht, Würzburg, 1975

B

Badura, Peter, Das Staatskirchenrecht als Gegenstand des Verfassungsrechts, in: Handbuch des Staatskirchenrechts (zit.: HdbStKirchR Bd. 1), S. 211 ff., 2. Aufl., Berlin, 1994

Bauer, Hartmut, in: Dreier, Grundgesetz-Kommentar Band 1, Tübingen, 1996

Bauer, Jobst-Hubertus / *Haussmann*, Katrin, Der Notdienst im Arbeitskampf, DB 1996, 881 ff.

Bauer, Thomas, Die GmbH als Rechtsform karitativer Einrichtungen der Kirche, Frankfurt a.M., 2003

Baumann, Christian, Grundfragen des kirchlichen Arbeitsrechts, AuA 1997, 154 ff.

Belling, Detlev W., Die Zulässigkeit freiwilliger Sonderzahlungen als Mittel der Streikabwehr, NZA 1990, 209 ff.

Die Beteiligung des Betriebsrats bei der Kündigung von Amtsträgern, NZA 1985, 481 ff.

Streikrecht in der Diakonie, ZevKR 2003 (48), 407 ff.

Streik unter dem Kreuz? Zur Arbeitsniederlegung in diakonischen Einrichtungen, in: 50 Jahre Bundesarbeitsgericht (zit.: FS 50 Jahre BAG), S. 477 ff., München, 2004

Benda, Ernst / *Klein*, Eckart, Verfassungsprozessrecht, 2. Aufl., 2001

Barby, Hanno von, Notstandsverfassung und Arbeitskampfrecht, AuR 1968, 267 ff.

Bernhardt, Rudolf, Verfassungsrecht und völkerrechtliche Verträge, in: Handbuch des Staatsrechts Band 7 (zit.: HdbStR VII), § 174, Heidelberg, 1992

Bethge, Herbert, Zur Problematik von Grundrechtskollisionen, München, 1977

Grundrechtsverwirklichung und Grundrechtssicherung durch Organisation und Verfahren, NJW 1982, 1 ff.

Beyer, Norbert, „Dritter Weg“ in der Bewährungsprobe, Herder Korrespondenz 2003, 91 ff.

Bischoff, Bernhard / *Hammer*, Ulrich, Grundfragen des kirchlichen Arbeitsrechts, AuR 1995, 161 ff.

Bieback, Karl-Jürgen, in: Däubler (Hrsg.), Arbeitskampfrecht, 2. Aufl., Baden-Baden, 1987

Bietmann, Rolf, Betriebliche Mitbestimmung im kirchlichen Dienst, Königstein, 1982

Bleckmann, Albert, Staatsrecht II – Die Grundrechte, 4. Aufl., Köln u.a., 1997

Von der individuellen Religionsfreiheit des Art. 9 EMRK zum Selbstbestimmungsrecht der Kirchen, Köln u.a., 1995

Blomeyer, Wolfgang, Das Übermaßverbot im Betriebsverfassungsrecht, in Festschrift 25 Jahre Bundesarbeitsgericht (zit.: FS BAG), München, 1979

Blum, Nikolaus, Die Gedanken-, Gewissens- und Religionsfreiheit nach Art. 9 der Europäischen Menschenrechtskonvention, Berlin, 1990

Bock, Wolfgang, Das für alle geltende Gesetz und die kirchliche Selbstbestimmung, Tübingen, 1996

Böck, Peter, in: Ascheid, Reiner / Preis, Ulrich / Schmidt, Ingrid (Hrsg.), Großkommentar zum Kündigungsrecht (zit.: APS), München, 2000

Böckenförde, Ernst-Wolfgang, Religionsfreiheit und Schulgebet, DÖV 1966, 30 ff.

Bogs, Walter, Welche Folgen für die Rechtsstellung der Kirchen, ihrer Pfarrer und Beamte hätte deren Überführung in die Sozialversicherung?, ZevKR 20 (1975), 77 ff.

Bieback, Karl-Jürgen, in: Däubler, Arbeitskampfrecht, 2. Aufl., Baden-Baden, 1987

Bischoff, Bernhard / *Hammer*, Ulrich, Grundfragen des kirchlichen Arbeitsrechts, AuR 1995, 161 ff.

v. *Brauchitsch*, Isabelle, Staatliche Zwangsschlichtung – Die Aushöhlung der Tarifautonomie in der Weimarer Republik, Frankfurt am Main, 1990

Brenner, Michael, in: v. Mangoldt, Hermann / Klein, Friedrich / Starck, Christian, Grundgesetzkommentar Band. 1 (zit. GG I), 4. Aufl., München, 1999

Briza, Klaus, „Tarifvertrag" und „Dritter Weg" – Arbeitsrechtsregelungsverfahren der Kirchen, Straubing, 1987

Brox, Hans, in Brox, Hans / *Rüthers*, Bernd, Arbeitskampfrecht, Stuttgart, u.a., 1982

Bulla, Gustav-Adolf, Soziale Selbstverwaltung der Sozialpartner als Rechtsprinzip, in: Festschrift für Hans Carl Nipperdey zum 70. Geburtstag Bd. 2 (zit.: FS Nipperdey Bd. 2), S. 79 ff., München und Berlin, 1965

Buschmann, Rudolf, Notdienstmaßnahmen im Arbeitskampf, AuR 1980, 230 ff.

Butzer, Hermann, Verfassungsrechtliche Grundlagen zum Verhältnis zwischen Gesetzgebungshoheit und Tarifautonomie, RdA 1994, 375 ff.

Bydlinski, Franz, Juristische Methodenlehre und Rechtsbegriff, 2. Auf., Wien, 1991

C

Frhr. von Campenhausen, Axel, Der Güstrower Vertrag – Ein Schritt zur Normalisierung des Verhältnisses von Staat und Kirche, LKV 1995, 233 ff.

Kirchliches Selbstbestimmungsrecht und Arbeitsrecht, in:, Verantwortlichkeit und Freiheit - Festschrift für W. Geiger (zit.: FS Geiger), 1989

Neues zum staatlichen Rechtsschutz im kirchlichen Bereich, ZevKR 45 (2000) 622 ff.

in: *v. Mangoldt*, Hermann / *Klein*, Friedrich / Starck, Christian, Das Bonner Grundgesetz Band 3 (zit.: GG III), 4. Aufl. München, 2001

Staatskirchenrecht, 3. Aufl., München, 1996

Anmerkung zu BGH, Beschluss vom 28.05.1963 – V BLw 34/62, in: ZevKR 11 (1964/64) 183 ff.

Rechtsprobleme der kirchlichen Versorgung, ZevKR 18 (1973), 232 ff.

Classen, Claus Dieter, Religionsfreiheit und Staatskirchenrecht in der Grundrechtsordnung, Tübingen, 2003

Coester, Michael, Verfassungsrechtliche Gewährleistung der Aussperrung, Jura 1992, 84 ff.

Czerweny von Arland, Katharina, Die Arbeitskampfmittel der Gewerkschaften und der Verhältnismäßigkeitsgrundsatz, Frankfurt a.M., 1992

D

Däubler, Wolfgang, Tarifvertragsrecht, 3. Aufl., Baden-Baden, 1993

Die unverhältnismäßige Aussperrung – BAG (GS) AP, Art. 9 GG – Arbeitskampf – Nr. 43, JuS 1972, 642 ff,

in: Däubler (Hrsg.), Arbeitskampfrecht, 2. Aufl., Baden-Baden, 1987

Der Notdienst im Arbeitskampf, AuR 1981, 257 ff.

Das kirchliche Arbeitsrecht und die Grundrechte der Arbeitnehmer, RdA 2003, 204 ff.

Däubler, Wolfgang / *Hege*, Hans, Koalitionsfreiheit, Baden-Baden, 1976

Dilcher, Hermann, Verhältnismäßigkeit oder ein Verschuldenserfordernis für Notwehr?, in: Festschrift für Heinz Hübner zum 70. Geburtstag (zit.: FS Hübner), Berlin, 1984

Dürig, Günter / *Klein*, Hans, in: Maunz, Theodor / Dürig, Günter, Kommentar zum Grundgesetz (zit.: Komm. z. GG), Stand: Februar 2003

Dürr, Eckard, Kirchenstreik - Das Ende des Schweigens, in: ver.di PUBLIK Ausgabe 03/2000

Däubler, Wolfgang, Tarifvertragsrecht, 3. Aufl., Baden-Baden, 1993

Arbeitskampfrecht, 2. Aufl., Baden-Baden, 1987

Denninger, Erhard, in: Kommentar zum Grundgesetz für die Bundesrepublik Deutschland (zit.: AK-GG), 3. Aufl., Neuwied u.a., 2001

Deutsche Bischofskonferenz, Caritas als Lebensvollzug der Kirche und als verbandliches Engagement in Kirche und Gesellschaft, Nr. 64, 1999, URL: http://dbk.de/schriften/DBK1a.Bischoefe/ (24.04.03)

Dietz, Hartmut, Das Arbeitsrechtsregelungsgesetz der evangelischen Kirche und die Tarifautonomie, RdA 1979, 79 ff.

Grundfragen des Streikrechts, JuS 1968, 1 ff.

Dieterich, Thomas, in: Dieterich, Thomas / Hanau, Peter / Schaub, Günter, Erfurter Kommentar zum Arbeitsrecht (zit.: ErfK), 4. Aufl., München, 2004

Dietrich, Die Träger der beruflichen Bildung als Tendenzbetriebe, NZA 1989, 412 ff.

Dütz, Wilhelm, Aktuelle kollektivrechtliche Fragen des kirchlichen Dienstes, in: Essener Gespräche zum Thema Staat und Kirche (zit.: EssG), Band 18 (1984), S. 67 ff.

Neue Grundlagen im Arbeitsrecht der katholischen Kirche, NJW 1994, 1369 ff.

Anmerkung zu BAG, Beschluss vom 11.3.1986 – 1 ABR 26/84, in: AP Nr. 25 zu Art. 140 GG

Anmerkung zu BAG, Urteil v. 16.9.1999 – 2 AZR 712/98, in: EzA Nr. 45 zu § 611 Kirchliche Arbeitnehmer, S. 17 ff.

Die „Tarif"-Wirkung von kirchlichen Arbeitsrechtsregelungen, in: Festschrift für Günter Schaub zum 65. Geburtstag (zit. FS Schaub), S. 157 ff., München, 1998

Arbeitgerichtliche Überprüfung von kollektiven kirchlichen Arbeitsrechtsregelungen, in: Festschrift für Joseph Listl zum 70. Geburtstag (zit. FS Listl), Berlin, 1999

Das Arbeitsrechtliche Verhältnis der Kirchen zu ihren Beschäftigen, AuR 1979, Sonderheft Kirche und Arbeitsrecht, S. 2 ff.

Anmerkung zu BAG, Urteil vom 29.1.1998 – 4 AZR 491/96, in: EzA Nr. 44 zu § 611 Kirchliche Arbeitnehmer, S. 11 ff.

Anmerkung zu BAG, Urt. v. 11.3.1986 – 1 ABR 26/84, in: AP Nr. 25 zu Art. 140 GG

E – F

Ebers, Josef Ebers, Staat und Kirche im Neuen Deutschland, München, 1930

in: Nipperdey, Hans Carl (Hrsg.), Die Grundrechte und Grundpflichten der Reichsverfassung 2. Band., Nachdruck von 1930, Frankfurt am Main, 1975

Eder, Joachim, Inkompatibilität von Organisationen des Tarifrechts im Kodasystem?, ZTR 2000, 496 ff.

Tarifdispositive Normen und Kirchenklauseln, ZTR 1997, 482 ff.

Tarifpartnerin Katholische Kirche?, Passau, 1991

Erläuterungen zur Bayerischen Regional-KODA-Ordnung (Stand 19.9.2002), http://www.kodakompass.de/abd/bayrko/index.html (16.6.2003)

Eichmann, Max, Der Grundsatz der Kampfparität – der augenblickliche Stand, RdA 1977, 135 ff.

Ehlers, Dirk, in: Sachs, Michael, Grundgesetzkommentar, 3. Aufl., München, 2003

Einsele, Dorothee, in: Rebmann, Kurt / Säcker, Franz Jürgen / Rixecker, Roland (Hrsg.), Münchener Kommentar zum Bürgerlichen Gesetzbuch Band. 1, 4. Aufl., München, 2001

Epping, Volker, in: Ipsen, Knut, Völkerrecht, 4. Aufl., München, 1999

Erdsiek, Sympathiearbeitskampf bei ausländischen Arbeitskämpfen, NJW 1959, 2198

Fabricius, Fritz / *Weber*, Christoph, in: Fabricius, Fritz / Kraft, Alfons / Wiese, Günther / Kreutz, Peter / Oetker, Hartmut / Raab, Thomas / Weber, Christoph, Gemeinschaftskommentar zum Betriebsverfassungsgesetz (zit. GK-BetrVG), § 118, 7. Aufl., Neuwied, 2002

Fitting, Karl / *Kaiser*, Heinrich / *Heither*, Friedrich / *Engels*, Gerd / *Schmidt*, Ingrid / *Auffahrth*, Fritz, Betriebsverfassungsgesetz (Handkommentar) (zit.: Fitting), 21. Aufl., München, 2002

Fleury, Roland, Verfassungsprozessrecht, 5. Aufl., Neuwied, 2003

Frank, Johann, Entwicklungen und Probleme des kollektiven Arbeitsrechts in der evangelischen Kirche, RdA 1979, 86 ff.

Frieß, Knut, Der Verzicht auf Grundrechte, Miltenberg / Main, 1968

Frowein, Jochen, Die Bedeutung des die Gedanken-, Gewissens- und Religionsfreiheit garantierenden Artikels 9 der Europäischen Menschenrechtskonvention, in: Essener Gespräche zum Thema Staat und Kirche (zit.: EssG), Band 27 (1993), S. 46 ff.

Frowein, Jochen / Peukert, Wolfgang, Europäische Menschenrechtskonvention (zit.: EMRK-Kommentar), 2. Aufl., Kehl, 1996

G

Gamillscheg, Franz, Kollektives Arbeitsrecht Band 1, München, 1997

Kirchliche Selbstverwaltung und Art. 9 III GG, in: Festschrift für Albrecht Zeuner (zit.: FS Zeuner), Tübingen, 1994

Die Grundrechte im Arbeitsrecht, AcP 164 (1964), 385 ff.

Gaul, Björn, Konsequenzen eines Betriebsübergangs für Kollektivvereinbarungen kirchlicher Rechtsträger, ZTR 2002, 368 ff.

Gehring, Heinrich / *Thiele*, Christoph, in: Schliemann, Harald (Hrsg.), Das Arbeitsrecht im BGB, 2. Aufl., Berlin u.a., 2002

Geiger, Willi, Die Rechtsprechung des Bundesverfassungsgerichts zum kirchlichen Selbstbestimmungsrecht, ZevKR 26 (1981) 156 ff.

Gentz, Manfred, Zur Verhältnismäßigkeit von Grundrechtseingriffen, NJW 1968, 1600 ff.

Gitter, Wolfgang, Durchsetzungsfähigkeit als Kriterium der Tariffähigkeit für einzelne Arbeitgeber und Arbeitgeberverbände, in Festschrift für Kissel (zit.: FS Kissel), S. 265 ff, München, 1994

Gneiting, in: Umbach, Dieter C./ Clemens, Thomas, Grundgesetz – Mitarbeiterkommentar und Handbuch Band 1, Heidelberg, 2002

Grethlein, Gerhard, Probleme des Dritten Weges der Kirchen, NZA Beil. 1/1986, S. 18 ff.

Grethlein, Gerhard / *Spengeler*, Erhard, Der Dritte Weg der Kirchen, BB Beil. 10/1980, 1 ff.

Grosser, Dieter, Demokratietheorie in der Sackgasse, in: Festschrift für Hans Ulrich Scupin zum 70. Geburtstag, Berlin 1973

Grunsky, Wolfgang, Arbeitsgerichtsgesetz, 7. Aufl., München, 1995

Gubelt, Manfred, in: v. Münch, GG-Kommentar, 5. Aufl., München, 2000

H

Hagemeier, Christian, in: Kempen, Otto Ernst/Zachert, Ulrich, Tarifvertragsgesetz, 2. Aufl., Köln, 1990

Häberle, Peter „Gemeinwohljudikatur" und Bundesverfassungsgericht, AöR 95 (1970), 86 ff.

Hammer, Ulrich, Neuere Entwicklungen der Normqualität kirchlicher Arbeitsvertragsordnungen, ZTR 2002, 302 ff.

Handbuch – Kirchliches Arbeitsrecht, Frankfurt a.M., 2002

Hanau, *Peter / Thüsing, Gregor*, Europarecht und kirchliches Arbeitsrecht, Baden-Baden, 2001

Hanau, Peter, Zum Verhältnis von Kirche und Arbeitsrecht, ZevKR 25 (1980) 61 ff.

Hanau, Peter / *Kenia*, Thomas, in Dieterich, Thomas / Hanau, Peter / Schaub, Günter, Erfurter Kommentar zum Arbeitsrecht (zit. ErfK), § 118, 2. Aufl., München, 1989

Hassemer, Winfried / *Hömig*, Dieter, Die Rechtsprechung des Bundesverfassungsgerichts im Bereich der Bekenntnisfreiheit, EuGRZ 1999, 525 ff.

Heckel, Martin, Religionsfreiheit und Staatskirchenrecht in der Rechtsprechung des Bundesverfassungsgerichts, in: Festschrift zum 50jährigen Bestehen des Bundesverfassungsgerichts Band 2 (zit. FS BVerfG), S. 378 ff., Tübingen, 2001

Das staatskirchenrechtliche Schrifttum der Jahre 1930 und 1931, in: VerwArch. 37 (1932), S. 282 ff.

Hemmerich, Ulfried, in: von Münch, Ingo / Kunig, Philip (Hrsg.), Grundgesetzkommentar Band 3 (zit.: GGK III), 5. Aufl., München, 2003

Herdegen, Matthias, Völkerrecht, München, 2000

Europarecht, 5. Aufl., München, 2003

Hermes, Georg, Das Grundrecht auf Schutz von Leben und Gesundheit: Schutzpflicht und Schutzanspruch aus Art. 2 Abs. 2 S. 1 GG, Heidelberg, 1987

Herschel, Wilhelm, Kirchliche Einrichtungen und Betriebsverfassung, AuR 1978, 172 ff.

Kirche und Koalitionsrecht, Reutlingen, 1978

Tariffähigkeit und Unabhängigkeit, JZ 1965, 81 ff.

Herzog, Roman, in: Maunz, Theodor / Dürig, Günter u.a., Kommentar zum Grundgesetz Band 1 (zit.: Komm z. GG), München, Stand: Oktober 2002

Allgemeine Staatslehre, Frankfurt a.M, 1971

Hesse, Konrad, Das Selbstbestimmungsrecht der Kirchen und Religionsgemeinschaften, in: Handbuch des Staatskirchenrechts der Bundesrepublik Deutschland Band 1 (zit.: HbStKR Bd. 1), § 17, S. 521 ff., 2. Aufl., Berlin, 1994

Bestand und Bedeutung der Grundrechte in der Bundesrepublik Deutschland, EuGRZ 1978, 427 ff.

Grundzüge des Verfassungsrechts der Bundesrepublik Deutschland, 20 Aufl., Heidelberg, 1995

Das neue Notstandsrecht der Bundesrepublik Deutschland, 2. Aufl., Karlsruhe, 1968

Grundrechtsbindung der Kirchen, in: Festschrift für Werner Weber zum 70. Geburtstag, Berlin, 1974

Hillgruber, Christian, Der Körperschaftsstatus von Religionsgemeinschaften, NVwZ 2001, 1347 ff.

Hirschberg, Lothar, Der Grundsatz der Verhältnismäßigkeit, Göttingen, 1981

Hoffmann, in: *Nipperdey*, Hans Carl (Hrsg.), Die Grundrechte und Grundpflichten der Reichsverfassung Bd. 3, Nachdruck von 1930, Frankfurt am Main, 1975

Hofmann, Werner, Die Rechtsstellung der kirchlichen Stiftungen unter besonderer Berücksichtigung ihres Verhältnisses zu Staat und Kirche, ZevKR 12 (1966/67), 313 ff.

Hollerbach, Alexander, Grundlagen des Staatskirchenrechts, in: Handbuch des Staatsrechts Band VI (zit.: HdbStR VI), § 138, Heidelberg, 1989

Der verfassungsrechtliche Schutz kirchlicher Organisationen, in: s.o., § 139, S. 557 ff.

Das Staatskirchenrecht in der Rechtsprechung des Bundesverfassungsgerichts, AöR 92 (1967), 99 ff.

Die vertragsrechtlichen Grundlagen des Staatskirchenrechts, in: Handbuch des Staatskirchenrechts Band 1 (zit.: HdbStKirchR Bd. 1), S. 253 ff., 2. Aufl., Berlin, 1994

v. *Hoyningen-Huene*, Gerrick, Öffnungsklauseln für Kirchen im Arbeitsrechts-Gesetzen, RdA 2002, 65 ff.

Betriebsverfassungsrecht, 5. Aufl., München, 2002

Hueck. Alfred, Die Bedeutung des Notstandsrechts für das Arbeitskampfrecht, RdA 1968, 430 ff.

Hueck, Alfed / *Nipperdey*, Hans Carl, Lehrbuch des Arbeitsrechts II/1 und II/2, 7. Aufl., Berlin u.a., 1970

I – J

Isensee, Josef, Die karitative Betätigung der Kirchen und der Verfassungsstaat, in: Handbuch des Staatskirchenrechts Band 2 (zit. HdbStKirchR Bd. 2), § 59, 2. Aufl., Berlin, 1995

Jaeckel, Liv, Schutzpflichten im deutschen und europäischen Recht, Baden-Baden, 2001

Janssen, Das Streikrecht der Angestellten und Arbeiter im öffentlichen Dienst und der „Dritte Weg" der Kirchen, Heidelberg, 1982

Jarass, Hans D. / *Pieroth*, Bodo, Grundgesetz, 6. Aufl., München, 2002

Jarras, Hans D., Grundrechte als Wertentscheidungen bzw. objektivrechtliche Prinzipien in der Rechtsprechung des Bundesverfassungsgerichts, AöR Bd. 110 (1985) 363 ff.

Jeand`Heur, Bernd / *Korioth*, Stefan, Grundzüge des Staatskirchenrechts, Stuttgart u.a., 2000

Joachim, Hans G., Ist der Grundsatz der Verhältnismäßigkeit ein geeignetes Kriterium für die rechtliche Erfassung des Phänomens „Arbeitskampf"?, AuR 1973, 289 ff.

Jurina, Josef, Das Dienst- und Arbeitsrecht im Bereich der Kirchen in der Bundesrepublik Deutschland, Berlin, 1978

Die Subsidiarität arbeitsrechtlicher Gesetze gegenüber kircheneigenen Regelungen, NZA Beil. 1/1986, 15 ff.

Der Rechtsstatus der Kirchen und Religionsgemeinschaften im Bereich ihrer eigenen Angelegenheiten, Berlin, 1972

K

Kästner, Karl-Hermann, Tendenzwende in der Rechtsprechung zum staatlichen Rechtsschutz in Kirchensachen, NVwZ 2000, 889 ff.

Staatliche Justizhoheit und religiöse Freiheit, Tübingen, 1991

Die Geltung von Grundrechten in kirchlichen Angelegenheiten, JuS 1977, 715 ff.

Kalisch, Werner, Grund und Einzelfragen des kirchlichen Dienstrechts, ZevKR 2 (1952/53) S. 24 ff.

Kemper, Michael, Die Bestimmung des Schutzbereichs der Koalitionsfreiheit (Art. 9 Abs. 3 GG), Heidelberg, 1990 in: v. Mangoldt, Hermann / Klein, Friedrich / Starck, Christian, Grundgesetzkommentar Band 1, 4. Aufl., München, 1999

Kessler, Rainer, Die Kirchen und das Arbeitsrecht, Darmstadt, 1986

Kienitz, Andreas, Der kirchengerichtliche Rechtsschutz bei Streitigkeiten nach dem MVG EKD, NZA 1996, 963 ff.

Kingreen, Thorsten, in: Calliess, Christian / Ruffert, Matthias (Hrsg.), Kommentar des Vertrages über die Europäische Union und des Vertrages zur Gründung der Europäischen Gemeinschaft (zit.: EUV/EGV), Neuwied, 1999

Die Gemeinschaftsrechte, JuS 2000, 857

Kittner, Michael, Alternativkommentar zum Grundgesetz (zit.: AK-GG), 2. Aufl., Neuwied u.a., 1989 (alte Auflage)

Kittner, Michael / *Schiek*, Dagmar, Alternativkommentar zum Grundgesetz (zit.: AK-GG), 3. Aufl., Neuwied, u.a., Stand: 2001

Kissel, Otto Rudolf, Arbeitskampfrecht, München, 2002

Gerichtsverfassungsgesetz, 3. Aufl., München, 2001

Klein, Eckart, Der Individualrechtsschutz in der Bundesrepublik Deutschland bei Verstößen gegen die Menschenrechte und Grundfreiheiten der Europäischen Menschenrechtskonvention, in: Mahrenholz, Ernst G. / Hilf, Meinhard / Klein, Eckart, Entwicklung der Menschenrechte innerhalb der Staaten des Europarates, S. 43 ff., Heidelberg, 1987

Konzen, Horst, Der Arbeitskampf im Verfassungs- und Privatrechtssystem, AcP 177 (1977), 473 ff.

Konzen Horst / *Schulz*, Rupert, Die begrenzte Aussperrung, DB 1980, 1593 ff.

Korioth, Stefan, in: Maunz, Theodor / Dürig, Günter, Grundgesetzkommentar (Komm. z. GG), München, Stand: Februar 2003

Köster, Constantin / *Schröder*, Jan, Eine beachtenswerte Kompetenzüberschreitung – Frauen an die Waffe, NJW 2001, 273 ff.

Kothe, Wolfhard, Anmerkung zum Beschluss des BAG v. 29. 6. 1988 – 7 ABR 15/87, in: AP Nr. 37 zu § 118 BetrVG 1972

Krebs, Walter, in: v. Münch, Ingo / Kunig, Philip, Grundgesetz-Kommentar, 5. Aufl., München, 2000

Kreuz, Harald, Der Grundsatz der Verhältnismäßigkeit im Arbeitskampfrecht, Berlin, 1988

Kreutz, Peter, § 77 BetrVG, in: Fabricius, Fritz/Kraft, Alfons/Wiese, Günther/Kreutz, Peter/Oetker, Hartmut/Raab, Thomas/Weber, Christoph, Gemeinschaftskommentar zum Betriebsverfassungsgesetz (zit.: GK-BetrVG), Band 2, 7. Aufl., Neuwied, 2002

Krüger, Hartmut, in: Sachs, Michael, Grundgesetzkommentar, 3. Aufl., München, 2003

Küchenhoff, Günther, Einwirkungen des Verfassungsrechts auf das Arbeitsrecht, in Festschrift für Nipperdey zum 70. Geburtstag Band 2 (zit.: FS Nipperdey), S. 317 ff., München und Berlin, 1965

Das Prinzip der staatlichen Subsidiarität im Arbeitsrecht, RdA 1959, 201 ff.

Kühling, Jürgen, Arbeitskampf in der Diakonie, AuR 2001, 241 ff.

Kunze, Otto, Streikbereitschaft als Voraussetzung für Tariffähigkeit, BB 1964, 1311 ff.

L

Larenz, Karl, Methodenlehre der Rechtswissenschaft, 6. Aufl., Berlin u.a., 1991

Leisner, Walter, Karitas – innere Angelegenheit der Kirchen, DÖV 1977, 475 ff.

Lepa, Manfred, Grundrechtskonflikte, DVBl. 1972, 161 ff.

Lerche, Peter, Grundrechtsschranken, in: Handbuch des Staatsrechts Band V, § 123, Heidelberg, 1992

Übermaß und Verfassungsrecht, Nachdruck der Ausgabe von 1961, Keip, 1999

Lieb, Manfred, Zum Verhältnis von Rechtsordnung und Arbeitskampf, NZA 1985, 265 ff.

Link, Christoph, Staat und Kirche im Rahmen des europäischen Einigungsprozesses, ZevKR 42 (1997), 130 ff.

Listl, Joseph, Glaubens-, Bekenntnis- und Kirchenfreiheit, in: Handbuch des Staatskirchenrechts Band 1 (zit. HdbStKirchR Bd. 1), S. 439 ff., 2. Aufl., Berlin, 1994

Das Grundrecht der Religionsfreiheit in der Rechtsprechung der Gerichte der Bundesrepublik Deutschland, Berlin, 1971

Lorenz, Dieter, Recht auf Leben und körperliche Unversehrtheit, in: Handbuch des Staatsrechts Band VI (zit.: HdbStR VI), § 128, Heidelberg, 1989

Löwer, Wolfgang, in: von Münch, Grundgesetzkommentar Band 1 (zit.: GGK I), 5. Aufl., München, 2000

Löwisch, Manfred, Arbeitsrecht, 6. Aufl., Düsseldorf, 2002

Besondere Grenzen der Streikfreiheit in der Luftfahrt?, ZfA 1988, 137 ff.

in: Münchener Handbuch zum Arbeitsrecht Band. 3 (zit. MünchArbR), 2. Aufl., München, 2000

Das Übermaßverbot im Arbeitskampfrecht, ZfA 71, 319 ff.

Löwisch, Manfred / *Rieble*, Ulrich, Tarifvertragsgesetz, München, 1992

Löwisch, Manfred / *Hartje*, Jürgen, Der Wilde Streik nach dem Recht der Bundesrepublik, RdA 1970, 321 ff.

Lücke, Jörg, Zur Dogmatik der kollektiven Religionsfreiheit, EuGRZ 1995, 651 ff.

M – N

Magen, Stefan, Der Rechtsschutz in Kirchensachen nach dem materiellrechtlichen Ansatz, NVwZ 2002, 897 ff.

in: Umbach, Dieter C./ Clemens, Thomas, Grundgesetz – Mitarbeiterkommentar und Handbuch Band 2, Heidelberg, 2002

Mager, Ute, in: v. Münch, Ingo / Kunig, Philip, Grundgesetzkommentar Band 1 (zit. GGK I), 5. Aufl., München, 2000

Maier, Hans, Staat und Kirche in der Bundesrepublik Deutschland – Die politischen und gesellschaftlichen Grundlagen, in: Handbuch des Staatskirchenrechts Band 1 (zit.: HdbStKirchR Bd. 1), S. 85 ff., 2. Aufl., Berlin, 1994

v. Mangoldt, Hermann, Grundrechte und Grundsatzfragen des Bonner Grundgesetzes, AöR 75 (1949), 273 ff.

Maunz, Theodor in Maunz, Theodor / Dürig, Günter, Grundgesetz, Loseblattsammlung, München, Stand: Oktober 2002

Maunz, Theodor / *Zippelius*, Reinhold, Deutsches Staatsrecht, München, 1994

Maurer, Hartmut, Anmerkung zu BGH, Urteil v. 11.2.2000 – V ZR 271/99, JZ 2000, 1113 ff.

Matthes, Hans-Christoph, in: Germelmann, Claas-Hinrich / Matthes, Hans-Christoph / Müller-Glöge, Rudi / Prütting, Hanns, Arbeitsgerichtsgesetz, 4. Aufl., München, 2002

Betriebsvereinbarung, in: Münchener Handbuch zum Arbeitsrecht, § 328, 2. Aufl., München, 2000

Mayer-Maly, Theo, Kirchenfreiheit contra Koalitionsrecht?, BB 1979, 632 ff.

Die arbeitsrechtliche Tragweite des kirchlichen Selbstbestimmungsrechts, BB 1977 Beil 3, S. 1 ff.

Messner, Johannes, Lohngerechtigkeit heute, in Festschrift für Gerhard Müller (zit.: FS Müller), S. 717 ff., Berlin, 1981

Mikat, Paul, Kirche und Staat nach der Lehre der katholischen Kirche, in: Handbuch des Staatskirchenrechts Band 1 (zit.: HdbStKirchR Bd. 1), 2. Aufl., Berlin, 1994

Minnerath, Church Autonomy in Europe, S. 7 aus: Second European/American Conference on Religious freedom, Draft Paper

Morlock, Martin, Selbstverständnis als Rechtskriterium, Tübingen, 1993

in: Dreier, Horst, Grundgesetzkommentar Band 3, Tübingen, 2000

Mösch, Reinhold, Gilt der Grundsatz der Verhältnismäßigkeit im Arbeitskampfrecht, Bamberg, 1990

Muckel, Stefan, Religiöse Freiheit und staatliche Letztentscheidung, Berlin, 1997

Müller, Gerhard, Staatskirchenrecht und normatives Arbeitsrecht – Eine Problemskizze, RdA 1979, 71 ff.

Das Koalitionswesen, insbesondere das Gewerkschaftswesen, nach dem Mitbestimmungsurteil des Bundesverfassungsgerichts, RdA 1979, 361 ff.

Die Freiheit von parteipolitischen und kirchlichen Bindungen als eine Voraussetzung für die Tariffähigkeit einer Koalition, in: Festschrift für Hans Carl Nipperdey zum 70. Geburtstag Band 2 (zit.: FS Nipperdey), S. 435 ff., Berlin, 1965

Der Einsatz von Beamten auf Arbeitnehmerplätzen bei einem legitimen Tarifstreik im öffentlichen Dienst, RdA 1982, 86 ff.

Müller, Konrad, Der Loccumer evangelische Kirchenvertrag als Spiegel der staatskirchenrechtlichen Lage in der Bundesrepublik, DÖV 1955, 421 ff.

Müller-Volbehr, Gerd, Europa und das Arbeitsrecht der Kirchen, Heidelberg, 1999

Naendrup, Peter-Hubert, Tarifverträge mit kirchlichen Einrichtungen, BlStSozArbR 1979, 353 ff.

Nell-Breuning, Oswald, Das Lohnarbeitsverhältnis in der Sicht der katholischen Soziallehre, in Festschrift für Gerhard Müller (zit.: FS Müller), S. 731 ff., Berlin, 1981

Neumann, Dirk, Kirchliches Schlichtungswesen, ZTR 1997, 241 ff.

Nierhaus, Michael, in: Sachs, Grundgesetzkommentar, 3. Aufl., München, 2003

Nikisch, Arthur, Arbeitsrecht Band 2, 2. Aufl., 1959

Nipperdey, Hans Carl (Hrsg.), Die Grundrechte und Grundpflichten der Reichsverfassung Band 3, Nachdruck von 1930, Frankfurt am Main,1975

Nolte, Achim, Durchbruch auf dem Weg zu einem gleichwertigen staatlichen Rechtsschutz in „Kirchensachen“?!, NJW 2000, 1844 ff.

O

Obermayer, Klaus, in: *Dolzer*, Rudolf / *Vogel*, Klaus / *Graßhof*, Karin (Hrsg.), Bonner Kommentar zum Grundgesetz, (zit.: BK), Stand: Dezember 2002

Oetker, Hartmut, Die Durchführung von Not- und Erhaltungsarbeiten bei Arbeitskämpfen, Heidelberg, 1984

Oppermann,Thomas, Europarecht, 2. Aufl., München, 1999

Otto, Hansjörg, Generelle Rechtmäßigkeitsvoraussetzungen des Arbeitskampfes, in: Münchener Handbuch Arbeitsrecht Bd. 3, § 285, 2. Aufl., München, 2000

in: Münchener Handbuch Arbeitsrecht Bd. 3, 2. Aufl., München, 2000

P – Q

Pahlke, Armin, Kirche und Koalitionsrecht, Tübingen, 1983

Der „Dritte Weg“ der Kirchen im Arbeitsrecht, NJW 1986, 350 ff.

Pieroth, Bodo / *Schlink*, Bernhard, Grundrechte – Staatsrecht II, 19. Aufl., Heidelberg, 2003

Pirson, Dietrich, Das kircheneigene Dienstrecht der Geistlichen und Kirchenbeamten, in: Handbuch des Staatskirchenrechts der Bundesrepublik Deutschland Band 1 (zit.: HdbStKirchR Bd. 2), § 64, S. 845, 2. Aufl., Berlin, 1995

Kirchliches Arbeitsvertragsrecht, RdA 1979, 65 ff.

Der Kirchenvertrag als Gestaltungsform der Rechtsbeziehungen zwischen Staat und Kirche, in: Festschrift für Hans Liermann (zit.: FS Liermann), Erlangen, 1964, S. 177 ff.

Preis, Arbeitsrecht – Praxis-Lehrbuch zum Kollektivarbeitsrecht, Köln, 2003

Preuß, Ulrich, in: *Denninger*, Erhard / *Hoffmann-Riem*, Wolfgang / *Schneider*, Hans-Peter / *Stein*, Ekkehart (Hrsg.), Kommentar zum Grundgesetz (zit.: AK-GG), 3. Aufl., 2001

Pusch, Tobias, Alternativen zum Arbeitskampf im öffentlichen Dienst, Berlin, 2002

Quaritsch, Helmut, Kirchen und Staat, Der Staat 1962, 289 ff.

R

Ramm, Thilo, Kampfmaßnahme und Friedenspflicht im deutschen Recht, Stuttgart, 1962

Das deutsche kollektive Arbeitsrecht zwischen den beiden Weltkriegen, ZfA 1988, 157 ff.

Der nichtgewerkschaftliche Streik (I. Teil), AuR 1971, 65 ff.

Zum freiheitlichen sozialen Rechtsstaat, Frankfurt a.M., 1999

Der Arbeitskampf und die Gesellschaftsordnung des Grundgesetzes, Stuttgart, 1965

Rasch, Harold, Sind Streik und Streikandrohung noch zeitgemäß?, ZRP 1976, 181 ff.

Rauch, Oskar, Die arbeitsrechtliche Sonderstellung der Angestellten und Arbeiter im kirchlichen Dienst, Erlangen-Nürnberg, 1962

Raupach, Die Schlichtung von kollektiven Arbeitsstreitigkeiten und ihre Probleme, Berlin, 1964

Rauscher, Anton, Die Eigenart des kirchlichen Dienstes, Würzburg, 1983

Reichel, Hans, Rechtsfragen zur Tariffähigkeit, RdA 1972, 143 ff.

Reichold, Hermann, Europa und das deutsche kirchliche Arbeitsrecht – Auswirkungen der Antidiskriminierungs-Richtlinie 2000/78/EG auf kirchliche Arbeitsverhältnisse, NZA 2001, 1054 ff.

Europäisches Rahmenrecht für die kirchliche Mitbestimmung, ZTR 2000, 57 ff.

Renck, Ludwig, Der sogenannte Rang der Kirchenverträge, DÖV 1997, 929 ff.

Reuß, Wilhelm, Arbeitskampf im Bereich der öffentlichen Verwaltung, DVBl. 1968, 57 ff.

Der Ärztestreik, RdA 1972, 321

Reuter, Dieter, Streik und Aussperrung, RdA 1975, 275 ff.

Richardi, Reinhard, Arbeitsrecht in der Kirche, 4. Aufl., München, 2003

Arbeitsrecht und Kirchenrecht, RdA 1999, 112 ff.

Die Grundordnung der katholischen Kirche für den kirchlichen Dienst im Rahmen kirchlicher Arbeitsverhältnisse, NZA 1994, 19 ff.

Die arbeitsrechtliche Bedeutung der christlichen Dienstgemeinschaft für die Arbeitsverhältnisse kirchlicher Mitarbeiter, ZfA 1984, 109 ff.

Betriebsverfassungsgesetz, 8. Aufl., München, 2002

AR-Blattei SD, Kirchenbedienstete, Stand. März 2003

Staatlicher und kirchlicher Gerichtsschutz für das Mitarbeitervertretungsrecht der Kirchen, NZA 2000, 1305 ff.

Das kollektive kirchliche Dienst- und Arbeitsrecht, in: Handbuch des Staatskirchenrechts der Bundesrepublik Deutschland Band 2 (zit. als HdbStKirchR Bd. 2), § 67, S. 927 ff., 2. Aufl., Berlin, 1995

Auswirkungen eines Arbeitskampfes auf Schuldverhältnisse mit Dritten, JuS 1984, 827 (831)

Die arbeitsrechtliche Bedeutung der christlichen Dienstgemeinschaft für die Arbeitsverhältnisse kirchlicher Mitarbeiter, ZfA 1984, 109 ff.

Die Grenzen der Zulässigkeit des Streiks, Bielefeld, 1980

Der Beschluss des Bundesverfassungsgerichts zur Aussperrung und seine Folgen für das Arbeitskampfrecht, JZ 1992, 27 ff.

Neues zum staatlichen Rechtsschutz im kirchlichen Bereich, ZevKR 45 (2000) 622 ff.

Richardi, Reinhard / *Thüsing*, Gregor, Kein Arbeitskampf in der Diakonie, AuR 2002, 94 ff.

in: Richardi (Hrsg.), Betriebsverfassungsgesetz - Kommentar, § 118, 8. Aufl., München, 2002

Robbers, Gerhard, Sinn und Zweck des Körperschaftsstatus im Staatskirchenrecht, in: Festschrift für Martin Heckel (zit.: FS Heckel), S. 412 ff., Tübingen, 1999

Europarecht und Kirchen, in: Handbuch des Staatskirchenrechts Band 1 (zit.. HdbStKirchR Bd. 1), S. 315 ff., 2. Aufl., Berlin, 1994

Die Fortentwicklung des Europarechts und seine Auswirkungen auf die Beziehungen zwischen Staat und Kirche in der Bundesrepublik Deutschland, in: Essener Gespräche zum Thema Staat und Kirche (zit.: EssG), Band 27 (1993), S. 81 ff.

Rommelspacher, Peter, Schlichtung und Tarifautonomie, Köln, 1978

Ruland, Franz, Die Sonderstellung der Religionsgemeinschaften im Kündigungsschutzrecht und in den staatlichen Mitbestimmungsordnungen, NJW 1980, 89 ff.

Rüthers, Bernd, in: Brox / Rüthers, Arbeitskampfrecht, 2. Aufl., Stuttgart u.a., 1982

Tarifautonomie und Schlichtungszwang, in: Gedächtnisschrift für Rolf Dietz, S. 299 ff., München, 1973

Tendenzschutz und Kirchenautonomie im Arbeitsrecht, NJW 1978, 2066 ff.

Sonderprobleme der Rechtmäßigkeit von Arbeitskämpfen im Luftverkehr, ZfA 1987, 1 ff.

Rechtsprobleme des „tarifbezogenen" wilden Streiks, DB 1970, 2120 ff.

S

Säcker, Franz-Jürgen, Grundprobleme der kollektiven Koalitionsfreiheit, Düsseldorf, 1969

Säcker, Horst, Die Grundrechtsbindung der kirchlichen Gewalt, DVBl. 1969, 5 ff.

Schaub, Günter, in: Dieterich, Thomas / Hanau, Peter / Schaub, Günter (Hrsg.), Erfurter Kommentar zum Arbeitsrecht (zit.: ErfK), 4. Aufl., München, 2004

Arbeitsrechts-Handbuch, 10. Aufl., München, 2003

Scherer, Inge, Grenzen des Streikrechts in den Arbeitsbereichen der Daseinsvorsorge, Berlin, 2000

Scheuner, Ulrich, Die Religionsfreiheit im Grundgesetz, DÖV 1967, 585 ff.

Kirchenverträge in ihrem Verhältnis zu Staatsgesetz und Staatsverfassung, in Festschrift für Erich Ruppel zum 65. Geburtstag (zit.: FS Ruppel), S. 312 ff., Hannover, 1968

Verfassungsrechtliche Gesichtspunkte zu der Fortbildung des Arbeitskampfrechts im Beschluss des Großen Senats vom 21. April 1971, RdA 1971, 327 ff.

Schiffer, Jack, Erhaltungsarbeiten im Arbeitskampf, Berlin, 1975

Schilberg, Arno, Rechtsschutz und Arbeitsrecht in der evangelischen Kirche, Frankfurt a.M., 1992

Schlaich, Klaus, Der „Dritte Weg" – eine kirchliche Alternative zum Tarifvertragssystem, JZ 1980, 209 ff.

Schlaich, Klaus / *Korioth*, Stefan, Das Bundesverfassungsgericht, 6. Aufl., München, 2004

Schlief, Karl-Eugen, Die Entwicklung des Verhältnisses von Staat und Kirche und seine Ausgestaltung im Bonner Grundgesetz, Münster, 1961

Schliemann, Harald, Die Aufgabe(n) der Schlichtungsstellen der evangelischen Kirchen in Deutschland und ihr(e) Verfahren, NZA 2000, 1311 ff.

Europa und das deutsche kirchliche Arbeitsrecht, NZA 2003, 407 ff.

Schlüter, Wilfried, in: Brox, Hans / Rüthers, Bernd, Arbeitskampfrecht, 2. Aufl., Stuttgart u.a., 1982

Schmalz, Dieter, Grundrechte, 4. Aufl., Baden-Baden, 2001

Schmid, Hans-Dieter, Arbeitskampf und Notstand aus der Sicht des Art. 9 Abs. 3 S. 3 GG, Berlin u.a., 1971

Schmidt-Assmann, Eberhardt, Anwendungsprobleme des Art. 2 Abs. 2 GG im Immissionsschutzrecht, AöR 1981 (106), 205 ff.

Schnapp, Friedrich / *Kaltenborn*, Markus, Grundrechtsbindung nichtstaatlicher Institutionen, JuS 2000, 937 ff.

Schnizer, Helmut, Allgemeine Fragen des kirchlichen Vereinsrechts, in: Handbuch des katholischen Kirchenrechts (zit.: HdbKathKirchR), S. 563 ff. , 2. Aufl., Regensburg, 1999

Scholler, Heinrich, Die Grundrechtsdiskussion in der Paulskirche, 2. Aufl., Darmstadt, 1982

Scholz, Rupert, Koalitionsfreiheit, in: Isensee, Josef / Kirchhof, Paul (Hrsg.), Handbuch des Staatsrechts Bd. 6 (zit.: HdbStR VI) § 151, Heidelberg, 1989

in: Maunz, Theodor / Dürig, Günter, Kommentar zum Grundgesetz (zit.: Komm. z. GG), Loseblattsammlung, Stand: Februar 2003, München

Schultz, Günther, Kündigungsschutz kirchlicher Arbeitnehmer, MDR 1985, 902 ff.

Schulze-Fielitz, Helmuth, in: Dreier, Horst (Hrsg.), Grundgesetzkommentar Band 1, Tübingen, 1996

Schütz, Artemis und Aurora vor den Schranken des Bauplanungsrechts – BVerwG, NJW 1995, 2648, JuS 1996, 498 ff.

Schumann, Manfred, in: Däubler (Hrsg.), Arbeitskampfrecht, 2. Aufl., Baden-Baden, 1987

Seiter, Hugo, Der Warnstreik im System des Arbeitskampfrechts, in: Festschrift 25 Jahre Bundesarbeitsgericht (zit.: FS BAG), S. 583 ff.

Streikrecht und Aussperrungsrecht, Tübingen, 1975

Seiters, Stephan, in: Umbach, Dieter C./ Clemens, Thomas, Grundgesetz – Mitarbeiterkommentar und Handbuch Band 1, Heidelberg, 2002

Sieberich, Thomas, Nochmals: Waffeneinsatz von Frauen bei der Bundeswehr, NJW 2000, 2565 f.

Sinzheimer, Hugo, Grundzüge des Arbeitsrechts, Jena, 1927

Smend, Rudolf, Der Niedersächsische Kirchenvertrag und das heutige Staatskirchenrecht, JZ 1956, 50 ff.

Staat und Kirche nach dem Bonner Grundgesetz, ZevKR 1 (1951), 4 ff.

Sodan, Helge, Verfassungsrechtliche Grenzen der Tarifautonomie, JZ 1998, 421 ff.

Söllner, Alfred, / Waltermann, Raimund, Grundriss des Arbeitsrechts, 13. Aufl., München, 2003

Die Zulässigkeit der Aussperrung nach geltendem Recht aus rechtsgeschichtlicher Sicht, RdA 1980, 14 ff.

Spengler, Erhard, Die Rechtsprechung zum Arbeitsrecht in kirchlichen Angelegenheiten – insbesondere zur Loyalitätspflicht der kirchlichen Mitarbeiter, NZA 1987, 833 ff.

Starck, Christian, Die Grundrechte des Grundgesetzes- zugleich ein Beitrag zur Verfassungsauslegung, JuS 1981, 237 ff.

in: *v. Mangoldt*, Hermann / *Klein*, Friedrich / Starck, Christian, 4. Aufl., München, 1999

Stein, Paul-Jürgen, Die rechtliche Beurteilung von Arbeitskämpfen in lebenswichtigen Berieben, Essen, 1967

Stein, Torsten, Anmerkung zum Urteil des EuGH, Urteil vom 11.11.2000 – Rs. C-285/98 (Tanja Kreil/Bundesrepublik Deutschland), EuZW 2000, 213 ff.

Steiner, Udo, Staatliche und kirchliche Gerichtsbarkeit, NVwZ 1989, 410 ff.

Steinmayer, Heinz-Dietrich, Der Vertrag von Amsterdam und seine Bedeutung für das Arbeits- und Sozialrecht, RdA 2001, 10 ff.

Stern, Klaus, Das Staatsrecht der Bundesrepublik Deutschland Band III/2, München, 1994

Sterzel, Dieter, Tendenzschutz und Grundgesetz, Baden-Baden, 2001

Streinz, Rudolf, Europarecht und deutsches Staatskirchenrecht, in: Essener Gespräche zum Thema Staat und Kirche (zit.: EssG), Band 31, 1997, S. 53 ff.

Schwerdtner, Peter, Kirchenautonomie und Betriebsverfassung, AuR 1979, Sonderheft Kirche und Arbeitsrecht, S. 21 ff.

T

Tenbrock, Christian, Arbeiten unterm Kreuz, in: „Die Zeit" vom 19. September 2002, S. 22

Thüsing, Gregor, Mitbestimmung und Tarifrecht im kirchlichen Konzern, ZTR 2002, 56 ff.

Das Arbeitsrecht in der Kirche – Ein Nachtrag der aktuellen Entwicklung, NZA 2002, 306 ff.

Anmerkung zum Urteil des BAG vom 6. November 1996 – 5 AZR 334/95, in: EZA Nr. 16 zu § 611 Ausbildungsbeihilfe, S. 11 ff.

Der Dritte Weg – seine Grundlagen und seine Zukunft, ZTR 1999, 298 ff.

Anmerkung zum Urteil des BAG vom 15. November 2001 – 6 AZR 88/01, in: EzA Nr. 48 zu § 611 Kirchliche Arbeitnehmer, S. 11 ff.

Die Erstreikbarkeit von Firmentarifverträgen verbandsangehöriger Arbeitgeber, NZA 1997, 294 ff.

Rechtsnatur und Besonderheiten der Regelung kirchlicher Arbeitsverhältnisse, RdA 1997, 163 ff.

Anmerkung zu BAG, Urt. v. 28.1.1998 – 4 AZR 491/96, in: ZevKR 44/1 (1999), S. 99 (101)

von Tiling, Peter, Neues Recht für kirchliche Arbeitsverhältnisse in Niedersachsen, RdA 1979, 103 ff.

Triebel, Europa und Kirchen, http.//nomokanon.de/abhandlungen/004.htm

U – W

Uhlenbruck, Wilhelm, Der Ärztestreik als Mittel kollektiver Interessenwahrung, RdA 1972, 327 ff.

Vogt, Dieter, Der „Dritte Weg“ der evangelischen Kirchen und die Tarifautonomie, Frankfurt.a.M., 1989

Wank, Rolf, Die Auslegung von Gesetzen, Köln u.a., 1997

Grundlagen des Arbeitskampfrechts, in: Festschrift für Otto Rudolf Kissel zum 65. Geburtstag (FS Kissel), München, 1994

Zum Vorschlag der Kodifizierung des Arbeitskampfrechts, RdA 1989, 263 ff.

Weber, Hermann, Gelöste und ungelöste Probleme des Staatskirchenrechts, NJW 1983, 2541 ff.

Die Rechtsstellung des Pfarrers, insbesondere des Gemeindepfarrers – Grundprobleme einer Reform der Kirchenverfassung und des Pfarrerdienstrechts in der Evangelischen Kirche der Pfalz (Protestantische Landeskirche), ZevKR 28 (1983), 1 ff.

Staatliche und kirchliche Gerichtsbarkeit, NJW 1989, 2217 ff.

Kontroverses zum Rechtsschutz durch staatliche Gerichte im kirchlichen Amtsrecht, NJW 2003, 2067 ff.

in: Handbuch des Staatskirchenrechts Band 1 (zit.: HdbStKirchR Bd. 1), 2. Aufl., Berlin, 1994

Die Grundrechtsbindung der Kirchen, ZevKR 17 (1972), 386 ff.

Weber, Ulrich, Umfang und Grenzen des Tendenzschutzes im Betriebsverfassungsrecht, NZA 1989 Beil. 3, S. 2 ff.

Weber, Werner, „Allgemeines Gesetz“ und „für alle geltendes Gesetz“, in: Festschrift für Ernst Rudolf Huber (zit.: FS Huber), S. 181 ff., Göttingen, 1973

Wedde, Peter, in: Däubler, Wolfgang / Kittner, Michael / Klebe, Thomas (Hrsg.), Betriebsverfassungsgesetz, 8. Aufl., Frankfurt a.M., 2002

Weiss, Manfred / *Weyand*, Joachim, Betriebsverfassungsgesetz, 3. Aufl., Baden-Banden, 1994

Weth, Stephan, in: Musielak, Hans-Joachim, Zivilprozessordnung, 3. Aufl., München, 2002

Weth, Stephan / *Wern*, Sigurd, Vom weltlichen zum kirchlichen Betrieb – Probleme des Betriebsübergangs, NZA 1998, 118 ff.

Wiedemann, Herbert, Anmerkung zu BAG, Urteil vom 8.9.1976 – 4 AZR 359/75, in AP Nr. 5 zu § 1 TVG Form, Bl. 304 R.

Anmerkung zu BAG, Urteil vom 9.7.1980 – 4 AZR 564/78, in: AP Nr. 7 zu § 1 TVG Form, Bl. 428 R.

in: Umbach, Dieter C./ Clemens, Thomas, Grundgesetz – Mitarbeiterkommentar und Handbuch Band 1, Heidelberg, 2002

Die Deutschen Gewerkschaften – Mitgliederverband oder Berufsorgan, RdA 1969, 321 ff,

Wiedemann, Herbert / *Stumpf*, Hermann, Tarifvertragsgesetz, 5. Aufl., München, 1977

Wieland, Joachim, Die Angelegenheiten der Religionsgesellschaften, Der Staat 1986 (25), 321 ff.

Wieser, Eberhard, Arbeitsgerichtsverfahren, Tübingen, 1994

Wollenschläger, Michael / *Frölich*, Armin, Anmerkung zu BAG, Urteil vom 26.4.1988 – 1 AZR 399/86, in: AuR 1990, 102 ff.

Z

Zachert, Ulrich, in: Kempen, Otto Ernst / Zachert, Ulrich, Tarifvertragsgesetz, 3. Aufl., Köln, 1997

Zöllner, *Wolfgang / Loritz*, Karl-Georg, Arbeitsrecht, 5. Aufl., München, 1998

Zeuner, Albrecht, Gedanken zum arbeitsrechtlichen Vertragsprinzip im Bereich des kirchlichen Dienstes, ZfA 1985, 127 ff.

Die Fluglotsenentscheidung des BGH und das allgemeine Arbeitskampfrecht, JZ 1979, 6 ff.

Gedanken zum Verhältnis von Richterrecht und Betätigungsfreiheit von Beteiligten, in: Festschrift 25 Jahre Bundesarbeitsgericht (zit.: FS BAG), 727 ff., München, 1979

Zweigert, Konrad, Der Einfluss des Europäischen Gemeinschaftsrechts auf die Rechtsordnung der Mitgliedsstaaten, RabelsZ 28 (1964), S. 601 ff.

Adnotationes in Ius Canonicum

Herausgegeben von Elmar Güthoff und Karl-Heinz Selge

Band 1 Anton Morhard: Die gerichtliche Berufung im kanonischen Recht. Eine Analyse des klassischen remedium iuris. 1995.

Band 2 Elmar Güthoff (Hrsg.): Der Schutz des geistigen Eigentums in den Schriften von Winfried Schulz. Festgabe für Theodor Schmitz zur Vollendung des 80. Lebensjahres. 1997.

Band 3 Richard Puza/Andreas Weiß (Hrsg.): Iustitia in caritate. Festgabe für Ernst Rößler zum 25jährigen Dienstjubiläum als Offizial der Diözese Rottenburg-Stuttgart. 1997.

Band 4 Ernst Freiherr von Castell: Alkoholismus in der Rechtsprechung der Rota Romana. 1997.

Band 5 Burghard Pimmer-Jüsten: Facultas vel licentia imponendi tributa sacerdotibus. Partikularrechtliche Untersuchung zu den diözesanen "Pflichtabgaben" der Kleriker. 1997.

Band 6 Jürgen Olschewski: Das Recht auf Sakramentenempfang. Zur Entwicklung eines Fundamentalrechtes der Gläubigen vom Konzil von Trient bis zur Gegenwart. 1998.

Band 7 Martin Grichting: Die Umschreibung der Diözesen. Die Kriterien des II. Vatikanischen Konzils für die kirchliche Zirkumskriptionspraxis. 1998.

Band 8 Cesare Mirabelli/Giorgio Feliciani/Carl Gerold Fürst/Helmuth Pree (Hrsg.): Winfried Schulz in memoriam. Schriften aus Kanonistik und Staatskirchenrecht. 1999.

Band 9 Christoph Kühn: Die Rechtsbeziehungen des Heiligen Stuhls zum Europarat. 1999.

Band 10 Peter Stockmann: Außerordentliche Gemeindeleitung. Historischer Befund – Dogmatische Grundlegung – Kirchenrechtliche Analyse – Offene Positionen. 1999.

Band 11 Jürgen Cleve: Inkompatibilität und Kumulationsverbot. Eine Untersuchung zu c. 152 CIC/1983. 1999.

Band 12 Karl-Heinz Selge: Ehe als Lebensbund. Die Unauflöslichkeit der Ehe als Herausforderung für den Dialog zwischen katholischer und evangelisch-lutherischer Theologie. 1999.

Band 13 Elmar Güthoff / Karl-Heinz Selge (Hrsg.): Der Staat der Vatikanstadt, der Heilige Stuhl und die Römische Kurie in den Schriften von Winfried Schulz. Città del Vaticano, Santa Sede e Curia Romana negli Scritti di Winfried Schulz. Franz X. Walter zur Vollendung des 70. Lebensjahres. 1999.

Band 14 Hermann Kahler: Absentia consensus. Der fehlende Mindestwille zur Ehe als Ehenichtigkeitsgrund. 1999.

Band 15 Nikolaus Schöch: Die kirchenrechtliche Interpretation der Grundprinzipien der christlichen Anthropologie als Voraussetzung für die eheprozessrechtliche Beurteilung der psychischen Ehekonsensunfähigkeit. Eine kanonistische Studie unter besonderer Berücksichtigung der päpstlichen Allokutionen und der Judikatur der Römischen Rota. 1999.

Band 16 Michael Landau: Amtsenthebung und Versetzung von Pfarrern. Eine Untersuchung des geltenden Rechts unter besonderer Berücksichtigung der Rechtsprechung der Zweiten Sektion des Höchsten Gerichts der Apostolischen Signatur. 1999.

Band 17 Paul Weibel: Das Selbstbestimmungsrecht der römisch-katholischen Kirche. Eine staatskirchenrechtliche Studie am Beispiel des Kantons Schwyz. 2003.

Band 18 Stefan Korta: Der katholische Kirchenvertrag Sachsen. 2001.

Band 19 Jürgen Wätjer: Das katholische Domkapitel zu Hamburg von den Anfängen bis zur Reformation und seine Wiedererrichtung 1996. Eine kanonistische Untersuchung. 2001.

Band 20 Bernd Matecki: Der Traktat *In primis hominibus*. Eine theologie- und kirchenrechtsgeschichtliche Untersuchung zu einem Ehetext der Schule von Laon aus dem 12. Jahrhundert. Anhang: Edition des Traktates *In primis hominibus*. 2001.

Band 21 Stefan Gatzhammer: Der Souveränitätsanspruch des Apostolischen Stuhles in päpstlichen Lehraussagen und in der Kanonistik von 1846 bis 1978. 2001.

Band 22 Andreas Franitza: Das Domkapitel zu Hildesheim in der Zeit zwischen Preußenkonkordat (1929) und Niedersachsenkonkordat (1965) und seine Statuten von 1984. 2001.

Band 23 Péter Erdö: Die Quellen des Kirchenrechts. Eine geschichtliche Einführung. 2002.

Band 24 Rüdiger Althaus / Rosel Oehmen-Vieregge / Jürgen Olschewski (Hrsg.): Aktuelle Beiträge zum Kirchenrecht. Festgabe für Heinrich J. F. Reinhardt zum 60. Geburtstag. 2002.

Band 25 Hartmut Zapp / Andreas Weiß / Stefan Korta (Hrsg.): Ius Canonicum in Oriente et Occidente. Festschrift für Carl Gerold Fürst zum 70. Geburtstag. 2003.

Band 26 Johnson Michael Kallidukil: The Canonical Significance of the Synod of Bishops of 1994 on Consecrated Life. From the *Lineamenta* to the *Vita consecrata*. 2003.

Band 27 Hubert Schiepek: Der Sonntag und kirchlich gebotene Feiertage nach kirchlichem und weltlichem Recht. Eine rechtshistorische Untersuchung. 2003.

Band 28 Andreas Weiß / Stefan Ihli (Hrsg.): Flexibilitas Iuris Canonici. Festschrift für Richard Puza zum 60. Geburtstag. 2003.

Band 29 Benita von Beyme: Die Baulast für das Freiburger Münster. 2003.

Band 30 Nikolaus Schöch: Festlegung, Änderung und Konformität von Klagegründen im kanonischen Eheprozess. 2003.

Band 31 Andreas Weiß / Stefan Ihli (Hrsg.): Kulturgutschutz und Kirche, Bibel und Kirchenrecht. Symposion und Festakt anlässlich des 60. Geburtstags von Professor Dr. Richard Puza. 2004.

Band 32 Stefan Lunze: The Protection of Religious Personnel in Armed Conflict. 2004.

Band 33 Christian Kröber: Zur Bedeutung der urheberrechtlichen Vergütungspflicht von kultischer Kirchenmusik in Deutschland. 2004.

Band 34 Szabolcs Anzelm Szuromi: Anselm of Lucca as a Canonist. 2005.

Band 35 Robert Oswald: Streikrecht im kirchlichen Dienst und in anderen karitativen Einrichtungen. 2005.

www.peterlang.de

Printed by
CPI books GmbH, Leck

Kolibri 360 GmbH
Ferdinand-Jühlke-Straße 7
99095 Erfurt, Deutschland
produktsicherheit@kolibri360.de